丛书主编：缪树权

刑法常见罪名立案追诉标准
与疑难指导
丛书

生产、销售伪劣商品罪·走私罪·妨害对公司、企业的管理秩序罪

立案追诉标准与疑难指导

国家检察官学院职务犯罪研究所
编
操宏均 著

中国法制出版社
CHINA LEGAL PUBLISHING HOUSE

“刑法常见罪名立案追诉标准与疑难指导”丛书

总 序

2020年11月16日至17日，中央全面依法治国工作会议在北京召开。这次会议的一个重要成果，就是首次提出了习近平法治思想。习近平法治思想内涵丰富、论述深刻、逻辑严密、系统完备，深刻回答了新时代为什么实行全面依法治国、怎样实行全面依法治国等一系列重大问题，是全面依法治国的根本遵循和行动指南。当前，国际形势发生了复杂深刻的变化，我国经济发展进入新常态，社会结构发生新变化，违法犯罪也表现出一些新形式、新特点，政法工作面临许多前所未有的新情况、新问题，给政法队伍提出新的时代课题、赋予新的历史使命。面对形势任务新变化、党和人民新要求，政法队伍建设面临许多亟待解决的问题。习近平总书记强调，全面推进依法治国，建设一支德才兼备的高素质法治队伍至关重要。[①] 坚持建设德才兼备的高素质法治队伍是习近平法治思想的重要内容。为深入学习贯彻习近平法治思想、引导司法实务人员正确理解《中华人民共和国刑法》（以下简称刑法）和相关规定的真实内涵、分析解答司法实务人员在适用刑法当中遇到的疑难问题、提升司法实务人员办案的能力和素质，同时为了激发专家学者及司法实务人员对刑法理论和实务的研究热情、为广大读者提供学习参考，我们组织了相关领域兼具理论造诣和实践经验的专家和学者编写了这套“刑法常见罪名立案追诉标准与疑难指导”丛书。

本套丛书的设计和撰写着力体现三个特点：

一是聚焦刑法常见罪名，重点解决疑难问题。根据司法办案实际，本丛书重

① 习近平：《加快建设社会主义法治国家》，载《求是》2015年第1期。

点选择了近些年来司法实践中多发、高发、新增的罪名为研究对象，使丛书的研究更具针对性和实用性。同时，丛书坚持以问题为导向，全面梳理刑事案件在司法认定中常见的争议和疑难问题，分析观点要义、解读办案依据、提出解决方案或倾向性意见，切实提升司法实务人员办理疑难案件的能力和水平、开拓刑法学理论研究的深度和广度。

二是反映刑事立法的新发展，全面梳理各罪办案依据。丛书紧跟新时代刑事立法和司法工作的发展，结合新颁布的刑法修正案、司法解释、最高人民法院指导性案例、最高人民检察院指导性案例和其他司法文件编写，并将这些办案依据按罪名进行了全面、集中的梳理和列举，方便司法实务人员和法学研究人员查询参考，是很实用的桌边工具书。

三是注重理论实践密切结合，呈现刑法研究新成果。本丛书既不同于一般的教材讲义，也不同于法律法规汇编。丛书在阐明各罪一般理论、梳理办案依据的同时，将解决司法疑难问题作为写作的重点和亮点；在强调解决司法实务问题的同时，又着力进行刑事政策、刑法理论的分析解读，从而全面提升办案人员的政治素养、理论素养、业务能力，也使刑法研究更加贴近实务、有的放矢。

我们希望通过编写、出版本丛书，与广大司法实务人员和法学研究人员一道，促进对习近平法治思想的学习理解和贯彻落实，不断提升办案和研究能力，助力高素质法治队伍的建设，切实履行好维护国家安全、社会安定、人民安宁的重大责任，让人民群众切实感受到公平正义就在身边，为建设更高水平的平安中国、法治中国做出积极贡献。

缪树权

2022年7月

目 录

Contents

第一编 生产、销售伪劣商品罪

第一编　生产、销售伪劣商品罪

第一章　生产、销售伪劣产品罪

【立案追诉标准】

生产、销售伪劣产品案（《刑法》[①] 第140条）

生产者、销售者在产品中掺杂、掺假，以假充真，以次充好或者以不合格产品冒充合格产品，涉嫌下列情形之一的，应予立案追诉：

（一）伪劣产品销售金额五万元以上的；

（二）伪劣产品尚未销售，货值金额十五万元以上的；

（三）伪劣产品销售金额不满五万元，但将已销售金额乘以三倍后，与尚未销售的伪劣产品货值金额合计十五万元以上的。

《最高人民检察院、公安部关于公安机关管辖的刑事案件立案追诉标准的规定（一）》[②]（2008年6月25日）第16条第1款

【犯罪构成及刑事责任】

生产、销售伪劣产品罪，是指生产者、销售者在产品中掺杂、掺假，以假充真，以次充好或者以不合格产品冒充合格产品，销售金额或者货值金额较大的行为。构成本罪需要具备以下四个要件：

---

① 为便于行文，本书所引法律法规名称中的“中华人民共和国”字样略去，下同。

② 此处列明笔者梳理立案追诉标准的主要依据，相关条文参见“办案依据”部分，以下不再标注。

1. 客体要件

本罪侵犯的是复杂客体，即国家产品监督管理秩序和广大消费者的合法权益。犯罪对象是伪劣产品。

2. 客观要件

本罪行为表现为四种形式：（1）“在产品中掺杂、掺假”，是指在产品中掺入杂质或者异物，致使产品质量不符合国家法律、法规或者产品明示质量标准规定的质量要求，降低、失去应有使用性能的行为。（2）“以假充真”，是指以不具有某种使用性能的产品冒充具有该种使用性能的产品的行为。（3）“以次充好”，是指以低等级、低档次产品冒充高等级、高档次产品，或者以残次、废旧零配件组合、拼装后冒充正品或者新产品的行为。（4）“以不合格产品冒充合格产品”，是指以不符合《产品质量法》第26条第2款规定的质量要求的产品冒充合格产品。《产品质量法》第26条第2款规定，产品质量应当符合下列要求：第一，不存在危及人身、财产安全的不合理的危险，有保障人体健康和人身、财产安全的国家标准、行业标准的，应当符合该标准；第二，具备产品应当具备的使用性能，但是，对产品存在使用性能的瑕疵作出说明的除外；第三，符合在产品或者其包装上注明采用的产品标准，符合以产品说明、实物样品等方式表明的质量状况。

对上述四种行为难以确定的，应当委托法律、行政法规规定的产品质量检验机构进行鉴定。同时，行为人只要实施了生产或者销售上述产品的行为，就构成生产伪劣产品罪或者销售伪劣产品罪。如果行为人既实施了生产上述产品的行为，又实施了销售上述产品的行为，同样以本罪一罪论处，即生产、销售伪劣产品罪。

3. 主体要件

根据《刑法》第140条的规定，本罪主体是生产者、销售者，自然人和单位实施生产、销售伪劣产品行为的，都可以成为生产者、销售者。因此，本罪的主体既可以是达到法定刑事责任年龄且具有刑事责任能力的自然人，也可以是单位。

4. 主观要件

本罪的主观方面是故意，且只能是直接故意。在本罪中，行为人明知生产、销售假冒伪劣产品会侵犯国家对产品质量的管理制度和消费者的合法权益，却仍然实施了生产、销售假冒伪劣产品的行为，表明行为人主观上对危害结果持希望和追求的态度，属于直接故意。实践中，有销售者往往辩解自己主观上并不是明知，即对其购进的货物主张并不知道是伪劣产品，进而企图逃避法律制裁。但是根据《产品质量法》第33条规定，销售者应当建立并执行进货检查验收制度，验明产品合格证明和其他标识。第34条规定，销售者应当采取措施，保持销售产品的质量。由此可见，销售者对其购进的产品负有检查验收的义务，以确保产品质量。具体来讲，检查验收可以通过看进货渠道是否正规、进货价格是否显著偏低、能否全面提供与供货商的交易明细等信息来判断。因此，只有当销售者确实尽到检查验收义务，产品经鉴定后仍然属于伪劣产品时，销售者才不成立本罪。

根据《刑法》第140条的规定，犯本罪，销售金额五万元以上不满二十万元的，处二年以下有期徒刑或者拘役，并处或者单处销售金额百分之五十以上二倍以下罚金；销售金额二十万元以上不满五十万元的，处二年以上七年以下有期徒刑，并处销售金额百分之五十以上二倍以下罚金；销售金额五十万元以上不满二百万元的，处七年以上有期徒刑，并处销售金额百分之五十以上二倍以下罚金；销售金额二百万元以上的，处十五年有期徒刑或者无期徒刑，并处销售金额百分之五十以上二倍以下罚金或者没收财产。

根据《刑法》第150条的规定，单位犯本罪，对单位判处罚金，并对其直接负责的主管人员和其他直接责任人员，依照《刑法》第140条的规定处罚。

【疑难指导】

一、关于伪劣产品的认定问题

实践中，关于本罪的犯罪对象即伪劣产品的认定往往成为争议的焦点。根据《最高人民法院关于审理生产、销售伪劣商品刑事案件有关鉴定问题的通知》第1条规定，对于提起公诉的生产、销售伪劣产品、假冒商标、非法经营等严重破坏社会主义市场经济秩序的犯罪案件，所涉生产、销售的产品是否属于“以假充真”“以次充好”“以不合格产品冒充合格产品”难以确定的，应当根据相关司法解释规定，由公诉机关委托法律、行政法规规定的产品质量机构进行鉴定。据此可知，并不是所有的“在产品中掺杂、掺假”“以假充真”“以次充好”“以不合格产品冒充合格产品”行为都要经过鉴定，只有难以判断的，才涉及鉴定问题。如果能够直接判断的，则无需进行鉴定。对于有明确的国家标准、行业标准的，直接根据标准来判断；对于没有明确的国家标准、行业标准的，是不是能完全依靠鉴定意见来认定？对此，笔者认为这个并不是绝对的，对于没有明确的国家标准、行业标准的，可以结合产品的主要性能是否能实现等关键指标来综合判断，对于明显不能实现产品性能的，则可以直接认定不合格。对于鉴定意见只做成分分析、不下是否为伪劣产品结论的，要看鉴定结论是否穷尽了可参照的相关标准，如果穷尽了还不能下结论的，则视案件情况依法作出其他处理。

二、生产、销售伪劣产品罪的共犯问题

明知道他人实施生产、销售伪劣产品犯罪，而为其提供贷款、资金、账号、发票、证明、许可证件，或者提供生产、经营场所或者运输、仓储、保管、邮寄等便利条件，或者提供制假生产技术的，以本罪的共犯论处。因为主观上行为人具有与生产、销售伪劣产品的行为人共同犯罪的故意，客观上也实施了为生产、销售伪劣产品提供各种便利条件的行为，所以主客观上符合共同犯罪认定条件。此外，共犯人应当对共同犯罪范围内的销售金额负责，而不只是对自己直接销售的金额负责。

三、生产、销售伪劣产品罪中一罪与数罪问题

行为人构成生产、销售伪劣产品犯罪，同时又构成销售假冒注册商标的商品罪、诈骗罪、合同诈骗罪、非法经营罪等犯罪的，属于想象竞合的情形，根据刑法关于想象竞合犯的一般原理，从一重罪处断，即依照处罚较重的犯罪处罚。但是如果行为人犯本罪，又以暴力、威胁方法抗拒查处，构成妨害公务等罪的，这种情形和前述的情形存在本质区别，是两个相对独立的行为，应该依照数罪并罚的规定处罚。

四、生产、销售伪劣产品罪的未遂形态

根据《刑法》第140条的规定，行为人实施的生产、销售伪劣产品的行为要构成犯罪，必须达到法定的销售数额较大的程度。但是，在司法实务中，很多行为人往往尚未完成销售行为，即被相关部门抓获。在此情形下，由于行为人的行为尚未产生销售数额，因而对于这类行为的认定，司法机关认识不一。对此，《最高人民法院、最高人民检察院关于办理生产、销售伪劣商品刑事案件具体应用法律若干问题的解释》第 2 条规定，伪劣产品尚未销售，货值金额达到《刑法》第 140 条规定的销售金额三倍以上的，以生产、销售伪劣产品罪（未遂）定罪处罚。货值金额以违法生产、销售的伪劣产品的标价计算；没有标价的，按照同类合格产品的市场中间价格计算。

五、销售伪劣产品罪和诈骗罪的区分问题

销售伪劣产品罪的前提是明知该产品为伪劣产品而销售，其中有骗的成分，所以需要厘清其与诈骗罪的界限，从而准确适用法律。诈骗罪和销售伪劣产品罪的犯罪主体都是一般主体，主观上往往都是故意，主要区别在于犯罪客观方面和侵犯的客体。诈骗罪侵犯的客体为公私财物的所有权，销售伪劣产品罪侵犯的是复杂客体，即国家产品质量监督管理秩序和消费者的合法权益。在犯罪客观方面，即使销售者通过假冒身份销售伪劣产品，也要慎往诈骗方面归罪，应该注意看被害人与犯罪主体是否存在经济上的交易关系，尤其要注意销售的产品与之前宣称的产品是否属于同一种类物。若是同一种类物，只是产品质量问题，应予认定销售伪劣产品罪。如果案件中被害人与犯罪主体之间没有经济上的交易关系，并且其宣称的物品属于虚构事实、隐瞒真相，则可作为诈骗认定。

【办案依据】

一、《刑法》规定

第一百四十条 生产者、销售者在产品中掺杂、掺假，以假充真，以次充好或者以不合格产品冒充合格产品，销售金额五万元以上不满二十万元的，处二年以下有期徒刑或者拘役，并处或者单处销售金额百分之五十以上二倍以下罚金；销售金额二十万元以上不满五十万元的，处二年以上七年以下有期徒刑，并处销售金额百分之五十以上二倍以下罚金；销售金额五十万元以上不满二百万元的，处七年以上有期徒刑，并处销售金额百分之五十以上二倍以下罚金；销售金额二百万元以上的，处十五年有期徒刑或者无期徒刑，并处销售金额百分之五十以上二倍以下罚金或者没收财产。

第一百四十九条 生产、销售本节第一百四十一条至第一百四十八条所列产品，不构成各该条规定的犯罪，但是销售金额在五万元以上的，依照本节第一百四十条的规定定罪处罚。

生产、销售本节第一百四十一条至第一百四十八条所列产品，构成各该条规定的犯罪，同时又构成本节第一百四十条规定之罪的，依照处罚较重的规定定罪处罚。

第一百五十条 单位犯本节第一百四十条至第一百四十八条规定之罪的，对单位判处罚金，并对其直接负责的主管人员和其他直接责任人员，依照各该条的规定处罚。

二、司法解释

（一）《最高人民法院、最高人民检察院关于办理生产、销售伪劣商品刑事案件具体应用法律若干问题的解释》（2001年4月10日，法释〔2001〕10号）①

第一条 刑法第一百四十条规定的“在产品中掺杂、掺假”，是指在产品中掺入杂质或者异物，致使产品质量不符合国家法律、法规或者产品明示质量标准规定的质量要求，降低、失去应有使用性能的行为。

刑法第一百四十条规定的“以假充真”，是指以不具有某种使用性能的产品冒充具有该种使用性能的产品的行为。

刑法第一百四十条规定的“以次充好”，是指以低等级、低档次产品冒充高等级、高档次产品，或者以残次、废旧零配件组合、拼装后冒充正品或者新产品的行为。

刑法第一百四十条规定的“不合格产品”，是指不符合《中华人民共和国产品质量法》第二十六条第二款规定的质量要求的产品。

对本条规定的上述行为难以确定的，应当委托法律、行政法规规定的产品质量检验机构进行鉴定。

第二条 刑法第一百四十条、第一百四十九条规定的“销售金额”，是指生产者、销售者出售伪劣产品后所得和应得的全部违法收入。

伪劣产品尚未销售，货值金额达到刑法第一百四十条规定的销售金额三倍以上的，以生产、销售伪劣产品罪（未遂）定罪处罚。

① 该日期为规范性文件最后一次公布或修订的日期。以下不再提示。

货值金额以违法生产、销售的伪劣产品的标价计算；没有标价的，按照同类合格产品的市场中间价格计算。货值金额难以确定的，按照国家计划委员会、最高人民法院、最高人民检察院、公安部1997年4月22日联合发布的《扣押、追缴、没收物品估价管理办法》的规定，委托指定的估价机构确定。

多次实施生产、销售伪劣产品行为，未经处理的，伪劣产品的销售金额或者货值金额累计计算。

第九条 知道或者应当知道他人实施生产、销售伪劣商品犯罪，而为其提供贷款、资金、账号、发票、证明、许可证件，或者提供生产、经营场所或者运输、仓储、保管、邮寄等便利条件，或者提供制假生产技术的，以生产、销售伪劣商品犯罪的共犯论处。

第十条 实施生产、销售伪劣商品犯罪，同时构成侵犯知识产权、非法经营等其他犯罪的，依照处罚较重的规定定罪处罚。

第十一条 实施刑法第一百四十条至第一百四十八条规定的犯罪，又以暴力、威胁方法抗拒查处，构成其他犯罪的，依照数罪并罚的规定处罚。

第十二条 国家机关工作人员参与生产、销售伪劣商品犯罪的，从重处罚。

（二）《最高人民法院、最高人民检察院关于办理危害食品安全刑事案件适用法律若干问题的解释》（2021年12月30日，法释〔2021〕24号）

第十三条 生产、销售不符合食品安全标准的食品，有毒、有害食品，符合刑法第一百四十三条、第一百四十四条规定的，以生产、销售不符合安全标准的食品罪或者生产、销售有毒、有害食品罪定罪处罚。同时构成其他犯罪的，依照处罚较重的规定定罪处罚。

生产、销售不符合食品安全标准的食品，无证据证明足以造成严重食物中毒事故或者其他严重食源性疾病，不构成生产、销售不符合安全标准的食品罪，但构成生产、销售伪劣产品罪，妨害动植物防疫、检疫罪等其他犯罪的，依照该其他犯罪定罪处罚。

第十五条 生产、销售不符合食品安全标准的食品添加剂，用于食品的包装材料、容器、洗涤剂、消毒剂，或者用于食品生产经营的工具、设备等，符合刑法第一百四十条规定的，以生产、销售伪劣产品罪定罪处罚。

生产、销售用超过保质期的食品原料、超过保质期的食品、回收食品作为原料的食品，或者以更改生产日期、保质期、改换包装等方式销售超过保质期的食品、回收食品，适用前款的规定定罪处罚。

实施前两款行为，同时构成生产、销售不符合安全标准的食品罪，生产、销售不符合安全标准的产品罪等其他犯罪的，依照处罚较重的规定定罪处罚。

第十七条 违反国家规定，私设生猪屠宰厂（场），从事生猪屠宰、销售等经营活动，情节严重的，依照刑法第二百二十五条的规定以非法经营罪定罪处罚。

在畜禽屠宰相关环节，对畜禽使用食品动物中禁止使用的药品及其他化合物等有毒、有害的非食品原料，依照刑法第一百四十四条的规定以生产、销售有毒、有害食品罪定罪处罚；对畜禽注水或者注入其他物质，足以造成严重食物中毒事故或者其他严重食源性疾病的，依照刑法第一百四十三条的规定以生产、销售不符合安全标准的食品罪定罪处罚；虽不足以造成严重食物中毒事故或者其他严重食源性疾病，但符合刑法第一百四十条规定的，以生产、销售伪劣产品罪定罪处罚。

三、其他法规

《产品质量法》（2018年12月29日）

第二条 在中华人民共和国境内从事产品生产、销售活动，必须遵守本法。

本法所称产品是指经过加工、制作，用于销售的产品。

建设工程不适用本法规定；但是，建设工程使用的建筑材料、建筑构配件和设备，属于前款规定的产品范围的，适用本法规定。

第三条 生产者、销售者应当建立健全内部产品质量管理制度，严格实施岗位质量规范、质量责任以及相应的考核办法。

第四条 生产者、销售者依照本法规定承担产品质量责任。

第五条 禁止伪造或者冒用认证标志等质量标志；禁止伪造产品的产地，伪造或者冒用他人的厂名、厂址；禁止在生产、销售的产品中掺杂、掺假，以假充真，以次充好。

第二十六条 生产者应当对其生产的产品质量负责。

产品质量应当符合下列要求：

（一）不存在危及人身、财产安全的不合理的危险，有保障人体健康和人身、财产安全的国家标准、行业标准的，应当符合该标准；

（二）具备产品应当具备的使用性能，但是，对产品存在使用性能的瑕疵作出说明的除外；

（三）符合在产品或者其包装上注明采用的产品标准，符合以产品说明、实物样品等方式表明的质量状况。

第二十七条 产品或者其包装上的标识必须真实，并符合下列要求：

（一）有产品质量检验合格证明；

（二）有中文标明的产品名称、生产厂厂名和厂址；

（三）根据产品的特点和使用要求，需要标明产品规格、等级、所含主要成份的名称和含量的，用中文相应予以标明；需要事先让消费者知晓的，应当在外包装上标明，或者预先向消费者提供有关资料；

（四）限期使用的产品，应当在显著位置清晰地标明生产日期和安全使用期或者失效日期；

（五）使用不当，容易造成产品本身损坏或者可能危及人身、财产安全的产品，应当有警示标志或者中文警示说明。

裸装的食品和其他根据产品的特点难以附加标识的裸装产品，可以不附加产品标识。

第二十八条 易碎、易燃、易爆、有毒、有腐蚀性、有放射性等危险物品以及储运中不能倒置和其他有特殊要求的产品，其包装质量必须符合相应要求，依照国家有关规定作出警示标志或者中文警示说明，标明储运注意事项。

第二十九条 生产者不得生产国家明令淘汰的产品。

第三十条 生产者不得伪造产地，不得伪造或者冒用他人的厂名、厂址。

第三十一条 生产者不得伪造或者冒用认证标志等质量标志。

第三十二条 生产者生产产品，不得掺杂、掺假，不得以假充真、以次充好，不得以不合格产品冒充合格产品。

第三十三条 销售者应当建立并执行进货检查验收制度，验明产品合格证明和其他标识。

第三十四条 销售者应当采取措施，保持销售产品的质量。

第三十五条 销售者不得销售国家明令淘汰并停止销售的产品和失效、变质的产品。

第三十六条 销售者销售的产品的标识应当符合本法第二十七条的规定。

第三十七条 销售者不得伪造产地，不得伪造或者冒用他人的厂名、厂址。

第三十八条 销售者不得伪造或者冒用认证标志等质量标志。

第三十九条 销售者销售产品，不得掺杂、掺假，不得以假充真、以次充好，不得以不合格产品冒充合格产品。

第四十条 售出的产品有下列情形之一的，销售者应当负责修理、更换、退货；给购买产品的消费者造成损失的，销售者应当赔偿损失：

（一）不具备产品应当具备的使用性能而事先未作说明的；

（二）不符合在产品或者其包装上注明采用的产品标准的；

（三）不符合以产品说明、实物样品等方式表明的质量状况的。

销售者依照前款规定负责修理、更换、退货、赔偿损失后，属于生产者的责任或者属于向销售者提供产品的其他销售者（以下简称供货者）的责任的，销售者有权向生产者、供货者追偿。

销售者未按照第一款规定给予修理、更换、退货或者赔偿损失的，由市场监督管理部门责令改正。

生产者之间，销售者之间，生产者与销售者之间订立的买卖合同、承揽合同有不同约定的，合同当事人按照合同约定执行。

第四十一条 因产品存在缺陷造成人身、缺陷产品以外的其他财产（以下简称他人财产）损害的，生产者应当承担赔偿责任。

生产者能够证明有下列情形之一的，不承担赔偿责任：

（一）未将产品投入流通的；

（二）产品投入流通时，引起损害的缺陷尚不存在的；

（三）将产品投入流通时的科学技术水平尚不能发现缺陷的存在的。

第四十二条 由于销售者的过错使产品存在缺陷，造成人身、他人财产损害的，销售者应当承担赔偿责任。

销售者不能指明缺陷产品的生产者也不能指明缺陷产品的供货者的，销售者应当承担赔偿责任。

第四十三条　因产品存在缺陷造成人身、他人财产损害的，受害人可以向产品的生产者要求赔偿，也可以向产品的销售者要求赔偿。属于产品的生产者的责任，产品的销售者赔偿的，产品的销售者有权向产品的生产者追偿。属于产品的销售者的责任，产品的生产者赔偿的，产品的生产者有权向产品的销售者追偿。

第四十四条　因产品存在缺陷造成受害人人身伤害的，侵害人应当赔偿医疗费、治疗期间的护理费、因误工减少的收入等费用；造成残疾的，还应当支付残疾者生活自助具费、生活补助费、残疾赔偿金以及由其扶养的人所必需的生活费等费用；造成受害人死亡的，并应当支付丧葬费、死亡赔偿金以及由死者生前扶养的人所必需的生活费等费用。

因产品存在缺陷造成受害人财产损失的，侵害人应当恢复原状或者折价赔偿。受害人因此遭受其他重大损失的，侵害人应当赔偿损失。

第四十五条　因产品存在缺陷造成损害要求赔偿的诉讼时效期间为二年，自当事人知道或者应当知道其权益受到损害时起计算。

因产品存在缺陷造成损害要求赔偿的请求权，在造成损害的缺陷产品交付最初消费者满十年丧失；但是，尚未超过明示的安全使用期的除外。

第四十六条　本法所称缺陷，是指产品存在危及人身、他人财产安全的不合理的危险；产品有保障人体健康和人身、财产安全的国家标准、行业标准的，是指不符合该标准。

第四十七条　因产品质量发生民事纠纷时，当事人可以通过协商或者调解解决。当事人不愿通过协商、调解解决或者协商、调解不成的，可以根据当事人各方的协议向仲裁机构申请仲裁；当事人各方没有达成仲裁协议或者仲裁协议无效的，可以直接向人民法院起诉。

第四十八条　仲裁机构或者人民法院可以委托本法第十九条规定的产品质量检验机构，对有关产品质量进行检验。

第四十九条　生产、销售不符合保障人体健康和人身、财产安全的国家标准、行业标准的产品的，责令停止生产、销售，没收违法生产、销售的产品，并处违法生产、销售产品（包括已售出和未售出的产品，下同）货值金额等值以上三倍以下的罚款；有违法所得的，并处没收违法所得；情节严重的，吊销营业执照；构成犯罪的，依法追究刑事责任。

第五十条 在产品中掺杂、掺假，以假充真，以次充好，或者以不合格产品冒充合格产品的，责令停止生产、销售，没收违法生产、销售的产品，并处违法生产、销售产品货值金额百分之五十以上三倍以下的罚款；有违法所得的，并处没收违法所得；情节严重的，吊销营业执照；构成犯罪的，依法追究刑事责任。

第五十一条 生产国家明令淘汰的产品的，销售国家明令淘汰并停止销售的产品的，责令停止生产、销售，没收违法生产、销售的产品，并处违法生产、销售产品货值金额等值以下的罚款；有违法所得的，并处没收违法所得；情节严重的，吊销营业执照。

第五十二条 销售失效、变质的产品的，责令停止销售，没收违法销售的产品，并处违法销售产品货值金额二倍以下的罚款；有违法所得的，并处没收违法所得；情节严重的，吊销营业执照；构成犯罪的，依法追究刑事责任。

第五十三条 伪造产品产地的，伪造或者冒用他人厂名、厂址的，伪造或者冒用认证标志等质量标志的，责令改正，没收违法生产、销售的产品，并处违法生产、销售产品货值金额等值以下的罚款；有违法所得的，并处没收违法所得；情节严重的，吊销营业执照。

第五十四条 产品标识不符合本法第二十七条规定的，责令改正；有包装的产品标识不符合本法第二十七条第（四）项、第（五）项规定，情节严重的，责令停止生产、销售，并处违法生产、销售产品货值金额百分之三十以下的罚款；有违法所得的，并处没收违法所得。

第五十五条 销售者销售本法第四十九条至第五十三条规定禁止销售的产品，有充分证据证明其不知道该产品为禁止销售的产品并如实说明其进货来源的，可以从轻或者减轻处罚。

第五十六条 拒绝接受依法进行的产品质量监督检查的，给予警告，责令改正；拒不改正的，责令停业整顿；情节特别严重的，吊销营业执照。

第五十七条 产品质量检验机构、认证机构伪造检验结果或者出具虚假证明的，责令改正，对单位处五万元以上十万元以下的罚款，对直接负责的主管人员和其他直接责任人员处一万元以上五万元以下的罚款；有违法所得的，并处没收违法所得；情节严重的，取消其检验资格、认证资格；构成犯罪的，依法追究刑事责任。

产品质量检验机构、认证机构出具的检验结果或者证明不实，造成损失的，应当承担相应的赔偿责任；造成重大损失的，撤销其检验资格、认证资格。

产品质量认证机构违反本法第二十一条第二款的规定，对不符合认证标准而使用认证标志的产品，未依法要求其改正或者取消其使用认证标志资格的，对因产品不符合认证标准给消费者造成的损失，与产品的生产者、销售者承担连带责任；情节严重的，撤销其认证资格。

第五十八条　社会团体、社会中介机构对产品质量作出承诺、保证，而该产品又不符合其承诺、保证的质量要求，给消费者造成损失的，与产品的生产者、销售者承担连带责任。

第五十九条　在广告中对产品质量作虚假宣传，欺骗和误导消费者的，依照《中华人民共和国广告法》的规定追究法律责任。

第六十条　对生产者专门用于生产本法第四十九条、第五十一条所列的产品或者以假充真的产品的原辅材料、包装物、生产工具，应当予以没收。

第六十一条　知道或者应当知道属于本法规定禁止生产、销售的产品而为其提供运输、保管、仓储等便利条件的，或者为以假充真的产品提供制假生产技术的，没收全部运输、保管、仓储或者提供制假生产技术的收入，并处违法收入百分之五十以上三倍以下的罚款；构成犯罪的，依法追究刑事责任。

第六十二条　服务业的经营者将本法第四十九条至第五十二条规定禁止销售的产品用于经营性服务的，责令停止使用；对知道或者应当知道所使用的产品属于本法规定禁止销售的产品的，按照违法使用的产品（包括已使用和尚未使用的产品）的货值金额，依照本法对销售者的处罚规定处罚。

第六十三条　隐匿、转移、变卖、损毁被市场监督管理部门查封、扣押的物品的，处被隐匿、转移、变卖、损毁物品货值金额等值以上三倍以下的罚款；有违法所得的，并处没收违法所得。

第六十四条 违反本法规定，应当承担民事赔偿责任和缴纳罚款、罚金，其财产不足以同时支付时，先承担民事赔偿责任。

第六十五条 各级人民政府工作人员和其他国家机关工作人员有下列情形之一的，依法给予行政处分；构成犯罪的，依法追究刑事责任：

（一）包庇、放纵产品生产、销售中违反本法规定行为的；

（二）向从事违反本法规定的生产、销售活动的当事人通风报信，帮助其逃避查处的；

（三）阻挠、干预市场监督管理部门依法对产品生产、销售中违反本法规定的行为进行查处，造成严重后果的。

第六十六条 市场监督管理部门在产品质量监督抽查中超过规定的数量索取样品或者向被检查人收取检验费用的，由上级市场监督管理部门或者监察机关责令退还；情节严重的，对直接负责的主管人员和其他直接责任人员依法给予行政处分。

第六十七条 市场监督管理部门或者其他国家机关违反本法第二十五条的规定，向社会推荐生产者的产品或者以监制、监销等方式参与产品经营活动的，由其上级机关或者监察机关责令改正，消除影响，有违法收入的予以没收；情节严重的，对直接负责的主管人员和其他直接责任人员依法给予行政处分。

产品质量检验机构有前款所列违法行为的，由市场监督管理部门责令改正，消除影响，有违法收入的予以没收，可以并处违法收入一倍以下的罚款；情节严重的，撤销其质量检验资格。

第六十八条 市场监督管理部门的工作人员滥用职权、玩忽职守、徇私舞弊，构成犯罪的，依法追究刑事责任；尚不构成犯罪的，依法给予行政处分。

第六十九条 以暴力、威胁方法阻碍市场监督管理部门的工作人员依法执行职务的，依法追究刑事责任；拒绝、阻碍未使用暴力、威胁方法的，由公安机关依照治安管理处罚法的规定处罚。

第七十条 本法第四十九条至第五十七条、第六十条至第六十三条规定的行政处罚由市场监督管理部门决定。法律、行政法规对行使行政处罚权的机关另有规定的，依照有关法律、行政法规的规定执行。

第七十一条　对依照本法规定没收的产品，依照国家有关规定进行销毁或者采取其他方式处理。

第七十二条　本法第四十九条至第五十四条、第六十二条、第六十三条所规定的货值金额以违法生产、销售产品的标价计算；没有标价的，按照同类产品的市场价格计算。

【指导性案例】

一、最高人民检察院检例第12号
柳立国等人生产、销售有毒、有害食品，生产、销售伪劣产品案

（2014年2月19日最高人民检察院第十二届检察委员会
第十七次会议决定　2014年2月20日发布）

【关键词】

生产、销售有毒、有害食品罪　生产、销售伪劣产品罪

【要旨】

明知对方是食用油经销者，仍将用餐厨废弃油（俗称“地沟油”）加工而成的劣质油脂销售给对方，导致劣质油脂流入食用油市场供人食用的，构成生产、销售有毒、有害食品罪；明知油脂经销者向饲料生产企业和药品生产企业等单位销售豆油等食用油，仍将用餐厨废弃油加工而成的劣质油脂销售给对方，导致劣质油脂流向饲料生产企业和药品生产企业等单位的，构成生产、销售伪劣产品罪。

【相关立法】

《中华人民共和国刑法》第一百四十四条、第一百四十条、第一百四十一条第一款

【基本案情】

被告人柳立国，男，山东省人，1975年出生，原系山东省济南博汇生物科技

有限公司（以下简称博汇公司）、山东省济南格林生物能源有限公司（以下简称格林公司）实际经营者。

被告人鲁军，男，山东省人，1968年出生，原系博汇公司生产负责人。

被告人李树军，男，山东省人，1974年出生，原系博汇公司、格林公司采购员。

被告人柳立海，男，山东省人，1965年出生，原系格林公司等企业管理后勤员工。

被告人于双迎，男，山东省人，1970年出生，原系格林公司员工。

被告人刘凡金，男，山东省人，1975年出生，原系博汇公司、格林公司驾驶员。

被告人王波，男，山东省人，1981年出生，原系博汇公司、格林公司驾驶员。

自2003年始，被告人柳立国在山东省平阴县孔村镇经营油脂加工厂，后更名为中兴脂肪酸甲酯厂，并转向餐厨废弃油（俗称"地沟油"）回收再加工。2009年3月、2010年6月，柳立国又先后注册成立了博汇公司、格林公司，扩大生产，进一步将地沟油加工提炼成劣质油脂。自2007年12月起，柳立国从四川、江苏、浙江等地收购地沟油加工提炼成劣质油脂，在明知他人将向其所购的劣质成品油冒充正常豆油等食用油进行销售的情况下，仍将上述劣质油脂销售给他人，从中赚取利润。柳立国先后将所加工提炼的劣质油脂销售给经营食用油生意的山东聊城昌泉粮油实业公司、河南郑州宏大粮油商行等（均另案处理）。前述粮油公司等明知从柳立国处购买的劣质油脂系地沟油加工而成，仍然直接或经勾兑后作为食用油销售给个体粮油店、饮食店、食品加工厂以及学校食堂，或冒充豆油等油脂销售给饲料、药品加工等企业。截止2011年7月案发，柳立国等人的行为最终导致金额为926万余元的此类劣质油脂流向食用油市场供人食用，金额为9065万余元的劣质油脂流入非食用油加工市场。

期间，经被告人柳立国招募，被告人鲁军负责格林公司的筹建、管理；被告人李树军负责地沟油采购并曾在格林公司分提车间工作；被告人柳立海从事后勤工作；被告人于双迎负责格林公司机器设备维护及管理水解车间；被告人刘凡金作为驾驶员运输成品油脂；被告人王波作为驾驶员运输半成品和厂内污水，并提供个人账户供柳立国收付货款。上述被告人均在明知柳立国用地沟油加工劣质油脂并对外销售的情况下，仍予以帮助。其中，鲁军、于双迎参与生产、销售上述销往食用油市场的劣质油脂的金额均为134万余元，李树军为765万余元，柳立海为457万余元，刘凡金为138万余元，王波为270万余元；鲁军、于双迎参与生产、销售上述流入非食用油市场的劣质油脂金额均为699万余元，李树军为9065万余元，柳立海为4961万余元，刘凡金为2221万余元，王波为6534万余元。

【诉讼过程】

2011年7月5日，柳立国、鲁军、李树军、柳立海、于双迎、刘凡金、王波因涉嫌生产、销售不符合安全标准的食品罪被刑事拘留，8月11日被逮捕。

该案侦查终结后，移送浙江省宁波市人民检察院审查起诉。浙江省宁波市人民检察院经审查认为，被告人柳立国、鲁军、李树军、柳立海、于双迎、刘凡金、王波违反国家食品管理法规，结伙将餐厨废弃油等非食品原料进行生产、加工，并将加工提炼而成且仍含有有毒、有害物质的非食用油冒充食用油予以销售，并供人食用，严重危害了人民群众的身体健康和生命安全，其行为均触犯了《中华人民共和国刑法》第一百四十四条之规定，犯罪事实清楚，证据确实充分，应当以生产、销售有毒、有害食品罪追究其刑事责任。被告人柳立国、鲁军、李树军、柳立海、于双迎、刘凡金、王波又违反国家食品管理法规，结伙将餐厨废弃油等非食品原料进行生产、加工，并将加工提炼而成的非食用油冒充食用油予以销售，以假充真，销售给饲料加工、药品加工单位，其行为均触犯了《中华人民共和国刑法》第一百四十条之规定，犯罪事实清楚，证据确实充分，应当以生产、销售伪劣产品罪追究其刑事责任。2012年6月12日，宁波市人民检察院以被告人柳立国等人犯生产、销售有毒、有害食品罪和生产、销售伪劣产品罪向宁波市中级人民法院提起公诉。

2013年4月11日，宁波市中级人民法院一审判决被告人柳立国犯生产、销售有毒、有害食品罪和生产、销售伪劣产品罪，数罪并罚，判处无期徒刑，剥夺政治权利终身，并处没收个人全部财产；被告人鲁军犯生产、销售有毒、有害食品罪和生产、销售伪劣产品罪，数罪并罚，判处有期徒刑十四年，并处罚金人民币四十万元；被告人李树军犯生产、销售有毒、有害食品罪和生产、销售伪劣产品罪，数罪并罚，判处有期徒刑十一年，并处罚金人民币四十万元；被告人柳立海犯生产、销售有毒、有害食品罪和生产、销售伪劣产品罪，数罪并罚，判处有期徒刑十年六个月，并处罚金人民币四十万元；被告人于双迎犯生产、销售有毒、有害食品罪和生产、销售伪劣产品罪，数罪并罚，判处有期徒刑十年，并处罚金人民币四十万元；被告人刘凡金犯生产、销售有毒、有害食品罪和生产、销售伪劣产品罪，数罪并罚，判处有期徒刑七年，并处罚金人民币三十万元；被告人王波犯生产、销售有毒、有害食品罪和生产、销售伪劣产品罪，数罪并罚，判处有期徒刑七年，并处罚金人民币三十万元。

一审宣判后，柳立国、鲁军、李树军、柳立海、于双迎、刘凡金、王波提出上诉。

浙江省高级人民法院二审认为，柳立国利用餐厨废弃油加工劣质食用油脂，销往粮油食品经营户，并致劣质油脂流入食堂、居民家庭等，供人食用，其行为已构成生产、销售有毒、有害食品罪。柳立国还明知下家购买其用餐厨废弃油加工的劣质油脂冒充合格豆油等，仍予以生产、销售，流入饲料、药品加工等企业，其行为又构成生产、销售伪劣产品罪，应予二罪并罚。柳立国生产、销售有毒、有害食品的犯罪行为持续时间长，波及范围广，严重危害食品安全，严重危及人民群众的身体健康，情节特别严重，应依法严惩。鲁军、李树军、柳立海、于双迎、刘凡金、王波明知柳立国利用餐厨废弃油加工劣质油脂并予销售，仍积极参与，其行为分别构成生产、销售有毒、有害食品罪和生产、销售伪劣产品罪，亦应并罚。在共同犯罪中，柳立国起主要作用，系主犯；鲁军、李树军、柳立海、于双迎、刘凡金、王波起次要或辅助作用，系从犯，原审均予减轻处罚。原判定罪和适用法律正确，量刑适当；审判程序合法。2013 年 6 月 4 日，浙江省高级人民法院二审裁定驳回上诉，维持原判。

二、最高人民检察院检例第15号

胡林贵等人生产、销售有毒、有害食品，行贿　骆梅、刘康素销售伪劣产品 朱伟全、曾伟中生产、销售伪劣产品　黎达文等人受贿、食品监管渎职案

（2014年2月19日最高人民检察院第十二届检察委员会
第十七次会议决定　2014年2月20日发布）

【关键词】

生产、销售有毒、有害食品罪　生产、销售伪劣产品罪　食品监管渎职罪　受贿罪　行贿罪

【要旨】

实施生产、销售有毒、有害食品犯罪，为逃避查处向负有食品安全监管职责的国家工作人员行贿的，应当以生产、销售有毒、有害食品罪和行贿罪实行数罪并罚。

负有食品安全监督管理职责的国家机关工作人员，滥用职权，向生产、销售有毒、有害食品的犯罪分子通风报信，帮助逃避处罚的，应当认定为食品监管渎职罪；在渎职过程中受贿的，应当以食品监管渎职罪和受贿罪实行数罪并罚。

【相关立法】

《中华人民共和国刑法》第一百四十四条、第一百四十条、第四百零八条之一、第三百八十五条、第三百八十九条

【基本案情】

被告人胡林贵，男，1968年出生，重庆市人，原系广东省东莞市渝湘腊味食品有限公司股东。

被告人刘康清，男，1964年出生，重庆市人，原系广东省东莞市渝湘腊味食

品有限公司股东。

被告人叶在均，男，1954年出生，重庆市人，原系广东省东莞市渝湘腊味食品有限公司股东。

被告人刘国富，男，1976年出生，重庆市人，原系广东省东莞市渝湘腊味食品有限公司股东。

被告人张永富，男，1969年出生，重庆市人，原系广东省东莞市渝湘腊味食品有限公司股东。

被告人叶世科，男，1979年出生，重庆市人，原系广东省东莞市渝湘腊味食品有限公司驾驶员。

被告人骆梅，女，1977年出生，重庆市人，原系广东省东莞市大岭山镇信立农产品批发市场销售人员。

被告人刘康素，女，1971年出生，重庆市人，原系广东省东莞市中堂镇江南农产品批发市场销售人员。

被告人朱伟全，男，1958年出生，广东省人，无业。

被告人曾伟中，男，1971年出生，广东省人，无业。

被告人黎达文，男，1973年出生，广东省人，原系广东省东莞市中堂镇人民政府经济贸易办公室（简称经贸办）副主任、中堂镇食品药品监督站站长，兼任中堂镇食品安全委员会（简称食安委）副主任及办公室主任。

被告人王伟昌，男，1965年出生，广东省人，原系广东省东莞市中堂中心屠场稽查队队长。

被告人陈伟基，男，1982年出生，广东省人，原系广东省东莞市中堂中心屠场稽查队队员。

被告人余忠东，男，1963年出生，湖南省人，原系广东省东莞市江南市场经营管理有限公司仓储加工管理部主管。

（一）被告人胡林贵、刘康清、叶在均、刘国富、张永富等人于2011年6月以每人出资2万元，在未取得工商营业执照和卫生许可证的情况下，在东莞市中堂镇江南农产品批发市场租赁加工区建立加工厂，利用病、死、残猪猪肉为原料，加入亚硝酸钠、工业用盐等调料，生产腊肠、腊肉。并将生产出来的腊肠、腊肉运至该市农产品批发市场固定铺位进行销售，平均每天销售约500公斤。该工厂主要由胡林贵负责采购病、死、残猪猪肉，刘康清负责销售，刘国富等人负责加工生产，张永富、叶在均等人负责打杂及协作，该加工厂还聘请了被告人叶世科等人负责运输，聘请了骆梅、刘康素等人负责销售上述加工厂生产出的腊肠、腊肉，其中骆梅于2011年8月初开始受聘担任销售，刘康素于2011年9月初开始受聘担任销售。

2011年10月17日，经群众举报，执法部门查处了该加工厂，当场缴获腊肠500公斤、腊肉500公斤、未检验的腊肉半成品2吨、工业用盐24包（每包50公斤）、敌百虫8支、亚硝酸钠11支等物品；10月25日，公安机关在农产品批发市场固定铺位缴获胡林贵等人存放的半成品猪肉7980公斤，经广东省质量监督检测中心抽样检测，该半成品含敌百虫等有害物质严重超标。

（二）自2010年12月至2011年6月份期间，被告人朱伟全、曾伟中等人收购病、死、残猪后私自屠宰，每月运行20天，并将每天生产出的约500公斤猪肉销售给被告人胡林贵、刘康清等人。后曾伟中退出经营，朱伟全等人于2011年9月份开始至案发期间，继续每天向胡林贵等人合伙经营的腊肉加工厂出售病、死、残猪猪肉约500公斤。

（三）被告人黎达文于2008年起先后兼任中堂镇产品质量和食品安全工作领导小组成员、经贸办副主任、中堂食安委副主任兼办公室主任、食品药品监督站站长，负责对中堂镇全镇食品安全的监督管理，包括中堂镇内食品安全综合协调职能和依法组织各执法部门查处食品安全方面的举报等工作。被告人余忠东于2005年起在东莞市江南市场经营管理有限公司任仓储加工管理部的主管。

2010年至2011年期间，黎达文在组织执法人员查处江南农产品批发市场的无证照腊肉、腊肠加工窝点过程中，收受被告人刘康清、胡林贵、余忠东等人贿款共十一次，每次5000元，合计55000元，其中胡林贵参与行贿十一次，计55000元，刘康清参与行贿十次，计50000元，余忠东参与行贿六次，计30000元。

被告人黎达文在收受被告人刘康清、胡林贵、余忠东等人的贿款之后，滥用食品安全监督管理的职权，多次在组织执法人员检查江南农产品批发市场之前打电话通知余忠东或胡林贵，让胡林贵等人做好准备，把加工场内的病、死、残猪猪肉等生产原料和腊肉、腊肠藏好，逃避查处，导致胡林贵等人在一年多时间内持续非法利用病、死、残猪猪肉生产敌百虫和亚硝酸盐成分严重超标的腊肠、腊肉，销往东莞市及周边城市的食堂和餐馆。

被告人王伟昌自2007年起任中堂中心屠场稽查队队长，被告人陈伟基自2009年2月起任中堂中心屠场稽查队队员，二人所在单位受中堂镇政府委托负责中堂镇内私宰猪肉的稽查工作。2009年7月至2011年10月间，王伟昌、陈伟基在执法过程中收受刘康清、刘国富等人贿款，其中王伟昌、陈伟基共同收受贿款13100元，王伟昌单独受贿3000元。

王伟昌、陈伟基受贿后，滥用食品安全监督管理的职权，多次在带队稽查过程中，明知刘康清和刘国富等人非法销售死猪猪肉、排骨而不履行查处职责，王伟昌还多次在参与中堂镇食安委组织的联合执法行动前打电话给刘康清通风报信，让刘康清等人逃避查处。

【诉讼过程】

2011年10月22日，胡林贵、刘康清因涉嫌生产、销售有毒、有害食品罪被刑事拘留，11月24日被逮捕。2011年10月23日，叶在均、刘国富、张永富、叶世科、骆梅、刘康素因涉嫌生产、销售有毒、有害食品罪被刑事拘留，11月24日被逮捕。2011年10月28日，朱伟全、曾伟中因涉嫌生产、销售有毒、有害食品罪被刑事拘留，11月24日被逮捕。2012年3月6日，黎达文因涉嫌受贿罪被刑事拘留，3月20日被逮捕。2012年4月26日，王伟昌、陈伟基因涉嫌受贿罪被刑事拘留，5月10日被逮捕。2012年3月6日，余忠东因涉嫌受贿罪被刑事拘留，3月20日被逮捕。

被告人胡林贵、刘康清、叶在均、刘国富、张永富、叶世科、骆梅、刘康素、曾伟中、朱伟全涉嫌生产、销售有毒、有害食品罪一案，由广东省东莞市公安局侦查终结，移送东莞市第一市区人民检察院审查起诉。被告人黎达文、王伟昌、陈伟基涉嫌受贿、食品监管渎职罪，被告人胡林贵、刘康清、余忠东涉嫌行贿罪一案，由东莞市人民检察院侦查终结，移送东莞市第一市区人民检察院审查起诉。因上述两个案件系关联案件，东莞市第一市区人民检察院决定并案审查。东莞市第一市区人民检察院经审查认为，被告人胡林贵、刘康清、叶在均、刘国富、张永富、叶世科无视国法，在生产、销售的食品中掺入有毒、有害的非食品原料，胡林贵、刘康清还为谋取不正当利益，多次向被告人黎达文、王伟昌、陈伟基等人行贿，胡林贵、刘康清的行为均已触犯了《中华人民共和国刑法》第一百四十四条、第三百八十九条第一款之规定，被告人叶在均、刘国富、张永富、叶世科的行为均已触犯了《中华人民共和国刑法》第一百四十四条之规定；被告人骆梅、刘康素在销售中以不合格产品冒充合格产品，其中骆梅销售的金额五十万元以上，刘康素销售的金额二十万元以上，二人的行为均已触犯了《中华人民共和国刑法》第一百四十条之规定；被告人朱伟全、曾伟中在生产、销售中以不合格产品冒充合格产品，生产、销售金额五十万元以上，二人的行为均已触犯了《中华人民共和国刑法》第一百四十条之规定；被告人黎达文、王伟昌、陈伟基身为国家机关工作人员，利用职务之便，多次收受贿款，同时黎达文、王伟昌、陈伟基身为负有食品安全监督管理职责的国家机关工作人员，滥用职权为刘康清等人谋取非法利益，造成恶劣社会影响，三人的行为已分别触犯了《中华人民共和国刑法》第三百八十五条第一款、第四百零八条之一之规定；被告人余忠东为谋取不正当利益，多次向被告人黎达文、王伟昌、陈伟基等人行贿，其行为已触犯《中华人民共和国刑法》第三百八十九条第一款之规定。2012 年 5 月 29 日，东莞市第一市区人民检察院以被告人胡林贵、刘康清犯生产、销售有毒、有害食品罪、行贿罪，叶在均、刘国富、张永富、叶世科犯生产、销售有毒、有害食品罪，骆梅、刘康素犯销售伪劣产品罪，朱伟全、曾伟中犯生产、销售伪劣产品罪，黎达文、王伟昌、陈伟基犯受贿罪、食品监管渎职罪，余忠东犯行贿罪，向东莞市第一人民法院提起公诉。

2012 年 7 月 9 日，东莞市第一人民法院一审认为，被告人胡林贵、刘康清、叶在均、刘国富、张永富、叶世科无视国法，在生产、销售的食品中掺入有毒、有害的非食品原料，其行为已构成生产、销售有毒、有害食品罪，且属情节严重；被告人骆梅、刘康素作为产品销售者，以不合格产品冒充合格产品，其中被告人骆梅销售金额为五十万元以上不满二百万元，被告人刘康素销售金额为二十万元以上不满五十万元，其二人的行为已构成销售伪劣产品罪；被告人朱伟全、曾伟中在生产、销售中以不合格产品冒充合格产品，涉案金额五十万元以上不满二百万元，其二人的行为已构成生产、销售伪劣产品罪；被告人黎达文身为国家工作人员，被告人王伟昌、陈伟基身为受国家机关委托从事公务的人员，均利用职务之便，多次收受贿款，同时，被告人黎达文、王伟昌、陈伟基还违背所负的食品安全监督管理职责，滥用职权为刘康清等人谋取非法利益，造成严重后果，被告人黎达文、王伟昌、陈伟基的行为已构成受贿罪、食品监管渎职罪；被告人胡林贵、刘康清、余忠东为谋取不正当利益，多次向黎达文、王伟昌、陈伟基等人行贿，其三人的行为均已构成行贿罪。对上述被告人的犯罪行为，依法均应惩处，对被告人胡林贵、刘康清、黎达文、王伟昌、陈伟基依法予以数罪并罚。被告人刘康清系累犯，依法应从重处罚；刘康清在被追诉前主动交代其行贿行为，依法可以从轻处罚；刘康清还举报了胡林贵向黎达文行贿5000元的事实，并经查证属实，是立功，依法可以从轻处罚。被告人黎达文、王伟昌、陈伟基归案后已向侦查机关退出全部赃款，对其从轻处罚。被告人胡林贵、刘康清、张永富、叶世科、余忠东归案后如实供述犯罪事实，认罪态度较好，均可从轻处罚；被告人黎达文在法庭上认罪态度较好，可酌情从轻处罚。依照刑法相关条款规定，判决：

（一）被告人胡林贵犯生产、销售有毒、有害食品罪和行贿罪，数罪并罚，判处有期徒刑九年九个月，并处罚金人民币十万元。被告人刘康清犯生产、销售有毒、有害食品罪和行贿罪，数罪并罚，判处有期徒刑九年，并处罚金人民币九万元。被告人叶在均、刘国富、张永富、叶世科犯生产、销售有毒、有害食品罪，分别判处有期徒刑八年六个月并处罚金人民币十万元、有期徒刑八年六个月并处罚金人民币十万元、有期徒刑八年三个月并处罚金人民币十万元、有期徒刑七年九个月并处罚金人民币五万元。被告人骆梅、刘康素犯销售伪劣产品罪，分别判处有期徒刑七年六个月并处罚金人民币三万元、有期徒刑六年并处罚金人民币二万元。

（二）被告人朱伟全、曾伟中犯生产、销售伪劣产品罪，分别判处有期徒刑八年并处罚金人民币七万元、有期徒刑七年六个月并处罚金人民币六万元。

（三）被告人黎达文犯受贿罪和食品监管渎职罪，数罪并罚，判处有期徒刑七年六个月，并处没收个人财产人民币一万元。被告人王伟昌犯受贿罪和食品监管渎职罪，数罪并罚，判处有期徒刑三年三个月。被告人陈伟基犯受贿罪和食品监管渎职罪，数罪并罚，判处有期徒刑二年六个月。被告人余忠东犯行贿罪，判处有期徒刑十个月。

一审宣判后，被告人胡林贵、刘康清、叶在均、刘国富、张永富、叶世科、骆梅、刘康素、曾伟中、黎达文、王伟昌、陈伟基提出上诉。

2012年8月21日，广东省东莞市中级人民法院二审裁定驳回上诉，维持原判。

第二章　生产、销售、提供假药罪

【立案追诉标准】

生产、销售、提供假药案（《刑法》第141条）

生产、销售假药的，应予立案追诉。但销售少量根据民间传统配方私自加工的药品，或者销售少量未经批准进口的国外、境外药品，没有造成他人伤害后果或者延误诊治，情节显著轻微危害不大的除外。

《最高人民检察院、公安部关于公安机关管辖的刑事案件立案追诉标准的规定（一）的补充规定》（2017年4月27日）第2条第1款

【犯罪构成及刑事责任】

生产、销售、提供假药罪，是指生产者、销售者明知是假药而进行生产或销售的行为，或者药品使用单位的人员明知是假药而提供给他人使用的行为。构成本罪需要具备以下四个要件：

1. 客体要件

本罪侵犯的是复杂客体，即国家药品监管秩序和公民的生命权、健康权。犯罪对象是假药，即依照《药品管理法》的规定属于假药和按假药处理的药品、非药品。关于假药的认定，《药品管理法》第98条规定，有下列情形之一的，为"假药"：（1）药品所含成份与国家药品标准规定的成份不符；（2）以非药品冒充药品或者以他种药品冒充此种药品；（3）变质的药品；（4）药品所标明的适应症或者功能主治超出规定范围。另外，作为本罪犯罪对象的假药是指人用药品，生

产、销售假农药、假兽药不在此范围。

2. 客观要件

本罪的客观方面表现为生产、销售假药的行为，或者药品使用单位的人员明知是假药而提供给他人使用的行为。本罪是行为犯，并不要求有实际的危害结果发生。如果对人体健康造成严重危害或者有其他严重情节的，要处以更重的刑罚。本罪是选择性罪名，行为人只要实施了生产、销售、提供假药行为之一，就构成本罪，既有生产行为，又有销售或提供行为的，不构成数罪，仍以一罪论处。药品使用单位人员的“提供”行为，包括有偿提供和无偿提供两种情形。

关于“生产”“销售”“提供”的认定，根据《最高人民法院、最高人民检察院关于办理危害药品安全刑事案件适用法律若干问题的解释》第 6 条规定，以生产、销售、提供假药、劣药为目的，合成、精制、提取、储存、加工炮制药品原料，或者在将药品原料、辅料、包装材料制成成品过程中，进行配料、混合、制剂、储存、包装的，应当认定为《刑法》第 141 条、第 142 条规定的“生产”。药品使用单位及其工作人员明知是假药、劣药而有偿提供给他人使用的，应当认定为《刑法》第 141 条、第 142 条规定的“销售”；无偿提供给他人使用的，应当认定为《刑法》第 141 条、第 142 条规定的“提供”。

3. 主体要件

根据《刑法》第 141 条的规定，本罪主体是生产者、销售者、药品使用单位的提供者，自然人和单位实施生产、销售、提供假药行为的，都可以成为生产者、销售者。因此，本罪的主体既可以是达到法定刑事责任年龄且具有刑事责任能力的自然人，也可以是单位。

4. 主观要件

本罪的主观方面是故意，即行为人明知生产、销售或提供的是假药仍为之。

根据《刑法》第 141 条的规定，犯本罪，处三年以下有期徒刑或者拘役，并处罚金；对人体健康造成严重危害或者有其他严重情节的，处三年以上十年以下有期徒刑，并处罚金；致人死亡或者有其他特别严重情节的，处十年以上有期徒刑、无期徒刑或者死刑，并处罚金或者没收财产。

根据《刑法》第 150 条的规定，单位犯本罪，对单位判处罚金，并对其直接负责的主管人员和其他直接责任人员，依照《刑法》第141条的规定处罚。

【疑难指导】

一、关于“假药”“劣药”的认定、检验问题

“假药”“劣药”是构成涉药品安全犯罪的犯罪对象，如何准确认定“假药”“劣药”成为办理此类犯罪案件的关键。根据《最高人民法院、最高人民检察院关于办理危害药品安全刑事案件适用法律若干问题的解释》第19条的规定，《刑法》第141条、第142条规定的“假药”“劣药”，依照《药品管理法》的规定认定。

同时，该司法解释结合司法实践中的具体情况，进行了分类处理：一是对于《药品管理法》第98条第2款第2项（“以非药品冒充药品或者以他种药品冒充此种药品”）、第4项（“药品所标明的适应症或者功能主治超出规定范围”）及第3款第3项至第6项（“未标明或者更改有效期的药品”“未注明或者更改产品批号的药品”“超过有效期的药品”“擅自添加防腐剂、辅料的药品”）规定的假药、劣药，能够根据现场查获的原料、包装，结合犯罪嫌疑人、被告人供述等证据材料作出判断的，可以由地市级以上药品监督管理部门出具认定意见。二是对于依据《药品管理法》第98条第2款、第3款的其他规定（假药：“药品所含成份与国家药品标准规定的成份不符”“变质的药品”；劣药：“药品成份的含量不符合国家药品标准”“被污染的药品”“其他不符合药品标准的药品”）认定假药、劣药，或者是否属于第98条第2款第2项（“以非药品冒充药品或者以他种药品冒充此种药品”）、第3款第6项（“擅自添加防腐剂、辅料的药品”）规定的假药、劣药存在争议的，应当由省级以上药品监督管理部门设置或者确定的药品检验机构进行检验，出具质量检验结论。三是司法机关根据认定意见、检验结论，结合其他证据作出认定。

由此可见，并非所有涉药品刑事案件都需要检验、鉴定，而是要根据专业性要求、判断难易程度等进行差异化处理，即对于像生产销售的为过期药品等较为明显的情形，只需要地市级以上药品监督管理部门出具认定意见；而对于一些情况复杂难以确定的情形，则需要省级以上药品监督管理部门设置或者确定的药品检验机构进行检验，出具质量检验结论。同时，司法机关判断对象物是否为“假

药”“劣药”，除了依据专业部门出具的认定意见、检验结论之外，还要结合案件中的其他证据综合判断分析。

另外，对于部分案件，司法人员可以根据检验结果进行判断，并非都需要得到行政部门认定、认可。这一点在2020年6月15日国家药监局综合司发布的《关于进一步做好案件查办工作有关事项的通知》中也予以明确：“对标明的适应症或者功能主治超出规定范围的药品，过期药品，未标明或者更改有效期、产品批号的药品，以及其他有充分证据证明其为假药或者劣药的，无需送药品检验机构检验，可以直接出具认定意见。”2020年7月14日国家药监局综合司发布的《关于假药劣药认定有关问题的复函》也明确指出，对假药、劣药的处罚决定，有的无需载明药品检验机构的质量检验结论。根据《药品管理法》第98条第2款第4项“药品所标明的适应症或者功能主治超出规定范围”认定为假药，以及根据《药品管理法》第98条第3款第3项至第7项认定为劣药，只需要事实认定，不需要对涉案药品进行检验，处罚决定亦无需载明药品检验机构的质量检验结论。

二、关于主观明知的认定

在实践中，行为人往往会辩称对某种药品是否为假药并不知情。因此，认定行为人是否明知假药而生产、销售、提供，要根据案件的客观事实予以综合分析。根据《最高人民法院、最高人民检察院关于办理危害药品安全刑事案件适用法律若干问题的解释》第10条的规定，应当结合行为人的从业经历、认知能力、药品质量、进货渠道和价格、销售渠道和价格以及生产、销售方式等事实综合判断认定行为人的主观故意。具体而言，如果行为人具有下列情形之一且没有其他证据反证的，就可以认定行为人有实施相关犯罪的主观故意：（1）药品价格明显异于市场价格的；（2）向不具有资质的生产者、销售者购买药品，且不能提供合法有效的来历证明的；（3）逃避、抗拒监督检查的；（4）转移、隐匿、销毁涉案药品、进销货记录的；（5）曾因实施危害药品安全违法犯罪行为受过处罚，又实施同类行为的；（6）其他足以认定行为人主观故意的情形。

另外，根据《最高人民检察院关于全面履行检察职能为推进健康中国建设提供有力司法保障的意见》第4条的规定，办案中要严格落实罪刑法定原则，贯彻宽严相济刑事政策，对于销售少量根据民间传统配方私自加工的药品，或者销售少量未经批准进口的国外、境外药品，没有造成他人伤害后果或者延误诊治的行为，以及病患者实施的不以营利为目的带有自救、互助性质的制售药品行为，不作为犯罪处理。

三、关于药品金额的认定

一是生产、销售、提供假药的金额认定，直接关系到刑罚适用。《最高人民法院、最高人民检察院关于办理危害药品安全刑事案件适用法律若干问题的解释》根据生产、销售、提供假药的金额不同（例如，50万元以上、20万元至50万元、10万元至20万元），明确了在一定情形下分别对应不同量刑档次。

二是对于行为人为出售而购进假药但尚未销售的情形，金额怎么认定？这类犯罪情形是司法实践中经常遇到的，应认定为销售假药罪既遂，该部分金额属于销售金额。根据上述司法解释第20条规定，“生产、提供药品的金额”是指药品的货值金额。“销售金额”是指销售假药、劣药所得和可得的全部违法收入。具体包括生产、销售后已经实际得到的金额、已生产或者购进但尚未销售的金额、已售出但尚未收到的金额。主要是实践中大多数情况下，要准确查明生产、销售假药、劣药者已经实际销售的金额，往往存在很大困难；仅根据销售金额定罪量刑，还存在轻纵犯罪问题，因此，应对“销售金额”作广义理解，将所得和可得的全部违法收入也计入。

三是关于“金额”的计算问题。《最高人民法院、最高人民检察院关于办理生产、销售伪劣商品刑事案件具体应用法律若干问题的解释》第2条规定，刑法第140条、第149条规定的“销售金额”，是指生产者、销售者出售伪劣产品后所得和应得的全部违法收入。伪劣产品尚未销售，货值金额达到《刑法》第140条规定的销售金额三倍以上的，以生产、销售伪劣产品罪（未遂）定罪处罚。货值金额以违法生产、销售的伪劣产品的标价计算；没有标价的，按照同类合格产品的市场中间价格计算；货值金额难以确定的，按照国家计划委员会、最高人民法院、最高人民检察院、公安部1997年4月22日联合发布的《扣押、追缴、没收物品估价管理办法》的规定，委托指定的估价机构确定。多次实施生产、销售伪劣产品行为，未经处理的，伪劣产品的销售金额或者货值金额累计计算。因此，在不同罪名中，对于“销售金额”的范围和理解应予区分。

四、关于“药品使用单位的人员”的理解

这主要是针对《刑法修正案（十一）》对本条文增加“提供”行为而言的，根据《药品管理法》第72条第2款规定，医疗机构以外的其他药品使用单位，应当遵守本法有关医疗机构使用药品的规定。由此可见，药品使用单位包括但不限于医疗机构。

根据《医疗机构管理条例实施细则》第2条规定，医疗机构是指依据条例和本细则的规定，经登记取得《医疗机构执业许可证》的机构。第3条采取“详细列举+兜底”的形式明确了14类医疗机构：综合医院、中医医院、中西医结合医院、民族医医院、专科医院、康复医院；妇幼保健院、妇幼保健计划生育服务中心；社区卫生服务中心、社区卫生服务站；中心卫生院、乡（镇）卫生院、街道卫生院；疗养院；综合门诊部、专科门诊部、中医门诊部、中西医结合门诊部、民族医门诊部；诊所、中医诊所、民族医诊所、卫生所、医务室、卫生保健所、卫生站；村卫生室（所）；急救中心、急救站；临床检验中心；专科疾病防治院、专科疾病防治所、专科疾病防治站；护理院、护理站；医学检验实验室、病理诊断中心、医学影像诊断中心、血液透析中心、安宁疗护中心；其他诊疗机构。

除医疗机构外，药品使用单位还应包括疾病预防控制中心、戒毒所等单位。“药品使用单位的人员”应理解为药品使用单位中具有药品管理、采购、使用等权限的人员，其他如后勤人员、办公室一般工作人员等，不宜包括在内。

五、药品管理法修订对药品刑事案件的影响

《药品管理法》是我国药品监管的基本法律，该法于2001年首次修订，后于2013年、2015年两次修正，2019年再次修订。《药品管理法》修订后改变了对假劣药的认定。2015年的《药品管理法》将假劣药品分为假药、按假药论处的药品、劣药以及按劣药论处的药品。2019年的《药品管理法》对假劣药品的分类作出重大调整，取消了“按假药论处”“按劣药论处”的有关规定，对假药、劣药认定强调功效标准，对于“未取得药品批准证明文件生产、进口药品的”情形不再以假药论处，而是规定了另外的法律责任。2019年的《药品管理法》规定了4种假药情形和7种劣药情形，其中，4种假药情形来源于2015年的《药品管理法》第48条第2款“假药”的第1项、第2项和第3款“按假药论处”的第3项、第

6项；7种劣药情形来源于2015年的《药品管理法》第49条第2款“劣药”规定和第3款“按劣药论处”的第1、2、3、5、6项以及“按假药论处”的第4项。由此可见，2019年的《药品管理法》规定的11种假、劣药情形均来自2015年的《药品管理法》，个别条文内容略有修改，如将劣药中的“擅自添加着色剂、防腐剂、香料、矫味剂及辅料的”修改为“擅自添加防腐剂、辅料的药品”，“其他不符合药品标准规定的”修改为“其他不符合药品标准的药品”，但并未新设项目。虽然这些情形不是新规定，但过去的药品刑事案件中“按假药论处”“按劣药论处”的多，对涉案产品进行实质功效判断的少，有些情形的判断还缺乏统一标准或者一致意见。如何准确认定、判断上述假、劣药情形，是办理药品刑事案件需要面临的核心问题。按照《药品管理法》的立法精神及从旧兼从轻原则，办理药品刑事案件时，判断涉案药品是否属于假药应以修订后的《药品管理法》为依据进行实质判断。如涉案药品不属于该法规定的假劣药情形，不能以生产、销售、提供假（劣）药罪对涉案人员定罪处罚。

六、《刑法修正案（十一）》带来的变化

2020年12月26日，第十三届全国人民代表大会常务委员会第二十四次会议通过《刑法修正案（十一）》，就药品犯罪相关规定进行了修改。主要有以下几方面：

一是对《刑法》第141条生产、销售、提供假药罪和第142条生产、销售、提供劣药罪作出修改，删除了原条文中关于假药和劣药概念界定。这主要是基于《药品管理法》在2019年对假药、劣药的范围进行的重大调整。笔者认为，虽然《刑法》条文中不再直接引用《药品管理法》的相关概念规定，但刑事上认定假药、劣药仍应与《药品管理法》对假药、劣药的界定保持一致。

二是增加了提供药品行为的规定。2019年的《药品管理法》第119条规定，药品使用单位使用假药、劣药的，按照销售假药、零售劣药的规定处罚。在此基础上，《刑法修正案（十一）》明确了对药品使用单位人员明知是假药或劣药而提供给他人使用的行为进行处罚。2021年的《最高人民法院、最高人民检察院关于执行〈中华人民共和国刑法〉确定罪名的补充规定（七）》将《刑法》第141条、第142条的罪名由“生产、销售假药罪”“生产、销售劣药罪”修改为“生产、销售、提供假药罪”“生产、销售、提供劣药罪”。

三是提高罚金刑。《刑法修正案（十一）》将《刑法》第142条中的倍比制罚金刑修改为无限制罚金刑，与《刑法》第141条保持一致，从而体现立法加大对该罪的惩戒力度。

【办案依据】

一、《刑法》规定

第一百四十一条　生产、销售假药的，处三年以下有期徒刑或者拘役，并处罚金；对人体健康造成严重危害或者有其他严重情节的，处三年以上十年以下有期徒刑，并处罚金；致人死亡或者有其他特别严重情节的，处十年以上有期徒刑、无期徒刑或者死刑，并处罚金或者没收财产。

药品使用单位的人员明知是假药而提供给他人使用的，依照前款的规定处罚。

第一百四十九条　生产、销售本节第一百四十一条至第一百四十八条所列产品，不构成各该条规定的犯罪，但是销售金额在五万元以上的，依照本节第一百四十条的规定定罪处罚。

生产、销售本节第一百四十一条至第一百四十八条所列产品，构成各该条规定的犯罪，同时又构成本节第一百四十条规定之罪的，依照处罚较重的规定定罪处罚。

第一百五十条　单位犯本节第一百四十条至第一百四十八条规定之罪的，对单位判处罚金，并对其直接负责的主管人员和其他直接责任人员，依照各该条的规定处罚。

二、司法解释

（一）《最高人民法院、最高人民检察院关于办理生产、销售伪劣商品刑事案件具体应用法律若干问题的解释》（2001年4月10日，法释〔2001〕10号）

第三条　经省级以上药品监督管理部门设置或者确定的药品检验机构鉴定，生产、销售的假药具有下列情形之一的，应认定为刑法第一百四十一条规定的“足以严重危害人体健康”：

（一）含有超标准的有毒有害物质的；

(二)不含所标明的有效成份，可能贻误诊治的；

(三)所标明的适应症或者功能主治超出规定范围，可能造成贻误诊治的；

(四)缺乏所标明的急救必需的有效成份的。

生产、销售的假药被使用后，造成轻伤、重伤或者其他严重后果的，应认定为“对人体健康造成严重危害”。

生产、销售的假药被使用后，致人严重残疾，3人以上重伤、10人以上轻伤或者造成其他特别严重后果的，应认定为“对人体健康造成特别严重危害”。

(二)《最高人民法院、最高人民检察院关于办理危害药品安全刑事案件适用法律若干问题的解释》(2022年3月3日，高检发释字〔2022〕1号)

第一条 生产、销售、提供假药，具有下列情形之一的，应当酌情从重处罚：

(一) 涉案药品以孕产妇、儿童或者危重病人为主要使用对象的；

(二) 涉案药品属于麻醉药品、精神药品、医疗用毒性药品、放射性药品、生物制品，或者以药品类易制毒化学品冒充其他药品的；

(三) 涉案药品属于注射剂药品、急救药品的；

(四) 涉案药品系用于应对自然灾害、事故灾难、公共卫生事件、社会安全事件等突发事件的；

(五) 药品使用单位及其工作人员生产、销售假药的；

(六) 其他应当酌情从重处罚的情形。

第二条 生产、销售、提供假药，具有下列情形之一的，应当认定为刑法第一百四十一条规定的“对人体健康造成严重危害”：

(一) 造成轻伤或者重伤的；

(二) 造成轻度残疾或者中度残疾的；

(三) 造成器官组织损伤导致一般功能障碍或者严重功能障碍的；

(四) 其他对人体健康造成严重危害的情形。

第三条 生产、销售、提供假药，具有下列情形之一的，应当认定为刑法第一百四十一条规定的“其他严重情节”：

(一) 引发较大突发公共卫生事件的；

(二) 生产、销售、提供假药的金额二十万元以上不满五十万元的；

（三）生产、销售、提供假药的金额十万元以上不满二十万元，并具有本解释第一条规定情形之一的；

（四）根据生产、销售、提供的时间、数量、假药种类、对人体健康危害程度等，应当认定为情节严重的。

第四条　生产、销售、提供假药，具有下列情形之一的，应当认定为刑法第一百四十一条规定的“其他特别严重情节”：

（一）致人重度残疾以上的；

（二）造成三人以上重伤、中度残疾或者器官组织损伤导致严重功能障碍的；

（三）造成五人以上轻度残疾或者器官组织损伤导致一般功能障碍的；

（四）造成十人以上轻伤的；

（五）引发重大、特别重大突发公共卫生事件的；

（六）生产、销售、提供假药的金额五十万元以上的；

（七）生产、销售、提供假药的金额二十万元以上不满五十万元，并具有本解释第一条规定情形之一的；

（八）根据生产、销售、提供的时间、数量、假药种类、对人体健康危害程度等，应当认定为情节特别严重的。

第五条　生产、销售、提供劣药，具有本解释第一条规定情形之一的，应当酌情从重处罚。

生产、销售、提供劣药，具有本解释第二条规定情形之一的，应当认定为刑法第一百四十二条规定的“对人体健康造成严重危害”。

生产、销售、提供劣药，致人死亡，或者具有本解释第四条第一项至第五项规定情形之一的，应当认定为刑法第一百四十二条规定的“后果特别严重”。

第六条　以生产、销售、提供假药、劣药为目的，合成、精制、提取、储存、加工炮制药品原料，或者在将药品原料、辅料、包装材料制成成品过程中，进行配料、混合、制剂、储存、包装的，应当认定为刑法第一百四十一条、第一百四十二条规定的“生产”。

药品使用单位及其工作人员明知是假药、劣药而有偿提供给他人使用的，应当认定为刑法第一百四十一条、第一百四十二条规定的“销售”；无偿提供给他人使用的，应当认定为刑法第一百四十一条、第一百四十二条规定的“提供”。

第七条 实施妨害药品管理的行为，具有下列情形之一的，应当认定为刑法第一百四十二条之一规定的“足以严重危害人体健康”：

（一）生产、销售国务院药品监督管理部门禁止使用的药品，综合生产、销售的时间、数量、禁止使用原因等情节，认为具有严重危害人体健康的现实危险的；

（二）未取得药品相关批准证明文件生产药品或者明知是上述药品而销售，涉案药品属于本解释第一条第一项至第三项规定情形的；

（三）未取得药品相关批准证明文件生产药品或者明知是上述药品而销售，涉案药品的适应症、功能主治或者成分不明的；

（四）未取得药品相关批准证明文件生产药品或者明知是上述药品而销售，涉案药品没有国家药品标准，且无核准的药品质量标准，但检出化学药成分的；

（五）未取得药品相关批准证明文件进口药品或者明知是上述药品而销售，涉案药品在境外也未合法上市的；

（六）在药物非临床研究或者药物临床试验过程中故意使用虚假试验用药品，或者瞒报与药物临床试验用药品相关的严重不良事件的；

（七）故意损毁原始药物非临床研究数据或者药物临床试验数据，或者编造受试动物信息、受试者信息、主要试验过程记录、研究数据、检测数据等药物非临床研究数据或者药物临床试验数据，影响药品的安全性、有效性和质量可控性的；

（八）编造生产、检验记录，影响药品的安全性、有效性和质量可控性的；

（九）其他足以严重危害人体健康的情形。

对于涉案药品是否在境外合法上市，应当根据境外药品监督管理部门或者权利人的证明等证据，结合犯罪嫌疑人、被告人及其辩护人提供的证据材料综合审查，依法作出认定。

对于“足以严重危害人体健康”难以确定的，根据地市级以上药品监督管理部门出具的认定意见，结合其他证据作出认定。

第八条 实施妨害药品管理的行为，具有本解释第二条规定情形之一的，应当认定为刑法第一百四十二条之一规定的“对人体健康造成严重危害”。

实施妨害药品管理的行为，足以严重危害人体健康，并具有下列情形之一的，应当认定为刑法第一百四十二条之一规定的“有其他严重情节”：

（一）生产、销售国务院药品监督管理部门禁止使用的药品，生产、销售的金额五十万元以上的；

（二）未取得药品相关批准证明文件生产、进口药品或者明知是上述药品而销售，生产、销售的金额五十万元以上的；

（三）药品申请注册中提供虚假的证明、数据、资料、样品或者采取其他欺骗手段，造成严重后果的；

（四）编造生产、检验记录，造成严重后果的；

（五）造成恶劣社会影响或者具有其他严重情节的情形。

实施刑法第一百四十二条之一规定的行为，同时又构成生产、销售、提供假药罪、生产、销售、提供劣药罪或者其他犯罪的，依照处罚较重的规定定罪处罚。

第九条　明知他人实施危害药品安全犯罪，而有下列情形之一的，以共同犯罪论处：

（一）提供资金、贷款、账号、发票、证明、许可证件的；

（二）提供生产、经营场所、设备或者运输、储存、保管、邮寄、销售渠道等便利条件的；

（三）提供生产技术或者原料、辅料、包装材料、标签、说明书的；

（四）提供虚假药物非临床研究报告、药物临床试验报告及相关材料的；

（五）提供广告宣传的；

（六）提供其他帮助的。

第十条　办理生产、销售、提供假药、生产、销售、提供劣药、妨害药品管理等刑事案件，应当结合行为人的从业经历、认知能力、药品质量、进货渠道和价格、销售渠道和价格以及生产、销售方式等事实综合判断认定行为人的主观故意。具有下列情形之一的，可以认定行为人有实施相关犯罪的主观故意，但有证据证明确实不具有故意的除外：

（一）药品价格明显异于市场价格的；

（二）向不具有资质的生产者、销售者购买药品，且不能提供合法有效的来历证明的；

（三）逃避、抗拒监督检查的；

（四）转移、隐匿、销毁涉案药品、进销货记录的；

（五）曾因实施危害药品安全违法犯罪行为受过处罚，又实施同类行为的；

（六）其他足以认定行为人主观故意的情形。

第十一条 以提供给他人生产、销售、提供药品为目的，违反国家规定，生产、销售不符合药用要求的原料、辅料，符合刑法第一百四十条规定的，以生产、销售伪劣产品罪从重处罚；同时构成其他犯罪的，依照处罚较重的规定定罪处罚。

第十二条 广告主、广告经营者、广告发布者违反国家规定，利用广告对药品作虚假宣传，情节严重的，依照刑法第二百二十二条的规定，以虚假广告罪定罪处罚。

第十三条 明知系利用医保骗保购买的药品而非法收购、销售，金额五万元以上的，应当依照刑法第三百一十二条的规定，以掩饰、隐瞒犯罪所得罪定罪处罚；指使、教唆、授意他人利用医保骗保购买药品，进而非法收购、销售，符合刑法第二百六十六条规定的，以诈骗罪定罪处罚。

对于利用医保骗保购买药品的行为人是否追究刑事责任，应当综合骗取医保基金的数额、手段、认罪悔罪态度等案件具体情节，依法妥当决定。利用医保骗保购买药品的行为人是否被追究刑事责任，不影响对非法收购、销售有关药品的行为人定罪处罚。

对于第一款规定的主观明知，应当根据药品标志、收购渠道、价格、规模及药品追溯信息等综合认定。

第十四条 负有药品安全监督管理职责的国家机关工作人员，滥用职权或者玩忽职守，构成药品监管渎职罪，同时构成商检徇私舞弊罪、商检失职罪等其他渎职犯罪的，依照处罚较重的规定定罪处罚。

负有药品安全监督管理职责的国家机关工作人员滥用职权或者玩忽职守，不构成药品监管渎职罪，但构成前款规定的其他渎职犯罪的，依照该其他犯罪定罪处罚。

负有药品安全监督管理职责的国家机关工作人员与他人共谋，利用其职务便利帮助他人实施危害药品安全犯罪行为，同时构成渎职犯罪和危害药品安全犯罪共犯的，依照处罚较重的规定定罪从重处罚。

第十五条　对于犯生产、销售、提供假药罪、生产、销售、提供劣药罪、妨害药品管理罪的，应当结合被告人的犯罪数额、违法所得，综合考虑被告人缴纳罚金的能力，依法判处罚金。罚金一般应当在生产、销售、提供的药品金额二倍以上；共同犯罪的，对各共同犯罪人合计判处的罚金一般应当在生产、销售、提供的药品金额二倍以上。

第十六条　对于犯生产、销售、提供假药罪、生产、销售、提供劣药罪、妨害药品管理罪的，应当依照刑法规定的条件，严格缓刑、免予刑事处罚的适用。对于被判处刑罚的，可以根据犯罪情况和预防再犯罪的需要，依法宣告职业禁止或者禁止令。《中华人民共和国药品管理法》等法律、行政法规另有规定的，从其规定。

对于被不起诉或者免予刑事处罚的行为人，需要给予行政处罚、政务处分或者其他处分的，依法移送有关主管机关处理。

第十七条　单位犯生产、销售、提供假药罪、生产、销售、提供劣药罪、妨害药品管理罪的，对单位判处罚金，并对直接负责的主管人员和其他直接责任人员，依照本解释规定的自然人犯罪的定罪量刑标准处罚。

单位犯罪的，对被告单位及其直接负责的主管人员、其他直接责任人员合计判处的罚金一般应当在生产、销售、提供的药品金额二倍以上。

第十八条　根据民间传统配方私自加工药品或者销售上述药品，数量不大，且未造成他人伤害后果或者延误诊治的，或者不以营利为目的实施带有自救、互助性质的生产、进口、销售药品的行为，不应当认定为犯罪。

对于是否属于民间传统配方难以确定的，根据地市级以上药品监督管理部门或者有关部门出具的认定意见，结合其他证据作出认定。

第十九条　刑法第一百四十一条、第一百四十二条规定的“假药”“劣药”，依照《中华人民共和国药品管理法》的规定认定。

对于《中华人民共和国药品管理法》第九十八条第二款第二项、第四项及第三款第三项至第六项规定的假药、劣药，能够根据现场查获的原料、包装，结合犯罪嫌疑人、被告人供述等证据材料作出判断的，可以由地市级以上药品监督管理部门出具认定意见。对于依据《中华人民共和国药品管理法》第九十八条第二款、第三款的其他规定认定假药、劣药，或者是否属于第九十八条第二款第二项、第三款第六项规定的假药、劣药存在争议的，应当由省级以上药品监督管理部门设置或者确定的药品检验机构进行检验，出具质量检验结论。司法机关根据认定意见、检验结论，结合其他证据作出认定。

第二十条 对于生产、提供药品的金额，以药品的货值金额计算；销售药品的金额，以所得和可得的全部违法收入计算。

第二十一条 本解释自2022年3月6日起施行。本解释公布施行后，《最高人民法院、最高人民检察院关于办理危害药品安全刑事案件适用法律若干问题的解释》（法释〔2014〕14号）、《最高人民法院、最高人民检察院关于办理药品、医疗器械注册申请材料造假刑事案件适用法律若干问题的解释》（法释〔2017〕15号）同时废止。

三、司法文件

（一）《最高人民法院关于充分发挥审判职能作用切实维护公共安全的若干意见》（2015年9月16日）

10. 依法惩治危害食品药品安全犯罪。食品药品安全形势不容乐观，重大、恶性食品药品安全犯罪案件时有发生，党中央高度关注，人民群众反映强烈。要以"零容忍"的态度，坚持最严厉的处罚、最严肃的问责，依法严惩生产、销售有毒、有害食品、不符合卫生标准的食品，以及生产、销售假药、劣药等犯罪。要充分认识此类犯罪的严重社会危害，严格缓刑、免刑等非监禁刑的适用。要采取有效措施依法追缴违法犯罪所得，充分适用财产刑，坚决让犯罪分子在经济上无利可图、得不偿失。要依法适用禁止令，有效防范犯罪分子再次危害社会。

（二）《最高人民检察院关于全面履行检察职能为推进健康中国建设提供有力司法保障的意见》（2016年9月29日）

4. 依法惩治危害药品安全犯罪，促进解决医药领域乱象。依法惩治生产、销售假药劣药，生产、销售不符合标准的医用器材等犯罪。重点打击、从严惩处具有以孕产妇、婴幼儿、儿童或者危重病人为主要使用对象，属于疫苗、血液制品、急救药品、注射剂药品，在自然灾害、事故灾难、公共卫生事件、社会安全事件等突发事件期间制售假药劣药，以及医疗机构及其工作人员明知是假药劣药而有偿提供给他人使用等恶劣情节的危害药品安全犯罪。严肃查处药物临床试验数据造假涉及的相关犯罪。严肃查办药品流通领域的商业贿赂、虚开发票、洗钱、非法经营等经济犯罪。办案中要严格落实罪刑法定原则，贯彻宽严相济刑事政策，对于销售少量根据民间传统配方私自加工的药品，或者销售少量未经批准进口的国外、境外药品，没有造成他人伤害后果或者延误诊治的行为，以及病患者实施的不以营利为目的带有自救、互助性质的制售药品行为，不作为犯罪处理。对于认定罪与非罪争议较大的案件，及时向上级检察机关请示报告。

四、部门规章

（一）国家药监局综合司《关于进一步做好案件查办工作有关事项的通知》（2020年6月15日）

二、及时固定涉嫌违法行为的证据

各级药品监督管理部门要做好检查和稽查的衔接。一是及时固定证据。对常规检查、体系检查、飞行检查、审核查验、抽样检验、投诉举报调查等监管工作中发现的涉嫌违法违规研制、生产、经营、使用药品、医疗器械和化妆品案件线索，应当按照《市场监督管理行政处罚程序暂行规定》要求，在第一时间、第一现场收集和固定证据并制作笔录。属于本机关管辖的，应当立案查处；案件应当由上级机关或者其他机关管辖的，按程序及时报告或者移送。二是实行“黑窝点”首办负责制。对未取得批准证明文件生产、进口药品、医疗器械、化妆品，以及未经许可（备案）违法违规生产经营药品、医疗器械、化妆品行为，实行首办负责制，谁发现、谁办理。对发现的线索及时开展现场核查处置，涉嫌犯罪的，及时将案件移送公安机关，并做好后续配合工作。

三、强化与公安机关的配合

各级药品监督管理部门要强化与公安机关的配合。一是及时移送案件。在查办违法违规案件过程中，要严格按照《关于印发食品药品行政执法与刑事司法衔接工作办法的通知》要求，主动与公安机关沟通，发现涉嫌违反治安管理或者涉嫌犯罪的，及时移送公安机关，不得以罚代刑。二是积极配合检验、出具认定意见。对公安机关在办理危害药品安全犯罪案件中商请药品监督管理部门提供检验、认定意见的，要积极组织研究，协调有关机构，及时提出具体意见。对标明的适应症或者功能主治超出规定范围的药品，过期药品，未标明或者更改有效期、产品批号的药品，以及其他有充分证据证明其为假药或者劣药的，无需送药品检验机构检验，可以直接出具认定意见。三是做好刑事程序之后相关工作。对司法机关认为不构成犯罪、免予刑事处罚，以及司法机关追究刑事责任后仍需要追究行政责任的，药品监督管理部门要及时依法作出行政处罚。

四、加强行政处罚决定的执行

各级药品监督管理部门要进一步加强药品监管行政处罚决定执行力度。一是进一步规范行政处罚行为。推行“说理式”行政处罚决定书制作，坚持处罚与教育相结合的原则，确保行政处罚决定合法合规，促使当事人自觉履行行政处罚决定，提高执行效率。二是及时跟进行政处罚决定执行情况。对依法送达的行政处罚决定，要跟进执行情况，积极依法履责。当事人未自觉按期履行的，要及时履行依法催告、及早申请人民法院强制执行等职责，积极推进执行进程。三是加强与人民法院日常衔接沟通。熟悉申请强制执行的流程和要求，建立健全强制执行协作机制，积极争取人民法院对药品监管工作的理解和支持，加大强制执行力度。四是加强社会监督。充分发挥网站、官方微博、官方公众号等新媒体宣传作用，对无正当理由拒不执行行政处罚决定的当事人进行公开曝光，督促违法违规当事人履行行政处罚决定。对极少数当事人既不依法履行行政处罚决定，又拒绝签收催缴告知文书，甚至暴力抗法、煽动他人联合抗法等阻碍执法人员依法执行公务的，依法与公安机关实施联合惩治。五是加强执法监督。将行政处罚决定执行情况列入执法监督重点内容，定期开展监督，确保依法执行。

五、严格落实“处罚到人”的规定

各级药品监督管理部门要强化“处罚到人”的意识，严格落实相关法律法规的规定。一是依法处罚到人。对违法单位依法处罚的同时，要依据《药品管理法》和《疫苗管理法》等法律法规对单位法定代表人、主要负责人、直接负责的主管人员和其他相关人员给予禁止在一定期限内从事药品生产经营活动的行政处罚。二是严格落实行政责任。在行政处罚决定书中要将对人员的资格罚等处罚内容予以明确，并向社会公开，接受社会监督。三是实施联合惩戒。对有严重违法违规行为的企业及相关负责人的情况纳入药品信用体系之中，在加大监管和处罚力度的同时，将名单汇总后提供给负责实施联合惩戒的部门，按照有关规定实行联合惩戒。

六、做好重大案件的风险防控

全国药监系统要强化“一盘棋”认识，各级药品监督管理部门都要做好重大案件的风险防控。一是省级药品监督管理部门应当及时上报重大案件。应当及时书面上报国家局的重大案件包括：造成人员死亡或者对人体健康造成严重危害的药品、医疗器械和化妆品质量安全案件；违法违规情节严重，足以吊销或者撤销相关批准证明文件的案件；生产销售假劣药品、医疗器械和化妆品货值金额1000万元以上（含1000万元）的案件。二是国家局要加强案件风险防控。国家局相关司局要及时研判风险，及时向主管领导报告，并指定专人负责，加强对重大案件查办的指导，重点关注案件办理进度、风险防控、信息发布以及案件查处中遇到的重大问题。对案情复杂、危害严重、影响恶劣的案件，要进行督办，视情况派员现场督办；对影响较大的涉嫌犯罪案件，要配合公安机关进行督查督办；对案件查处不力、地方保护严重、行刑衔接不畅等情况，要通报批评。三是省级药品监督管理部门要强化重大案件的风险防控。市、县级药品监督管理部门需要上报的重大案件，按照相关规定及时上报，省级药品监督管理部门要及时研判风险，进行督办。

七、强化案件查办的配套保障

药品监督执法工作面临新的挑战和更高的要求，案件查办的配套保障需要共同努力。一是要完善制度建设，加大培训力度。要规范行政处罚裁量权，省级药品监督管理部门于2020年底前制定行政处罚裁量标准；要加强执法办案人员业务培训，全面提升执法人员的素质和能力。二是争取办案经费支持。各级药品监督管理部门要积极争取当地政府将执法办案经费纳入财政预算管理，加大案件查办设施、装备投入，对重大案件查办人员可以酌情给予专项补贴。三是强化协调指导。国家局相关司局要加强跨省案件查办的协调，指导案件定性、适用法律、裁量标准的统一；要组织发布典型案例，充分发挥典型案例的示范和指导作用；要推动对案件查办中作出突出贡献的单位和个人，按照国家有关规定给予表彰奖励。四是要及时报送统计数据。要严格按照药品监督管理年报及定期统计调查制度等相关要求，真实、准确、完整、及时填报案件查办相关报表的统计数据，确保为药品安全重大决策提供有效数据支持。

（二）国家药监局综合司《关于假药劣药认定有关问题的复函》（2020年7月14日）

……《中华人民共和国药品管理法》（以下简称《药品管理法》）颁布实施以来，各地对第一百二十一条“对假药、劣药的处罚决定，应当依法载明药品检验机构的质量检验结论”的适用产生了不同理解。经商全国人大法工委，现函复如下：

对假药、劣药的处罚决定，有的无需载明药品检验机构的质量检验结论。根据《药品管理法》第九十八条第二款第四项“药品所标明的适应症或者功能主治超出规定范围”认定为假药，以及根据《药品管理法》第九十八条第三款第三项至第七项认定为劣药，只需要事实认定，不需要对涉案药品进行检验，处罚决定亦无需载明药品检验机构的质量检验结论。关于假药、劣药的认定，按照《最高人民法院最高人民检察院关于办理危害药品安全刑事案件适用法律若干问题的解释》（法释〔2014〕14号）第十四条规定处理，即是否属于假药、劣药难以确定的，司法机关可以根据地市级以上药品监督管理部门出具的认定意见等相关材料进行认定。必要时，可以委托省级以上药品监督管理部门设置或者确定的药品检验机构进行检验。总之，对违法行为的事实认定，应当以合法、有效、充分的证据为基础，药品质量检验结论并非为认定违法行为的必要证据，除非法律、法规、规章等明确规定对涉案药品依法进行检验并根据质量检验结论才能认定违法事实，或者不对涉案药品依法进行检验就无法对案件所涉事实予以认定。如对黑窝点生产的药品，是否需要进行质量检验，应当根据案件调查取证的情况具体案件具体分析。

五、其他法规

（一）《药品管理法》（2019年8月26日）

第九十八条 禁止生产（包括配制，下同）、销售、使用假药、劣药。

有下列情形之一的，为假药：

（一）药品所含成份与国家药品标准规定的成份不符；

（二）以非药品冒充药品或者以他种药品冒充此种药品；

（三）变质的药品；

（四）药品所标明的适应症或者功能主治超出规定范围。

有下列情形之一的，为劣药：

（一）药品成份的含量不符合国家药品标准；

（二）被污染的药品；

（三）未标明或者更改有效期的药品；

（四）未注明或者更改产品批号的药品；

（五）超过有效期的药品；

（六）擅自添加防腐剂、辅料的药品；

（七）其他不符合药品标准的药品。

禁止未取得药品批准证明文件生产、进口药品；禁止使用未按照规定审评、审批的原料药、包装材料和容器生产药品。

第一百一十四条　违反本法规定，构成犯罪的，依法追究刑事责任。

第一百一十五条　未取得药品生产许可证、药品经营许可证或者医疗机构制剂许可证生产、销售药品的，责令关闭，没收违法生产、销售的药品和违法所得，并处违法生产、销售的药品（包括已售出和未售出的药品，下同）货值金额十五倍以上三十倍以下的罚款；货值金额不足十万元的，按十万元计算。

第一百一十六条　生产、销售假药的，没收违法生产、销售的药品和违法所得，责令停产停业整顿，吊销药品批准证明文件，并处违法生产、销售的药品货值金额十五倍以上三十倍以下的罚款；货值金额不足十万元的，按十万元计算；情节严重的，吊销药品生产许可证、药品经营许可证或者医疗机构制剂许可证，十年内不受理其相应申请；药品上市许可持有人为境外企业的，十年内禁止其药品进口。

第一百一十八条　生产、销售假药，或者生产、销售劣药且情节严重的，对法定代表人、主要负责人、直接负责的主管人员和其他责任人员，没收违法行为发生期间自本单位所获收入，并处所获收入百分之三十以上三倍以下的罚款，终身禁止从事药品生产经营活动，并可以由公安机关处五日以上十五日以下的拘留。

对生产者专门用于生产假药、劣药的原料、辅料、包装材料、生产设备予以没收。

第一百一十九条 药品使用单位使用假药、劣药的，按照销售假药、零售劣药的规定处罚；情节严重的，法定代表人、主要负责人、直接负责的主管人员和其他责任人员有医疗卫生人员执业证书的，还应当吊销执业证书。

第一百二十条 知道或者应当知道属于假药、劣药或者本法第一百二十四条第一款第一项至第五项规定的药品，而为其提供储存、运输等便利条件的，没收全部储存、运输收入，并处违法收入一倍以上五倍以下的罚款；情节严重的，并处违法收入五倍以上十五倍以下的罚款；违法收入不足五万元的，按五万元计算。

第一百二十一条 对假药、劣药的处罚决定，应当依法载明药品检验机构的质量检验结论。

第一百二十二条 伪造、变造、出租、出借、非法买卖许可证或者药品批准证明文件的，没收违法所得，并处违法所得一倍以上五倍以下的罚款；情节严重的，并处违法所得五倍以上十五倍以下的罚款，吊销药品生产许可证、药品经营许可证、医疗机构制剂许可证或者药品批准证明文件，对法定代表人、主要负责人、直接负责的主管人员和其他责任人员，处二万元以上二十万元以下的罚款，十年内禁止从事药品生产经营活动，并可以由公安机关处五日以上十五日以下的拘留；违法所得不足十万元的，按十万元计算。

（二）《食品药品行政执法与刑事司法衔接工作办法》（2015年12月22日）

第二十三条 对于符合《中华人民共和国药品管理法》第四十八条第三款第一、二、五、六项规定情形的涉案药品，地市级以上食品药品监管部门可以直接出具认定意见并说明理由；确有必要的，应当载明检测结果。

第三章 生产、销售、提供劣药罪

【立案追诉标准】

生产、销售、提供劣药案（《刑法》第142条）

生产（包括配制）、销售劣药，涉嫌下列情形之一的，应予立案追诉：

（一）造成人员轻伤、重伤或者死亡的；

（二）其他对人体健康造成严重危害的情形。

《最高人民检察院、公安部关于公安机关管辖的刑事案件立案追诉标准的规定（一）》（2008年6月25日）第18条第1款

【犯罪构成及刑事责任】

生产、销售、提供劣药罪，是指生产者、销售者明知是劣药而进行生产或销售的，或者药品使用单位的人员明知是假药而提供给他人使用的，且对人体健康造成严重危害的行为。构成本罪需要具备以下四个要件：

1. 客体要件

本罪侵犯的是复杂客体，即国家药品监管秩序和公民的生命权、健康权。犯罪对象是劣药，即依照《药品管理法》的规定属于劣药和按劣药处理的药品、非药品。关于劣药的认定，《药品管理法》第98条规定，有下列情形之一的，为“劣药”：（1）药品成份的含量不符合国家药品标准；（2）被污染的药品；（3）未标明或者更改有效期的药品；（4）未注明或者更改产品批号的药品；（5）超过有效期的药品；（6）擅自添加防腐剂、辅料的药品；（7）其他不符合药品标准的药

品。另外，根据《药品管理法》第 2 条的规定，本法所称药品，是指用于预防、治疗、诊断人的疾病，有目的地调节人的生理机能并规定有适应症或者功能主治、用法和用量的物质，包括中药、化学药和生物制品等。所以作为本罪犯罪对象的劣药仅指人用药品，劣质农药、劣质兽药不在此范围。

2. 客观要件

本罪的客观方面表现为生产、销售劣药的行为，或者药品使用单位的人员明知是劣药而提供给他人使用的行为，并且在结果上对人体健康造成严重危害。根据《最高人民法院、最高人民检察院关于办理危害药品安全刑事案件适用法律若干问题的解释》第 2 条、第 5 条的规定，具有下列情形的之一的，可以认定为“对人体健康造成严重危害”：（1）造成轻伤或者重伤的；（2）造成轻度残疾或者中度残疾的；（3）造成器官组织损伤导致一般功能障碍或者严重功能障碍的；（4）其他对人体健康造成严重危害的情形。

根据该司法解释第 4 条、第 5 条的规定，具有下列情形之一的，应当认定为《刑法》第 142 条规定的“后果特别严重”：（1）致人重度残疾以上的；（2）造成三人以上重伤、中度残疾或者器官组织损伤导致严重功能障碍的；（3）造成五人以上轻度残疾或者器官组织损伤导致一般功能障碍的；（4）造成十人以上轻伤的；（5）引发重大、特别重大突发公共卫生事件的；（6）致人死亡的。

关于“生产”“销售”“提供”的认定，与生产、销售、提供假药罪一致。同时，本罪是选择性罪名，行为人只要实施了生产、销售、提供劣药行为之一，就构成本罪；既有生产行为，又有销售或提供行为的，不构成数罪，仍以一罪论处。

3. 主体要件

根据《刑法》第 142 条的规定，本罪主体是生产者、销售者、药品使用单位的提供者，自然人和单位实施生产、销售、提供劣药行为的，都可以成为生产者、销售者。因此，本罪的主体既可以是达到法定刑事责任年龄且具有刑事责任能力的自然人，也可以是单位。

4. 主观要件

本罪的主观方面是故意，即行为人明知生产、销售或提供的是劣药仍为之。

根据《刑法》第 142 条第 1 款的规定，犯本罪，对人体健康造成严重危害的，处三年以上十年以下有期徒刑，并处罚金；后果特别严重的，处十年以上有期徒刑或者无期徒刑，并处罚金或者没收财产。

根据《刑法》第150条的规定，单位犯本罪，对单位判处罚金，并对其直接负责的主管人员和其他直接责任人员，依照《刑法》第142条的规定处罚。

【疑难指导】

一、“对人体健康造成严重危害”的理解

一是本罪为结果犯，必须要求具备“对人体健康造成严重危害”的结果要件。根据《最高人民法院、最高人民检察院关于办理危害药品安全刑事案件适用法律若干问题的解释》第2条和第5条的规定，具有下列情形之一的，可以认定为“对人体健康造成严重危害”：（1）造成轻伤或者重伤的；（2）造成轻度残疾或者中度残疾的；（3）造成器官组织损伤导致一般功能障碍或者严重功能障碍的；（4）其他对人体健康造成严重危害的情形。如果不具备这一结果要件，即便行为人实施了生产、销售、提供劣药的行为，也不构成本罪。由此可见，是否达到“对人体健康造成严重危害”，是本罪罪与非罪的一个重要判断依据。

二是本罪犯罪构成中的行为要件，即生产、销售、提供行为必须与“对人体健康造成严重危害”存在因果关系，即存在引起与被引起的关系。证明是否因为使用了劣药才导致被害人身体健康受到严重危害，需要通过伤情鉴定、死伤原因医学鉴定等进行证明。实践中，由于人体健康损害原因复杂，尤其是有些药物作用并非急性发作，还有一个时间积累的问题，这种因果关系证明难度很大。

三是就《刑法》条文来看，尤其是从第142条第1款来看，对于生产、销售行为而言，必须达到“对人体健康造成严重危害”的程度。第2款条文叙述中并没有对“提供”行为规定达到“对人体健康造成严重危害”的程度。那么这是否意味着提供行为不需要达到这一结果要件呢？笔者认为，虽然第2款未明文要求造成“对人体健康造成严重危害”的结果，但根据对本条的整体理解，即从体系解释的角度来看，第2款与第1款入罪要件、处罚力度应保持一致，提供劣药的行为也需要造成该实际危害后果方能入罪。

二、生产、销售、提供劣药罪与生产、销售伪劣产品罪的区别

一是两罪侵犯的客体不同。前者侵犯的是国家药品管理秩序和公民的生命健康权，而后者侵犯的是国家产品质量监管制度和消费者的合法权益。二是两罪的犯罪对象不同。前者的犯罪对象仅限于劣药，后者的犯罪对象包括所有产品，也包括劣药。三是构成犯罪的标准不同。前者要求“对人体健康造成严重危害”的后果，后者要求“销售金额在五万元以上”。根据《刑法》第 149 条的规定，生产、销售劣药，无法证明对人体健康造成了严重危害的后果，且销售金额在五万元以上的，依照生产、销售伪劣产品罪的规定定罪处罚。如果同时构成生产、销售劣药罪和生产、销售伪劣产品罪的，属于想象竞合，按照从一重处断进行定罪处罚。

三、生产、销售、提供劣药罪与生产、销售、提供假药罪的区别

一是两罪的犯罪对象不同。前者的犯罪对象是劣药，后者的犯罪对象是假药。《药品管理法》第 98 条分别规定了劣药和假药的范围。二是构成犯罪的标准有所不同。前者是结果犯，生产、销售、提供劣药的行为只有对人体健康造成严重危害的，才构成犯罪。后者是行为犯，不要求有实害结果发生。三是社会危险性不同。劣药的实质是药品质量与效能达不到标准规定或者预期治疗效果，而假药很多情况下不具备相应的药品成分，或者以非药品冒充药品、以他种药品冒充此种药品等，往往比劣药对人体健康造成的危害更大。为了体现刑罚的相当性，《刑法》第 141 条设置了比第 142 条更高的法定刑和更低的入罪门槛。

【办案依据】

一、《刑法》规定

第一百四十二条　生产、销售劣药，对人体健康造成严重危害的，处三年以上十年以下有期徒刑，并处罚金；后果特别严重的，处十年以上有期徒刑或者无期徒刑，并处罚金或者没收财产。

药品使用单位的人员明知是劣药而提供给他人使用的，依照前款的规定处罚。

第一百四十九条　生产、销售本节第一百四十一条至第一百四十八条所列产品，不构成各该条规定的犯罪，但是销售金额在五万元以上的，依照本节第一百四十条的规定定罪处罚。

生产、销售本节第一百四十一条至第一百四十八条所列产品，构成各该条规定的犯罪，同时又构成本节第一百四十条规定之罪的，依照处罚较重的规定定罪处罚。

第一百五十条　单位犯本节第一百四十条至第一百四十八条规定之罪的，对单位判处罚金，并对其直接负责的主管人员和其他直接责任人员，依照各该条的规定处罚。

二、司法解释

（一）《最高人民法院、最高人民检察院关于办理生产、销售伪劣商品刑事案件具体应用法律若干问题的解释》（2001年4月10日，法释〔2001〕10号）

第九条　知道或者应当知道他人实施生产、销售伪劣商品犯罪，而为其提供贷款、资金、账号、发票、证明、许可证件，或者提供生产、经营场所或者运输、仓储、保管、邮寄等便利条件，或者提供制假生产技术的，以生产、销售伪劣商品犯罪的共犯论处。

第十条　实施生产、销售伪劣商品犯罪，同时构成侵犯知识产权、非法经营等其他犯罪的，依照处罚较重的规定定罪处罚。

第十一条　实施刑法第一百四十条至第一百四十八条规定的犯罪，又以暴力、威胁方法抗拒查处，构成其他犯罪的，依照数罪并罚的规定处罚。

第十二条　国家机关工作人员参与生产、销售伪劣商品犯罪的，从重处罚。

（二）《最高人民法院、最高人民检察院关于办理危害药品安全刑事案件适用法律若干问题的解释》（2022年3月3日，高检发释字〔2022〕1号）

第二条　生产、销售、提供假药，具有下列情形之一的，应当认定为刑法第一百四十一条规定的“对人体健康造成严重危害”：

（一）造成轻伤或者重伤的；

（二）造成轻度残疾或者中度残疾的；

（三）造成器官组织损伤导致一般功能障碍或者严重功能障碍的；

（四）其他对人体健康造成严重危害的情形。

第四条　生产、销售、提供假药，具有下列情形之一的，应当认定为刑法第一百四十一条规定的“其他特别严重情节”：

（一）致人重度残疾以上的；

（二）造成三人以上重伤、中度残疾或者器官组织损伤导致严重功能障碍的；

（三）造成五人以上轻度残疾或者器官组织损伤导致一般功能障碍的；

（四）造成十人以上轻伤的；

（五）引发重大、特别重大突发公共卫生事件的；

（六）生产、销售、提供假药的金额五十万元以上的；

（七）生产、销售、提供假药的金额二十万元以上不满五十万元，并具有本解释第一条规定情形之一的；

（八）根据生产、销售、提供的时间、数量、假药种类、对人体健康危害程度等，应当认定为情节特别严重的。

第五条 生产、销售、提供劣药，具有本解释第一条规定情形之一的，应当酌情从重处罚。

生产、销售、提供劣药，具有本解释第二条规定情形之一的，应当认定为刑法第一百四十二条规定的“对人体健康造成严重危害”。

生产、销售、提供劣药，致人死亡，或者具有本解释第四条第一项至第五项规定情形之一的，应当认定为刑法第一百四十二条规定的“后果特别严重”。

第六条 以生产、销售、提供假药、劣药为目的，合成、精制、提取、储存、加工炮制药品原料，或者在将药品原料、辅料、包装材料制成成品过程中，进行配料、混合、制剂、储存、包装的，应当认定为刑法第一百四十一条、第一百四十二条规定的“生产”。

药品使用单位及其工作人员明知是假药、劣药而有偿提供给他人使用的，应当认定为刑法第一百四十一条、第一百四十二条规定的“销售”；无偿提供给他人使用的，应当认定为刑法第一百四十一条、第一百四十二条规定的“提供”。

（三）《最高人民法院、最高人民检察院关于办理妨害预防、控制突发传染病疫情等灾害的刑事案件具体应用法律若干问题的解释》（2003 年 5 月 15 日，法释〔2003〕8 号）

第二条 在预防、控制突发传染病疫情等灾害期间，生产、销售伪劣的防治、防护产品、物资，或者生产、销售用于防治传染病的假药、劣药，构成犯罪的，分别依照刑法第一百四十条、第一百四十一条、第一百四十二条的规定，以生产、销售伪劣产品罪，生产、销售假药罪或者生产、销售劣药罪定罪，依法从重处罚。

三、其他法规

《药品管理法》（2019年8月26日）

第九十八条 禁止生产（包括配制，下同）、销售、使用假药、劣药。

有下列情形之一的，为假药：

（一）药品所含成份与国家药品标准规定的成份不符；

（二）以非药品冒充药品或者以他种药品冒充此种药品；

（三）变质的药品；

（四）药品所标明的适应症或者功能主治超出规定范围。

有下列情形之一的，为劣药：

（一）药品成份的含量不符合国家药品标准；

（二）被污染的药品；

（三）未标明或者更改有效期的药品；

（四）未注明或者更改产品批号的药品；

（五）超过有效期的药品；

（六）擅自添加防腐剂、辅料的药品；

（七）其他不符合药品标准的药品。

禁止未取得药品批准证明文件生产、进口药品；禁止使用未按照规定审评、审批的原料药、包装材料和容器生产药品。

第一百一十四条 违反本法规定，构成犯罪的，依法追究刑事责任。

第一百一十五条 未取得药品生产许可证、药品经营许可证或者医疗机构制剂许可证生产、销售药品的，责令关闭，没收违法生产、销售的药品和违法所得，并处违法生产、销售的药品（包括已售出和未售出的药品，下同）货值金额十五倍以上三十倍以下的罚款；货值金额不足十万元的，按十万元计算。

第一百一十七条 生产、销售劣药的，没收违法生产、销售的药品和违法所得，并处违法生产、销售的药品货值金额十倍以上二十倍以下的罚款；违法生产、批发的药品货值金额不足十万元的，按十万元计算，违法零售的药品货值金额不足一万元的，按一万元计算；情节严重的，责令停产停业整顿直至吊销药品批准证明文件、药品生产许可证、药品经营许可证或者医疗机构制剂许可证。

生产、销售的中药饮片不符合药品标准，尚不影响安全性、有效性的，责令限期改正，给予警告；可以处十万元以上五十万元以下的罚款。

第一百一十八条 生产、销售假药，或者生产、销售劣药且情节严重的，对法定代表人、主要负责人、直接负责的主管人员和其他责任人员，没收违法行为发生期间自本单位所获收入，并处所获收入百分之三十以上三倍以下的罚款，终身禁止从事药品生产经营活动，并可以由公安机关处五日以上十五日以下的拘留。

对生产者专门用于生产假药、劣药的原料、辅料、包装材料、生产设备予以没收。

第一百一十九条 药品使用单位使用假药、劣药的，按照销售假药、零售劣药的规定处罚；情节严重的，法定代表人、主要负责人、直接负责的主管人员和其他责任人员有医疗卫生人员执业证书的，还应当吊销执业证书。

第一百二十条 知道或者应当知道属于假药、劣药或者本法第一百二十四条第一款第一项至第五项规定的药品，而为其提供储存、运输等便利条件的，没收全部储存、运输收入，并处违法收入一倍以上五倍以下的罚款；情节严重的，并处违法收入五倍以上十五倍以下的罚款；违法收入不足五万元的，按五万元计算。

第一百二十一条 对假药、劣药的处罚决定，应当依法载明药品检验机构的质量检验结论。

第四章　妨害药品管理罪

【立案追诉标准】

妨害药品管理案（《刑法》第142条之一）

实施妨害药品管理的行为，具有下列情形之一的，应当认定为刑法第一百四十二条之一规定的“足以严重危害人体健康”：

（一）生产、销售国务院药品监督管理部门禁止使用的药品，综合生产、销售的时间、数量、禁止使用原因等情节，认为具有严重危害人体健康的现实危险的；

（二）未取得药品相关批准证明文件生产药品或者明知是上述药品而销售，涉案药品属于本解释第一条第一项至第三项规定情形①的；

（三）未取得药品相关批准证明文件生产药品或者明知是上述药品而销售，涉案药品的适应症、功能主治或者成分不明的；

（四）未取得药品相关批准证明文件生产药品或者明知是上述药品而销售，涉案药品没有国家药品标准，且无核准的药品质量标准，但检出化学药成分的；

（五）未取得药品相关批准证明文件进口药品或者明知是上述药品而销售，涉案药品在境外也未合法上市的；

① 以孕产妇、儿童或者危重病人为主要使用对象的；或者属于麻醉药品、精神药品、医疗用毒性药品、放射性药品、生物制品，或者以药品类易制毒化学品冒充其他药品的；或者属于注射剂药品、急救药品。

（六）在药物非临床研究或者药物临床试验过程中故意使用虚假试验用药品，或者瞒报与药物临床试验用药品相关的严重不良事件的；

（七）故意损毁原始药物非临床研究数据或者药物临床试验数据，或者编造受试动物信息、受试者信息、主要试验过程记录、研究数据、检测数据等药物非临床研究数据或者药物临床试验数据，影响药品的安全性、有效性和质量可控性的；

（八）编造生产、检验记录，影响药品的安全性、有效性和质量可控性的；

（九）其他足以严重危害人体健康的情形。

对于涉案药品是否在境外合法上市，应当根据境外药品监督管理部门或者权利人的证明等证据，结合犯罪嫌疑人、被告人及其辩护人提供的证据材料综合审查，依法作出认定。

对于“足以严重危害人体健康”难以确定的，根据地市级以上药品监督管理部门出具的认定意见，结合其他证据作出认定。

《最高人民法院、最高人民检察院关于办理危害药品安全刑事案件适用法律若干问题的解释》（2022 年 3 月 3 日）第 7 条

【犯罪构成及刑事责任】

妨害药品管理罪，是指违反药品管理法规，妨碍药品管理，足以对人体健康造成严重危害的行为。构成本罪需要具备以下四个要件：

1. 客体要件

本罪侵犯的是复杂客体，即国家药品监管秩序和公民的生命权、健康权。本罪的犯罪对象为药品，根据《药品管理法》第 2 条的规定，本法所称药品，是指用于预防、治疗、诊断人的疾病，有目的地调节人的生理机能并规定有适应症或者功能主治、用法和用量的物质，包括中药、化学药和生物制品等。

2. 客观要件

本罪的客观方面表现为四种行为：（1）生产、销售国务院药品监督管理部门禁止使用的药品的；（2）未取得药品相关批准证明文件生产、进口药品或者明知是上述药品而销售的；（3）药品申请注册中提供虚假的证明、数据、资料、样品或者采取其他欺骗手段的；（4）编造生产、检验记录的。

同时，本罪的成立要求行为达到“足以严重危害人体健康”的程度，属于具体危险犯。换言之，上述犯罪行为对人身健康等法益形成了具体的、现实的、紧迫的危险，就可以构成本罪。

3. 主体要件

根据《刑法》第142条之一的规定，本罪主体既可以是达到法定刑事责任年龄且具有刑事责任能力的自然人，也可以是单位。

4. 主观要件

本罪的主观方面是故意，即行为人明知违反药品管理法规，还实施前述四种法定行为的。

根据《刑法》第142条之一的规定，犯本罪，处三年以下有期徒刑或者拘役，并处或者单处罚金；对人体健康造成严重危害或者有其他严重情节的，处三年以上七年以下有期徒刑，并处罚金。如果与其他犯罪竞合的，依照处罚较重的规定定罪处罚。

根据《刑法》第150条的规定，单位犯本罪，对单位判处罚金，并对其直接负责的主管人员和其他直接责任人员，依照《刑法》第142条之一的规定处罚。

【疑难指导】

一、关于“足以严重危害人体健康”的理解

本罪以“足以严重危害人体健康”为入罪条件，属于典型的具体危险犯。药品研发、生产坚持有效性和安全性并重，是一项严格的科学实验过程，生产、销售国务院药品监督管理部门禁止使用的药品，以及未经批准擅自生产药品或者随意添加各种成分自创新药等，都应当直接认定为“足以严重危害人体健康”，按照违反药品管理秩序追究刑事责任。这在2022年的《最高人民法院、最高人民检察

院关于办理危害药品安全刑事案件适用法律若干问题的解释》第 7 条第 1 款得以具体化，即实施妨害药品管理的行为，具有下列情形之一的，应当认定为《刑法》第 142 条之一规定的“足以严重危害人体健康”：“（一）生产、销售国务院药品监督管理部门禁止使用的药品，综合生产、销售的时间、数量、禁止使用原因等情节，认为具有严重危害人体健康的现实危险的；（二）未取得药品相关批准证明文件生产药品或者明知是上述药品而销售，涉案药品属于本解释第一条第一项至第三项规定情形的；（三）未取得药品相关批准证明文件生产药品或者明知是上述药品而销售，涉案药品的适应症、功能主治或者成分不明的；（四）未取得药品相关批准证明文件生产药品或者明知是上述药品而销售，涉案药品没有国家药品标准，且无核准的药品质量标准，但检出化学药成分的；（五）未取得药品相关批准证明文件进口药品或者明知是上述药品而销售，涉案药品在境外也未合法上市的；（六）在药物非临床研究或者药物临床试验过程中故意使用虚假试验用药品，或者瞒报与药物临床试验用药品相关的严重不良事件的；（七）故意损毁原始药物非临床研究数据或者药物临床试验数据，或者编造受试动物信息、受试者信息、主要试验过程记录、研究数据、检测数据等药物非临床研究数据或者药物临床试验数据，影响药品的安全性、有效性和质量可控性的；（八）编造生产、检验记录，影响药品的安全性、有效性和质量可控性的；（九）其他足以严重危害人体健康的情形。”同时，该条第 2 款、第 3 款规定，对于涉案药品是否在境外合法上市，应当根据境外药品监督管理部门或者权利人的证明等证据，结合犯罪嫌疑人、被告人及其辩护人提供的证据材料综合审查，依法作出认定。对于“足以严重危害人体健康”难以确定的，根据地市级以上药品监督管理部门出具的认定意见，结合其他证据作出认定。由此可见，对销售少量根据民间传统配方私自加工的药品等少数情况，需要借助有关部门出具的认定意见，进一步判断是否足以严重危害人体健康。药品申请注册中提供虚假的证明、数据、资料、样品或者采取其他欺骗手段，或者编造生产、检验记录，但据此生产、销售的药品从功效上看并不足以严重危害人体健康的，不构成本罪。

二、关于妨害药品管理罪四种情形的理解

第一，生产、销售国务院药品监督管理部门禁止使用的药品的，对这一类行为参照有关禁止使用的药品的名录进行判断即可，根据《药品管理法》第 83 条的规定，即“经评价，对疗效不确切、不良反应大或者因其他原因危害人体健康的药品，应当注销药品注册证书。已被注销药品注册证书的药品，不得生产或者进口、销售和使用”。由此可见，疗效不确切、不良反应大或者因其他原因危害人体健康，被依法注销药品注册证书的药品，是禁止使用的。

第二，未取得药品相关批准证明文件生产、进口药品或者明知是上述药品而销售的，即根据《药品管理法》第 41 条的规定，从事药品生产活动，应当经所在地省、自治区、直辖市人民政府药品监督管理部门批准，取得药品生产许可证。无药品生产许可证的，不得生产药品。第 51 条规定，从事药品批发活动，应当经所在地省、自治区、直辖市人民政府药品监督管理部门批准，取得药品经营许可证。从事药品零售活动，应当经所在地县级以上地方人民政府药品监督管理部门批准，取得药品经营许可证。无药品经营许可证的，不得经营药品。第 24 条规定，在中国境内上市的药品，应当经国务院药品监督管理部门批准，取得药品注册证书；但是，未实施审批管理的中药材和中药饮片除外。第 74 条规定，医疗机构配制制剂，应当经所在地省、自治区、直辖市人民政府药品监督管理部门批准，取得医疗机构制剂许可证。无医疗机构制剂许可证的，不得配制制剂。《药品管理法实施条例》第 35 条规定，进口药品，应当按照国务院药品监督管理部门的规定申请注册。国外企业生产的药品取得《进口药品注册证》，中国香港、澳门和台湾地区企业生产的药品取得《医药产品注册证》后，方可进口。由此可见，“药品相关批准证明文件”包括药品生产许可证、药品经营许可证、药品注册证书、医疗机构制剂许可证、《进口药品注册证》等。

第三，药品申请注册中提供虚假的证明、数据、资料、样品或者采取其他欺骗手段的，即药品注册申请，是指药品注册申请人依照法定程序和相关要求提出药物临床试验、药品上市许可、再注册等申请以及补充申请的行为。《药品管理法》第 24 条第 2 款规定，申请药品注册，应当提供真实、充分、可靠的数据、资料和样品，证明药品的安全性、有效性和质量可控性。这里的“数据、资料、样品”，包括药物临床试验、药品上市许可、再注册等申请以及补充申请的数据、资料和样品。

第四，编造生产、检验记录的。《药品管理法》第44条规定，生产、检验记录应当完整准确，不得编造。生产、检验记录涉及药品生产管理、质量管理的实施过程的重要记载，有利于实现生产过程的可追溯，是实现药品按照国家药品标准和经药品监督管理部门核准的生产工艺进行生产、药品质量可控的重要手段。

三、关于本罪的罪与非罪问题

实践中，存在未取得药品相关批准证明文件，将境外的仿制药擅自进口并予以销售的行为。该行为应该如何定性？如果该进口仿制药的确有治疗功效，则其行为不足以严重危害人体健康，不构成本罪。那么，对类似进口并销售仿制药的行为，是否可以非法经营罪定罪处罚呢？笔者认为，也不能以非法经营罪定罪处罚。理由如下：本罪属于药品管制的特别法条，在本罪中，对于销售仿制药的行为，要求有足以严重危及人体健康的具体危险才构成犯罪，且本罪的最高刑为7年有期徒刑。如果对销售仿制药，但并无足以严重危及人体健康的具体危险的行为，以非法经营罪论处，则该罪的最高刑为15年有期徒刑，势必带来处理上的严重失衡，从而导致社会危害性较小的行为的处罚更重，显然不合适。换言之，对于按照《刑法》第142条之一都不能追究刑事责任的行为，按照举重以明轻的解释规则，如果对危害性更为轻微的行为以非法经营罪论处，明显不妥。因此，特别需要强调的是，不能为了认定妨害药品管理罪而忽略"足以严重危害人体健康"的要件，也不能认为凡是实施上述行为的均足以严重危害人体健康。换言之，不能将本罪当作抽象的危险犯对待。此外，对于销售疗效真实的境外仿制药的行为，在其对人体健康并无严重危害时，按照《药品管理法》第124条的规定，也能够予以足够严厉的处罚。对于这种运用行政管理法规进行处罚就已经足够的行为，按照刑法谦抑性的原理，没有必要作为犯罪处理。

【办案依据】

一、《刑法》规定

第一百四十二条之一 违反药品管理法规，有下列情形之一，足以严重危害人体健康的，处三年以下有期徒刑或者拘役，并处或者单处罚金；对人体健康造成严重危害或者有其他严重情节的，处三年以上七年以下有期徒刑，并处罚金：

（一）生产、销售国务院药品监督管理部门禁止使用的药品的；

（二）未取得药品相关批准证明文件生产、进口药品或者明知是上述药品而销售的；

（三）药品申请注册中提供虚假的证明、数据、资料、样品或者采取其他欺骗手段的；

（四）编造生产、检验记录的。

有前款行为，同时又构成本法第一百四十一条、第一百四十二条规定之罪或者其他犯罪的，依照处罚较重的规定定罪处罚。

第一百四十九条　生产、销售本节第一百四十一条至第一百四十八条所列产品，不构成各该条规定的犯罪，但是销售金额在五万元以上的，依照本节第一百四十条的规定定罪处罚。

生产、销售本节第一百四十一条至第一百四十八条所列产品，构成各该条规定的犯罪，同时又构成本节第一百四十条规定之罪的，依照处罚较重的规定定罪处罚。

第一百五十条　单位犯本节第一百四十条至第一百四十八条规定之罪的，对单位判处罚金，并对其直接负责的主管人员和其他直接责任人员，依照各该条的规定处罚。

二、司法解释

《最高人民法院、最高人民检察院关于办理危害药品安全刑事案件适用法律若干问题的解释》（2022年3月3日，高检发释字〔2022〕1号）

第七条　实施妨害药品管理的行为，具有下列情形之一的，应当认定为刑法第一百四十二条之一规定的“足以严重危害人体健康”：

（一）生产、销售国务院药品监督管理部门禁止使用的药品，综合生产、销售的时间、数量、禁止使用原因等情节，认为具有严重危害人体健康的现实危险的；

（二）未取得药品相关批准证明文件生产药品或者明知是上述药品而销售，涉案药品属于本解释第一条第一项至第三项规定情形的；

（三）未取得药品相关批准证明文件生产药品或者明知是上述药品而销售，涉案药品的适应症、功能主治或者成分不明的；

（四）未取得药品相关批准证明文件生产药品或者明知是上述药品而销售，涉案药品没有国家药品标准，且无核准的药品质量标准，但检出化学药成分的；

（五）未取得药品相关批准证明文件进口药品或者明知是上述药品而销售，涉案药品在境外也未合法上市的；

（六）在药物非临床研究或者药物临床试验过程中故意使用虚假试验用药品，或者瞒报与药物临床试验用药品相关的严重不良事件的；

（七）故意损毁原始药物非临床研究数据或者药物临床试验数据，或者编造受试动物信息、受试者信息、主要试验过程记录、研究数据、检测数据等药物非临床研究数据或者药物临床试验数据，影响药品的安全性、有效性和质量可控性的；

（八）编造生产、检验记录，影响药品的安全性、有效性和质量可控性的；

（九）其他足以严重危害人体健康的情形。

对于涉案药品是否在境外合法上市，应当根据境外药品监督管理部门或者权利人的证明等证据，结合犯罪嫌疑人、被告人及其辩护人提供的证据材料综合审查，依法作出认定。

对于“足以严重危害人体健康”难以确定的，根据地市级以上药品监督管理部门出具的认定意见，结合其他证据作出认定。

第八条 实施妨害药品管理的行为，具有本解释第二条规定情形之一的，应当认定为刑法第一百四十二条之一规定的“对人体健康造成严重危害”。

实施妨害药品管理的行为，足以严重危害人体健康，并具有下列情形之一的，应当认定为刑法第一百四十二条之一规定的“有其他严重情节”：

（一）生产、销售国务院药品监督管理部门禁止使用的药品，生产、销售的金额五十万元以上的；

（二）未取得药品相关批准证明文件生产、进口药品或者明知是上述药品而销售，生产、销售的金额五十万元以上的；

（三）药品申请注册中提供虚假的证明、数据、资料、样品或者采取其他欺骗手段，造成严重后果的；

（四）编造生产、检验记录，造成严重后果的；

（五）造成恶劣社会影响或者具有其他严重情节的情形。

实施刑法第一百四十二条之一规定的行为，同时又构成生产、销售、提供假药罪、生产、销售、提供劣药罪或者其他犯罪的，依照处罚较重的规定定罪处罚。

第九条 明知他人实施危害药品安全犯罪，而有下列情形之一的，以共同犯罪论处：

（一）提供资金、贷款、账号、发票、证明、许可证件的；

（二）提供生产、经营场所、设备或者运输、储存、保管、邮寄、销售渠道等便利条件的；

（三）提供生产技术或者原料、辅料、包装材料、标签、说明书的；

（四）提供虚假药物非临床研究报告、药物临床试验报告及相关材料的；

（五）提供广告宣传的；

（六）提供其他帮助的。

第十条 办理生产、销售、提供假药、生产、销售、提供劣药、妨害药品管理等刑事案件，应当结合行为人的从业经历、认知能力、药品质量、进货渠道和价格、销售渠道和价格以及生产、销售方式等事实综合判断认定行为人的主观故意。具有下列情形之一的，可以认定行为人有实施相关犯罪的主观故意，但有证据证明确实不具有故意的除外：

（一）药品价格明显异于市场价格的；

（二）向不具有资质的生产者、销售者购买药品，且不能提供合法有效的来历证明的；

（三）逃避、抗拒监督检查的；

（四）转移、隐匿、销毁涉案药品、进销货记录的；

（五）曾因实施危害药品安全违法犯罪行为受过处罚，又实施同类行为的；

（六）其他足以认定行为人主观故意的情形。

第十五条 对于犯生产、销售、提供假药罪、生产、销售、提供劣药罪、妨害药品管理罪的，应当结合被告人的犯罪数额、违法所得，综合考虑被告人缴纳罚金的能力，依法判处罚金。罚金一般应当在生产、销售、提供的药品金额二倍以上；共同犯罪的，对各共同犯罪人合计判处的罚金一般应当在生产、销售、提供的药品金额二倍以上。

第十六条 对于犯生产、销售、提供假药罪、生产、销售、提供劣药罪、妨害药品管理罪的，应当依照刑法规定的条件，严格缓刑、免予刑事处罚的适用。对于被判处刑罚的，可以根据犯罪情况和预防再犯罪的需要，依法宣告职业禁止或者禁止令。《中华人民共和国药品管理法》等法律、行政法规另有规定的，从其规定。

对于被不起诉或者免予刑事处罚的行为人，需要给予行政处罚、政务处分或者其他处分的，依法移送有关主管机关处理。

第十七条 单位犯生产、销售、提供假药罪、生产、销售、提供劣药罪、妨害药品管理罪的，对单位判处罚金，并对直接负责的主管人员和其他直接责任人员，依照本解释规定的自然人犯罪的定罪量刑标准处罚。

单位犯罪的，对被告单位及其直接负责的主管人员、其他直接责任人员合计判处的罚金一般应当在生产、销售、提供的药品金额二倍以上。

三、其他法规

(一)《药品管理法》(2019年8月26日)

第二条 在中华人民共和国境内从事药品研制、生产、经营、使用和监督管理活动，适用本法。

本法所称药品，是指用于预防、治疗、诊断人的疾病，有目的地调节人的生理机能并规定有适应症或者功能主治、用法和用量的物质，包括中药、化学药和生物制品等。

第六十七条 禁止进口疗效不确切、不良反应大或者因其他原因危害人体健康的药品。

第六十八条 国务院药品监督管理部门对下列药品在销售前或者进口时，应当指定药品检验机构进行检验；未经检验或者检验不合格的，不得销售或者进口：

（一）首次在中国境内销售的药品；

（二）国务院药品监督管理部门规定的生物制品；

（三）国务院规定的其他药品。

第九十八条 禁止生产（包括配制，下同）、销售、使用假药、劣药。

有下列情形之一的，为假药：

（一）药品所含成份与国家药品标准规定的成份不符；

（二）以非药品冒充药品或者以他种药品冒充此种药品；

（三）变质的药品；

（四）药品所标明的适应症或者功能主治超出规定范围。

有下列情形之一的，为劣药：

（一）药品成份的含量不符合国家药品标准；

（二）被污染的药品；

（三）未标明或者更改有效期的药品；

（四）未注明或者更改产品批号的药品；

（五）超过有效期的药品；

（六）擅自添加防腐剂、辅料的药品；

（七）其他不符合药品标准的药品。

禁止未取得药品批准证明文件生产、进口药品；禁止使用未按照规定审评、审批的原料药、包装材料和容器生产药品。

第一百二十二条　伪造、变造、出租、出借、非法买卖许可证或者药品批准证明文件的，没收违法所得，并处违法所得一倍以上五倍以下的罚款；情节严重的，并处违法所得五倍以上十五倍以下的罚款，吊销药品生产许可证、药品经营许可证、医疗机构制剂许可证或者药品批准证明文件，对法定代表人、主要负责人、直接负责的主管人员和其他责任人员，处二万元以上二十万元以下的罚款，十年内禁止从事药品生产经营活动，并可以由公安机关处五日以上十五日以下的拘留；违法所得不足十万元的，按十万元计算。

（二）《药品管理法实施条例》（2019年3月2日）

第五十八条　药品生产企业、药品经营企业有下列情形之一的，由药品监督管理部门依照《药品管理法》第七十九条的规定给予处罚：

（一）开办药品生产企业、药品生产企业新建药品生产车间、新增生产剂型，在国务院药品监督管理部门规定的时间内未通过《药品生产质量管理规范》认证，仍进行药品生产的；

（二）开办药品经营企业，在国务院药品监督管理部门规定的时间内未通过

《药品经营质量管理规范》认证，仍进行药品经营的。

第五十九条 违反《药品管理法》第十三条的规定，擅自委托或者接受委托生产药品的，对委托方和受托方均依照《药品管理法》第七十四条的规定给予处罚。

第六十条 未经批准，擅自在城乡集市贸易市场设点销售药品或者在城乡集市贸易市场设点销售的药品超出批准经营的药品范围的，依照《药品管理法》第七十三条的规定给予处罚。

第六十一条 未经批准，医疗机构擅自使用其他医疗机构配制的制剂的，依照《药品管理法》第八十条的规定给予处罚。

第六十二条 个人设置的门诊部、诊所等医疗机构向患者提供的药品超出规定的范围和品种的，依照《药品管理法》第七十三条的规定给予处罚。

第六十三条 医疗机构使用假药、劣药的，依照《药品管理法》第七十四条、第七十五条的规定给予处罚。

第六十四条 违反《药品管理法》第二十九条的规定，擅自进行临床试验的，对承担药物临床试验的机构，依照《药品管理法》第七十九条的规定给予处罚。

第六十五条 药品申报者在申报临床试验时，报送虚假研制方法、质量标准、药理及毒理试验结果等有关资料和样品的，国务院药品监督管理部门对该申报药品的临床试验不予批准，对药品申报者给予警告；情节严重的，3年内不受理该药品申报者申报该品种的临床试验申请。

第六十六条 生产没有国家药品标准的中药饮片，不符合省、自治区、直辖市人民政府药品监督管理部门制定的炮制规范的；医疗机构不按照省、自治区、直辖市人民政府药品监督管理部门批准的标准配制制剂的，依照《药品管理法》第七十五条的规定给予处罚。

第六十七条 药品监督管理部门及其工作人员违反规定，泄露生产者、销售者为获得生产、销售含有新型化学成份药品许可而提交的未披露试验数据或者其他数据，造成申请人损失的，由药品监督管理部门依法承担赔偿责任；药品监督管理部门赔偿损失后，应当责令故意或者有重大过失的工作人员承担部分或者全部赔偿费用，并对直接责任人员依法给予行政处分。

第六十八条 药品生产企业、药品经营企业生产、经营的药品及医疗机构配制的制剂，其包装、标签、说明书违反《药品管理法》及本条例规定的，依照《药品管理法》第八十六条的规定给予处罚。

第六十九条 药品生产企业、药品经营企业和医疗机构变更药品生产经营许可事项，应当办理变更登记手续而未办理的，由原发证部门给予警告，责令限期补办变更登记手续；逾期不补办的，宣布其《药品生产许可证》、《药品经营许可证》和《医疗机构制剂许可证》无效；仍从事药品生产经营活动的，依照《药品管理法》第七十三条的规定给予处罚。

第七十条 篡改经批准的药品广告内容的，由药品监督管理部门责令广告主立即停止该药品广告的发布，并由原审批的药品监督管理部门依照《药品管理法》第九十二条的规定给予处罚。

药品监督管理部门撤销药品广告批准文号后，应当自作出行政处理决定之日起 5 个工作日内通知广告监督管理机关。广告监督管理机关应当自收到药品监督管理部门通知之日起 15 个工作日内，依照《中华人民共和国广告法》的有关规定作出行政处理决定。

第七十一条 发布药品广告的企业在药品生产企业所在地或者进口药品代理机构所在地以外的省、自治区、直辖市发布药品广告，未按照规定向发布地省、自治区、直辖市人民政府药品监督管理部门备案的，由发布地的药品监督管理部门责令限期改正；逾期不改正的，停止该药品品种在发布地的广告发布活动。

第七十二条 未经省、自治区、直辖市人民政府药品监督管理部门批准，擅自发布药品广告的，药品监督管理部门发现后，应当通知广告监督管理部门依法查处。

第七十三条 违反《药品管理法》和本条例的规定，有下列行为之一的，由药品监督管理部门在《药品管理法》和本条例规定的处罚幅度内从重处罚：

（一）以麻醉药品、精神药品、医疗用毒性药品、放射性药品冒充其他药品，或者以其他药品冒充上述药品的；

（二）生产、销售以孕产妇、婴幼儿及儿童为主要使用对象的假药、劣药的；

（三）生产、销售的生物制品、血液制品属于假药、劣药的；

（四）生产、销售、使用假药、劣药，造成人员伤害后果的；

（五）生产、销售、使用假药、劣药，经处理后重犯的；

（六）拒绝、逃避监督检查，或者伪造、销毁、隐匿有关证据材料的，或者擅自动用查封、扣押物品的。

第七十四条 药品监督管理部门设置的派出机构，有权作出《药品管理法》和本条例规定的警告、罚款、没收违法生产、销售的药品和违法所得的行政处罚。

第七十五条 药品经营企业、医疗机构未违反《药品管理法》和本条例的有关规定，并有充分证据证明其不知道所销售或者使用的药品是假药、劣药的，应当没收其销售或者使用的假药、劣药和违法所得；但是，可以免除其他行政处罚。

第七十六条 依照《药品管理法》和本条例的规定没收的物品，由药品监督管理部门按照规定监督处理。

第五章 生产、销售不符合安全标准的食品罪

【立案追诉标准】

生产、销售不符合安全标准的食品案（《刑法》第143条）

生产、销售不符合食品安全标准的食品，涉嫌下列情形之一的，应予立案追诉：

（一）食品含有严重超出标准限量的致病性微生物、农药残留、兽药残留、重金属、污染物质以及其他危害人体健康的物质的；

（二）属于病死、死因不明或者检验检疫不合格的畜、禽、兽、水产动物及其肉类、肉类制品的；

（三）属于国家为防控疾病等特殊需要明令禁止生产、销售的食品的；

（四）婴幼儿食品中生长发育所需营养成分严重不符合食品安全标准的；

（五）其他足以造成严重食物中毒事故或者严重食源性疾病的情形。

在食品加工、销售、运输、贮存等过程中，违反食品安全标准，超限量或者超范围滥用食品添加剂，足以造成严重食物中毒事故或者其他严重食源性疾病的，应予立案追诉。

在食用农产品种植、养殖、销售、运输、贮存等过程中，违反食品安全标准，超限量或者超范围滥用添加剂、农药、兽药等，足以造成严重食物中毒事故或者其他严重食源性疾病的，应予立案追诉。

《最高人民检察院、公安部关于公安机关管辖的刑事案件立案追诉标准的规定（一）的补充规定》（2017年4月27日）第3条

【犯罪构成及刑事责任】

生产、销售不符合安全标准的食品罪，是指生产、销售不符合食品安全标准的食品，足以造成严重食物中毒事故或者其他严重食源性疾病的行为。构成本罪需要具备以下四个要件：

1. 客体要件

本罪侵犯的客体是复杂客体，即国家食品安全管理制度和公民的生命权、健康权。本罪的犯罪对象为食品，既包括一般食品，也包括食品添加剂、调味素、色素、保鲜剂，还包括油脂和饮料等。

2. 客观要件

客观方面表现为违反国家食品安全管理法规，生产、销售不符合食品安全标准的食品，足以造成严重食物中毒事故或者其他严重食源性疾病的行为。本罪是危险犯，即只要达到“足以造成严重食物中毒事故或者其他严重食源性疾病”的状况就可以构罪。

3. 主体要件

本罪主体是自然人和单位，即本罪的主体既可以是达到法定刑事责任年龄且具有刑事责任能力的自然人，也可以是单位。

4. 主观要件

本罪在主观方面是故意，即行为人明知生产、销售不符合食品安全标准的食品而仍然生产、销售。

根据《刑法》第143条的规定，犯本罪，足以造成严重食物中毒事故或者其他严重食源性疾病的，处三年以下有期徒刑或者拘役，并处罚金；对人体健康造成严重危害或者有其他严重情节的，处三年以上七年以下有期徒刑，并处罚金；后果特别严重的，处七年以上有期徒刑或者无期徒刑，并处罚金或者没收财产。

根据《刑法》第150条的规定，单位犯本罪，对单位判处罚金，并对其直接负责的主管人员和其他直接责任人员，依照《刑法》第143条的规定处罚。

【疑难指导】

一、关于“足以造成严重食物中毒事故或者其他严重食源性疾病的”行为的理解

根据《刑法》第143条的规定，“足以造成严重食物中毒事故或者其他严重食源性疾病的”是构成本罪的最低限度要求，对应的刑罚档期也最低。从法条表述方式来看，不难发现本罪为具体危险犯，只要生产、销售行为有足以造成严重食物中毒事故或者其他严重食源性疾病的，则构成本罪。因此，并不要求已经造成现实危害。《最高人民法院、最高人民检察院关于办理危害食品安全刑事案件适用法律若干问题的解释》第1条规定，生产、销售不符合食品安全标准的食品，具有下列情形之一的，应当认定为《刑法》第143条规定的“足以造成严重食物中毒事故或者其他严重食源性疾病”：（1）含有严重超出标准限量的致病性微生物、农药残留、兽药残留、生物毒素、重金属等污染物质以及其他严重危害人体健康的物质的；（2）属于病死、死因不明或者检验检疫不合格的畜、禽、兽、水产动物肉类及其制品的；（3）属于国家为防控疾病等特殊需要明令禁止生产、销售的；（4）特殊医学用途配方食品、专供婴幼儿的主辅食品营养成分严重不符合食品安全标准的；（5）其他足以造成严重食物中毒事故或者严重食源性疾病的情形。由此可见，第2、3项是可以直接认定的情形，而第1、4、5项需要判断是否达到严重程度。与此同时，该解释第24条规定，对于“足以造成严重食物中毒事故或者其他严重食源性疾病”难以确定的，司法机关可以依据鉴定意见、检验报告、地市级以上相关行政主管部门组织出具的书面意见，结合其他证据作出认定。必要时，专门性问题由省级以上相关行政主管部门组织出具书面意见。

二、关于本罪中“食品”的理解

理解本罪中的“食品”，显然需要借助于《食品安全法》《农产品质量安全法》等法律规定。根据《食品安全法》第150条规定，食品，指各种供人食用或者饮用的成品和原料以及按照传统既是食品又是中药材的物品，但是不包括以治

疗为目的的物品。食品安全，指食品无毒、无害，符合应当有的营养要求，对人体健康不造成任何急性、亚急性或者慢性危害。预包装食品，指预先定量包装或者制作在包装材料、容器中的食品。食品添加剂，指为改善食品品质和色、香、味以及为防腐、保鲜和加工工艺的需要而加入食品中的人工合成或者天然物质，包括营养强化剂。用于食品的包装材料和容器，指包装、盛放食品或者食品添加剂用的纸、竹、木、金属、搪瓷、陶瓷、塑料、橡胶、天然纤维、化学纤维、玻璃等制品和直接接触食品或者食品添加剂的涂料。用于食品生产经营的工具、设备，指在食品或者食品添加剂生产、销售、使用过程中直接接触食品或者食品添加剂的机械、管道、传送带、容器、用具、餐具等。用于食品的洗涤剂、消毒剂，指直接用于洗涤或者消毒食品、餐具、饮具以及直接接触食品的工具、设备或者食品包装材料和容器的物质。与此同时，该法第 34 条作了禁止性规定，即禁止生产经营下列食品、食品添加剂、食品相关产品：（1）用非食品原料生产的食品或者添加食品添加剂以外的化学物质和其他可能危害人体健康物质的食品，或者用回收食品作为原料生产的食品；（2）致病性微生物，农药残留、兽药残留、生物毒素、重金属等污染物质以及其他危害人体健康的物质含量超过食品安全标准限量的食品、食品添加剂、食品相关产品；（3）用超过保质期的食品原料、食品添加剂生产的食品、食品添加剂；（4）超范围、超限量使用食品添加剂的食品；（5）营养成分不符合食品安全标准的专供婴幼儿和其他特定人群的主辅食品；（6）腐败变质、油脂酸败、霉变生虫、污秽不洁、混有异物、掺假掺杂或者感官性状异常的食品、食品添加剂；（7）病死、毒死或者死因不明的禽、畜、兽、水产动物肉类及其制品；（8）未按规定进行检疫或者检疫不合格的肉类，或者未经检验或者检验不合格的肉类制品；（9）被包装材料、容器、运输工具等污染的食品、食品添加剂；（10）标注虚假生产日期、保质期或者超过保质期的食品、食品添加剂；（11）无标签的预包装食品、食品添加剂；（12）国家为防病等特殊需要明令禁止生产经营的食品；（13）其他不符合法律、法规或者食品安全标准的食品、食品添加剂、食品相关产品。由此可知，认定本罪中的“食品”时，需要把握的几个要素：一是“供人食用”表明生产经营对象的主要属性、用途目标。因此，如果涉案的食品不是供人食用，而是药用或者其他用途（如将地沟油用于工业生产等)，则不属于《刑法》第143条规定的“生产、销售不符合安全标准的食品罪”和第144条规定的“生产、销售有毒、有害食品罪”中的“食品”。二是《刑法》第143条规定的“生产、销售不符合安全标准的食品罪”和第144条规定的“生产、销售有毒、有害食品罪”，既包括经有关部门许可生产、销售的食品，也包括逃避监管以“食品”的名义生产、销售的伪劣产品。三是关于生产、销售食品添加剂、用于食品的包装材料、容器、洗涤剂、消毒剂，或者用于食品生产经营的工具、设备等于食品密切相关的产品，根据《最高人民法院、最高人民检察院关于办理危害食品安全刑事案件适用法律若干问题的解释》第15条的规定，生产、销售不符合食品安全标准的食品添加剂，用于食品的包装材料、容器、洗涤剂、消毒剂，或者用于食品生产经营的工具、设备等，符合《刑法》第140条规定的，以生产、销售伪劣产品罪定罪处罚。由此可见，生产、销售这些产品本身就不符合安全标准，则当然构成生产、销售伪劣产品罪。如果同时构成生产、销售不符合安全标准的食品罪，生产、销售不符合安全标准的产品罪等其他犯罪的，依照处罚较重的规定定罪处罚。

三、在食品中使用、掺入的物质属性不同导致适用罪名不同

在食品中使用、掺入的物质是否属于原本在食品中允许使用或在一定范围内允许使用的物质，可能导致适用不同的罪名。《最高人民法院、最高人民检察院关于办理危害食品安全刑事案件适用法律若干问题的解释》第5条和第11条对于适用《刑法》第143条生产、销售不符合安全标准的食品罪和第144条生产、销售有毒、有害食品罪进行了区分。该解释的第5条规定，在食品生产、销售、运输、贮存等过程中，违反食品安全标准，超限量或者超范围滥用食品添加剂，或者在食用农产品种植、养殖、销售、运输、贮存等过程中，违反食品安全标准，超限量或者超范围滥用添加剂、农药、兽药等，足以造成严重食物中毒事故或者其他严重食源性疾病的，依照《刑法》第143条的生产、销售不符合安全标准的食品罪定罪处罚。该解释的第11条规定，在食品生产、销售、运输、贮存等过程中，掺入有毒、有害的非食品原料，或者使用有毒、有害的非食品原料生产食品的，或者在食用农产品种植、养殖、销售、运输、贮存等过程中，使用禁用农药、食品动物中禁止使用的药品及其他化合物等有毒、有害的非食品原料，或者在保健

食品或者其他食品中非法添加国家禁用药物等有毒、有害的非食品原料的，依照《刑法》第144条的规定以生产、销售有毒、有害食品罪定罪处罚。

因此，从使用的物质看，超限量或者超范围滥用食品添加剂、农药、兽药等，足以造成严重食物中毒事故或者其他严重食源性疾病的，适用《刑法》第143条，以生产、销售不符合安全标准的食品罪定罪处罚；掺入（使用）有毒、有害的非食品原料的，适用《刑法》第144条，定为生产、销售有毒、有害食品罪。《最高人民法院、最高人民检察院关于办理危害食品安全刑事案件适用法律若干问题的解释》第9条规定了应认定为“有毒、有害的非食品原料”的4类物质，一是法律、法规禁止在食品生产经营活动中添加、使用的物质；二是被国务院有关部门列入《食品中可能违法添加的非食用物质名单》《保健食品中可能非法添加的物质名单》上的物质；三是国务院有关部门公告的禁用农药、《食品动物中禁止使用的药品及其他化合物清单》等名单上的物质；四是兜底性的规定，即其他有毒、有害的物质。其中，《食品中可能违法添加的非食用物质名单》上的物质，属于全国食品安全整顿工作办公室《食品中可能违法添加的非食用物质和易滥用的食品添加剂品种名单》的一部分。后者主要由两部分组成，即《食品中可能违法添加的非食用物质名单》和《食品加工过程中易滥用的食品添加剂品种名单》。这两个名单中包含了两种物质：一种是可能违法添加的非食用物质，如碱性嫩黄、苏丹红、工业硫磺等；另一种是易滥用的食品添加剂，如着色剂、防腐剂、柠檬黄、胭脂红等。这些物质本质上是食品添加剂，在食品中滥用这些食品添加剂，足以造成严重食物中毒事故或者其他严重食源性疾病的，应认定为生产、销售不符合安全标准的食品罪。

四、关于“超限量”“超范围”“禁止使用”的理解

实践中，《最高人民法院、最高人民检察院关于办理危害食品安全刑事案件适用法律若干问题的解释》第5条的“超限量”“超范围”滥用食品添加剂，“超限量”“超范围”滥用添加剂、农药、兽药和第9条的国务院有关部门公告“禁用”的农药以及在食品动物中禁止使用的药品及其他化合物容易引起混淆，因此需要对它们进行区分。

一是国务院有关部门公告禁止部分主体使用物质的，不影响该物质的属性认

定。例如，《卫生部、国家食药监管局关于禁止餐饮服务单位采购、贮存、使用食品添加剂亚硝酸盐的公告》规定，禁止餐饮服务提供者采购、贮存、使用亚硝酸盐（包括亚硝酸钠、亚硝酸钾），严防将亚硝酸盐误作食盐使用加工食品。亚硝酸钠、亚硝酸钾是在酱卤肉类、油炸肉类等食品中允许使用食品添加剂。使用主体的不同并不能改变其是食品添加剂的属性，食品添加剂不属于“有毒、有害的非食品原料”。滥用食品添加剂，达到“严重”程度的，以生产、销售不符合安全标准的食品罪定罪处罚。

二是国务院有关部门公告禁止在部分食品使用某种食品添加剂而使用的，属于“超范围”滥用，而不属于《最高人民法院、最高人民检察院关于办理危害食品安全刑事案件适用法律若干问题的解释》第9条中的“禁止使用”。例如，国家卫生计生委等5部门《关于调整含铝食品添加剂使用规定的公告》规定，小麦粉及其制品（除油炸面制品、面糊、裹粉、煎炸粉外）生产中不得使用硫酸铝钾和硫酸铝铵。硫酸铝钾和硫酸铝铵是食品添加剂，在包子中使用硫酸铝钾或硫酸铝铵是超范围使用食品添加剂。上述公告禁止在部分食品中使用，并不改变硫酸铝钾、硫酸铝铵是食品添加剂的属性。被超范围使用的食品添加剂，不属于“有毒、有害的非食品原料”。

【办案依据】

一、《刑法》规定

第一百四十三条　生产、销售不符合食品安全标准的食品，足以造成严重食物中毒事故或者其他严重食源性疾病的，处三年以下有期徒刑或者拘役，并处罚金；对人体健康造成严重危害或者有其他严重情节的，处三年以上七年以下有期徒刑，并处罚金；后果特别严重的，处七年以上有期徒刑或者无期徒刑，并处罚金或者没收财产。

第一百四十九条　生产、销售本节第一百四十一条至第一百四十八条所列产品，不构成各该条规定的犯罪，但是销售金额在五万元以上的，依照本节第一百四十条的规定定罪处罚。

生产、销售本节第一百四十一条至第一百四十八条所列产品，构成各该条规定的犯罪，同时又构成本节第一百四十条规定之罪的，依照处罚较重的规定定罪处罚。

第一百五十条　单位犯本节第一百四十条至第一百四十八条规定之罪的，对单位判处罚金，并对其直接负责的主管人员和其他直接责任人员，依照各该条的规定处罚。

二、司法解释

（一）《最高人民法院、最高人民检察院关于办理生产、销售伪劣商品刑事案件具体应用法律若干问题的解释》（2001年4月10日，法释〔2001〕10号）

第四条　经省级以上卫生行政部门确定的机构鉴定，食品中含有可能导致严重食物中毒事故或者其他严重食源性疾患的超标准的有害细菌或者其他污染物的，应认定为刑法第一百四十三条规定的“足以造成严重食物中毒事故或者其他严重食源性疾患”。

生产、销售不符合卫生标准的食品被食用后，造成轻伤、重伤或者其他严重后果的，应认定为“对人体健康造成严重危害”。

生产、销售不符合卫生标准的食品被食用后，致人死亡、严重残疾、3人以上重伤，10人以上轻伤或者造成其他特别严重后果的。应认定为“后果特别严重”。

第九条　知道或者应当知道他人实施生产、销售伪劣商品犯罪，而为其提供贷款、资金、账号、发票、证明、许可证件，或者提供生产、经营场所或者运输、仓储、保管、邮寄等便利条件，或者提供制假生产技术的，以生产、销售伪劣商品犯罪的共犯论处。

第十条　实施生产、销售伪劣商品犯罪，同时构成侵犯知识产权、非法经营等其他犯罪的，依照处罚较重的规定定罪处罚。

第十一条　实施刑法第一百四十条至第一百四十八条规定的犯罪，又以暴力、威胁方法抗拒查处，构成其他犯罪的，依照数罪并罚的规定处罚。

第十二条　国家机关工作人员参与生产、销售伪劣商品犯罪的，从重处罚。

（二）《最高人民法院关于审理走私、非法经营、非法使用兴奋剂刑事案件适用法律若干问题的解释》（2019年11月18日，法释〔2019〕16号）

第五条 生产、销售含有兴奋剂目录所列物质的食品，符合刑法第一百四十三条、第一百四十四条规定的，以生产、销售不符合安全标准的食品罪、生产、销售有毒、有害食品罪定罪处罚。

第八条 对于是否属于本解释规定的“兴奋剂”“兴奋剂目录所列物质”“体育运动”“国内、国际重大体育竞赛”等专门性问题，应当依据《中华人民共和国体育法》《反兴奋剂条例》等法律法规，结合国务院体育主管部门出具的认定意见等证据材料作出认定。

（三）《最高人民法院、最高人民检察院关于办理危害食品安全刑事案件适用法律若干问题的解释》（2021年12月30日，法释〔2021〕24号）

第一条 生产、销售不符合食品安全标准的食品，具有下列情形之一的，应当认定为刑法第一百四十三条规定的“足以造成严重食物中毒事故或者其他严重食源性疾病”：

（一）含有严重超出标准限量的致病性微生物、农药残留、兽药残留、生物毒素、重金属等污染物质以及其他严重危害人体健康的物质的；

（二）属于病死、死因不明或者检验检疫不合格的畜、禽、兽、水产动物肉类及其制品的；

（三）属于国家为防控疾病等特殊需要明令禁止生产、销售的；

（四）特殊医学用途配方食品、专供婴幼儿的主辅食品营养成分严重不符合食品安全标准的；

（五）其他足以造成严重食物中毒事故或者严重食源性疾病的情形。

第二条 生产、销售不符合食品安全标准的食品，具有下列情形之一的，应当认定为刑法第一百四十三条规定的“对人体健康造成严重危害”：

（一）造成轻伤以上伤害的；

（二）造成轻度残疾或者中度残疾的；

（三）造成器官组织损伤导致一般功能障碍或者严重功能障碍的；

（四）造成十人以上严重食物中毒或者其他严重食源性疾病的；

（五）其他对人体健康造成严重危害的情形。

第三条 生产、销售不符合食品安全标准的食品，具有下列情形之一的，应当认定为刑法第一百四十三条规定的“其他严重情节”：

（一）生产、销售金额二十万元以上的；

（二）生产、销售金额十万元以上不满二十万元，不符合食品安全标准的食品数量较大或者生产、销售持续时间六个月以上的；

（三）生产、销售金额十万元以上不满二十万元，属于特殊医学用途配方食品、专供婴幼儿的主辅食品的；

（四）生产、销售金额十万元以上不满二十万元，且在中小学校园、托幼机构、养老机构及周边面向未成年人、老年人销售的；

（五）生产、销售金额十万元以上不满二十万元，曾因危害食品安全犯罪受过刑事处罚或者二年内因危害食品安全违法行为受过行政处罚的；

（六）其他情节严重的情形。

第四条 生产、销售不符合食品安全标准的食品，具有下列情形之一的，应当认定为刑法第一百四十三条规定的“后果特别严重”：

（一）致人死亡的；

（二）造成重度残疾以上的；

（三）造成三人以上重伤、中度残疾或者器官组织损伤导致严重功能障碍的；

（四）造成十人以上轻伤、五人以上轻度残疾或者器官组织损伤导致一般功能障碍的；

（五）造成三十人以上严重食物中毒或者其他严重食源性疾病的；

（六）其他特别严重的后果。

第五条 在食品生产、销售、运输、贮存等过程中，违反食品安全标准，超限量或者超范围滥用食品添加剂，足以造成严重食物中毒事故或者其他严重食源性疾病的，依照刑法第一百四十三条的规定以生产、销售不符合安全标准的食品罪定罪处罚。

在食用农产品种植、养殖、销售、运输、贮存等过程中，违反食品安全标准，超限量或者超范围滥用添加剂、农药、兽药等，足以造成严重食物中毒事故或者其他严重食源性疾病的，适用前款的规定定罪处罚。

第十二条 在食品生产、销售、运输、贮存等过程中，使用不符合食品安全标准的食品包装材料、容器、洗涤剂、消毒剂，或者用于食品生产经营的工具、设备等，造成食品被污染，符合刑法第一百四十三条、第一百四十四条规定的，以生产、销售不符合安全标准的食品罪或者生产、销售有毒、有害食品罪定罪处罚。

第十三条 生产、销售不符合食品安全标准的食品，有毒、有害食品，符合刑法第一百四十三条、第一百四十四条规定的，以生产、销售不符合安全标准的食品罪或者生产、销售有毒、有害食品罪定罪处罚。同时构成其他犯罪的，依照处罚较重的规定定罪处罚。

生产、销售不符合食品安全标准的食品，无证据证明足以造成严重食物中毒事故或者其他严重食源性疾病，不构成生产、销售不符合安全标准的食品罪，但构成生产、销售伪劣产品罪，妨害动植物防疫、检疫罪等其他犯罪的，依照该其他犯罪定罪处罚。

第十四条 明知他人生产、销售不符合食品安全标准的食品，有毒、有害食品，具有下列情形之一的，以生产、销售不符合安全标准的食品罪或者生产、销售有毒、有害食品罪的共犯论处：

（一）提供资金、贷款、账号、发票、证明、许可证件的；

（二）提供生产、经营场所或者运输、贮存、保管、邮寄、销售渠道等便利条件的；

（三）提供生产技术或者食品原料、食品添加剂、食品相关产品或者有毒、有害的非食品原料的；

（四）提供广告宣传的；

（五）提供其他帮助行为的。

第十七条 违反国家规定，私设生猪屠宰厂（场），从事生猪屠宰、销售等经营活动，情节严重的，依照刑法第二百二十五条的规定以非法经营罪定罪处罚。

在畜禽屠宰相关环节，对畜禽使用食品动物中禁止使用的药品及其他化合物等有毒、有害的非食品原料，依照刑法第一百四十四条的规定以生产、销售有毒、有害食品罪定罪处罚；对畜禽注水或者注入其他物质，足以造成严重食物中毒事故或者其他严重食源性疾病的，依照刑法第一百四十三条的规定以生产、销售不符合安全标准的食品罪定罪处罚；虽不足以造成严重食物中毒事故或者其他严重食源性疾病，但符合刑法第一百四十条规定的，以生产、销售伪劣产品罪定罪处罚。

第二十条 负有食品安全监督管理职责的国家机关工作人员，滥用职权或者玩忽职守，构成食品监管渎职罪，同时构成徇私舞弊不移交刑事案件罪、商检徇私舞弊罪、动植物检疫徇私舞弊罪、放纵制售伪劣商品犯罪行为罪等其他渎职犯罪的，依照处罚较重的规定定罪处罚。

负有食品安全监督管理职责的国家机关工作人员滥用职权或者玩忽职守，不构成食品监管渎职罪，但构成前款规定的其他渎职犯罪的，依照该其他犯罪定罪处罚。

负有食品安全监督管理职责的国家机关工作人员与他人共谋，利用其职务行为帮助他人实施危害食品安全犯罪行为，同时构成渎职犯罪和危害食品安全犯罪共犯的，依照处罚较重的规定定罪从重处罚。

第二十一条 犯生产、销售不符合安全标准的食品罪，生产、销售有毒、有害食品罪，一般应当依法判处生产、销售金额二倍以上的罚金。

共同犯罪的，对各共同犯罪人合计判处的罚金一般应当在生产、销售金额的二倍以上。

第二十二条 对实施本解释规定之犯罪的犯罪分子，应当依照刑法规定的条件，严格适用缓刑、免予刑事处罚。对于依法适用缓刑的，可以根据犯罪情况，同时宣告禁止令。

对于被不起诉或者免予刑事处罚的行为人，需要给予行政处罚、政务处分或者其他处分的，依法移送有关主管机关处理。

第二十三条 单位实施本解释规定的犯罪的，对单位判处罚金，并对直接负责的主管人员和其他直接责任人员，依照本解释规定的定罪量刑标准处罚。

第二十四条 “足以造成严重食物中毒事故或者其他严重食源性疾病”“有毒、有害的非食品原料”等专门性问题难以确定的，司法机关可以依据鉴定意见、检验报告、地市级以上相关行政主管部门组织出具的书面意见，结合其他证据作出认定。必要时，专门性问题由省级以上相关行政主管部门组织出具书面意见。

第二十五条 本解释所称“二年内”，以第一次违法行为受到行政处罚的生效之日与又实施相应行为之日的时间间隔计算确定。

三、司法文件

（一）《最高人民法院、最高人民检察院、公安部关于依法严惩“地沟油”犯罪活动的通知》（2012 年 1 月 9 日）

二、准确理解法律规定，严格区分犯罪界限

（四）虽无法查明“食用油”是否系利用“地沟油”生产、加工，但犯罪嫌疑人、被告人明知该“食用油”来源可疑而予以销售的，应分别情形处理：经鉴定，检出有毒、有害成分的，依照刑法第 144 条销售有毒、有害食品罪的规定追究刑事责任；属于不符合安全标准的食品的，依照刑法第 143 条销售不符合安全标准的食品罪追究刑事责任；属于以假充真、以次充好、以不合格产品冒充合格产品或者假冒注册商标，构成犯罪的，依照刑法第 140 条销售伪劣产品罪或者第 213 条假冒注册商标罪、第 214 条销售假冒注册商标的商品罪追究刑事责任。

（二）《最高人民法院关于充分发挥审判职能作用切实维护公共安全的若干意见》（2015 年 9 月 16 日）

10. 依法惩治危害食品药品安全犯罪。食品药品安全形势不容乐观，重大、恶性食品药品安全犯罪案件时有发生，党中央高度关注，人民群众反映强烈。要以“零容忍”的态度，坚持最严厉的处罚、最严肃的问责，依法严惩生产、销售有毒、有害食品、不符合卫生标准的食品，以及生产、销售假药、劣药等犯罪。要充分认识此类犯罪的严重社会危害，严格缓刑、免刑等非监禁刑的适用。要采取有效措施依法追缴违法犯罪所得，充分适用财产刑，坚决让犯罪分子在经济上无利可图、得不偿失。要依法适用禁止令，有效防范犯罪分子再次危害社会。

四、其他法规

（一）《食品安全法》（2021 年 4 月 29 日）

第二条 在中华人民共和国境内从事下列活动，应当遵守本法：

（一）食品生产和加工（以下称食品生产），食品销售和餐饮服务（以下称食品经营）；

（二）食品添加剂的生产经营；

（三）用于食品的包装材料、容器、洗涤剂、消毒剂和用于食品生产经营的工具、设备（以下称食品相关产品）的生产经营；

（四）食品生产经营者使用食品添加剂、食品相关产品；

（五）食品的贮存和运输；

（六）对食品、食品添加剂、食品相关产品的安全管理。

供食用的源于农业的初级产品（以下称食用农产品）的质量安全管理，遵守《中华人民共和国农产品质量安全法》的规定。但是，食用农产品的市场销售、有关质量安全标准的制定、有关安全信息的公布和本法对农业投入品作出规定的，应当遵守本法的规定。

第四条 食品生产经营者对其生产经营食品的安全负责。

食品生产经营者应当依照法律、法规和食品安全标准从事生产经营活动，保证食品安全，诚信自律，对社会和公众负责，接受社会监督，承担社会责任。

第二十六条 食品安全标准应当包括下列内容：

（一）食品、食品添加剂、食品相关产品中的致病性微生物，农药残留、兽药残留、生物毒素、重金属等污染物质以及其他危害人体健康物质的限量规定；

（二）食品添加剂的品种、使用范围、用量；

（三）专供婴幼儿和其他特定人群的主辅食品的营养成分要求；

（四）对与卫生、营养等食品安全要求有关的标签、标志、说明书的要求；

（五）食品生产经营过程的卫生要求；

（六）与食品安全有关的质量要求；

（七）与食品安全有关的食品检验方法与规程；

（八）其他需要制定为食品安全标准的内容。

第三十三条 食品生产经营应当符合食品安全标准，并符合下列要求：

（一）具有与生产经营的食品品种、数量相适应的食品原料处理和食品加工、包装、贮存等场所，保持该场所环境整洁，并与有毒、有害场所以及其他污染源保持规定的距离；

（二）具有与生产经营的食品品种、数量相适应的生产经营设备或者设施，有相应的消毒、更衣、盥洗、采光、照明、通风、防腐、防尘、防蝇、防鼠、防虫、洗涤以及处理废水、存放垃圾和废弃物的设备或者设施；

（三）有专职或者兼职的食品安全专业技术人员、食品安全管理人员和保证食品安全的规章制度；

（四）具有合理的设备布局和工艺流程，防止待加工食品与直接入口食品、原料与成品交叉污染，避免食品接触有毒物、不洁物；

（五）餐具、饮具和盛放直接入口食品的容器，使用前应当洗净、消毒，炊具、用具用后应当洗净，保持清洁；

（六）贮存、运输和装卸食品的容器、工具和设备应当安全、无害，保持清洁，防止食品污染，并符合保证食品安全所需的温度、湿度等特殊要求，不得将食品与有毒、有害物品一同贮存、运输；

（七）直接入口的食品应当使用无毒、清洁的包装材料、餐具、饮具和容器；

（八）食品生产经营人员应当保持个人卫生，生产经营食品时，应当将手洗净，穿戴清洁的工作衣、帽等；销售无包装的直接入口食品时，应当使用无毒、清洁的容器、售货工具和设备；

（九）用水应当符合国家规定的生活饮用水卫生标准；

（十）使用的洗涤剂、消毒剂应当对人体安全、无害；

（十一）法律、法规规定的其他要求。

非食品生产经营者从事食品贮存、运输和装卸的，应当符合前款第六项的规定。

第三十四条　禁止生产经营下列食品、食品添加剂、食品相关产品：

（一）用非食品原料生产的食品或者添加食品添加剂以外的化学物质和其他可能危害人体健康物质的食品，或者用回收食品作为原料生产的食品；

（二）致病性微生物，农药残留、兽药残留、生物毒素、重金属等污染物质以及其他危害人体健康的物质含量超过食品安全标准限量的食品、食品添加剂、食品相关产品；

（三）用超过保质期的食品原料、食品添加剂生产的食品、食品添加剂；

（四）超范围、超限量使用食品添加剂的食品；

（五）营养成分不符合食品安全标准的专供婴幼儿和其他特定人群的主辅食品；

（六）腐败变质、油脂酸败、霉变生虫、污秽不洁、混有异物、掺假掺杂或者感官性状异常的食品、食品添加剂；

（七）病死、毒死或者死因不明的禽、畜、兽、水产动物肉类及其制品；

（八）未按规定进行检疫或者检疫不合格的肉类，或者未经检验或者检验不合格的肉类制品；

（九）被包装材料、容器、运输工具等污染的食品、食品添加剂；

（十）标注虚假生产日期、保质期或者超过保质期的食品、食品添加剂；

（十一）无标签的预包装食品、食品添加剂；

（十二）国家为防病等特殊需要明令禁止生产经营的食品；

（十三）其他不符合法律、法规或者食品安全标准的食品、食品添加剂、食品相关产品。

第三十五条 国家对食品生产经营实行许可制度。从事食品生产、食品销售、餐饮服务，应当依法取得许可。但是，销售食用农产品和仅销售预包装食品的，不需要取得许可。仅销售预包装食品的，应当报所在地县级以上地方人民政府食品安全监督管理部门备案。

县级以上地方人民政府食品安全监督管理部门应当依照《中华人民共和国行政许可法》的规定，审核申请人提交的本法第三十三条第一款第一项至第四项规定要求的相关资料，必要时对申请人的生产经营场所进行现场核查；对符合规定条件的，准予许可；对不符合规定条件的，不予许可并书面说明理由。

第一百二十二条 违反本法规定，未取得食品生产经营许可从事食品生产经营活动，或者未取得食品添加剂生产许可从事食品添加剂生产活动的，由县级以上人民政府食品安全监督管理部门没收违法所得和违法生产经营的食品、食品添加剂以及用于违法生产经营的工具、设备、原料等物品；违法生产经营的食品、食品添加剂货值金额不足一万元的，并处五万元以上十万元以下罚款；货值金额一万元以上的，并处货值金额十倍以上二十倍以下罚款。

明知从事前款规定的违法行为，仍为其提供生产经营场所或者其他条件的，由县级以上人民政府食品安全监督管理部门责令停止违法行为，没收违法所得，并处五万元以上十万元以下罚款；使消费者的合法权益受到损害的，应当与食品、食品添加剂生产经营者承担连带责任。

第一百二十三条 违反本法规定，有下列情形之一，尚不构成犯罪的，由县级以上人民政府食品安全监督管理部门没收违法所得和违法生产经营的食品，并可以没收用于违法生产经营的工具、设备、原料等物品；违法生产经营的食品货值金额不足一万元的，并处十万元以上十五万元以下罚款；货值金额一万元以上的，并处货值金额十五倍以上三十倍以下罚款；情节严重的，吊销许可证，并可以由公安机关对其直接负责的主管人员和其他直接责任人员处五日以上十五日以下拘留：

（一）用非食品原料生产食品、在食品中添加食品添加剂以外的化学物质和其他可能危害人体健康的物质，或者用回收食品作为原料生产食品，或者经营上述食品；

（二）生产经营营养成分不符合食品安全标准的专供婴幼儿和其他特定人群的主辅食品；

（三）经营病死、毒死或者死因不明的禽、畜、兽、水产动物肉类，或者生产经营其制品；

（四）经营未按规定进行检疫或者检疫不合格的肉类，或者生产经营未经检验或者检验不合格的肉类制品；

（五）生产经营国家为防病等特殊需要明令禁止生产经营的食品；

（六）生产经营添加药品的食品。

明知从事前款规定的违法行为，仍为其提供生产经营场所或者其他条件的，由县级以上人民政府食品安全监督管理部门责令停止违法行为，没收违法所得，并处十万元以上二十万元以下罚款；使消费者的合法权益受到损害的，应当与食品生产经营者承担连带责任。

违法使用剧毒、高毒农药的，除依照有关法律、法规规定给予处罚外，可以由公安机关依照第一款规定给予拘留。

第一百二十四条 违反本法规定，有下列情形之一，尚不构成犯罪的，由县级以上人民政府食品安全监督管理部门没收违法所得和违法生产经营的食品、食品添加剂，并可以没收用于违法生产经营的工具、设备、原料等物品；违法生产经营的食品、食品添加剂货值金额不足一万元的，并处五万元以上十万元以下罚款；货值金额一万元以上的，并处货值金额十倍以上二十倍以下罚款；情节严重的，吊销许可证：

（一）生产经营致病性微生物，农药残留、兽药残留、生物毒素、重金属等污染物质以及其他危害人体健康的物质含量超过食品安全标准限量的食品、食品添加剂；

（二）用超过保质期的食品原料、食品添加剂生产食品、食品添加剂，或者经营上述食品、食品添加剂；

（三）生产经营超范围、超限量使用食品添加剂的食品；

（四）生产经营腐败变质、油脂酸败、霉变生虫、污秽不洁、混有异物、掺假掺杂或者感官性状异常的食品、食品添加剂；

（五）生产经营标注虚假生产日期、保质期或者超过保质期的食品、食品添加剂；

（六）生产经营未按规定注册的保健食品、特殊医学用途配方食品、婴幼儿配方乳粉，或者未按注册的产品配方、生产工艺等技术要求组织生产；

（七）以分装方式生产婴幼儿配方乳粉，或者同一企业以同一配方生产不同品牌的婴幼儿配方乳粉；

（八）利用新的食品原料生产食品，或者生产食品添加剂新品种，未通过安全性评估；

（九）食品生产经营者在食品安全监督管理部门责令其召回或者停止经营后，仍拒不召回或者停止经营。

除前款和本法第一百二十三条、第一百二十五条规定的情形外，生产经营不符合法律、法规或者食品安全标准的食品、食品添加剂的，依照前款规定给予处罚。

生产食品相关产品新品种，未通过安全性评估，或者生产不符合食品安全标准的食品相关产品的，由县级以上人民政府食品安全监督管理部门依照第一款规定给予处罚。

第一百二十五条　违反本法规定，有下列情形之一的，由县级以上人民政府食品安全监督管理部门没收违法所得和违法生产经营的食品、食品添加剂，并可以没收用于违法生产经营的工具、设备、原料等物品；违法生产经营的食品、食品添加剂货值金额不足一万元的，并处五千元以上五万元以下罚款；货值金额一万元以上的，并处货值金额五倍以上十倍以下罚款；情节严重的，责令停产停业，直至吊销许可证：

（一）生产经营被包装材料、容器、运输工具等污染的食品、食品添加剂；

（二）生产经营无标签的预包装食品、食品添加剂或者标签、说明书不符合本法规定的食品、食品添加剂；

（三）生产经营转基因食品未按规定进行标示；

（四）食品生产经营者采购或者使用不符合食品安全标准的食品原料、食品添加剂、食品相关产品。

生产经营的食品、食品添加剂的标签、说明书存在瑕疵但不影响食品安全且不会对消费者造成误导的，由县级以上人民政府食品安全监督管理部门责令改正；拒不改正的，处二千元以下罚款。

第一百二十六条　违反本法规定，有下列情形之一的，由县级以上人民政府食品安全监督管理部门责令改正，给予警告；拒不改正的，处五千元以上五万元以下罚款；情节严重的，责令停产停业，直至吊销许可证：

（一）食品、食品添加剂生产者未按规定对采购的食品原料和生产的食品、食品添加剂进行检验；

（二）食品生产经营企业未按规定建立食品安全管理制度，或者未按规定配备或者培训、考核食品安全管理人员；

（三）食品、食品添加剂生产经营者进货时未查验许可证和相关证明文件，或者未按规定建立并遵守进货查验记录、出厂检验记录和销售记录制度；

（四）食品生产经营企业未制定食品安全事故处置方案；

（五）餐具、饮具和盛放直接入口食品的容器，使用前未经洗净、消毒或者清洗消毒不合格，或者餐饮服务设施、设备未按规定定期维护、清洗、校验；

（六）食品生产经营者安排未取得健康证明或者患有国务院卫生行政部门规定的有碍食品安全疾病的人员从事接触直接入口食品的工作；

（七）食品经营者未按规定要求销售食品；

（八）保健食品生产企业未按规定向食品安全监督管理部门备案，或者未按备案的产品配方、生产工艺等技术要求组织生产；

（九）婴幼儿配方食品生产企业未将食品原料、食品添加剂、产品配方、标签等向食品安全监督管理部门备案；

（十）特殊食品生产企业未按规定建立生产质量管理体系并有效运行，或者未定期提交自查报告；

（十一）食品生产经营者未定期对食品安全状况进行检查评价，或者生产经营条件发生变化，未按规定处理；

（十二）学校、托幼机构、养老机构、建筑工地等集中用餐单位未按规定履行食品安全管理责任；

（十三）食品生产企业、餐饮服务提供者未按规定制定、实施生产经营过程控制要求。

餐具、饮具集中消毒服务单位违反本法规定用水，使用洗涤剂、消毒剂，或者出厂的餐具、饮具未按规定检验合格并随附消毒合格证明，或者未按规定在独立包装上标注相关内容的，由县级以上人民政府卫生行政部门依照前款规定给予处罚。

食品相关产品生产者未按规定对生产的食品相关产品进行检验的，由县级以上人民政府食品安全监督管理部门依照第一款规定给予处罚。

食用农产品销售者违反本法第六十五条规定的，由县级以上人民政府食品安全监督管理部门依照第一款规定给予处罚。

第一百四十九条 违反本法规定，构成犯罪的，依法追究刑事责任。

第一百五十条 本法下列用语的含义：

食品，指各种供人食用或者饮用的成品和原料以及按照传统既是食品又是中药材的物品，但是不包括以治疗为目的的物品。

食品安全，指食品无毒、无害，符合应当有的营养要求，对人体健康不造成任何急性、亚急性或者慢性危害。

预包装食品，指预先定量包装或者制作在包装材料、容器中的食品。

食品添加剂，指为改善食品品质和色、香、味以及为防腐、保鲜和加工工艺的需要而加入食品中的人工合成或者天然物质，包括营养强化剂。

用于食品的包装材料和容器，指包装、盛放食品或者食品添加剂用的纸、竹、木、金属、搪瓷、陶瓷、塑料、橡胶、天然纤维、化学纤维、玻璃等制品和直接接触食品或者食品添加剂的涂料。

用于食品生产经营的工具、设备，指在食品或者食品添加剂生产、销售、使用过程中直接接触食品或者食品添加剂的机械、管道、传送带、容器、用具、餐具等。

用于食品的洗涤剂、消毒剂，指直接用于洗涤或者消毒食品、餐具、饮具以及直接接触食品的工具、设备或者食品包装材料和容器的物质。

食品保质期，指食品在标明的贮存条件下保持品质的期限。

食源性疾病，指食品中致病因素进入人体引起的感染性、中毒性等疾病，包括食物中毒。

食品安全事故，指食源性疾病、食品污染等源于食品，对人体健康有危害或者可能有危害的事故。

第一百五十一条 转基因食品和食盐的食品安全管理，本法未作规定的，适用其他法律、行政法规的规定。

（二）《食品药品行政执法与刑事司法衔接工作办法》（2015年12月22日）

第二十二条 对于符合《最高人民法院最高人民检察院关于办理危害食品安全刑事案件适用法律若干问题的解释》（法释〔2013〕12号）第一条第二项中属于病死、死因不明的畜、禽、兽、水产动物及其肉类、肉类制品和第三项规定情形的涉案食品，食品药品监管部门可以直接出具认定意见并说明理由。

第二十四条 根据食品药品监管部门或者公安机关、人民检察院的委托，对尚未建立食品安全标准检验方法的，相关检验检测机构可以采用非食品安全标准等规定的检验项目和检验方法对涉案食品进行检验，检验结果可以作为定罪量刑的参考。通过上述办法仍不能得出明确结论的，根据公安机关、人民检察院的委托，地市级以上的食品药品监管部门可以组织专家对涉案食品进行评估认定，该评估认定意见可作为定罪量刑的参考。

对药品的检验检测按照《中华人民共和国药品管理法》及其实施条例等有关规定执行。

对医疗器械的检测按照《医疗器械监督管理条例》有关规定执行。

第六章　生产、销售有毒、有害食品罪

【立案追诉标准】

生产、销售有毒、有害食品案（《刑法》第144条）

在生产、销售的食品中掺入有毒、有害的非食品原料的，或者销售明知掺有有毒、有害的非食品原料的食品的，应予立案追诉。

在食品加工、销售、运输、贮存等过程中，掺入有毒、有害的非食品原料，或者使用有毒、有害的非食品原料加工食品的，应予立案追诉。

在食用农产品种植、养殖、销售、运输、贮存等过程中，使用禁用农药、兽药等禁用物质或者其他有毒、有害物质的，应予立案追诉。

在保健食品或者其他食品中非法添加国家禁用药物等有毒、有害物质的，应予立案追诉。

下列物质应当认定为本条规定的“有毒、有害的非食品原料”：

（一）法律、法规禁止在食品生产经营活动中添加、使用的物质；

（二）国务院有关部门公布的《食品中可能违法添加的非食用物质名单》《保健食品中可能非法添加的物质名单》中所列物质；

（三）国务院有关部门公告禁止使用的农药、兽药以及其他有毒、有害物质；

（四）其他危害人体健康的物质。

《最高人民检察院、公安部关于公安机关管辖的刑事案件立案追诉标准的规定（一）的补充规定》（2017年4月27日）第4条

【犯罪构成及刑事责任】

生产、销售有毒、有害食品罪，是指在生产、销售的食品中掺入有毒、有害的非食品原料的，或者销售明知掺有有毒、有害的非食品原料的食品的行为。构成本罪需要具备以下四个要件：

1. 客体要件

本罪侵犯的客体是复杂客体，即国家食品安全管理制度和公民的生命权、健康权。

2. 客观要件

客观方面表现为两种行为方式：在生产、销售的食品中掺入有毒、有害的非食品原料的行为，或者销售明知掺有有毒、有害的非食品原料的食品的行为。本罪为行为犯，只要行为人实施前述行为即构成本罪，不要求造成实际危害结果。

3. 主体要件

根据刑法第 144 条之规定，本罪主体既可以是达到法定刑事责任年龄且具有刑事责任能力的自然人，也可以是单位。

4. 主观要件

本罪在主观方面是故意即行为人明知是有毒、有害的非食品原料而将其掺入食品中，或者明知是掺有有毒、有害的非食品原料的食品而进行销售。

根据《刑法》第 144 条的规定，犯本罪，处五年以下有期徒刑，并处罚金；对人体健康造成严重危害或者有其他严重情节的，处五年以上十年以下有期徒刑，并处罚金；致人死亡或者有其他特别严重情节的，处十年以上有期徒刑、无期徒刑或者死刑，并处罚金或者没收财产。

根据《刑法》第 150 条的规定，单位犯本罪，对单位判处罚金，并对其直接负责的主管人员和其他直接责任人员，依照刑法第 144 条的规定处罚。

【疑难指导】

一、关于本罪的罪与非罪问题

本罪罪名是生产、销售有毒、有害食品罪，而《刑法》第 144 条的条文表述是“在生产、销售的食品中掺入有毒、有害的非食品原料的，或者销售明知掺有有毒、有害的非食品原料的食品的”。掺入（掺有）有毒、有害的非食品原料的食品并不完全等同于有毒、有害食品。司法实践中发现，新型有毒、有害物质和犯罪手段层出不穷，限于科学技术、检验方法等原因，有些添加了有毒、有害非食品原料的食品，通过现有检验手段尚无法检出毒害性。笔者认为，根据现有规定，认定构成本罪需要证明的是涉案食品掺入（掺有）有毒、有害的非食品原料。当然，本罪的侵犯客体之一是公民的生命权、健康权，如果对公民的生命权、健康权没有构成相应危险，也不能构成本罪。

二、关于主观明知的认定问题

一是关于末端销售人员的主观明知认定。笔者认为，危害食品安全犯罪的明知不等于确知，只要行为人对生产、销售的食品存在食品安全隐患具有概括性认识，就意味着食品不符合安全标准或者掺入了有毒、有害的非食品原料的事实不超出行为人的预料，从而认定行为人存在主观明知。对于末端销售人员主观明知的认定，并不需要达到明知掺入了具体何种成分，只要概括性明知所销售的食品存在安全隐患即可。具体案件中，可结合检验结果、认定意见等，再具体判断适用何种罪名。

二是关于“以共犯论处”的明知认定。《最高人民法院、最高人民检察院关于办理危害食品安全刑事案件适用法律若干问题的解释》第 14 条规定了以共犯论处的 5 种情形：(1）提供资金、贷款、账号、发票、证明、许可证件的；(2）提供生产、经营场所或者运输、贮存、保管、邮寄、销售渠道等便利条件的；(3）提供生产技术或者食品原料、食品添加剂、食品相关产品或者有毒、有害的非食品原料的；(4）提供广告宣传的；(5）提供其他帮助行为的。对于这 5 种情形，只要行为人主观上达到“明知他人生产、销售不符合食品安全标准的食品，有毒、有害食品”就可以“以共犯论处”。这是因为，危害食品安全犯罪具有逐利性、链条性、团伙性等特点。惩治危害食品安全犯罪，不仅要严厉惩治危害食品安全犯罪实行行为，还要依法惩治危害食品安全犯罪的各种帮助行为。

三、关于“有毒、有害的非食品原料”的理解

《最高人民法院、最高人民检察院关于办理危害食品安全刑事案件适用法律若

干问题的解释》第9条规定了应认定为“有毒、有害的非食品原料”的几类物质：（1）因危害人体健康，被法律、法规禁止在食品生产经营活动中添加、使用的物质；（2）因危害人体健康，被国务院有关部门列入《食品中可能违法添加的非食用物质名单》《保健食品中可能非法添加的物质名单》和国务院有关部门公告的禁用农药、《食品动物中禁止使用的药品及其他化合物清单》等名单上的物质；（3）其他有毒、有害的物质。

由此可见，对于第1项的禁止性添加、使用的物质，要有限定条件，即“危害人体健康”，如果不具有危害人体健康的原因，但是添加了，则不能据此将该物质认定为“有毒、有害的非食品原料”。对于第2项《食品中可能违法添加的非食用物质名单》《保健食品中可能非法添加的物质名单》《食品动物中禁止使用的药品及其他化合物清单》以外的新型物质，则需要根据检验报告和专家意见等判断其危害性，同时还要注意限定条件“危害人体健康”。对于第3项的理解，这一项实际上是一个兜底性条款，应该参照前两项，不宜作扩大理解，应该限定在“危害人体健康”。如果一种物质因为危害人体健康以外的原因被禁止使用，则不能据此将该物质认定为“有毒、有害的非食品原料”。

四、生产、销售有毒、有害食品罪与生产、销售不符合安全标准的食品罪的区别

两个罪名的主要区别在于：一是犯罪对象不同。前者是有毒、有害的非食品原料，要求不仅有毒、有害，而且是非食品原料，如国务院有关部门公布的《食品中可能违法添加的非食用物质名单》《保健食品中可能非法添加的物质名单》上的物质；后者的犯罪对象是不符合安全标准的食品原料，其危害性是由于食品原料污染或者变质等原因引起，或者超范围、超限量使用引起。二是两个行为的性质不同。前者是行为犯，只要实施客观方面要求的行为即可构成犯罪；后者是危险犯，要求达到“足以造成严重食物中毒事故或者其他严重食源性疾病”，才构成犯罪。

五、生产、销售有毒、有害食品罪与投放危险物质罪的区别

两个罪名的主要区别在于犯罪的目的不同。虽然本罪并没有对犯罪目的进行规定，但是本罪放在刑法分则第三章“破坏社会主义市场经济秩序罪”，属于典型的经济犯罪，一般是为了非法牟利。而投放危险物质罪的目的是造成不特定的多数人的伤亡，追求危害结果的发生。如果生产、销售有毒、有害食品的行为，同时触犯投放危险物质罪的，属于想象竞合，应当从一重罪处罚。

【办案依据】

一、《刑法》规定

第一百四十四条　在生产、销售的食品中掺入有毒、有害的非食品原料的，或者销售明知掺有有毒、有害的非食品原料的食品的，处五年以下有期徒刑，并处罚金；对人体健康造成严重危害或者有其他严重情节的，处五年以上十年以下有期徒刑，并处罚金；致人死亡或者有其他特别严重情节的，依照本法第一百四十一条的规定处罚。

第一百四十九条　生产、销售本节第一百四十一条至第一百四十八条所列产品，不构成各该条规定的犯罪，但是销售金额在五万元以上的，依照本节第一百四十条的规定定罪处罚。

生产、销售本节第一百四十一条至第一百四十八条所列产品，构成各该条规定的犯罪，同时又构成本节第一百四十条规定之罪的，依照处罚较重的规定定罪处罚。

第一百五十条　单位犯本节第一百四十条至第一百四十八条规定之罪的，对单位判处罚金，并对其直接负责的主管人员和其他直接责任人员，依照各该条的规定处罚。

二、司法解释

（一）《最高人民法院、最高人民检察院关于办理生产、销售伪劣商品刑事案件具体应用法律若干问题的解释》（2001年4月10日，法释〔2001〕10号）

第五条　生产、销售的有毒、有害食品被食用后，造成轻伤、重伤或者其他严重后果的，应认定为刑法第一百四十四条规定的“对人体健康造成严重危害”。

生产、销售的有毒、有害食品被食用后，致人严重残疾、3人以上重伤、10人以上轻伤或者造成其他特别严重后果的，应认定为“对人体健康造成特别严重危害”。

第九条 知道或者应当知道他人实施生产、销售伪劣商品犯罪，而为其提供贷款、资金、账号、发票、证明、许可证件，或者提供生产、经营场所或者运输、仓储、保管、邮寄等便利条件，或者提供制假生产技术的，以生产、销售伪劣商品犯罪的共犯论处。

第十条 实施生产、销售伪劣商品犯罪，同时构成侵犯知识产权、非法经营等其他犯罪的，依照处罚较重的规定定罪处罚。

第十一条 实施刑法第一百四十条至第一百四十八条规定的犯罪，又以暴力、威胁方法抗拒查处，构成其他犯罪的，依照数罪并罚的规定处罚。

第十二条 国家机关工作人员参与生产、销售伪劣商品犯罪的，从重处罚。

（二）《最高人民法院、最高人民检察院关于办理非法生产、销售、使用禁止在饲料和动物饮用水中使用的药品等刑事案件具体应用法律若干问题的解释》（2002年8月16日，法释〔2002〕26号）

第三条 使用盐酸克仑特罗等禁止在饲料和动物饮用水中使用的药品或者含有该类药品的饲料养殖供人食用的动物，或者销售明知是使用该类药品或者含有该类药品的饲料养殖的供人食用的动物的，依照刑法第一百四十四条的规定，以生产、销售有毒、有害食品罪追究刑事责任。

第四条 明知是使用盐酸克仑特罗等禁止在饲料和动物饮用水中使用的药品或者含有该类药品的饲料养殖的供人食用的动物，而提供屠宰等加工服务，或者销售其制品的，依照刑法第一百四十四条的规定，以生产、销售有毒、有害食品罪追究刑事责任。

第五条 实施本解释规定的行为，同时触犯刑法规定的两种以上犯罪的，依照处罚较重的规定追究刑事责任。

第六条 禁止在饲料和动物饮用水中使用的药品，依照国家有关部门公告的禁止在饲料和动物饮用水中使用的药物品种目录确定。

附：

《禁止在饲料和动物饮用水中使用的药物品种目录》

（中华人民共和国农业部公告第176号）

一、肾上腺素受体激动剂

1. 盐酸克仑特罗（Clenbuterol Hydrochloride）：中华人民共和国药典（以下简称药典）2000年二部P605。β_2肾上腺素受体激动药。

2. 沙丁胺醇（Salbutamol）：药典2000年二部P316。β_2肾上腺素受体激动药。

3. 硫酸沙丁胺醇（Salbutamol Sulfate）：药典2000年二部P870。β^2肾上腺素受体激动药。

4. 莱克多巴胺（Ractopamine）：一种β兴奋剂，美国食品和药物管理局（FDA）已批准，中国未批准。

5. 盐酸多巴胺（Dopamine Hydrochloride）：药典2000年二部P591。多巴胺受体激动药。

6. 西巴特罗（Cimaterol）：美国氰胺公司开发的产品，一种β兴奋剂，FDA未批准。

7. 硫酸特布他林（Terbutaline Sulfate）：药典2000年二部P890。β^2肾上腺受体激动药。

二、性激素

8. 己烯雌酚（Diethylstibestrol）：药典2000年二部P42。雌激素类药。

9. 雌二醇（Estradiol）：药典2000年二部P1005。雌激素类药。

10. 戊酸雌二醇（Estradiol Valcrate）：药典2000年二部P124。雌激素类药。

11. 苯甲酸雌二醇（Estradiol Benzoate）：药典2000年二部P369。雌激素类药。中华人民共和国兽药典（以下简称兽药典）2000年版一部P109。雌激素类药。用于发情不明显动物的催情及胎衣滞留、死胎的排除。

12. 氯烯雌醚（Chlorotrianisene）药典2000年二部P919。

13. 炔诺醇（Ethinylestradiol）药典2000年二部P422。

14. 炔诺醚（Quinestrol）药典2000年二部P424。

15. 醋酸氯地孕酮（Chlormadinone acetate）药典2000年二部P1037。

16. 左炔诺孕酮（Levonorgestrel）药典2000年二部P107。

17. 炔诺酮（Norethisterone）药典2000年二部P420。

18. 绒毛膜促性腺激素（绒促性素）（Chorionic Conadotro-phin）：药典2000年二部P534。促性腺激素药。兽药典2000年版一部P146。激素类药。用于性功能障碍、习惯性流产及卵巢囊肿等。

19. 促卵泡生长激素（尿促性素主要含卵泡刺激FSHT和黄体生成素LH）（Menotropins）：药典2000年二部P321。促性腺激素类药。

三、蛋白同化激素

20. 碘化酪蛋白（Iodinated Casein）：蛋白同化激素类，为甲状腺素的前驱物质，具有类似甲状腺素的生理作用。

21. 苯丙酸诺龙及苯丙酸诺龙注射液（Nandrolone phenylpropionate）：药典2000年二部P365。

四、精神药品

22. （盐酸）氯丙嗪（Chlorpromazine Hydrochloride）：药典2000年二部P676。抗精神病药。兽药典2000年版一部P177。镇静药。用于强化麻醉以及使动物安静等。

23. 盐酸异丙嗪（Promethazine Hydrochloride）：药典2000年二部P602。抗组胺药。兽药典2000年版一部P164。抗组胺药。用于变态反应性疾病，如荨麻疹、血清病等。

24. 安定（地西泮）（Diazepam）：药典2000年二部P214。抗焦虑药、抗惊厥药。兽药典2000年版一部P61。镇静药、抗惊厥药。

25. 苯巴比妥（Phenobarbital）：药典2000年二部P362。镇静催眠药、抗惊厥药。兽药典2000年版一部P103。巴比妥类药。缓解脑炎、破伤风、士的宁中毒所致的惊厥。

26. 苯巴比妥钠（Phenobarbital Sodium）。兽药典2000年版一部P105。巴比妥类药。缓解脑炎、破伤风、士的宁中毒所致的惊厥。

27. 巴比妥（Barbital）：兽药典 2000 年版一部 P27。中枢抑制和增强解热镇痛。

28. 异戊巴比妥（Amobarbital）：药典 2000 年二部 P252。催眠药、抗惊厥药。

29. 异戊巴比妥钠（Amobarbital Sodium）：兽药典 2000 年版一部 P82。巴比妥类药。用于小动物的镇静、抗惊厥和麻醉。

30. 利血平（Reserpine）：药典 2000 年二部 P304。抗高血压药。

31. 艾司唑仑（Estazolam）。

32. 甲丙氨脂（Mcprobamate）。

33. 咪达唑仑（Midazolam）。

34. 硝西泮（Nitrazepam）。

35. 奥沙西泮（Oxazcpam）。

36. 匹莫林（Pemoline）。

37. 三唑仑（Triazolam）。

38. 唑吡旦（Zolpidem）。

39. 其他国家管制的精神药品。

五、各种抗生素滤渣

40. 抗生素滤渣：该类物质是抗生素类产品生产过程中产生的工业三废，因含有微量抗生素成份，在饲料和饲养过程中使用后对动物有一定的促生长作用。但对养殖业的危害很大，一是容易引起耐药性，二是由于未做安全性试验，存在各种安全隐患。

（三）《最高人民法院、最高人民检察院关于办理危害食品安全刑事案件适用法律若干问题的解释》（2021 年 12 月 30 日，法释〔2021〕24 号）

第二条　生产、销售不符合食品安全标准的食品，具有下列情形之一的，应当认定为刑法第一百四十三条规定的“对人体健康造成严重危害”：

（一）造成轻伤以上伤害的；

（二）造成轻度残疾或者中度残疾的；

（三）造成器官组织损伤导致一般功能障碍或者严重功能障碍的；

（四）造成十人以上严重食物中毒或者其他严重食源性疾病的；

（五）其他对人体健康造成严重危害的情形。

第六条 生产、销售有毒、有害食品，具有本解释第二条规定情形之一的，应当认定为刑法第一百四十四条规定的“对人体健康造成严重危害”。

第七条 生产、销售有毒、有害食品，具有下列情形之一的，应当认定为刑法第一百四十四条规定的“其他严重情节”：

（一）生产、销售金额二十万元以上不满五十万元的；

（二）生产、销售金额十万元以上不满二十万元，有毒、有害食品数量较大或者生产、销售持续时间六个月以上的；

（三）生产、销售金额十万元以上不满二十万元，属于特殊医学用途配方食品、专供婴幼儿的主辅食品的；

（四）生产、销售金额十万元以上不满二十万元，且在中小学校园、托幼机构、养老机构及周边面向未成年人、老年人销售的；

（五）生产、销售金额十万元以上不满二十万元，曾因危害食品安全犯罪受过刑事处罚或者二年内因危害食品安全违法行为受过行政处罚的；

（六）有毒、有害的非食品原料毒害性强或者含量高的；

（七）其他情节严重的情形。

第八条 生产、销售有毒、有害食品，生产、销售金额五十万元以上，或者具有本解释第四条第二项至第六项规定的情形之一的，应当认定为刑法第一百四十四条规定的“其他特别严重情节”。

第九条 下列物质应当认定为刑法第一百四十四条规定的“有毒、有害的非食品原料”：

（一）因危害人体健康，被法律、法规禁止在食品生产经营活动中添加、使用的物质；

（二）因危害人体健康，被国务院有关部门列入《食品中可能违法添加的非食用物质名单》《保健食品中可能非法添加的物质名单》和国务院有关部门公告的禁用农药、《食品动物中禁止使用的药品及其他化合物清单》等名单上的物质；

（三）其他有毒、有害的物质。

第十条 刑法第一百四十四条规定的“明知”，应当综合行为人的认知能力、食品质量、进货或者销售的渠道及价格等主、客观因素进行认定。

具有下列情形之一的，可以认定为刑法第一百四十四条规定的“明知”，但存在相反证据并经查证属实的除外：

（一）长期从事相关食品、食用农产品生产、种植、养殖、销售、运输、贮存行业，不依法履行保障食品安全义务的；

（二）没有合法有效的购货凭证，且不能提供或者拒不提供销售的相关食品来源的；

（三）以明显低于市场价格进货或者销售且无合理原因的；

（四）在有关部门发出禁令或者食品安全预警的情况下继续销售的；

（五）因实施危害食品安全行为受过行政处罚或者刑事处罚，又实施同种行为的；

（六）其他足以认定行为人明知的情形。

第十一条 在食品生产、销售、运输、贮存等过程中，掺入有毒、有害的非食品原料，或者使用有毒、有害的非食品原料生产食品的，依照刑法第一百四十四条的规定以生产、销售有毒、有害食品罪定罪处罚。

在食用农产品种植、养殖、销售、运输、贮存等过程中，使用禁用农药、食品动物中禁止使用的药品及其他化合物等有毒、有害的非食品原料，适用前款的规定定罪处罚。

在保健食品或者其他食品中非法添加国家禁用药物等有毒、有害的非食品原料的，适用第一款的规定定罪处罚。

第十二条 在食品生产、销售、运输、贮存等过程中，使用不符合食品安全标准的食品包装材料、容器、洗涤剂、消毒剂，或者用于食品生产经营的工具、设备等，造成食品被污染，符合刑法第一百四十三条、第一百四十四条规定的，以生产、销售不符合安全标准的食品罪或者生产、销售有毒、有害食品罪定罪处罚。

第十三条 生产、销售不符合食品安全标准的食品，有毒、有害食品，符合刑法第一百四十三条、第一百四十四条规定的，以生产、销售不符合安全标准的食品罪或者生产、销售有毒、有害食品罪定罪处罚。同时构成其他犯罪的，依照处罚较重的规定定罪处罚。

生产、销售不符合食品安全标准的食品，无证据证明足以造成严重食物中毒事故或者其他严重食源性疾病，不构成生产、销售不符合安全标准的食品罪，但构成生产、销售伪劣产品罪，妨害动植物防疫、检疫罪等其他犯罪的，依照该其他犯罪定罪处罚。

第十四条 明知他人生产、销售不符合食品安全标准的食品，有毒、有害食品，具有下列情形之一的，以生产、销售不符合安全标准的食品罪或者生产、销售有毒、有害食品罪的共犯论处：

（一）提供资金、贷款、账号、发票、证明、许可证件的；

（二）提供生产、经营场所或者运输、贮存、保管、邮寄、销售渠道等便利条件的；

（三）提供生产技术或者食品原料、食品添加剂、食品相关产品或者有毒、有害的非食品原料的；

（四）提供广告宣传的；

（五）提供其他帮助行为的。

第十七条 违反国家规定，私设生猪屠宰厂（场），从事生猪屠宰、销售等经营活动，情节严重的，依照刑法第二百二十五条的规定以非法经营罪定罪处罚。

在畜禽屠宰相关环节，对畜禽使用食品动物中禁止使用的药品及其他化合物等有毒、有害的非食品原料，依照刑法第一百四十四条的规定以生产、销售有毒、有害食品罪定罪处罚；对畜禽注水或者注入其他物质，足以造成严重食物中毒事故或者其他严重食源性疾病的，依照刑法第一百四十三条的规定以生产、销售不符合安全标准的食品罪定罪处罚；虽不足以造成严重食物中毒事故或者其他严重食源性疾病，但符合刑法第一百四十条规定的，以生产、销售伪劣产品罪定罪处罚。

第二十条 负有食品安全监督管理职责的国家机关工作人员，滥用职权或者玩忽职守，构成食品监管渎职罪，同时构成徇私舞弊不移交刑事案件罪、商检徇私舞弊罪、动植物检疫徇私舞弊罪、放纵制售伪劣商品犯罪行为罪等其他渎职犯罪的，依照处罚较重的规定定罪处罚。

负有食品安全监督管理职责的国家机关工作人员滥用职权或者玩忽职守，不构成食品监管渎职罪，但构成前款规定的其他渎职犯罪的，依照该其他犯罪定罪处罚。

负有食品安全监督管理职责的国家机关工作人员与他人共谋，利用其职务行为帮助他人实施危害食品安全犯罪行为，同时构成渎职犯罪和危害食品安全犯罪共犯的，依照处罚较重的规定定罪从重处罚。

第二十一条　犯生产、销售不符合安全标准的食品罪，生产、销售有毒、有害食品罪，一般应当依法判处生产、销售金额二倍以上的罚金。

共同犯罪的，对各共同犯罪人合计判处的罚金一般应当在生产、销售金额的二倍以上。

第二十二条　对实施本解释规定之犯罪的犯罪分子，应当依照刑法规定的条件，严格适用缓刑、免予刑事处罚。对于依法适用缓刑的，可以根据犯罪情况，同时宣告禁止令。

对于被不起诉或者免予刑事处罚的行为人，需要给予行政处罚、政务处分或者其他处分的，依法移送有关主管机关处理。

第二十三条　单位实施本解释规定的犯罪的，对单位判处罚金，并对直接负责的主管人员和其他直接责任人员，依照本解释规定的定罪量刑标准处罚。

第二十四条　“足以造成严重食物中毒事故或者其他严重食源性疾病”“有毒、有害的非食品原料”等专门性问题难以确定的，司法机关可以依据鉴定意见、检验报告、地市级以上相关行政主管部门组织出具的书面意见，结合其他证据作出认定。必要时，专门性问题由省级以上相关行政主管部门组织出具书面意见。

第二十五条　本解释所称“二年内”，以第一次违法行为受到行政处罚的生效之日与又实施相应行为之日的时间间隔计算确定。

（四）《最高人民法院关于审理走私、非法经营、非法使用兴奋剂刑事案件适用法律若干问题的解释》（2019年11月18日，法释〔2019〕16号）

第五条　生产、销售含有兴奋剂目录所列物质的食品，符合刑法第一百四十三条、第一百四十四条规定的，以生产、销售不符合安全标准的食品罪、生产、销售有毒、有害食品罪定罪处罚。

第八条 对于是否属于本解释规定的“兴奋剂”“兴奋剂目录所列物质”“体育运动”“国内、国际重大体育竞赛”等专门性问题，应当依据《中华人民共和国体育法》《反兴奋剂条例》等法律法规，结合国务院体育主管部门出具的认定意见等证据材料作出认定。

三、司法文件

（一）《最高人民法院、最高人民检察院、公安部关于依法严惩“地沟油”犯罪活动的通知》（2012年1月9日）

二、准确理解法律规定，严格区分犯罪界限

（一）对于利用“地沟油”生产“食用油”的，依照刑法第144条生产有毒、有害食品罪的规定追究刑事责任。

（二）明知是利用“地沟油”生产的“食用油”而予以销售的，依照刑法第144条销售有毒、有害食品罪的规定追究刑事责任。认定是否“明知”，应当结合犯罪嫌疑人、被告人的认知能力，犯罪嫌疑人、被告人及其同案人的供述和辩解，证人证言，产品质量，进货渠道及进货价格、销售渠道及销售价格等主、客观因素予以综合判断。

（三）对于利用“地沟油”生产的“食用油”，已经销售出去没有实物，但是有证据证明系已被查实生产、销售有毒、有害食品犯罪事实的上线提供的，依照刑法第144条销售有毒、有害食品罪的规定追究刑事责任。

（四）虽无法查明“食用油”是否系利用“地沟油”生产、加工，但犯罪嫌疑人、被告人明知该“食用油”来源可疑而予以销售的，应分别情形处理：经鉴定，检出有毒、有害成分的，依照刑法第144条销售有毒、有害食品罪的规定追究刑事责任；属于不符合安全标准的食品的，依照刑法第143条销售不符合安全标准的食品罪追究刑事责任；属于以假充真、以次充好、以不合格产品冒充合格产品或者假冒注册商标，构成犯罪的，依照刑法第140条销售伪劣产品罪或者第213条假冒注册商标罪、第214条销售假冒注册商标的商品罪追究刑事责任。

（五）知道或应当知道他人实施以上第（一）、（二）、（三）款犯罪行为，而为其掏捞、加工、贩运“地沟油”，或者提供贷款、资金、账号、发票、证明、许可证件，或者提供技术、生产、经营场所、运输、仓储、保管等便利条件的，依照本条第（一）、（二）、（三）款犯罪的共犯论处。

（二）《最高人民法院关于充分发挥审判职能作用切实维护公共安全的若干意见》（2015年9月16日）

四、做好涉民生案件审判工作，切实保障人民群众合法权益

10. 依法惩治危害食品药品安全犯罪。食品药品安全形势不容乐观，重大、恶性食品药品安全犯罪案件时有发生，党中央高度关注，人民群众反映强烈。要以“零容忍”的态度，坚持最严厉的处罚、最严肃的问责，依法严惩生产、销售有毒、有害食品、不符合卫生标准的食品，以及生产、销售假药、劣药等犯罪。要充分认识此类犯罪的严重社会危害，严格缓刑、免刑等非监禁刑的适用。要采取有效措施依法追缴违法犯罪所得，充分适用财产刑，坚决让犯罪分子在经济上无利可图、得不偿失。要依法适用禁止令，有效防范犯罪分子再次危害社会。

四、其他法规

《食品药品行政执法与刑事司法衔接工作办法》（2015年12月22日）

第二十二条 对于符合《最高人民法院最高人民检察院关于办理危害食品安全刑事案件适用法律若干问题的解释》（法释〔2013〕12号）第一条第二项中属于病死、死因不明的畜、禽、兽、水产动物及其肉类、肉类制品和第三项规定情形的涉案食品，食品药品监管部门可以直接出具认定意见并说明理由。

第二十四条 根据食品药品监管部门或者公安机关、人民检察院的委托，对尚未建立食品安全标准检验方法的，相关检验检测机构可以采用非食品安全标准等规定的检验项目和检验方法对涉案食品进行检验，检验结果可以作为定罪量刑的参考。通过上述办法仍不能得出明确结论的，根据公安机关、人民检察院的委托，地市级以上的食品药品监管部门可以组织专家对涉案食品进行评估认定，该评估认定意见可作为定罪量刑的参考。

对药品的检验检测按照《中华人民共和国药品管理法》及其实施条例等有关规定执行。

对医疗器械的检测按照《医疗器械监督管理条例》有关规定执行。

【指导性案例】

一、最高人民法院指导案例第70号
北京阳光一佰生物技术开发有限公司、习文有等生产、销售有毒、有害食品案

（最高人民法院审判委员会讨论通过　2016年12月28日发布）

【关键词】

刑事　生产、销售有毒、有害食品罪　有毒有害的非食品原料

【裁判要点】

行为人在食品生产经营中添加的虽然不是国务院有关部门公布的《食品中可能违法添加的非食用物质名单》和《保健食品中可能非法添加的物质名单》中的物质，但如果该物质与上述名单中所列物质具有同等属性，并且根据检验报告和专家意见等相关材料能够确定该物质对人体具有同等危害的，应当认定为《中华人民共和国刑法》第一百四十四条规定的“有毒、有害的非食品原料”。

【相关法条】

《中华人民共和国刑法》第144条

【基本案情】

被告人习文有于2001年注册成立了北京阳光一佰生物技术开发有限公司（以下简称阳光一佰公司），系公司的实际生产经营负责人。2010年以来，被告单位阳光一佰公司从被告人谭国民处以600元/公斤的价格购进生产保健食品的原料，该原料系被告人谭国民从被告人尹立新处以2500元/公斤的价格购进后进行加工，阳光一佰公司购进原料后加工制作成用于辅助降血糖的保健食品阳光一佰牌山芪参胶囊，以每盒100元左右的价格销售至扬州市广陵区金福海保健品店及全国多个地区。被告人杨立峰具体负责生产，被告人钟立檬、王海龙负责销售。2012年

5月至9月，销往上海、湖南、北京等地的山芪参胶囊分别被检测出含有盐酸丁二胍，食品药品监督管理部门将检测结果告知阳光一佰公司及习文有。被告人习文有在得知检测结果后随即告知被告人谭国民、尹立新，被告人习文有明知其所生产、销售的保健品中含有盐酸丁二胍后，仍然继续向被告人谭国民、尹立新购买原料，组织杨立峰、钟立檬、王海龙等人生产山芪参胶囊并销售。被告人谭国民、尹立新在得知检测结果后继续向被告人习文有销售该原料。

盐酸丁二胍是丁二胍的盐酸盐。目前盐酸丁二胍未获得国务院药品监督管理部门批准生产或进口，不得作为药物在我国生产、销售和使用。扬州大学医学院葛晓群教授出具的专家意见和南京医科大学司法鉴定所的鉴定意见证明：盐酸丁二胍具有降低血糖的作用，很早就撤出我国市场，长期使用添加盐酸丁二胍的保健食品可能对机体产生不良影响，甚至危及生命。

从2012年8月底至2013年1月案发，阳光一佰公司生产、销售金额达800余万元。其中，习文有、尹立新、谭国民参与生产、销售的含有盐酸丁二胍的山芪参胶囊金金额达800余万元；杨立峰参与生产的含有盐酸丁二胍的山芪参胶囊金额达800余万元；钟立檬、王海龙参与销售的含有盐酸丁二胍的山芪参胶囊金额达40余万元。尹立新、谭国民与阳光一佰公司共同故意实施犯罪，系共同犯罪，尹立新、谭国民系提供有毒、有害原料用于生产、销售有毒、有害食品的帮助犯，其在共同犯罪中均系从犯。习文有与杨立峰、钟立檬、王海龙共同故意实施犯罪，系共同犯罪，杨立峰、钟立檬、王海龙系受习文有指使实施生产、销售有毒、有害食品的犯罪行为，均系从犯。习文有在共同犯罪中起主要作用，系主犯。杨立峰、谭国民犯罪后主动投案，并如实供述犯罪事实，系自首，当庭自愿认罪。习文有、尹立新、王海龙归案后如实供述犯罪事实，当庭自愿认罪。钟立檬归案后如实供述部分犯罪事实，当庭对部分犯罪事实自愿认罪。

【裁判结果】

江苏省扬州市广陵区人民法院于2014年1月10日作出（2013）扬广刑初字第0330号刑事判决：被告单位北京阳光一佰生物技术开发有限公司犯生产、销售有毒、有害食品罪，判处罚金人民币一千五百万元；被告人习文有犯生产、销售有毒、有害食品罪，判处有期徒刑十五年，剥夺政治权利三年，并处罚金人民币九百万元；被告人尹立新犯生产、销售有毒、有害食品罪，判处有期徒刑十二年，剥夺政治权利二年，并处罚金人民币一百万元；被告人谭国民犯生产、销售有毒、有害食品罪，判处有期徒刑十一年，剥夺政治权利二年，并处罚金人民币一百万元；被告人杨立峰犯生产有毒、有害食品罪，判处有期徒刑五年，并处罚金人民币十万元；被告人钟立檬犯销售有毒、有害食品罪，判处有期徒刑四年，并处罚金人民币八万元；被告人王海龙犯销售有毒、有害食品罪，判处有期徒刑三年六个月，并处罚金人民币六万元；继续向被告单位北京阳光一佰生物技术开发有限公司追缴违法所得人民币八百万元，向被告人尹立新追缴违法所得人民币六十七万一千五百元，向被告人谭国民追缴违法所得人民币一百三十二万元；扣押的含有盐酸丁二胍的山芪参胶囊、颗粒，予以没收。宣判后，被告单位和各被告人均提出上诉。江苏省扬州市中级人民法院于 2014 年 6 月 13 日作出（2014）扬刑二终字第 0032 号刑事裁定：驳回上诉、维持原判。

【裁判理由】

法院生效裁判认为：刑法第一百四十四条规定，“在生产、销售的食品中掺入有毒、有害的非食品原料的，或者销售明知掺有有毒、有害的非食品原料的食品的，处五年以下有期徒刑，并处罚金；对人体健康造成严重危害或者有其他严重情节的，处五年以上十年以下有期徒刑，并处罚金；致人死亡或者有其他特别严重情节的，依照本法第一百四十一条的规定处罚。”最高人民法院、最高人民检察院《关于办理危害食品安全刑事案件适用法律若干问题的解释》（以下简称《解释》）第二十条规定，“下列物质应当认定为‘有毒、有害的非食品原料’：（一）法律、法规禁止在食品生产经营活动中添加、使用的物质；（二）国务院有关部门公布的《食品中可能违法添加的非食用物质名单》《保健食品中可能非法添加的物质名单》上的物质；（三）国务院有关部门公告禁止使用的农药、兽药以及其他有毒、有害物质；（四）其他危害人体健康的物质。”第二十一条规定，“‘足以造成严重食物中毒事故或者其他严重食源性疾病’‘有毒、有害非食品原料’难以确定的，司法机关可以根据检验报告并结合专家意见等相关材料进行认定。必要时，人民法院可以依法通知有关专家出庭作出说明。”本案中，盐酸丁二胍系在我国未获得药品监督管理部门批准生产或进口，不得作为药品在我国生产、销售和使用的化学物质；其亦非食品添加剂。盐酸丁二胍也不属于上述《解释》第二十条第二、第三项规定的物质。根据扬州大学医学院葛晓群教授出具的专家意见和南京医科大学司法鉴定所的鉴定意见证明，盐酸丁二胍与《解释》第二十条第二项《保健食品中可能非法添加的物质名单》中的其他降糖类西药（盐酸二甲双胍、盐酸苯乙双胍）具有同等属性和同等危害。长期服用添加有盐酸丁二胍的“阳光一佰牌山芪参胶囊”有对人体产生毒副作用的风险，影响人体健康、甚至危害生命。因此，对盐酸丁二胍应当依照《解释》第二十条第四项、第二十一条的规定，认定为刑法第一百四十四条规定的“有毒、有害的非食品原料”。

被告单位阳光一佰公司、被告人习文有作为阳光一佰公司生产、销售山芪参胶囊的直接负责的主管人员，被告人杨立峰、钟立檬、王海龙作为阳光一佰公司生产、销售山芪参胶囊的直接责任人员，明知阳光一佰公司生产、销售的保健食品山芪参胶囊中含有国家禁止添加的盐酸丁二胍成分，仍然进行生产、销售；被告人尹立新、谭国民明知其提供的含有国家禁止添加的盐酸丁二胍的原料被被告人习文有用于生产保健食品山芪参胶囊并进行销售，仍然向习文有提供该种原料，因此，上述单位和被告人均依法构成生产、销售有毒、有害食品罪。其中，被告单位阳光一佰公司、被告人习文有、尹立新、谭国民的行为构成生产、销售有毒、有害食品罪。被告人杨立峰的行为构成生产有毒、有害食品罪；被告人钟立檬、王海龙的行为均已构成销售有毒、有害食品罪。根据被告单位及各被告人犯罪情节、犯罪数额，综合考虑各被告人在共同犯罪的地位作用、自首、认罪态度等量刑情节，作出如上判决。

（生效裁判审判人员：汤咏梅、陈圣勇、汤军琪）

二、最高人民检察院检例第12号

柳立国等人生产、销售有毒、有害食品，生产、销售伪劣产品案

（参见本书第一章指导性案例）

三、最高人民检察院检例第13号
徐孝伦等人生产、销售有害食品案

（2014年2月19日最高人民检察院第十二届检察委员会
第十七次会议决定 2014年2月20日发布）

【关键词】

生产、销售有害食品罪

【要旨】

在食品加工过程中，使用有毒、有害的非食品原料加工食品并出售的，应当认定为生产、销售有毒、有害食品罪；明知是他人使用有毒、有害的非食品原料加工出的食品仍然购买并出售的，应当认定为销售有毒、有害食品罪。

【相关立法】

《中华人民共和国刑法》第一百四十四条、第一百四十一条第一款

【基本案情】

被告人徐孝伦，男，贵州省人，1969年出生，经商。

被告人贾昌容，女，贵州省人，1966年出生，经商。

被告人徐体斌，男，贵州省人，1986年出生，经商。

被告人叶建勇，男，贵州省人，1980年出生，经商。

被告人杨玉美，女，安徽省人，1971年出生，经商。

2010年3月起，被告人徐孝伦、贾昌容在瑞安市鲍田前北村育英街12号的加工点内使用工业松香加热的方式对生猪头进行脱毛，并将加工后的猪头分离出猪头肉、猪耳朵、猪舌头、肥肉等销售给当地菜市场内的熟食店，销售金额达61万余元。被告人徐体斌、叶建勇、杨玉美明知徐孝伦所销售的猪头系用工业松香加工脱毛仍予

以购买，并做成熟食在其经营的熟食店进行销售，其中徐体斌的销售金额为3.4万元，叶建勇和杨玉美的销售金额均为2.5万余元。2012年8月8日，徐孝伦、贾昌容、徐体斌在瑞安市的加工点内被公安机关及瑞安市动物卫生监督所当场抓获，并现场扣押猪头（已分割）50个，猪耳朵、猪头肉等600公斤，松香10公斤及销售单。经鉴定，被扣押的松香系工业松香，属食品添加剂外的化学物质，内含重金属铅，经反复高温使用后，铅等重金属含量升高，长期食用工业松香脱毛的禽畜类肉可能会对人体造成伤害。案发后徐体斌协助公安机关抓获两名犯罪嫌疑人。

【诉讼过程】

2012年8月8日，徐孝伦、贾昌容因涉嫌生产、销售有毒、有害食品罪被刑事拘留，9月15日被逮捕。2012年8月8日，徐体斌因涉嫌生产、销售有毒、有害食品罪被刑事拘留，8月13日被取保候审，2013年3月12日被逮捕。2012年9月27日，叶建勇、杨玉美因涉嫌生产、销售有毒、有害食品罪被取保候审，2013年3月12日被逮捕。

该案由浙江省瑞安市公安局侦查终结后，移送瑞安市人民检察院审查起诉。瑞安市人民检察院经审查认为，被告人徐孝伦、贾昌容在生产、销售的食品中掺有有害物质，被告人徐体斌、叶建勇、杨玉美销售明知掺有有害物质的食品，其中被告人徐孝伦、贾昌容有其他特别严重情节，其行为均已触犯《中华人民共和国刑法》第一百四十四条之规定，犯罪事实清楚、证据确实充分，应当以生产、销售有害食品罪追究被告人徐孝伦、贾昌容的刑事责任；以销售有害食品罪追究被告人徐体斌、叶建勇、杨玉美的刑事责任。被告人徐孝伦、贾昌容、徐体斌、叶建勇、杨玉美归案后均能如实供述自己的罪行，依法可以从轻处罚。2013年3月1日，瑞安市人民检察院以被告人徐孝伦、贾昌容犯生产、销售有害食品罪，被告人徐体斌、叶建勇、杨玉美犯销售有害食品罪向瑞安市人民法院提起公诉。

2013年5月22日，瑞安市人民法院一审认为，被告人徐孝伦、贾昌容在生产、销售的食品中掺入有害物质，有其他特别严重情节，其行为均已触犯刑法，构成生产、销售有害食品罪；徐体斌、叶建勇、杨玉美销售明知掺有有害物质的食品，其行为均已触犯刑法，构成销售有害食品罪。被告人徐孝伦、贾昌容共同经营猪头加工厂，生产、销售猪头，系共同犯罪。在共同犯罪中，被告人徐孝伦起主要作用，系主犯；被告人贾昌容起次要作用，系从犯，依法减轻处罚。被告人贾昌容、徐体斌、叶建勇归案后均能如实供述自己的罪行，依法从轻处罚。被告人徐体斌有立功表现，依法从轻处罚。依照刑法和司法解释有关规定，判决被告人徐孝伦犯生产、销售有害食品罪，判处有期徒刑十年六个月，并处罚金人民币一百二十五万元；被告人贾昌容犯生产、销售有害食品罪，判处有期徒刑六年，并处罚金人民币六十万元；被告人徐体斌犯销售有害食品罪，判处有期徒刑一年六个月，并处罚金人民币七万元；被告人叶建勇犯销售有害食品罪，判处有期徒刑一年六个月，并处罚金人民币五万元；被告人杨玉美犯销售有害食品罪，判处有期徒刑一年六个月，并处罚金人民币五万元。

一审宣判后，徐孝伦、贾昌容、杨玉美提出上诉。

2013年6月21日，浙江省温州市中级人民法院二审裁定驳回上诉，维持原判。

四、最高人民检察院检例第14号
孙建亮等人生产、销售有毒、有害食品案

（2014年2月19日最高人民检察院第十二届检察委员会第十七次会议决定　2014年2月20日发布）

【关键词】

生产、销售有毒、有害食品罪　共犯

【要旨】

明知盐酸克伦特罗（俗称“瘦肉精”）是国家禁止在饲料和动物饮用水中使用的药品，而用以养殖供人食用的动物并出售的，应当认定为生产、销售有毒、有害食品罪。明知盐酸克伦特罗是国家禁止在饲料和动物饮用水中使用的药品，而买卖和代买盐酸克伦特罗片，供他人用以养殖供人食用的动物的，应当认定为生产、销售有毒、有害食品罪的共犯。

【相关立法】

《中华人民共和国刑法》第一百四十四条

【基本案情】

被告人孙建亮，男，天津市人，1958 年出生，农民。

被告人陈林，男，天津市人，1964 年出生，农民。

被告人郝云旺，男，天津市人，1973 年出生，农民。

被告人唐连庆，男，天津市人，1946 年出生，农民。

被告人唐民，男，天津市人，1971 年出生，农民。

2011 年 5 月，被告人陈林、郝云旺、唐连庆、唐民明知盐酸克伦特罗（俗称“瘦肉精”）属于国家禁止在饲料和动物饮用水中使用的药品而进行买卖，郝云旺从唐连庆、唐民处购买三箱盐酸克伦特罗片（每箱 100 袋，每袋 1000 片），后陈林从郝云旺处为自己购买一箱该药品，同时帮助被告人孙建亮购买一箱该药品。孙建亮在自己的养殖场内，使用陈林从郝云旺处购买的盐酸克伦特罗片喂养肉牛。2011 年 12 月 3 日，孙建亮将喂养过盐酸克伦特罗片的 9 头肉牛出售，被天津市宝坻区动物卫生监督所查获。经检测，其中 4 头肉牛尿液样品中所含盐酸克伦特罗超过国家规定标准。郝云旺、唐连庆、唐民主动到公安机关投案。

【诉讼过程】

2011 年 12 月 14 日，孙建亮因涉嫌生产、销售有毒、有害食品罪被刑事拘留，2012 年 1 月 9 日被取保候审，10 月 25 日被逮捕。2011 年 12 月 21 日，陈林因涉嫌生产、销售有毒、有害食品罪被刑事拘留，2012 年 1 月 9 日被取保候审，10 月 25 日被逮捕。2011 年 12 月 20 日，郝云旺因涉嫌生产、销售有毒、有害食品罪被取保候审，2012 年 10 月 25 日被逮捕。2011 年 12 月 28 日，唐连庆、唐民因涉嫌生产、销售有毒、有害食品罪被取保候审。

该案由天津市公安局宝坻分局侦查终结后，移送天津市宝坻区人民检察院审查起诉。天津市宝坻区人民检察院经审查认为，被告人孙建亮使用违禁药品盐酸克伦特罗饲养肉牛并将使用该药品饲养的肉牛出售，被告人陈林、郝云旺、唐连庆、唐民明知盐酸克伦特罗是禁止用于饲养供人食用的动物的药品而进行买卖，其行为均触犯了《中华人民共和国刑法》第一百四十四条之规定，应当以生产、销售有毒、有害食品罪追究刑事责任。2012 年 8 月 15 日，天津市宝坻区人民检察院以被告人孙建亮、陈林、郝云旺、唐连庆、唐民犯生产、销售有毒、有害食品罪向宝坻区人民法院提起公诉。

2012 年 10 月 29 日，宝坻区人民法院一审认为，被告人孙建亮使用违禁药品盐酸克伦特罗饲养肉牛并将肉牛出售，其行为已构成生产、销售有毒、有害食品罪；被告人陈林、郝云旺、唐连庆、唐民明知盐酸克伦特罗是禁止用于饲养供人食用的动物药品而代购或卖给他人，供他人用于饲养供人食用的肉牛，属于共同犯罪，应依法以生产、销售有毒、有害食品罪予以处罚。在共同犯罪中，孙建亮起主要作用，系主犯；被告人陈林、郝云旺、唐连庆、唐民起次要作用，系从犯，依法应当从轻处罚。被告人郝云旺、唐连庆、唐民在案发后主动到公安机关投案，并如实供述犯罪事实，属自首，依法可以从轻处罚。被告人孙建亮、陈林到案后如实供述犯罪事实，属坦白，依法可以从轻处罚。依照刑法相关条款规定，判决被告人孙建亮犯生产、销售有毒、有害食品罪，判处有期徒刑二年，并处罚金人民币七万五千元；被告人陈林犯生产、销售有毒、有害食品罪，判处有期徒刑一年，并处罚金人民币二万元；被告人郝云旺犯生产、销售有毒、有害食品罪，判处有期徒刑一年，并处罚金人民币二万元；被告人唐连庆犯生产、销售有毒、有害食品罪，判处有期徒刑六个月，缓刑一年，并处罚金人民币五千元；被告人唐民犯生产、销售有毒、有害食品罪，判处有期徒刑六个月，缓刑一年，并处罚金人民币五千元。

一审宣判后，郝云旺提出上诉。

2012 年 12 月 12 日，天津市第一中级人民法院二审裁定驳回上诉，维持原判。

五、最高人民检察院检例第 15 号

胡林贵等人生产、销售有毒、有害食品，行贿　骆梅、刘康素销售伪劣产品　朱伟全、曾伟中生产、销售伪劣产品　黎达文等人受贿、食品监管渎职案

（参见本书第一章指导性案例）

第七章　生产、销售不符合标准的医用器材罪

【立案追诉标准】

生产、销售不符合标准的医用器材案（《刑法》第 145 条）

生产不符合保障人体健康的国家标准、行业标准的医疗器械、医用卫生材料，或者销售明知是不符合保障人体健康的国家标准、行业标准的医疗器械、医用卫生材料，涉嫌下列情形之一的，应予立案追诉：

（一）进入人体的医疗器械的材料中含有超过标准的有毒有害物质的；

（二）进入人体的医疗器械的有效性指标不符合标准要求，导致治疗、替代、调节、补偿功能部分或者全部丧失，可能造成贻误诊治或者人体严重损伤的；

（三）用于诊断、监护、治疗的有源医疗器械的安全指标不符合强制性标准要求，可能对人体构成伤害或者潜在危害的；

（四）用于诊断、监护、治疗的有源医疗器械的主要性能指标不合格，可能造成贻误诊治或者人体严重损伤的；

（五）未经批准，擅自增加功能或者适用范围，可能造成贻误诊治或者人体严重损伤的；

（六）其他足以严重危害人体健康或者对人体健康造成严重危害的情形。

医疗机构或者个人知道或者应当知道是不符合保障人体健康的国家标

准、行业标准的医疗器械、医用卫生材料而购买并有偿使用的，视为本条规定的“销售”。

《最高人民检察院、公安部关于公安机关管辖的刑事案件立案追诉标准的规定（一）》（2008年6月25日）第21条

【犯罪构成及刑事责任】

生产、销售不符合标准的医用器材罪，是指生产不符合保障人体健康的国家标准、行业标准的医疗器械、医用卫生材料，或者销售明知是不符合保障人体健康的国家标准、行业标准的医疗器械、医用卫生材料，足以严重危害人体健康的行为。构成本罪需要具备以下四个要件：

1. 客体要件

本罪侵犯的客体是复杂客体，即国家对医用器材的监管秩序和公民的生命权、健康权。本罪的行为对象是不符合国家标准、行业标准的医疗器械、医用卫生材料。没有国家标准、行业标准的医疗器械，注册产品标准可视为保障人体健康的行业标准。医用器材包括医疗器械和医用卫生材料。医疗器械，是指用于诊断、治疗、预防疾病、调节人体生理功能或者代替人体器官的仪器、设备、装置、植入物、材料及其相关物品，如人工心脏瓣膜、人工心脏起搏器、人工血管等；医用卫生材料是指用于诊断、治疗、预防疾病、调节生理功能的辅助材料。

2. 客观要件

客观方面表现为生产不符合保障人体健康的国家标准、行业标准的医疗器械、医用卫生材料，或者销售明知是不符合保障人体健康的国家标准、行业标准的医疗器械、医用卫生材料，足以严重危害人体健康的行为。

国家标准，是指国务院标准化行政主管部门制定的，在全国范围内的统一技术要求；行业标准，是指对于没有国家标准的产品，由国务院有关行政主管部门制定的，在全国某个行业范围内的统一技术要求。没有国家标准、行业标准的医疗器械，注册产品标准可视为“保障人体健康的行业标准”；足以危害人体健康，

是指具有危害人身健康的具体危险。

3. 主体要件

根据《刑法》第 145 条之规定，本罪主体既可以是达到法定刑事责任年龄且具有刑事责任能力的自然人，也可以是单位。

4. 主观要件

本罪在主观方面是故意，即行为人明知其生产或者销售的是不符合保障人体健康的国家标准、行业标准的医疗器械、医用卫生材料，仍然进行生产和销售。在具体认定时，一是要判断行为人是否明知其生产或者销售的是不符合保障人体健康的国家标准、行业标准的医疗器械、医用卫生材料；二是要判断行为人是否明知其生产或者销售的不符合保障人体健康的国家标准、行业标准的医疗器械、医用卫生材料，足以严重危害人体健康；三是要判断行为人在明知其生产或者销售的是不符合保障人体健康的国家标准、行业标准的医疗器械、医用卫生材料，并且可能严重危害人体健康的情况下，是否放任危害结果的发生。

根据《刑法》第 145 条的规定，犯本罪，足以严重危害人体健康的，处三年以下有期徒刑或者拘役，并处销售金额百分之五十以上二倍以下罚金；对人体健康造成严重危害的，处三年以上十年以下有期徒刑，并处销售金额百分之五十以上二倍以下罚金；后果特别严重的，处十年以上有期徒刑或者无期徒刑，并处销售金额百分之五十以上二倍以下罚金或者没收财产。

根据《刑法》第 150 条的规定，单位犯本罪，对单位判处罚金，并对其直接负责的主管人员和其他直接责任人员，依照《刑法》第 145 条的规定处罚。

【疑难指导】

一、关于对“足以严重危害人体健康”的理解

“足以严重危害人体健康”主要从以下几个方面判断：进入人体的医疗器械的材料中含有超过标准的有毒有害物质的；进入人体的医疗器械的有效性指标不符合标准要求，导致治疗、替代、调节、补偿功能部分或者全部丧失，可能造成贻误诊治或者人体严重损伤的；用于诊断、监护、治疗的有源医疗器械的安全指标不符合强制性标准要求，可能对人体构成伤害或者潜在危害的；用于诊断、监护、

治疗的有源医疗器械的主要性能指标不合格，可能造成贻误诊治或者人体严重损伤的；未经批准，擅自增加功能或适用范围，可能造成贻误诊治或者人体严重损伤的；其他足以严重危害人体健康或者对人体健康造成严重危害的情形。该规定虽然对“足以严重危害人体健康”的具体情形予以细化，但仍较为笼统，司法实践仍有可能存在不好认定的情况。还应当综合考虑全案情况对是否足以严重危害人体健康进行实质判断，必要时可以通过鉴定等方式确认是否“足以严重危害人体健康”。因此，对不符合国家标准、行业标准的医疗器械，不能一律认定为“足以严重危害人体健康”，而应当结合案件实际情况作出具体判断。

二、关于本罪主观方面是否成立的判断

本罪主观方面是故意，要求行为人“明知”。在司法实践中，判断该罪主观方面是否成立主要考虑几个方面：一是判断行为人是否明知所生产、销售的医疗器械、医用卫生材料是不符合标准的医用器材；二是判断行为人是否明知所生产、销售的不符合标准的医用器械、医用卫生材料可能造成危害人体健康的后果；三是判断行为人在明知生产、销售不符合标准的医用器材可能造成危害人体健康后果的情况下，是否在主观上放任危害后果的发生。

三、关于本罪的竞合问题

生产不符合保障人体健康的国家标准、行业标准的医疗器械、医用卫生材料，或者销售明知是不符合保障人体健康的国家标准、行业标准的医疗器械、医用卫生材料，没有达到立案条件而不构成本罪，但是销售金额在5万元以上的，则应该按照《刑法》第149条的规定，按照第140条的生产、销售伪劣产品罪定罪处罚。当然，如果前述行为构成本罪，同时也构成生产、销售伪劣产品罪的，则应该按照想象竞合犯来处理，从一重罪处断。

【办案依据】

一、《刑法》规定

第一百四十五条 生产不符合保障人体健康的国家标准、行业标准的医疗器械、医用卫生材料，或者销售明知是不符合保障人体健康的国家标准、行业标准的医疗器械、医用卫生材料，足以严重危害人体健康的，处三年以下有期徒刑或者拘役，并处销售金额百分之五十以上二倍以下罚金；对人体健康造成严重危害的，处三年以上十年以下有期徒刑，并处销售金额百分之五十以上二倍以下罚金；后果特别严重的，处十年以上有期徒刑或者无期徒刑，并处销售金额百分之五十以上二倍以下罚金或者没收财产。

第一百四十九条 生产、销售本节第一百四十一条至第一百四十八条所列产品，不构成各该条规定的犯罪，但是销售金额在五万元以上的，依照本节第一百四十条的规定定罪处罚。

生产、销售本节第一百四十一条至第一百四十八条所列产品，构成各该条规定的犯罪，同时又构成本节第一百四十条规定之罪的，依照处罚较重的规定定罪处罚。

第一百五十条 单位犯本节第一百四十条至第一百四十八条规定之罪的，对单位判处罚金，并对其直接负责的主管人员和其他直接责任人员，依照各该条的规定处罚。

二、司法解释

（一）《最高人民法院、最高人民检察院关于办理生产、销售伪劣商品刑事案件具体应用法律若干问题的解释》（2001年4月10日，法释〔2001〕10号）

第六条 生产、销售不符合标准的医疗器械、医用卫生材料，致人轻伤或者其他严重后果的，应认定为刑法第一百四十五条规定的“对人体健康造成严重危害”。

生产、销售不符合标准的医疗器械、医用卫生材料，造成感染病毒性肝炎等难以治愈的疾病、1人以上重伤、3人以上轻伤或者其他严重后果的，应认定为“后果特别严重”。

生产、销售不符合标准的医疗器械、医用卫生材料，致人死亡、严重残疾、感染艾滋病、3人以上重伤、10人以上轻伤或者造成其他特别严重后果的，应认定为“情节特别恶劣”。

医疗机构或者个人，知道或者应当知道是不符合保障人体健康的国家标准、行业标准的医疗器械、医用卫生材料而购买、使用，对人体健康造成严重危害的，以销售不符合标准的医用器材罪定罪处罚。

没有国家标准、行业标准的医疗器械，注册产品标准可视为“保障人体健康的行业标准”。

第九条 知道或者应当知道他人实施生产、销售伪劣商品犯罪，而为其提供贷款、资金、账号、发票、证明、许可证件，或者提供生产、经营场所或者运输、仓储、保管、邮寄等便利条件，或者提供制假生产技术的，以生产、销售伪劣商品犯罪的共犯论处。

第十条 实施生产、销售伪劣商品犯罪，同时构成侵犯知识产权、非法经营等其他犯罪的，依照处罚较重的规定定罪处罚。

第十一条 实施刑法第一百四十条至第一百四十八条规定的犯罪，又以暴力、威胁方法抗拒查处，构成其他犯罪的，依照数罪并罚的规定处罚。

第十二条 国家机关工作人员参与生产、销售伪劣商品犯罪的，从重处罚。

（二）《最高人民法院、最高人民检察院关于办理妨害预防、控制突发传染病疫情等灾害的刑事案件具体应用法律若干问题的解释》（2003 年 5 月 14 日，法释〔2003〕8 号）

第三条 在预防、控制突发传染病疫情等灾害期间，生产用于防治传染病的不符合保障人体健康的国家标准、行业标准的医疗器械、医用卫生材料，或者销售明知是用于防治传染病的不符合保障人体健康的国家标准、行业标准的医疗器械、医用卫生材料，不具有防护、救治功能，足以严重危害人体健康的，依照刑法第一百四十五条的规定，以生产、销售不符合标准的医用器材罪定罪，依法从重处罚。

医疗机构或者个人，知道或者应当知道系前款规定的不符合保障人体健康的国家标准、行业标准的医疗器械、医用卫生材料而购买并有偿使用的，以销售不符合标准的医用器材罪定罪，依法从重处罚。

第十七条 人民法院、人民检察院办理有关妨害预防、控制突发传染病疫情等灾害的刑事案件，对于有自首、立功等悔罪表现的，依法从轻、减轻、免除处罚或者依法作出不起诉决定。

第八章　生产、销售不符合安全标准的产品罪

【立案追诉标准】

生产、销售不符合安全标准的产品案（《刑法》第146条）

生产不符合保障人身、财产安全的国家标准、行业标准的电器、压力容器、易燃易爆或者其他不符合保障人身、财产安全的国家标准、行业标准的产品，或者销售明知是以上不符合保障人身、财产安全的国家标准、行业标准的产品，涉嫌下列情形之一的，应予立案追诉：

（一）造成人员重伤或者死亡的；

（二）造成直接经济损失十万元以上的；

（三）其他造成严重后果的情形。

《最高人民检察院、公安部关于公安机关管辖的刑事案件立案追诉标准的规定（一）》（2008年6月25日）第22条

【犯罪构成及刑事责任】

生产、销售不符合安全标准的产品罪，是指违反国家产品质量法规，生产不符合保障人身、财产安全的国家标准、行业标准的电器、压力容器、易燃易爆产品或者其他不符合保障人身、财产安全的国家标准、行业标准的产品，或者销售明知是以上不符合保障人身、财产安全的国家标准、行业标准的产品，造成严重后果的行为。构成本罪需要具备以下四个要件：

1. 客体要件

本罪侵犯的客体是复杂客体，既包括国家对电器、压力容器、易燃易爆产品或者其他涉及人身、财产安全的产品的质量监督管理秩序，也包括人身、财产安全。本罪的犯罪对象是不符合保障人身、财产安全的国家标准、行业标准的电器、压力容器、易燃易爆产品或者其他不符合保障人身、财产安全的国家标准、行业标准的产品。电器，是指电冰箱、吸尘器、电饭锅、电热水器、组合音响、电话机等各种电信、电力器材；压力容器，是指承受与表面垂直作用力的高压容器，如氧气瓶、高压锅、压力机、压力继电器、锅炉等；易燃易爆产品，是指容易燃烧和爆炸的物品，如烟花爆竹、民用炸药、液化气瓶等；其他产品，是指除上述电器、压力容器、易燃易爆产品外的，不符合保障人身、财产安全的国家标准、行业标准的产品，如啤酒瓶等。这些产品若不符合安全标准，往往会给消费者的人体、财产安全带来危害。因此，对于除电器、压力容器和易燃易爆产品外的其他产品，如与这三种产品具有同等的危险性、危害性和破坏性，同样可以构成本罪。

2. 客观要件

客观方面表现为生产不符合保障人身、财产安全的国家标准、行业标准的电器、压力容器、易燃易爆产品或者其他不符合保障人身、标准的产品，或者销售明知是以上不符合保障人身、财产安全的国家标准、行业标准造成严重后果的行为。

根据《产品质量法》第13条规定，可能危及人体健康和人身、财产安全的工业产品，必须符合保障人体健康和人身、财产安全的国家标准、行业标准；未制定国家标准、行业标准的，必须符合保障人体健康和人身、财产安全的要求。禁止生产、销售不符合保障人体健康和人身、财产安全的标准和要求的工业产品。具体管理办法由国务院规定。据此，本罪中“不符合安全标准”的产品应当是不符合产品强制性国家标准、行业标准的产品；如产品没有国家标准或行业标准的，则未达到符合保障人体健康和人身、财产安全的标准。

同时，本罪是结果犯，要求达到“严重后果”，即前述立案追诉标准。“造成严重后果”，与“生产、销售不符合安全标准的产品”之间应具有因果关系。司法实践中，对已经发生的实际损害，损害后果与使用不符合安全标准的产品之间因果关系的判断一般应当有鉴定意见作为支撑。

3. 主体要件

本罪主体是自然人和单位。

4. 主观要件

本罪在主观方面是故意，行为人对生产、销售的电器、压力容器、易燃易爆产品或者其他产品不符合保障人身、财产安全的国家标准、行业标准，可能会对他人产生危险有明确认识。

根据《刑法》第 146 条的规定，犯本罪，造成严重后果的，处五年以下有期徒刑，并处销售金额百分之五十以上二倍以下罚金；后果特别严重的，处五年以上有期徒刑，并处销售金额百分之五十以上二倍以下罚金。

根据《刑法》第 150 条的规定，单位犯本罪的，对单位判处罚金，并对其直接负责的主管人员和其他直接责任人员，依照第 146 条的规定处罚。

【疑难指导】

一、关于本罪的罪与非罪

根据前述分析可知，成立本罪有几个较为特殊的因素：一是本罪的犯罪对象较为特殊；二是本罪要求生产、销售的是“不符合安全标准”的产品；三是因果关系的判断。具体而言：一是对于本罪罪状列举三种具体物品之外的“其他产品”，要从相当性上去理解，即对于除电器、压力容器和易燃易爆产品外的其他产品，如与这三种产品具有同等的危险性、危害性和破坏性，应该属于本罪规制的对象。例如，窨井盖是否属于本罪的规制对象？根据《最高人民法院、最高人民检察院、公安部关于办理涉窨井盖相关刑事案件的指导意见》第 6 条的规定，生产不符合保障人身、财产安全的国家标准、行业标准的窨井盖，或者销售明知是不符合保障人身、财产安全的国家标准、行业标准的窨井盖，造成严重后果的，以生产、销售不符合安全标准的产品罪定罪处罚。根据《最高人民法院、最高人民检察院关于办理危害生产安全刑事案件适用法律若干问题的解释》第 11 条的规定，生产不符合保障人身、财产安全的国家标准、行业标准的安全设备，或者明知安全设备不符合保障人身、财产安全的国家标准、行业标准而进行销售，致使发生安全事故，造成严重后果的，以生产、销售不符合安全标准的产品罪定罪处罚。可见，安全设备、窨井盖也可以成为本罪的犯罪对象。

二是关于“不符合安全标准”的理解。司法实践中，对涉案产品是否符合国家标准、行业标准的判断，应当严格区分生产行为违法性和产品合格性，行为人无生产资格却生产电器、压力容器、易燃易爆产品等，虽为违法行为，但不能因此认定行为人所生产的全部产品都是不符合安全标准的。

三是关于本罪中的因果关系。实践中，对于“严重后果”系多种因素造成，“生产、销售不符合安全标准的产品”仅系原因之一的情况，应当综合分析“生产、销售不符合安全标准的产品”是否系造成“严重后果”的主要因素来确定是否构成本罪。

二、生产、销售不符合安全标准的产品罪与生产、销售伪劣产品罪的区分

一是客体不同。前罪为国家对生产、销售电器、压力容器、易燃易爆产品等的安全监督管理制度和公民的健康权、人身权；后罪为国家产品质量监督管理制度和消费者的合法权益。

二是犯罪对象不同。前罪是不符合保障人身、财产安全的国家标准、行业标准的电器、压力容器、易燃易爆产品或者其他不符合保障人身、财产安全的国家标准、行业标准的产品；后罪对产品的范围没有限制。

三是构罪标准不同。前罪要求造成严重后果；后者要求销售金额达到 5 万元以上。

生产、销售不符合安全标准的产品，同时又构成生产、销售伪劣产品罪的，属于想象竞合，依照处罚较重的规定定罪处罚即可。

三、生产、销售不符合安全标准的产品罪与爆炸罪的区分

一是主观方面不同。前罪行为人明知危害结果可能发生，而放任结果的发生，主观方面表现为间接故意；后罪则要求行为人主动促成结果发生，主观方面表现为直接故意。

二是客观方面不同。前罪表现为生产、销售不符合安全标准的产品的行为，这种行为可能导致爆炸进而危害人身、财产安全，爆炸是其结果；后罪则表现为行为人故意引燃爆炸物而危害公共安全，爆炸是其行为方式。

三是客体不同。前罪侵犯的是国家对产品质量的监督管理秩序和人身、财产安全；后罪侵犯的是公共安全。

【办案依据】

一、《刑法》规定

第一百四十六条 生产不符合保障人身、财产安全的国家标准、行业标准的电器、压力容器、易燃易爆产品或者其他不符合保障人身、财产安全的国家标准、行业标准的产品，或者销售明知是以上不符合保障人身、财产安全的国家标准、行业标准的产品，造成严重后果的，处五年以下有期徒刑，并处销售金额百分之五十以上二倍以下罚金；后果特别严重的，处五年以上有期徒刑，并处销售金额百分之五十以上二倍以下罚金。

第一百四十九条 生产、销售本节第一百四十一条至第一百四十八条所列产品，不构成各该条规定的犯罪，但是销售金额在五万元以上的，依照本节第一百四十条的规定定罪处罚。

生产、销售本节第一百四十一条至第一百四十八条所列产品，构成各该条规定的犯罪，同时又构成本节第一百四十条规定之罪的，依照处罚较重的规定定罪处罚。

第一百五十条 单位犯本节第一百四十条至第一百四十八条规定之罪的，对单位判处罚金，并对其直接负责的主管人员和其他直接责任人员，依照各该条的规定处罚。

二、司法解释

（一）《最高人民法院、最高人民检察院关于办理危害生产安全刑事案件适用法律若干问题的解释》（2015年12月14日，法释〔2015〕22号）

第十一条 生产不符合保障人身、财产安全的国家标准、行业标准的安全设备，或者明知安全设备不符合保障人身、财产安全的国家标准、行业标准而进行销售，致使发生安全事故，造成严重后果的，依照刑法第一百四十六条的规定，以生产、销售不符合安全标准的产品罪定罪处罚。

（二）《最高人民法院、最高人民检察院关于办理生产、销售伪劣商品刑事案件具体应用法律若干问题的解释》（2001年4月10日，法释〔2001〕10号）

第九条 知道或者应当知道他人实施生产、销售伪劣商品犯罪，而为其提供贷款、资金、账号、发票、证明、许可证件，或者提供生产、经营场所或者运输、仓储、保管、邮寄等便利条件，或者提供制假生产技术的，以生产、销售伪劣商品犯罪的共犯论处。

第十条 实施生产、销售伪劣商品犯罪，同时构成侵犯知识产权、非法经营等其他犯罪的，依照处罚较重的规定定罪处罚。

第十一条 实施刑法第一百四十条至第一百四十八条规定的犯罪，又以暴力、威胁方法抗拒查处，构成其他犯罪的，依照数罪并罚的规定处罚。

第十二条 国家机关工作人员参与生产、销售伪劣商品犯罪的，从重处罚。

三、司法文件

《最高人民法院、最高人民检察院、公安部关于办理涉窨井盖相关刑事案件的指导意见》（2020年3月16日）

六、生产不符合保障人身、财产安全的国家标准、行业标准的窨井盖，或者销售明知是不符合保障人身、财产安全的国家标准、行业标准的窨井盖，造成严重后果的，依照刑法第一百四十六条的规定，以生产、销售不符合安全标准的产品罪定罪处罚。

十二、本意见所称的“窨井盖”，包括城市、城乡结合部和乡村等地的窨井盖以及其他井盖。

四、其他法规

《产品质量法》（2018年12月29日）

第六条 国家鼓励推行科学的质量管理方法，采用先进的科学技术，鼓励企业产品质量达到并且超过行业标准、国家标准和国际标准。

对产品质量管理先进和产品质量达到国际先进水平、成绩显著的单位和个人，给予奖励。

第十三条 可能危及人体健康和人身、财产安全的工业产品，必须符合保障人体健康和人身、财产安全的国家标准、行业标准；未制定国家标准、行业标准的，必须符合保障人体健康和人身、财产安全的要求。

禁止生产、销售不符合保障人体健康和人身、财产安全的标准和要求的工业产品。具体管理办法由国务院规定。

第四十九条　生产、销售不符合保障人体健康和人身、财产安全的国家标准、行业标准的产品的，责令停止生产、销售，没收违法生产、销售的产品，并处违法生产、销售产品（包括已售出和未售出的产品，下同）货值金额等值以上三倍以下的罚款；有违法所得的，并处没收违法所得；情节严重的，吊销营业执照；构成犯罪的，依法追究刑事责任。

第六十条　对生产者专门用于生产本法第四十九条、第五十一条所列的产品或者以假充真的产品的原辅材料、包装物、生产工具，应当予以没收。

第九章　生产、销售伪劣农药、兽药、化肥、种子罪

【立案追诉标准】

生产、销售伪劣农药、兽药、化肥、种子案（《刑法》第147条）

生产假农药、假兽药、假化肥，销售明知是假的或者失去使用效能的农药、兽药、化肥、种子，或者生产者、销售者以不合格的农药、兽药、化肥、种子冒充合格的农药、兽药、化肥、种子，涉嫌下列情形之一的，应予立案追诉：

（一）使生产遭受损失二万元以上的；

（二）其他使生产遭受较大损失的情形。

《最高人民检察院、公安部关于公安机关管辖的刑事案件立案追诉标准的规定（一）》（2008年6月25日）第23条

【犯罪构成及刑事责任】

生产、销售伪劣农药、兽药、化肥、种子罪，是指生产假农药、假兽药、假化肥，销售明知是假的或者失去使用效能的农药、兽药、化肥、种子，或者生产者、经营者以不合格的农药、兽药、化肥、种子冒充合格的农药、兽药、化肥、种子，使生产遭受较大损失的行为。构成本罪需要具备以下四个要件：

1. 客体要件

本罪侵犯的客体是复杂客体，既包括国家对农药、兽药、化肥、种子的生产、销售监督管理秩序，也包括广大农民的合法权益。本罪的犯罪对象是伪劣农药、

兽药、化肥、种子。农药，是指用于防止病、虫、草、鼠害的农用化学药品。兽药，是指用于预防、治疗、诊断畜禽等动物疾病，有目的地调节其生理功能并规定作用、用途、用法和用量的兽用药品。化肥，是指以水、空气、矿物等为原料，经过化学反应或者机械加工制成的肥料，如氮肥、磷肥或微量元素化肥等。根据《种子法》第 2 条第 2 款的规定，种子是指农作物和林木的种植材料或者繁殖材料，包括籽粒、果实、根、茎、苗、芽、叶、花等。假农药、兽药、化肥，是指农药、兽药、化肥所含成分不符合国家标准、行业标准或者以非农药、兽药、化肥冒充农药、兽药、化肥。失去使用效能的农药、兽药、化肥、种子，是指因为过期、受潮、腐烂变质等原因失去了原有功能和使用效果，已丧失使用价值的农药、兽药、化肥、种子。不合格的农药、兽药、化肥、种子，是指农药、兽药、化肥、种子不具备应有的使用效能或者没有达到应当达到的质量标准。以同一科属的此品种种子冒充彼品种种子，属于《刑法》上的“假种子”。行为人对假种子进行小包装分装销售，使农业生产遭受较大损失的，应当以生产、销售伪劣种子罪追究其刑事责任。

2. 客观要件

客观方面表现为生产假农药、假兽药、假化肥，销售明知是假的或者失去使用效能的农药、兽药、化肥、种子，或者生产者、经营者以不合格的农药、兽药、化肥、种子冒充合格的农药、兽药、化肥、种子，使生产遭受较大损失的行为。同时，本罪是结果犯，即生产、销售农药、兽药、化肥、种子的行为必须使生产遭受较大损失的，才构成本罪。至于生产、销售者是否实际取得非法利益在所不问。

3. 主体要件

本罪主体是自然人和单位。

4. 主观要件

本罪在主观方面是故意，即行为人明知所生产或销售的农药、兽药、化肥、种子系伪劣产品而仍然实施生产和销售行为。

根据《刑法》第 147 条的规定，犯本罪，使生产遭受较大损失的，处三年以下有期徒刑或者拘役，并处或者单处销售金额百分之五十以上二倍以下罚金；使生产遭受重大损失的，处三年以上七年以下有期徒刑，并处销售金额百分之五十以上二倍以下罚金；使生产遭受特别重大损失的，处七年以上有期徒刑或者无期徒刑，并处销售金额百分之五十以上二倍以下罚金或者没收财产。

根据《刑法》第150条的规定，单位犯本罪的，对单位判处罚金，并对其直接负责的主管人员和其他直接责任人员，依照本罪关于自然人犯罪的规定处罚。

【疑难指导】

一、关于本罪的罪与非罪问题

成立本罪，要求本罪的对象物为伪劣农药、兽药、化肥、种子。但是在具体进行判断时，并不能一味照搬相关的认定标准，仅仅从形式上进行判断，而应该从实质上进行判断。例如，《种子法》中对于没有标签的种子就可以直接认定为"假种子"，但是《刑法》上则不能，因为经鉴定种子质量符合相关标准要求的，实际上并不影响其功能的发挥，《刑法》设置此罪的目的是打击因为生产销售伪劣农药、兽药、化肥、种子给生产遭受较大损失的情形。

二、生产、销售伪劣农药、兽药、化肥、种子罪与生产、销售伪劣产品罪的区分

生产、销售伪劣农药、兽药、化肥、种子，只有使生产遭受重大损失的，才构成本罪。没有证据或者证据不足以证明生产、销售伪劣农药、兽药、化肥、种子的行为使生产遭受重大损失的，不成立生产、销售伪劣农药、兽药、化肥、种子罪。但是销售金额在5万元以上的，应该按照生产、销售伪劣产品罪论处。如果生产、销售伪劣农药、兽药、化肥、种子的行为同时构成生产、销售伪劣农药、兽药、化肥、种子罪与生产、销售伪劣产品罪的，择一重处断。

三、生产、销售没有标签的假种子是否构成本罪的问题

根据《种子法》第48条的规定，下列种子为假种子：1. 以非种子冒充种子或者以此种品种种子冒充其他品种种子的；2. 种子种类、品种与标签标注的内容不符或者没有标签的。下列种子为劣种子：1. 质量低于国家规定标准的；2. 质量低于标签标注指标的；3. 带有国家规定的检疫性有害生物的。由此可见，没有标签的种子应该属于《种子法》中的"假种子"。《农作物种子标签和使用说明管理办法》第5条规定，种子标签是指印制、粘贴、固定或者附着在种子、种子包装物表面的特定图案及文字说明。第6条规定，种子标签应当标注下列内容：作物种

类、种子类别、品种名称；种子生产经营者信息，包括种子生产经营者名称、种子生产经营许可证编号、注册地地址和联系方式；质量指标、净含量；检测日期和质量保证期；品种适宜种植区域、种植季节；检疫证明编号；信息代码。但司法实践中，对刑事犯罪中能否仅依据种子没有标签就认定为“假种子”，并进而认定构成本罪存在争议。笔者认为，《种子法》第48条关于“假种子”的规定是一种行政推定，属于行政法意义上的“假种子”，这一推定是从便于行政管理的角度出发来定义的。刑法意义上的“假种子”不能采用推定方式，而应当进行独立判断，即通过检验或鉴定确认其为实质上的“假种子”。也就是说，如涉案种子没有标签，但经鉴定种子质量符合相关标准要求，则不宜认定为本罪中的“假种子”。

四、“销售伪劣种子罪”中“销售”行为的认定

司法实践中，伪劣种子销售者除口头约定销售种子或者签订书面销售合同外，往往通过签订合作协议等方式提供种子。例如，销售方提供种子、农户提供土地种植，农户按照种子数量或种植面积向销售方支付报酬；销售方以推广新品种为名与农户签订推广协议，约定建立育种基地，共同培育种子，销售方提供种子，农户支付种子款等。这些合作协议属于实质上的“销售”行为。笔者认为，判断是否为“销售”行为，不论种子销售者和购买者之间是否签订合同或者签订何种合同，只要一方向另一方提供了种子，另一方不论种子最终收获情况如何均应支付约定的种子价款的，即构成“销售”。

五、对生产伪劣种子行为的认定问题

根据《刑法》第147条的罪状描述，仅规定销售明知是假的或者失去使用效能的种子、生产者销售者以不合格的种子冒充合格种子的行为构成犯罪，但对生产假种子行为并未作出规定。司法实践中，对生产伪劣种子后又销售的行为如何认定存在争议，有的认定为生产、销售伪劣种子罪，有的则认定为销售伪劣种子罪。笔者认为，考虑到现行法律和司法解释对何谓本罪中的“生产”并无明确界定，将对种子进行包装、分装等行为直接界定为“生产”没有现实依据。因此，针对本罪中“生产”的内涵无明确界定的情况，结合刑法罪状中并未描述生产伪劣种子构成犯罪，对将伪劣种子包装、分装后予以销售的行为，认定为销售伪劣种子罪较为妥当。

【办案依据】

一、《刑法》规定

第一百四十七条 生产假农药、假兽药、假化肥，销售明知是假的或者失去使用效能的农药、兽药、化肥、种子，或者生产者、销售者以不合格的农药、兽药、化肥、种子冒充合格的农药、兽药、化肥、种子，使生产遭受较大损失的，处三年以下有期徒刑或者拘役，并处或者单处销售金额百分之五十以上二倍以下罚金；使生产遭受重大损失的，处三年以上七年以下有期徒刑，并处销售金额百分之五十以上二倍以下罚金；使生产遭受特别重大损失的，处七年以上有期徒刑或者无期徒刑，并处销售金额百分之五十以上二倍以下罚金或者没收财产。

第一百四十九条 生产、销售本节第一百四十一条至第一百四十八条所列产品，不构成各该条规定的犯罪，但是销售金额在五万元以上的，依照本节第一百四十条的规定定罪处罚。

生产、销售本节第一百四十一条至第一百四十八条所列产品，构成各该条规定的犯罪，同时又构成本节第一百四十条规定之罪的，依照处罚较重的规定定罪处罚。

第一百五十条 单位犯本节第一百四十条至第一百四十八条规定之罪的，对单位判处罚金，并对其直接负责的主管人员和其他直接责任人员，依照各该条的规定处罚。

二、司法解释

《最高人民法院、最高人民检察院关于办理生产、销售伪劣商品刑事案件具体应用法律若干问题的解释》（2001年4月10日，法释〔2001〕10号）

第七条 刑法第一百四十七条规定的生产、销售伪劣农药、兽药、化肥、种子罪中“使生产遭受较大损失”，一般以2万元为起点；“重大损失”，一般以10万元为起点；“特别重大损失”，一般以50万元为起点。

第九条 知道或者应当知道他人实施生产、销售伪劣商品犯罪，而为其提供贷款、资金、账号、发票、证明、许可证件，或者提供生产、经营场所或者运输、仓储、保管、邮寄等便利条件，或者提供制假生产技术的，以生产、销售伪劣商品犯罪的共犯论处。

第十条　实施生产、销售伪劣商品犯罪，同时构成侵犯知识产权、非法经营等其他犯罪的，依照处罚较重的规定定罪处罚。

第十一条　实施刑法第一百四十条至第一百四十八条规定的犯罪，又以暴力、威胁方法抗拒查处，构成其他犯罪的，依照数罪并罚的规定处罚。

第十二条　国家机关工作人员参与生产、销售伪劣商品犯罪的，从重处罚。

三、其他法规

（一）《种子法》（2021年12月24日）

第二条　在中华人民共和国境内从事品种选育、种子生产经营和管理等活动，适用本法。

本法所称种子，是指农作物和林木的种植材料或者繁殖材料，包括籽粒、果实、根、茎、苗、芽、叶、花等。

第四十八条　禁止生产经营假、劣种子。农业农村、林业草原主管部门和有关部门依法打击生产经营假、劣种子的违法行为，保护农民合法权益，维护公平竞争的市场秩序。

下列种子为假种子：

（一）以非种子冒充种子或者以此种品种种子冒充其他品种种子的；

（二）种子种类、品种与标签标注的内容不符或者没有标签的。

下列种子为劣种子：

（一）质量低于国家规定标准的；

（二）质量低于标签标注指标的；

（三）带有国家规定的检疫性有害生物的。

第七十四条　违反本法第四十八条规定，生产经营假种子的，由县级以上人民政府农业农村、林业草原主管部门责令停止生产经营，没收违法所得和种子，吊销种子生产经营许可证；违法生产经营的货值金额不足二万元的，并处二万元以上二十万元以下罚款；货值金额二万元以上的，并处货值金额十倍以上二十倍以下罚款。

因生产经营假种子犯罪被判处有期徒刑以上刑罚的，种子企业或者其他单位的法定代表人、直接负责的主管人员自刑罚执行完毕之日起五年内不得担任种子企业的法定代表人、高级管理人员。

第七十五条 违反本法第四十八条规定，生产经营劣种子的，由县级以上人民政府农业农村、林业草原主管部门责令停止生产经营，没收违法所得和种子；违法生产经营的货值金额不足二万元的，并处一万元以上十万元以下罚款；货值金额二万元以上的，并处货值金额五倍以上十倍以下罚款；情节严重的，吊销种子生产经营许可证。

因生产经营劣种子犯罪被判处有期徒刑以上刑罚的，种子企业或者其他单位的法定代表人、直接负责的主管人员自刑罚执行完毕之日起五年内不得担任种子企业的法定代表人、高级管理人员。

第八十九条 违反本法规定，构成犯罪的，依法追究刑事责任。

（二）《农药管理条例》（2017年3月16日）

第二条 本条例所称农药，是指用于预防、控制危害农业、林业的病、虫、草、鼠和其他有害生物以及有目的地调节植物、昆虫生长的化学合成或者来源于生物、其他天然物质的一种物质或者几种物质的混合物及其制剂。

前款规定的农药包括用于不同目的、场所的下列各类：

（一）预防、控制危害农业、林业的病、虫（包括昆虫、蜱、螨）、草、鼠、软体动物和其他有害生物；

（二）预防、控制仓储以及加工场所的病、虫、鼠和其他有害生物；

（三）调节植物、昆虫生长；

（四）农业、林业产品防腐或者保鲜；

（五）预防、控制蚊、蝇、蜚蠊、鼠和其他有害生物；

（六）预防、控制危害河流堤坝、铁路、码头、机场、建筑物和其他场所的有害生物。

第四十四条 有下列情形之一的，认定为假农药：

（一）以非农药冒充农药；

（二）以此种农药冒充他种农药；

（三）农药所含有效成分种类与农药的标签、说明书标注的有效成分不符。

禁用的农药，未依法取得农药登记证而生产、进口的农药，以及未附具标签的农药，按照假农药处理。

第四十五条 有下列情形之一的，认定为劣质农药：

（一）不符合农药产品质量标准；

（二）混有导致药害等有害成分。

超过农药质量保证期的农药，按照劣质农药处理。

第四十七条 禁止伪造、变造、转让、出租、出借农药登记证、农药生产许可证、农药经营许可证等许可证明文件。

第五十二条 未取得农药生产许可证生产农药或者生产假农药的，由县级以上地方人民政府农业主管部门责令停止生产，没收违法所得、违法生产的产品和用于违法生产的工具、设备、原材料等，违法生产的产品货值金额不足1万元的，并处5万元以上10万元以下罚款，货值金额1万元以上的，并处货值金额10倍以上20倍以下罚款，由发证机关吊销农药生产许可证和相应的农药登记证；构成犯罪的，依法追究刑事责任。

取得农药生产许可证的农药生产企业不再符合规定条件继续生产农药的，由县级以上地方人民政府农业主管部门责令限期整改；逾期拒不整改或者整改后仍不符合规定条件的，由发证机关吊销农药生产许可证。

农药生产企业生产劣质农药的，由县级以上地方人民政府农业主管部门责令停止生产，没收违法所得、违法生产的产品和用于违法生产的工具、设备、原材料等，违法生产的产品货值金额不足1万元的，并处1万元以上5万元以下罚款，货值金额1万元以上的，并处货值金额5倍以上10倍以下罚款；情节严重的，由发证机关吊销农药生产许可证和相应的农药登记证；构成犯罪的，依法追究刑事责任。

委托未取得农药生产许可证的受托人加工、分装农药，或者委托加工、分装假农药、劣质农药的，对委托人和受托人均依照本条第一款、第三款的规定处罚。

第五十五条 农药经营者有下列行为之一的，由县级以上地方人民政府农业主管部门责令停止经营，没收违法所得、违法经营的农药和用于违法经营的工具、设备等，违法经营的农药货值金额不足1万元的，并处5000元以上5万元以下罚款，货值金额1万元以上的，并处货值金额5倍以上10倍以下罚款；构成犯罪的，依法追究刑事责任：

（一）违反本条例规定，未取得农药经营许可证经营农药；

（二）经营假农药；

（三）在农药中添加物质。

有前款第二项、第三项规定的行为，情节严重的，还应当由发证机关吊销农药经营许可证。

取得农药经营许可证的农药经营者不再符合规定条件继续经营农药的，由县级以上地方人民政府农业主管部门责令限期整改；逾期拒不整改或者整改后仍不符合规定条件的，由发证机关吊销农药经营许可证。

第五十六条 农药经营者经营劣质农药的，由县级以上地方人民政府农业主管部门责令停止经营，没收违法所得、违法经营的农药和用于违法经营的工具、设备等，违法经营的农药货值金额不足1万元的，并处2000元以上2万元以下罚款，货值金额1万元以上的，并处货值金额2倍以上5倍以下罚款；情节严重的，由发证机关吊销农药经营许可证；构成犯罪的，依法追究刑事责任。

第六十四条 生产、经营的农药造成农药使用者人身、财产损害的，农药使用者可以向农药生产企业要求赔偿，也可以向农药经营者要求赔偿。属于农药生产企业责任的，农药经营者赔偿后有权向农药生产企业追偿；属于农药经营者责任的，农药生产企业赔偿后有权向农药经营者追偿。

（三）《农作物种子生产经营许可管理办法》（2020年1月21日）

第三十条 本办法所称种子生产经营，是指种植、采收、干燥、清选、分级、包衣、包装、标识、贮藏、销售及进出口种子的活动；种子生产是指繁（制）种的种植、采收的田间活动。

第三十三条 本办法所称不再分装的包装种子，是指按有关规定和标准包装的、不再分拆的最小包装种子。分装种子的，应当取得种子生产经营许可证，保证种子包装的完整性，并对其所分装种子负责。

有性繁殖作物的籽粒、果实，包括颖果、荚果、蒴果、核果等以及马铃薯微型脱毒种薯应当包装。无性繁殖的器官和组织、种苗以及不宜包装的非籽粒种子可以不包装。

种子包装应当符合有关国家标准或者行业标准。

【指导性案例】

一、最高人民检察院检例第61号
王敏生产、销售伪劣种子案

（2019年12月2日最高人民检察院第十三届检察委员会
第二十八次会议决定　2019年12月20日发布）

【关键词】

生产、销售伪劣种子罪　假种子　农业生产损失认定

【要旨】

以同一科属的此品种种子冒充彼品种种子，属于刑法上的“假种子”。行为人对假种子进行小包装分装销售，使农业生产遭受较大损失的，应当以生产、销售伪劣种子罪追究刑事责任。

【相关规定】

《中华人民共和国刑法》第一百四十七条

《中华人民共和国种子法》第四十九条、第九十一条

《最高人民法院、最高人民检察院关于办理生产、销售伪劣商品刑事案件具体应用法律若干问题的解释》第七条

《最高人民检察院、公安部关于公安机关管辖的刑事案件立案追诉标准的规定（一）》第二十三条

《农作物种子生产经营许可管理办法》第三十三条

【基本案情】

被告人王敏，男，1991年3月出生，江西农业大学农学院毕业，原四川隆平高科种业有限公司（以下简称隆平高科）江西省宜春地区区域经理。

2017年3月，江西省南昌县种子经销商郭宝珍询问隆平高科的经销商之一江西省丰城市“民生种业”经营部的闵生如、闵蜀蓉父子（以下简称闵氏父子）是否有“T优705”水稻种子出售，在得到闵蜀蓉的肯定答复并报价后，先后汇款共30万元给闵生如用于购买种子。

闵氏父子找到王敏订购种子，王敏向隆平高科申报了“陵两优711”稻种计划，后闵生如汇款20万元给隆平高科作为订购种子款（单价13元/公斤）。王敏找到金海环保包装有限公司的曹传宝，向其提供制版样式，印制了标有“四川隆平高科种业有限公司”“T优705”字样的小包装袋29850个。收到隆平高科寄来的“陵两优711”散装种子后，王敏请闵氏父子帮忙雇工人将运来的散装种子分装到此前印好的标有“T优705”的小包装袋（每袋1公斤）内，并将分装好的24036斤种子运送给郭宝珍。郭宝珍销售给南昌县等地的农户。农户播种后，禾苗未能按期抽穗、结实，导致200余户农户4000余亩农田绝收，造成直接经济损失460余万元。

经查，隆平高科不生产“T优705”种子，其生产的“陵两优711”种子也未通过江西地区的审定，不能在江西地区进行终端销售。

【指控与证明犯罪】

2018年5月8日，江西省南昌县公安局以王敏涉嫌销售伪劣种子罪，将案件移送南昌县人民检察院审查起诉。

审查起诉阶段，王敏辩称自己的行为不构成犯罪，不知道销售的种子为伪劣种子。王敏还辩解：1. 印制小包装袋经过隆平高科的许可；2. 自己没有请工人进行分装，也没有进行技术指导；3. 没有造成大的损失。

检察机关审查认为，现有证据足以认定犯罪嫌疑人王敏将“陵两优711”冒充“T优705”销售给农户，但其是否明知为伪劣种子、“陵两优711”是如何变换成“T优705”的、隆平高科是否授权王敏印刷小包装袋、造成的损失如何认定、哪些人员涉嫌犯罪等问题，有待进一步查证。针对上述问题，南昌县人民检察院两次退回公安机关补充侦查，要求公安机关补充收集订购种子的货运单、合同、签收单、交易记录等书证；核实印制小包装袋有无得到隆平高科的授权，是否有合格证等细节；种子从四川发出，中途有无调换等，“陵两优 711”是怎么变换成“T 优 705”的物流情况；对于损失认定，充分听取辩护人及受害农户的意见，收集受害农户订购种子数量的原始凭证等。

经补充侦查，南昌县公安局进一步收集了物流司机等人的证言、农户购买谷种小票、农作物不同生长期照片、货运单、王敏任职证明等证据。物流司机证言证明货物没有被调换，但货运单上只写了种子，并没有写明具体的种子品名；隆平高科方面一致声称王敏订购的是“陵两优 711”，出库单上也注明是“陵两优 711”（散子），散子销售不受区域限制，并且该公司从不生产“T 优 705”；而闵氏父子辩称自己是应农户要求订购“T 优 705”，到货也是应王敏要求提供场地，王敏代表公司进行分装。因双方没有签订种子订购合同且各执一词，无法查实闵氏父子订购的是哪种种子。但可以明确的是 2010 年 5 月 17 日广西农作物品种审定委员会对“陵两优 711”审定通过，可在桂南稻作区或者桂中稻作区南部适宜种植感光型品种的地区作为晚稻种植，在江西省未审定通过。王敏作为隆平高科的区域经理，对公司不生产“T 优 705”种子应该明知，对“陵两优 711”在江西省未被审定通过也应明知。另查实，隆平高科从未授权王敏进行设计、印制“T 优 705”小包装袋。

针对损失认定，公安机关补充收集了购种票据、证人证言等，认定南昌县及其他地区受害农户合计 205 户，绝收面积合计 4000 余亩。为评估损失，公安机关开展现场勘查，邀请农科院土肥、农业、气象方面专家进行评估。评估认定：1. 南昌县部分稻田种植的“陵两优 711”尚处始穗期，已无法正常结实，导致绝收。2. 2017 年 10 月下旬评估时，部分稻田种植的“陵两优 711”处于齐穗期，但南昌地区晚稻的安全齐穗期是 9 月 20 日左右，根据南昌往年气象资料，10 月下旬齐穗的水稻将会受到 11 月份低温影响，无法正常结实，严重时会绝收。3. 根据种子包装袋上注明的平均亩产 444.22 公斤的数据，结合南昌县往年晚稻平均亩产量，考虑到晚稻因品种和种植方式不同存在差异，产量评估可以以种子包装袋上注明的平均亩产 444.22 公斤为依据，结合当年晚稻平均单价 2.60 元/公斤计算损失。205 户农户因种植假种子造成的经济损失为 444.22 公斤/亩×2.60 元/公斤×4000 亩=4619888 元。

综合上述证据情况，检察机关采信评估意见，认定损失为461万余元，王敏及辩护人对此均不再提出异议。

2018年7月16日，南昌县人民检察院以被告人王敏犯生产、销售伪劣种子罪向南昌县人民法院提起公诉。9月10日，南昌县人民法院公开开庭审理了本案。

法庭调查阶段，公诉人宣读起诉书指控被告人王敏身为隆平高科宜春地区区域经理，负有对隆平高科销售种子的质量进行审查监管的职责，其将未通过江西地区审定的“陵两优711”种子冒充“T优705”种子，违背职责分装并销售，使农业生产遭受特别重大损失，其行为构成生产、销售伪劣种子罪。针对以上指控的犯罪事实，公诉人向法庭出示了四组证据予以证明：

一是被告人王敏的立案情况及任职身份信息，证明王敏从农业大学毕业后就从事种子销售业务，有着多年的种子销售经验。2015年8月至2018年2月在隆平高科从事销售工作，身份是江西宜春地区区域经理，职责是介绍和推广公司种子，并代表公司销售种子，对所销售的种子品种、质量负责。

二是相关证人证言，证明王敏接受闵氏父子种子订单，并向公司订购了“陵两优711”种子，印制“T优705”小包装袋分装种子并予以冒充销售。其中，闵蜀蓉证言证明郭宝珍需要“T优705”种子，自己向王敏提出采购种子计划，王敏表示有该种种子，并承诺有提成；证人曹传宝等的证言，证明其按王敏要求印制了“T优705”种子小包装袋，王敏予以签字确认。证人闵生如的证言，证明王敏明知印制“T优705”小包装袋用于包装“陵两优711”种子，仍予以签字确认。

三是相关证人证言，证明四川隆平高科研发、运送“陵两优711”到江西丰城等情况。其中，四川隆平高科副总张友强证言证明：王敏向隆平高科江西省级负责人杨剑辉报购了订购“陵两优711”计划；杨剑辉证言证明公司收到“陵两优711”计划并向江西发出“陵两优711”散子，该散子可以销往江西，由江西有资质的经销商卖到广西，但不能在江西直接销售。隆平高科票据显示收到王敏订购“陵两优711”计划并发货至江西。

四是造成损失情况、相关鉴定意见及被害人陈述、证人证言等，证明农户购买种子后造成绝收等损失。

王敏对以上证据无异议，但提出在小包装袋印制版式上签字是闵生如让他签的。

法庭辩论阶段，被告人王敏及其辩护人认为王敏没有主观犯罪故意，其行为不构成犯罪。

公诉人针对辩护意见进行答辩：

第一，从主观方面看，王敏明知公司不生产“T优705”种子，却将其订购的“陵两优711”分装成“T优705”予以销售。王敏主观上明知销售的种子不是订购时的种子，仍对种子进行名实不符的分装，具有销售伪劣种子的主观故意。

第二，从职责角度看，不论王敏还是四川隆平高科的工作人员，都证明所有种子订购，是由经销商报单给区域经理，区域经理再报单给公司，公司发货后，由区域经理分销。王敏作为四川隆平高科宜春地区区域经理，具有对种子质量进行审查的职责，其明知隆平高科不生产“T优705”种子，出于谋利，仍以此种子冒充彼种子进行包装、销售，具备犯罪故意，社会危害性大。

第三，王敏的供述证明，其实施了“在百度上搜索‘T优705’及‘T优705’审定公告内容”的行为，并将手机上搜索到的“T优705”种子包装袋版式提供给印刷商，后在“T优705”包装袋版式上签字；曹传宝和李亚东（江西运城制版有限公司设计师）都证实“T优705”小包装袋的制版、印刷都是王敏主动联系，还拿出公司的授权书给他们看，并特别交代要在印刷好的袋子上打一个洞，说种子要呼吸；刘英（隆平高科在南昌县的经销商）也证实，从种子公司运过来的种子不可以换其他品种的包装袋卖，这是犯法的事。王敏能够认识“在包装袋印制版式上签字就是对种子的种类、质量负责”的法律意义，仍予以签字。

第四，王敏作为隆平高科的区域经理，实施申报销售计划、设计包装规格、寻找印刷点、签字确认、指导分包作业等行为，均表明王敏积极实施生产、销售伪劣种子犯罪行为，王敏提出是闵生如让他签字，与事实不符，其辩护理由无法成立。

法庭经审理，认为公诉人提交的证据能够相互印证，予以确认。2018年10月25日，江西省南昌县人民法院作出一审判决，以生产、销售伪劣种子罪判处被告人王敏有期徒刑八年，并处罚金人民币十五万元。

王敏不服一审判决，提出上诉。其间，王敏及其家属向南昌县农业局支付460万元用于赔偿受害农民损失。2018年12月26日，南昌市中级人民法院作出终审判决，维持一审法院对上诉人王敏的定性，鉴于上诉期间王敏已积极赔偿损失，改判其有期徒刑七年，并处罚金人民币十五万元。

【指导意义】

生产、销售伪劣种子的行为严重危害国家农业生产安全，损害农民合法利益，及时、准确打击该类犯罪，是检察机关保护农民权益，维护农村稳定的职责。检察机关办理该类案件，应注意把握两方面问题：

（一）以此种子冒充彼种子应认定为假种子。根据刑法第一百四十七条规定，生产、销售假种子，使生产遭受较大损失的，应认定为生产、销售伪劣种子罪。假种子有不符型假种子（种类、名称、产地与标注不符）和冒充型假种子（以甲冒充乙、非种子冒充种子）。现实生活中，完全以非种子冒充种子的，比较少见。犯罪嫌疑人往往抓住种子专业性强、农户识别能力低的弱点，以此种子冒充彼种子或者以不合格种子冒充合格种子进行销售。因农作物生产周期较长，案发较为隐蔽，冒充型假种子往往造成农民投入种植成本，得不到应有收成回报，严重影响农业生产，应当依据刑法予以追诉。

（二）对伪劣种子造成的损失应予综合认定。伪劣种子造成的损失是涉假种子类案件办理时的疑难问题。实践中，可由专业人员根据现场勘查情况，对农业生产产量及其损失进行综合计算。具体可考察以下几方面：一是根据现场实地勘察，邀请农业、气象、土壤等方面专家，分析鉴定农作物生育期异常的原因，能否正常结实，是减产还是绝收等，分析减产或者绝收面积、产量。二是通过审定的农作物区试平均产量与根据现场调查的往年产量，结合当年可能影响产量的气候、土肥等因素，综合评估平均产量。三是根据农作物市场行情及平均单价等，确定直接经济损失。

二、最高人民检察院检例第62号
南京百分百公司等生产、销售伪劣农药案

（2019年12月2日最高人民检察院第十三届检察委员会
第二十八次会议决定 2019年12月20日发布）

【关键词】

生产、销售伪劣农药罪 借证生产农药 田间试验

【要旨】

1. 未取得农药登记证的企业或者个人，借用他人农药登记证、生产许可证、质量标准证等许可证明文件生产、销售农药，使生产遭受较大损失的，以生产、销售伪劣农药罪追究刑事责任。

2. 对于使用伪劣农药造成的农业生产损失，可采取田间试验的方法确定受损原因，并以农作物绝收折损面积、受害地区前三年该类农作物的平均亩产量和平均销售价格为基准，综合计算认定损失金额。

【相关规定】

《中华人民共和国刑法》第一百四十七条、第一百四十九条、第一百五十条

《最高人民法院、最高人民检察院关于办理生产、销售伪劣商品刑事案件具体应用法律若干问题的解释》第七条、第九条

《最高人民检察院、公安部关于公安机关管辖的刑事案件立案追诉标准的规定（一）》第二十三条

《农药管理条例》第四十五条、第四十七条、第五十二条

《农药登记管理办法》第二条

《农药生产许可管理办法》第五条、第二十八条

【基本案情】

被告单位南京百分百化学有限责任公司（以下简称百分百公司）。

被告单位中土化工（安徽）有限公司（以下简称中土公司）。

被告单位安徽喜洋洋农资连锁有限公司（以下简称喜洋洋公司）。

被告人许全民，男，1971 年 12 月出生，喜洋洋公司法定代表人、百分百公司实际经营人。

被告人朱桦，男，1971 年 3 月出生，中土公司副总经理。

被告人王友定，男，1970 年 10 月出生，安徽久易农业股份有限公司（以下简称久易公司）市场运营部经理。

2014 年 5 月，被告单位喜洋洋公司、百分百公司准备从事 50%吡蚜酮农药（以下简称吡蚜酮）经营活动，被告人许全民以百分百公司的名义与被告人王友定商定，借用久易公司吡蚜酮的农药登记证、生产许可证、质量标准证（以下简称“农药三证”）。双方约定：王友定提供吡蚜酮“农药三证”及电子标签，并对百分百公司设计的产品外包装进行审定，百分百公司按久易公司的标准生产并对产品质量负责。经查，王友定擅自出借“农药三证”，久易公司并未从中营利。

2014 年 5 月 18 日、6 月 16 日，许全民代表百分百公司与中土公司负责销售的副总经理朱桦先后签订 4 吨（单价 93000 元）、5 吨（单价 87000 元）采购合同，向朱桦采购吡蚜酮，并约定质量标准、包装标准、付款方式等内容，合同金额计 813000 元。

2014 年 5 月至 6 月，中土公司在未取得吡蚜酮“农药三证”的情况下，由朱桦负责采购吡蚜酮的主要生产原料，安排人员自研配方，生产吡蚜酮。许全民联系设计吡蚜酮包装袋，并经王友定审定，提供给中土公司分装。该包装袋印制有百分百公司持有的“金鼎”商标，久易公司获得批准的“农药三证”，生产企业标注为久易公司。同年 6 月至 8 月，中土公司先后向百分百公司销售吡蚜酮计 2324 桶（6.972 吨），销售金额计 629832 元。百分百公司出售给喜洋洋公司，由喜洋洋公司分售给江苏多家农资公司，农资公司销售给农户。泰州市姜堰区农户使用该批农药后，发生不同程度的药害，水稻心叶发黄，秧苗矮缩，根系生长受抑制。经调查，初步认定发生药害水稻面积 5800 余亩，折损面积计 2800 余亩，造成经济损失计270余万元。经检验，药害原因是因农药中含有烟嘧磺隆（除草剂）成分。但对涉案农药为何混入烟嘧磺隆，被告人无法给出解释，且农药生产涉及原料收购、加工、分装等一系列流程，客观上亦无法查证。

案发后，许全民自动投案并如实供述犯罪事实，朱桦、王友定到案后如实供述犯罪事实。久易公司及王友定向姜堰区农业委员会共同缴纳赔偿款150万元，中土公司缴纳赔偿款150万元，喜洋洋公司缴纳赔偿款55万元，百分百公司及许全民缴纳赔偿款95万元，朱桦缴纳赔偿款80万元，合计530万元。

【指控与证明犯罪】

本案由泰州市姜堰区农业委员会于2015年8月12日移送至姜堰区公安局。8月14日，姜堰区公安局立案侦查。2016年5月13日，泰州市姜堰区公安局以许全民等涉嫌生产、销售伪劣农药罪移送泰州市姜堰区人民检察院审查起诉。11月1日，泰州市姜堰区人民检察院以被告单位及被告人涉嫌生产、销售伪劣农药罪向泰州市姜堰区人民法院提起公诉。12月14日，泰州市姜堰区人民法院公开开庭审理了本案。

法庭调查阶段，公诉人宣读起诉书，指控被告人及被告单位在无“农药三证”的情况下，生产、销售有药害成分的农药，并造成特别重大损失，其行为构成生产、销售伪劣农药罪。针对以上指控的犯罪事实，公诉人向法庭出示了三组证据予以证明：

一是销售合同、出库清单、协议书等证据，证明被告单位、被告人借证生产、销售农药的事实。

二是田间试验公证书、农作物生产事故技术鉴定书、检验报告等证据，证明被告单位、被告人生产、销售的吡蚜酮中含有烟嘧磺隆（除草剂）成分，是造成水稻受损的直接原因。

三是证人证言、被害人陈述、被告人供述和辩解等证据，证明被告单位、被告人共谋借用“农药三证”，违法生产、销售伪劣农药，造成水稻大面积受损，及农户损失已经得到赔偿的事实。

法庭辩论阶段，被告人及辩护人提出：1. 涉案农药不应认定为伪劣农药，行为人不具有生产伪劣农药的故意。2. 盐城市产品质量监督检验所并非司法鉴定机构，其出具的检验报告不具有证据效力；泰州市农作物事故技术鉴定书是依据农药检测报告等作出的，不应作为定案依据。3. 水稻受损原因不明，不能排除天气、施药方法等因素导致。

公诉人针对辩护意见进行答辩：

第一，虽然因客观原因无法查证涉案农药吡蚜酮如何混入烟嘧磺隆（除草剂）成分，但现有证据足以证明，涉案吡蚜酮含有烟嘧磺隆（除草剂）成分，并造成水稻大面积减产的危害后果，可以认定为伪劣农药。被告单位、被告人无“农药三证”，未按照经国务院农业主管部门审批获得登记的农药配方进行生产，生产完成后未进行严格检验即出厂销售，主观上具有生产、销售伪劣农药的故意。

第二，盐城市产品质量监督检验所具有农药成分检验资质，其出具的检验报告符合书证有关要求，可证明涉案吡蚜酮含有烟嘧磺隆（除草剂）成分这一事实。泰州市农业委员会依据该检验报告和田间试验结果出具的《农作物事故技术鉴定书》，系按照《江苏省农作物生产事故技术鉴定实施办法》组成专家组开展鉴定后作出的，符合证据规定，能证明受害水稻受损是使用涉案吡蚜酮导致。

第三，为科学确定水稻受损原因，田间试验结果系由泰州市新农农资有限公司申请，在泰州市姜堰公证处的全程监督下，进行拍照、摄像固定取得的。“七种配方，八块试验田”的试验方法，是根据农户将吡呀酮与阿维氟铃尿、戊唑醇、咪鲜三环唑混合施用的实际情况，并考虑涉案吡呀酮仅存在于两个批次，确定第一到第四块试验田分别施用两个批次、不同剂量（20克和40克）的吡呀酮；第五和第六块试验田分别将两个批次吡呀酮与其他农药混合施用；第七块试验田混合施用不含吡呀酮的其他农药；第八块试验田未施用农药。结果显示凡施用涉案农药的试验田，水稻均出现典型的除草剂药害情况，排除了天气等因素影响，证明水稻受害系因农户使用的涉案农药吡呀酮中含有烟嘧磺隆造成。

法庭经审理，认为公诉人提交的证据能够相互印证，予以确认。因被告人许全民自动投案，如实供述罪行，且判决前主动足额赔付了农户损失，达成了谅解，构成自首，依法减轻处罚，2017年9月19日，江苏省泰州市姜堰区人民法院作出一审判决，以生产、销售伪劣农药罪判处被告单位百分百公司罚金五十万元，中土公司罚金四十万元，喜洋洋公司罚金三十五万元；以生产、销售伪劣农药罪判处被告人许全民有期徒刑三年，缓刑五年，并处罚金八万元；因被告人朱桦及王友定系从犯，如实供述，积极赔偿损失，依法减轻处罚，以生产、销售伪劣农药罪判处被告人朱桦有期徒刑三年，缓刑四年，并处罚金五万元；判处被告人王友定有期徒刑三年，缓刑三年，并处罚金人民币二万元。一审宣判后，被告单位及被告人均未上诉，判决已生效。

【指导意义】

（一）借用或通过非法转让获得他人“农药三证”生产农药，并经检验鉴定含有药害成分，使生产遭受较大损失的，应予追诉。根据我国《农药管理条例》规定，农药生产销售应具备“农药三证”。一些企业通过非法转让或者购买等手段非法获取“农药三证”生产不合格农药，扰乱农药市场，往往造成农业生产重大损失，危害农民利益。借用或者通过非法转让获得“农药三证”生产不符合资质农药，经检验鉴定含有药害成分，致使农业生产遭受损失二万元以上的，应当依据刑法予以追诉。农药生产企业将“农药三证”出借给未取得生产资质的企业或者个人，且明知借用方生产、销售伪劣农药的，构成生产、销售伪劣农药罪共同犯罪。其中使农业生产遭受损失五十万元以上，销售金额不满二百万元的，依据刑法第一百四十七条生产、销售伪劣农药罪追诉；销售金额二百万元以上的，依据刑法第一百四十九条从重处罚原则，以生产、销售伪劣产品罪予以追诉。

（二）生产损失认定方法。生产、销售伪劣农药罪为结果犯，需以“使生产遭受较大损失”为前提。办理此类案件，可以采用以下方法认定生产损失：一是运用田间试验确定涉案农药与生产损失的因果关系。可在公证部门见证下，依据农业生产专家指导，根据农户对受损作物实际使用的农药种类，合理确定试验方法和试验所需样本田块数量，综合认定农药使用与生产损失的因果关系。二是及时引导侦查机关收集、固定受损作物折损情况证据。检察机关应结合农业生产具有时令性的特点，引导侦查机关走访受损农户了解情况，实地考察受损农田，及时收集证据，防止作物收割、复播影响生产损失的认定。三是综合评估损害数额。农业生产和粮食作物价格具有一定的波动性，办案中对损害具体数额的评估，应以绝收折损面积为基准，综合考察受损地区前三年农作物平均亩产量和平均销售价格，计算损害后果。

第十章　生产、销售不符合卫生标准的化妆品罪

【立案追诉标准】

生产、销售不符合卫生标准的化妆品案（《刑法》第148条）

生产不符合卫生标准的化妆品，或者销售明知是不符合卫生标准的化妆品，涉嫌下列情形之一的，应予立案追诉：

（一）造成他人容貌毁损或者皮肤严重损伤的；

（二）造成他人器官组织损伤导致严重功能障碍的；

（三）致使他人精神失常或者自杀、自残造成重伤、死亡的；

（四）其他造成严重后果的情形。

《最高人民检察院、公安部关于公安机关管辖的刑事案件立案追诉标准的规定（一）》（2008年6月25日）第24条

【犯罪构成及刑事责任】

生产、销售不符合卫生标准的化妆品罪，是指违反国家产品质量法规，生产不符合卫生标准的化妆品，或者销售明知是不符合卫生标准的化妆品，造成严重后果的行为。构成本罪需要具备以下四个要件：

1. 客体要件

本罪侵犯的客体是复杂客体，既包括广大消费者的健康权，也包括国家的化妆品市场监督管理秩序。本罪的犯罪对象是化妆品。根据2020年《化妆品监督管理条例》第3条规定，化妆品，是指以涂擦、喷洒或者其他类似方法，施用于皮

肤、毛发、指甲、口唇等人体表面，以清洁、保护、美化、修饰为目的的日用化学工业产品。第 16 条规定，用于染发、烫发、祛斑美白、防晒、防脱发的化妆品以及宣称新功效的化妆品为特殊化妆品。特殊化妆品以外的化妆品为普通化妆品。由此可见，本罪的犯罪对象既包括第 3 条列举的日用化学工业产品，也包括第 16 条规定的特殊化妆品。此外，需要特别注意的是前述条例第 77 条的规定，即牙膏参照本条例有关普通化妆品的规定进行管理。香皂不适用本条例，但是宣称具有特殊化妆品功效的适用本条例。由此可见，牙膏和普通香皂不是本罪犯罪对象，但是具有特殊化妆品功效的香皂属于本罪规制范围。

2. 客观要件

客观方面表现为生产不符合卫生标准的化妆品，或者销售明知是不符合卫生标准的化妆品，造成严重后果的行为。具体需要把握以下几方面要素：

（1）行为手段有生产和销售，为选择性手段，可以同时具备。“生产”行为既包括自行生产，也包括委托其他企业生产的行为；“销售”行为既包括生产后直接销售的行为，也包括购买他人不符合卫生标准的化妆品后销售的行为；既可以是批发行为，也可以是零售行为。

（2）关于“不符合卫生标准”的界定。此处的“卫生标准”，主要是指国家规定的关于化妆品的法规、规章和技术规范，如《化妆品监督管理条例》等行政法规、部门规章或规范性文件规定的化妆品卫生标准。对涉案化妆品是否符合卫生标准，一般应当通过检验鉴定予以认定。

（3）要求犯罪行为造成严重后果，同时要求行为与严重后果之间存在因果关系。根据前述立案标准的规定，具有下列情形之一的，属于造成严重后果：①造成他人容貌毁损或者皮肤严重损伤的；②造成他人器官组织损伤，导致严重功能障碍的；③致使他人精神失常或者自杀、自残造成重伤、死亡的；④其他造成严重后果的情形。同时，生产、销售行为和严重后果之间的因果关系需要证据证实，如果产品本身符合卫生标准，是由于消费者没有按照说明书所载明的方法使用导致的严重后果，生产、销售者的行为则不构成本罪。

3. 主体要件

本罪主体是自然人和单位。

4. 主观要件

本罪在主观方面是故意，即行为人对生产、销售的化妆品不符合卫生标准有明确认识，过失不构成本罪。

根据《刑法》第 148 条的规定，犯本罪，造成严重后果的，处三年以下有期徒刑或者拘役，并处或者单处销售金额百分之五十以上二倍以下罚金。

根据《刑法》第 150 条的规定，单位犯本罪的，对单位判处罚金，并对其直接负责的主管人员和其他直接责任人员，依照自然人犯罪的规定处罚。

【疑难指导】

一、关于本罪的罪与非罪问题

本罪为结果犯，要求行为人实施的犯罪行为达到“严重后果”，关于“严重后果”，《最高人民检察院、公安部关于公安机关管辖的刑事案件立案追诉标准的规定（一）》进行了罗列，指向较为明确。实践中，有些消费者因为个人体质过敏等原因，出现了一些较为严重的后果，例如皮肤红肿严重。像这种情形是否属于本罪规制的情形呢？笔者认为，成立本罪，首先，造成的“严重后果”要与罗列的情形相当，不能仅凭个人感受来判断，有些情况可能要通过鉴定来确认是否“严重”；其次，要证明行为与结果存在因果关系。如果行为人生产、销售的化妆品符合国家认证的卫生健康标准，同时在化妆品的标签上对一些不良反应予以载明，切实尽到了提醒注意义务的，则可以切断因果关系。

二、关于本罪的竞合处理问题

实践中，时常有生产、销售不符合卫生标准的化妆品并假冒他人注册商标或销售假冒注册商标的商品的情形。那么针对这种情形该如何定罪呢？行为人生产不符合卫生标准的化妆品，往往同时会使用他人的注册商标，此时行为人生产、销售不符合卫生标准的化妆品的行为与假冒注册商标的行为存在牵连关系，系一个行为同时触犯了两个罪名，属于想象竞合犯，应当依照处罚较重的规定定罪处罚。对此，《最高人民法院、最高人民检察院关于办理生产、销售伪劣商品刑事案件具体应用法律若干问题的解释》第 10 条也规定，实施生产、销售伪劣商品犯罪，同时构成侵犯知识产权、非法经营等其他犯罪的，依照处罚较重的规定定罪处罚。

【办案依据】

一、《刑法》规定

第一百四十八条 生产不符合卫生标准的化妆品，或者销售明知是不符合卫生标准的化妆品，造成严重后果的，处三年以下有期徒刑或者拘役，并处或者单处销售金额百分之五十以上二倍以下罚金。

第一百四十九条 生产、销售本节第一百四十一条至第一百四十八条所列产品，不构成各该条规定的犯罪，但是销售金额在五万元以上的，依照本节第一百四十条的规定定罪处罚。

生产、销售本节第一百四十一条至第一百四十八条所列产品，构成各该条规定的犯罪，同时又构成本节第一百四十条规定之罪的，依照处罚较重的规定定罪处罚。

第一百五十条 单位犯本节第一百四十条至第一百四十八条规定之罪的，对单位判处罚金，并对其直接负责的主管人员和其他直接责任人员，依照各该条的规定处罚。

二、司法解释

《最高人民法院、最高人民检察院关于办理生产、销售伪劣商品刑事案件具体应用法律若干问题的解释》（2001 年 4 月 10 日，法释〔2001〕10 号）

第九条 知道或者应当知道他人实施生产、销售伪劣商品犯罪，而为其提供贷款、资金、账号、发票、证明、许可证件，或者提供生产、经营场所或者运输、仓储、保管、邮寄等便利条件，或者提供制假生产技术的，以生产、销售伪劣商品犯罪的共犯论处。

第十条 实施生产、销售伪劣商品犯罪，同时构成侵犯知识产权、非法经营等其他犯罪的，依照处罚较重的规定定罪处罚。

第十一条 实施刑法第一百四十条至第一百四十八条规定的犯罪，又以暴力、威胁方法抗拒查处，构成其他犯罪的，依照数罪并罚的规定处罚。

第十二条 国家机关工作人员参与生产、销售伪劣商品犯罪的，从重处罚。

三、其他法规

（一）《化妆品监督管理条例》（2020年6月16日）

第三条 本条例所称化妆品，是指以涂擦、喷洒或者其他类似方法，施用于皮肤、毛发、指甲、口唇等人体表面，以清洁、保护、美化、修饰为目的的日用化学工业产品。

第十六条 用于染发、烫发、祛斑美白、防晒、防脱发的化妆品以及宣称新功效的化妆品为特殊化妆品。特殊化妆品以外的化妆品为普通化妆品。

国务院药品监督管理部门根据化妆品的功效宣称、作用部位、产品剂型、使用人群等因素，制定、公布化妆品分类规则和分类目录。

第十七条 特殊化妆品经国务院药品监督管理部门注册后方可生产、进口。国产普通化妆品应当在上市销售前向备案人所在地省、自治区、直辖市人民政府药品监督管理部门备案。进口普通化妆品应当在进口前向国务院药品监督管理部门备案。

第二十六条 从事化妆品生产活动，应当具备下列条件：

（一）是依法设立的企业；

（二）有与生产的化妆品相适应的生产场地、环境条件、生产设施设备；

（三）有与生产的化妆品相适应的技术人员；

（四）有能对生产的化妆品进行检验的检验人员和检验设备；

（五）有保证化妆品质量安全的管理制度。

第三十六条 化妆品标签应当标注下列内容：

（一）产品名称、特殊化妆品注册证编号；

（二）注册人、备案人、受托生产企业的名称、地址；

（三）化妆品生产许可证编号；

（四）产品执行的标准编号；

（五）全成分；

（六）净含量；

（七）使用期限、使用方法以及必要的安全警示；

（八）法律、行政法规和强制性国家标准规定应当标注的其他内容。

第三十七条　化妆品标签禁止标注下列内容：

（一）明示或者暗示具有医疗作用的内容；

（二）虚假或者引人误解的内容；

（三）违反社会公序良俗的内容；

（四）法律、行政法规禁止标注的其他内容。

第三十八条　化妆品经营者应当建立并执行进货查验记录制度，查验供货者的市场主体登记证明、化妆品注册或者备案情况、产品出厂检验合格证明，如实记录并保存相关凭证。记录和凭证保存期限应当符合本条例第三十一条第一款的规定。

化妆品经营者不得自行配制化妆品。

第三十九条　化妆品生产经营者应当依照有关法律、法规的规定和化妆品标签标示的要求贮存、运输化妆品，定期检查并及时处理变质或者超过使用期限的化妆品。

第五十二条　……

化妆品不良反应是指正常使用化妆品所引起的皮肤及其附属器官的病变，以及人体局部或者全身性的损害。

第五十四条　对造成人体伤害或者有证据证明可能危害人体健康的化妆品，负责药品监督管理的部门可以采取责令暂停生产、经营的紧急控制措施，并发布安全警示信息；属于进口化妆品的，国家出入境检验检疫部门可以暂停进口。

第五十九条　有下列情形之一的，由负责药品监督管理的部门没收违法所得、违法生产经营的化妆品和专门用于违法生产经营的原料、包装材料、工具、设备等物品；违法生产经营的化妆品货值金额不足1万元的，并处5万元以上15万元以下罚款；货值金额1万元以上的，并处货值金额15倍以上30倍以下罚款；情节严重的，责令停产停业、由备案部门取消备案或者由原发证部门吊销化妆品许可证件，10年内不予办理其提出的化妆品备案或者受理其提出的化妆品行政许可申请，对违法单位的法定代表人或者主要负责人、直接负责的主管人员和其他直接责任人员处以其上一年度从本单位取得收入的3倍以上5倍以下罚款，终身禁止其从事化妆品生产经营活动；构成犯罪的，依法追究刑事责任：

（一）未经许可从事化妆品生产活动，或者化妆品注册人、备案人委托未取得相应化妆品生产许可的企业生产化妆品；

（二）生产经营或者进口未经注册的特殊化妆品；

（三）使用禁止用于化妆品生产的原料、应当注册但未经注册的新原料生产化妆品，在化妆品中非法添加可能危害人体健康的物质，或者使用超过使用期限、废弃、回收的化妆品或者原料生产化妆品。

第六十条 有下列情形之一的，由负责药品监督管理的部门没收违法所得、违法生产经营的化妆品和专门用于违法生产经营的原料、包装材料、工具、设备等物品；违法生产经营的化妆品货值金额不足1万元的，并处1万元以上5万元以下罚款；货值金额1万元以上的，并处货值金额5倍以上20倍以下罚款；情节严重的，责令停产停业、由备案部门取消备案或者由原发证部门吊销化妆品许可证件，对违法单位的法定代表人或者主要负责人、直接负责的主管人员和其他直接责任人员处以其上一年度从本单位取得收入的1倍以上3倍以下罚款，10年内禁止其从事化妆品生产经营活动；构成犯罪的，依法追究刑事责任：

（一）使用不符合强制性国家标准、技术规范的原料、直接接触化妆品的包装材料，应当备案但未备案的新原料生产化妆品，或者不按照强制性国家标准或者技术规范使用原料；

（二）生产经营不符合强制性国家标准、技术规范或者不符合化妆品注册、备案资料载明的技术要求的化妆品；

（三）未按照化妆品生产质量管理规范的要求组织生产；

（四）更改化妆品使用期限；

（五）化妆品经营者擅自配制化妆品，或者经营变质、超过使用期限的化妆品；

（六）在负责药品监督管理的部门责令其实施召回后拒不召回，或者在负责药品监督管理的部门责令停止或者暂停生产、经营后拒不停止或者暂停生产、经营。

第六十一条 有下列情形之一的，由负责药品监督管理的部门没收违法所得、违法生产经营的化妆品，并可以没收专门用于违法生产经营的原料、包装材料、工具、设备等物品；违法生产经营的化妆品货值金额不足1万元的，并处1万元以上3万元以下罚款；货值金额1万元以上的，并处货值金额3倍以上10倍以下罚款；情节严重的，责令停产停业、由备案部门取消备案或者由原发证部门吊销化妆品许可证件，对违法单位的法定代表人或者主要负责人、直接负责的主管人员和其他直接责任人员处以其上一年度从本单位取得收入的1倍以上2倍以下罚款，5年内禁止其从事化妆品生产经营活动：

（一）上市销售、经营或者进口未备案的普通化妆品；

（二）未依照本条例规定设质量安全负责人；

（三）化妆品注册人、备案人未对受托生产企业的生产活动进行监督；

（四）未依照本条例规定建立并执行从业人员健康管理制度；

（五）生产经营标签不符合本条例规定的化妆品。

生产经营的化妆品的标签存在瑕疵但不影响质量安全且不会对消费者造成误导的，由负责药品监督管理的部门责令改正；拒不改正的，处2000元以下罚款。

第六十二条　有下列情形之一的，由负责药品监督管理的部门责令改正，给予警告，并处1万元以上3万元以下罚款；情节严重的，责令停产停业，并处3万元以上5万元以下罚款，对违法单位的法定代表人或者主要负责人、直接负责的主管人员和其他直接责任人员处1万元以上3万元以下罚款：

（一）未依照本条例规定公布化妆品功效宣称依据的摘要；

（二）未依照本条例规定建立并执行进货查验记录制度、产品销售记录制度；

（三）未依照本条例规定对化妆品生产质量管理规范的执行情况进行自查；

（四）未依照本条例规定贮存、运输化妆品；

（五）未依照本条例规定监测、报告化妆品不良反应，或者对化妆品不良反应监测机构、负责药品监督管理的部门开展的化妆品不良反应调查不予配合。

进口商未依照本条例规定记录、保存进口化妆品信息的，由出入境检验检疫机构依照前款规定给予处罚。

第七十七条　牙膏参照本条例有关普通化妆品的规定进行管理。牙膏备案人按照国家标准、行业标准进行功效评价后，可以宣称牙膏具有防龋、抑牙菌斑、抗牙本质敏感、减轻牙龈问题等功效。牙膏的具体管理办法由国务院药品监督管理部门拟订，报国务院市场监督管理部门审核、发布。

香皂不适用本条例，但是宣称具有特殊化妆品功效的适用本条例。

第七十八条 对本条例施行前已经注册的用于育发、脱毛、美乳、健美、除臭的化妆品自本条例施行之日起设置5年的过渡期，过渡期内可以继续生产、进口、销售，过渡期满后不得生产、进口、销售该化妆品。

（二）《化妆品标识管理规定》（2007年8月27日）

第三条 本规定所称化妆品是指以涂抹、喷、洒或者其他类似方法，施于人体（皮肤、毛发、指趾甲、口唇齿等），以达到清洁、保养、美化、修饰和改变外观，或者修正人体气味，保持良好状态为目的的产品。

本规定所称化妆品标识是指用以表示化妆品名称、品质、功效、使用方法、生产和销售者信息等有关文字、符号、数字、图案以及其他说明的总称。

第五条 化妆品标识应当真实、准确、科学、合法。

第六条 化妆品标识应当标注化妆品名称。

化妆品名称一般由商标名、通用名和属性名三部分组成，并符合下列要求：

（一）商标名应当符合国家有关法律、行政法规的规定；

（二）通用名应当准确、科学，不得使用明示或者暗示医疗作用的文字，但可以使用表明主要原料、主要功效成分或者产品功能的文字；

（三）属性名应当表明产品的客观形态，不得使用抽象名称；约定俗成的产品名称，可省略其属性名。

国家标准、行业标准对产品名称有规定的，应当标注标准规定的名称。

第十六条 化妆品标识不得标注下列内容：

（一）夸大功能、虚假宣传、贬低同类产品的内容；

（二）明示或者暗示具有医疗作用的内容；

（三）容易给消费者造成误解或者混淆的产品名称；

（四）其他法律、法规和国家标准禁止标注的内容。

第二编 走私罪

第一章 走私武器、弹药罪

【立案追诉标准】

走私武器、弹药案（《刑法》第151条第1款）

走私武器、弹药，具有下列情形之一的，可以认定为刑法第一百五十一条第一款规定的“情节较轻”：

（一）走私以压缩气体等非火药为动力发射枪弹的枪支二支以上不满五支的；

（二）走私气枪铅弹五百发以上不满二千五百发，或者其他子弹十发以上不满五十发的；

（三）未达到上述数量标准，但属于犯罪集团的首要分子，使用特种车辆从事走私活动，或者走私的武器、弹药被用于实施犯罪等情形的；

（四）走私各种口径在六十毫米以下常规炮弹、手榴弹或者枪榴弹等分别或者合计不满五枚的。

《最高人民法院、最高人民检察院关于办理走私刑事案件适用法律若干问题的解释》（2014年8月12日）第1条第1款

【犯罪构成及刑事责任】

走私武器、弹药罪，是指违反海关法规，逃避海关监管，非法运输、携带、

邮寄武器、弹药进出国（边）境的行为。[①] 构成本罪需要具备以下四个要件：

1. 客体要件

本罪侵犯的客体是国家海关监督管理制度中关于武器、弹药进出口的监管制度和国家关于武器、弹药的管理制度。犯罪对象是武器、弹药。本罪中的武器是指具有一定动力系统并能借助弹药引发或自体引发伤亡性能的军事器械和军用爆炸物以及《枪支管理法》规制的枪支。相关司法解释明确规定，刑法第151条第1款规定的“武器、弹药”的种类，参照海关进口税则及《禁止进出境物品表》的有关规定确定。弹药是指装有火药、炸药或其他填充物并借助枪械、火炮、飞机、人力等不同方式将其发射、发放到敌方或其他预定位置，能完成毁伤目标或其他作战任务的军械物品，以及《枪支管理法》规制的枪支所配用的弹药。[②]《枪支管理法》第33条规定：“国家严格管理枪支的入境和出境。任何单位或者个人未经许可，不得私自携带枪支入境、出境。”因此，本罪对象中的枪支，也包括民用枪支。根据《枪支管理法》第46条的规定，这里所称的枪支，是指以火药或者压缩气体等为动力，利用管状器具发射金属弹丸或者其他物质，足以致人伤亡或者丧失知觉的各种枪支。

2. 客观要件

本罪的客观方面表现为违法海关法规和枪支管理制度，逃避海关监管，运输、携带、邮寄武器、弹药进出国（边）境的行为。所谓逃避海关监管，是指采用各种方法，躲避海关的监督、检查，企图使武器、弹药通过国（边）境。有的绕过关口，在没有海关或边卡检查站的地方，非法携带、运输武器、弹药进出境；有的虽通过关口，但企图以隐匿、伪装、假报等手段，欺骗海关，蒙混过关；有的则是采用藏匿、伪报等方法，以逃过邮检和海关的查验，非法邮寄武器、弹药进出国（边）境等。这些行为都是走私武器、弹药的典型行为。此外，走私武器、弹药还有一些非典型行为，根据《刑法》第155条、第156条的规定，主要包括下列情形：（1）直接向走私人非法收购武器、弹药的；（2）在内海、领海、界

---

① 周道鸾、张军主编：《刑法罪名精释》，人民法院出版社2013年版，第204页。

② 申敏：《走私武器、弹药罪争议问题探析》，载《淮北煤炭师范学院学报（哲学社会科学版）》2010年第2期。

河、界湖运输、收购、贩卖武器、弹药的；（3）与走私武器、弹药的犯罪分子通谋，为其提供贷款、资金、账号、发票、证明或为其提供运输、保管、邮寄或者其他方便条件的；等等。

3. 主体要件

本罪的犯罪主体为一般主体，包括自然人和单位。

4. 主观要件

本罪的主观方面由故意构成，行为人明知自己的行为违反国家法律法规，仍希望或者放任危害结果发生。同时，行为人对走私的物品是武器、弹药，以及走私武器、弹药违反国家对外贸易管制的有关规定明知。过失不构成本罪。

根据《刑法》第151条第1款的规定，犯本罪，处七年以上有期徒刑，并处罚金或者没收财产；情节特别严重的，处无期徒刑，并处没收财产；情节较轻的，处三年以上七年以下有期徒刑，并处罚金。

根据《刑法》第151条第4款的规定，单位犯本条规定之罪的，对单位判处罚金，并对其直接负责的主管人员和其他直接责任人员，依照本条各款的规定处罚。

根据《刑法》第157条第1款的规定，武装掩护走私的，依照《刑法》第151条第1款的规定从重处罚。

【疑难指导】

一、关于走私民用爆炸物是否构成本罪的问题

《禁止进出境物品表》将武器、弹药和爆炸物品并列规定，因此，应当认为爆炸物品有别于武器、弹药，但是军用爆炸物实际上可以归于武器范畴，很难认为走私大量地雷、手榴弹的行为不构成走私武器、弹药罪。[①] 问题是走私民用爆炸物是否构成走私武器、弹药罪？如1997年10月，郑某、刘某欲将炸药、雷管卖给台轮船员，在我国领海交付货物时被我边防派出所发觉，后被抓获。该二人是否构

① 申敏：《走私武器、弹药罪争议问题探析》，载《淮北煤炭师范学院学报（哲学社会科学版）》2010年第2期。

成走私武器、弹药罪？相关司法解释明确规定，《刑法》第151条第1款规定的“武器、弹药”的种类，参照海关进口税则及《禁止进出境物品表》的有关规定确定。在武器、弹药的种类上，该解释区分为军用、非军用，并规定了不同的定罪量刑标准。根据该解释的规定，民用爆炸物不在武器、弹药之列。因此，前述郑某、刘某的行为不构成走私武器、弹药罪，而应构成非法买卖、运输爆炸物罪。①

二、关于走私仿真武器的定性问题

《最高人民法院、最高人民检察院关于办理走私刑事案件适用法律若干问题的解释》第5条第1款规定，走私仿真枪支构成犯罪的，依照《刑法》第153条的规定定罪处罚，明确将走私仿真枪支的行为解释为走私普通货物、物品的行为。但是仿真武器是国家禁止进出境的物品，不存在应缴税额问题。而根据《刑法》规定，走私普通货物、物品罪的法定刑设置以行为人偷逃的应缴税额为标准，那么，如何对走私仿真枪支的行为进行具体的量刑必然成为难题。笔者认为，最高人民法院上述司法解释之所以将走私仿真枪支的行为解释为走私普通货物、物品，是因为当时的《刑法》没有更合适的规定，既然修订后的《刑法》对于走私其他国家禁止进出口的货物、物品规定了专门的罪名，对于走私仿真武器的行为，应依修订后的《刑法》，定为“走私国家禁止进出口的货物、物品罪”。

三、关于本罪既未遂的问题

实施走私武器、弹药犯罪，具有下列情形之一的，应当认定为犯罪既遂：(1) 在海关监管现场被查获的；(2) 以虚假申报方式走私，申报行为实施完毕的；(3) 以保税货物或者特定减税、免税进口的货物、物品为对象走私，在境内销售的，或者申请核销行为实施完毕的。

四、关于本罪一罪与数罪的问题

走私武器、弹药，可能同时触犯非法买卖、运输、邮寄、储存枪支、弹药罪，但因为刑法对走私武器、弹药行为作了特别规定，所以凡符合走私武器、弹药罪

---

① 参见陈晖：《走私犯罪论》，法律出版社2002年版，第187页、第191页。该案若发生于2009年《刑法修正案（七）》实施之后，应定走私国家禁止进出口的货物、物品罪。

构成要件的，不再认定为其他犯罪。行为人走私武器、弹药进入国内后，又运输、贩卖枪支、弹药的，属于对走私犯罪的赃物进行处理，是典型的不可罚的事后行为，不再构成非法运输、买卖枪支、弹药罪，而只构成走私武器、弹药罪。当然，如果行为人以暴力、威胁方法抗拒缉私的，以本罪和妨害公务罪并罚。

走私的同一批次货物中，既有武器、弹药，又有珍贵文物、淫秽物品或普通货物的，构成犯罪的，以实际走私的货物、物品定罪处罚；构成数罪的，实行数罪并罚。

【办案依据】

一、《刑法》规定

第一百五十一条第一款 走私武器、弹药、核材料或者伪造的货币的，处七年以上有期徒刑，并处罚金或者没收财产；情节特别严重的，处无期徒刑，并处没收财产；情节较轻的，处三年以上七年以下有期徒刑，并处罚金。

第四款 单位犯本条规定之罪的，对单位判处罚金，并对其直接负责的主管人员和其他直接责任人员，依照本条各款的规定处罚。

第一百五十七条 武装掩护走私的，依照本法第一百五十一条第一款的规定从重处罚。

以暴力、威胁方法抗拒缉私的，以走私罪和本法第二百七十七条规定的阻碍国家机关工作人员依法执行职务罪，依照数罪并罚的规定处罚。

二、司法解释

《最高人民法院、最高人民检察院关于办理走私刑事案件适用法律若干问题的解释》（2014年8月12日，法释〔2014〕10号）

为依法惩治走私犯罪活动，根据刑法有关规定，现就办理走私刑事案件适用法律的若干问题解释如下：

第一条 走私武器、弹药，具有下列情形之一的，可以认定为刑法第一百五十一条第一款规定的“情节较轻”：

（一）走私以压缩气体等非火药为动力发射枪弹的枪支二支以上不满五支的；

（二）走私气枪铅弹五百发以上不满二千五百发，或者其他子弹十发以上不满五十发的；

（三）未达到上述数量标准，但属于犯罪集团的首要分子，使用特种车辆从事走私活动，或者走私的武器、弹药被用于实施犯罪等情形的；

（四）走私各种口径在六十毫米以下常规炮弹、手榴弹或者枪榴弹等分别或者合计不满五枚的。

具有下列情形之一的，依照刑法第一百五十一条第一款的规定处七年以上有期徒刑，并处罚金或者没收财产：

（一）走私以火药为动力发射枪弹的枪支一支，或者以压缩气体等非火药为动力发射枪弹的枪支五支以上不满十支的；

（二）走私第一款第二项规定的弹药，数量在该项规定的最高数量以上不满最高数量五倍的；

（三）走私各种口径在六十毫米以下常规炮弹、手榴弹或者枪榴弹等分别或者合计达到五枚以上不满十枚，或者各种口径超过六十毫米以上常规炮弹合计不满五枚的；

（四）达到第一款第一、二、四项规定的数量标准，且属于犯罪集团的首要分子，使用特种车辆从事走私活动，或者走私的武器、弹药被用于实施犯罪等情形的。

具有下列情形之一的，应当认定为刑法第一百五十一条第一款规定的“情节特别严重”：

（一）走私第二款第一项规定的枪支，数量超过该项规定的数量标准的；

（二）走私第一款第二项规定的弹药，数量在该项规定的最高数量标准五倍以上的；

（三）走私第二款第三项规定的弹药，数量超过该项规定的数量标准，或者走私具有巨大杀伤力的非常规炮弹一枚以上的；

（四）达到第二款第一项至第三项规定的数量标准，且属于犯罪集团的首要分子，使用特种车辆从事走私活动，或者走私的武器、弹药被用于实施犯罪等情形的。

走私其他武器、弹药，构成犯罪的，参照本条各款规定的标准处罚。

第二条 刑法第一百五十一条第一款规定的“武器、弹药”的种类，参照《中华人民共和国进口税则》及《中华人民共和国禁止进出境物品表》的有关规定确定。

第三条 走私枪支散件，构成犯罪的，依照刑法第一百五十一条第一款的规定，以走私武器罪定罪处罚。成套枪支散件以相应数量的枪支计，非成套枪支散件以每三十件为一套枪支散件计。

第四条 走私各种弹药的弹头、弹壳，构成犯罪的，依照刑法第一百五十一条第一款的规定，以走私弹药罪定罪处罚。具体的定罪量刑标准，按照本解释第一条规定的数量标准的五倍执行。

走私报废或者无法组装并使用的各种弹药的弹头、弹壳，构成犯罪的，依照刑法第一百五十三条的规定，以走私普通货物、物品罪定罪处罚；属于废物的，依照刑法第一百五十二条第二款的规定，以走私废物罪定罪处罚。

弹头、弹壳是否属于前款规定的“报废或者无法组装并使用”或者“废物”，由国家有关技术部门进行鉴定。

第五条 走私国家禁止或者限制进出口的仿真枪、管制刀具，构成犯罪的，依照刑法第一百五十一条第三款的规定，以走私国家禁止进出口的货物、物品罪定罪处罚。具体的定罪量刑标准，适用本解释第十一条第一款第六、七项和第二款的规定。

走私的仿真枪经鉴定为枪支，构成犯罪的，依照刑法第一百五十一条第一款的规定，以走私武器罪定罪处罚。不以牟利或者从事违法犯罪活动为目的，且无其他严重情节的，可以依法从轻处罚；情节轻微不需要判处刑罚的，可以免予刑事处罚。

第二十条 直接向走私人非法收购走私进口的货物、物品，在内海、领海、界河、界湖运输、收购、贩卖国家禁止进出口的物品，或者没有合法证明，在内海、领海、界河、界湖运输、收购、贩卖国家限制进出口的货物、物品，构成犯罪的，应当按照走私货物、物品的种类，分别依照刑法第一百五十一条、第一百五十二条、第一百五十三条、第三百四十七条、第三百五十条的规定定罪处罚。

刑法第一百五十五条第二项规定的“内海”，包括内河的入海口水域。

第二十一条 未经许可进出口国家限制进出口的货物、物品，构成犯罪的，应当依照刑法第一百五十一条、第一百五十二条的规定，以走私国家禁止进出口的货物、物品罪等罪名定罪处罚；偷逃应缴税额，同时又构成走私普通货物、物品罪的，依照处罚较重的规定定罪处罚。

取得许可，但超过许可数量进出口国家限制进出口的货物、物品，构成犯罪的，依照刑法第一百五十三条的规定，以走私普通货物、物品罪定罪处罚。

租用、借用或者使用购买的他人许可证，进出口国家限制进出口的货物、物品的，适用本条第一款的规定定罪处罚。

第二十二条 在走私的货物、物品中藏匿刑法第一百五十一条、第一百五十二条、第三百四十七条、第三百五十条规定的货物、物品，构成犯罪的，以实际走私的货物、物品定罪处罚；构成数罪的，实行数罪并罚。

第二十三条 实施走私犯罪，具有下列情形之一的，应当认定为犯罪既遂：

（一）在海关监管现场被查获的；

（二）以虚假申报方式走私，申报行为实施完毕的；

（三）以保税货物或者特定减税、免税进口的货物、物品为对象走私，在境内销售的，或者申请核销行为实施完毕的。

第二十四条 单位犯刑法第一百五十一条、第一百五十二条规定之罪，依照本解释规定的标准定罪处罚。

单位犯走私普通货物、物品罪，偷逃应缴税额在二十万元以上不满一百万元的，应当依照刑法第一百五十三条第二款的规定，对单位判处罚金，并对其直接负责的主管人员和其他直接责任人员，处三年以下有期徒刑或者拘役；偷逃应缴税额在一百万元以上不满五百万元的，应当认定为“情节严重”；偷逃应缴税额在五百万元以上的，应当认定为“情节特别严重”。

三、司法文件

（一）《最高人民法院、最高人民检察院关于涉以压缩气体为动力的枪支、气枪铅弹刑事案件定罪量刑问题的批复》（2018年3月30日）

一、对于非法制造、买卖、运输、邮寄、储存、持有、私藏、走私以压缩气体为动力且枪口比动能较低的枪支的行为，在决定是否追究刑事责任以及如何裁量刑罚时，不仅应当考虑涉案枪支的数量，而且应当充分考虑涉案枪支的外观、材质、发射物、购买场所和渠道、价格、用途、致伤力大小、是否易于通过改制提升致伤力，以及行为人的主观认知、动机目的、一贯表现、违法所得、是否规避调查等情节，综合评估社会危害性，坚持主客观相统一，确保罪责刑相适应。

二、对于非法制造、买卖、运输、邮寄、储存、持有、私藏、走私气枪铅弹的行为，在决定是否追究刑事责任以及如何裁量刑罚时，应当综合考虑气枪铅弹的数量、用途以及行为人的动机目的、一贯表现、违法所得、是否规避调查等情节，综合评估社会危害性，确保罪责刑相适应。

（二）最高人民法院、最高人民检察院、公安部、工业和信息化部等十部门联合印发《关于依法惩治涉枪支、弹药、爆炸物、易燃易爆危险物品犯罪的意见》（2021年12月30日）

一、总体要求

1. 严禁非法制造、买卖、运输、邮寄、储存、持有、私藏、走私枪支、弹药、爆炸物；严禁未经批准和许可擅自生产、储存、使用、经营、运输易燃易爆危险物品；严禁违反安全管理规定生产、储存、使用、经营、运输易燃易爆危险物品。依法严厉打击涉枪支、弹药、爆炸物、易燃易爆危险物品违法犯罪。

2. 人民法院、人民检察院、公安机关、有关行政执法机关应当充分认识涉枪支、弹药、爆炸物、易燃易爆危险物品违法犯罪的社会危害性，坚持人民至上、生命至上，统筹发展和安全，充分发挥工作职能，依法严惩涉枪支、弹药、爆炸物、易燃易爆危险物品违法犯罪，为经济社会发展提供坚实安全保障，不断增强人民群众获得感、幸福感、安全感。

3. 人民法院、人民检察院、公安机关、有关行政执法机关应当按照法定职责分工负责、配合协作，加强沟通协调，在履行职责过程中发现涉嫌枪支、弹药、爆炸物、易燃易爆危险物品犯罪的，应当及时相互通报情况，共同进行防范和惩治，维护社会治安大局稳定。

二、正确认定犯罪

4. 非法制造、买卖、运输、邮寄、储存、盗窃、抢夺、抢劫、持有、私藏、走私枪支、弹药、爆炸物，并利用该枪支、弹药、爆炸物实施故意杀人、故意伤害、抢劫、绑架等犯罪的，依照数罪并罚的规定处罚。

三、准确把握刑事政策

10. 对于非法制造、买卖、运输、邮寄、储存、持有、私藏、走私枪支、弹药，以及非法制造、买卖、运输、邮寄、储存爆炸物的行为，应当依照刑法和《最高人民法院关于审理非法制造、买卖、运输枪支、弹药、爆炸物等刑事案件具体应用法律若干问题的解释》《最高人民法院、最高人民检察院关于办理走私刑事案件适用法律若干问题的解释》等规定，从严追究刑事责任。

11. 对于非法制造、买卖、运输、邮寄、储存、持有、私藏、走私以压缩气体为动力且枪口比动能较低的枪支以及气枪铅弹的行为，应当依照刑法和《最高人民法院、最高人民检察院关于涉以压缩气体为动力的枪支、气枪铅弹刑事案件定罪量刑问题的批复》的规定，综合考虑案件情节，综合评估社会危害性，坚持主客观相统一，决定是否追究刑事责任以及如何裁量刑罚，确保罪责刑相适应。

12. 利用信息网络非法买卖枪支、弹药、爆炸物、易燃易爆危险物品，或者利用寄递渠道非法运输枪支、弹药、爆炸物、易燃易爆危险物品，依法构成犯罪的，从严追究刑事责任。

四、加强行政执法与刑事司法衔接

15. 有关行政执法机关在查处违法行为过程中发现涉嫌枪支、弹药、爆炸物、易燃易爆危险物品犯罪的，应当立即指定2名或者2名以上行政执法人员组成专案组专门负责，核实情况后提出移送涉嫌犯罪案件的书面报告，报本机关正职负责人或者主持工作的负责人审批。

有关行政执法机关正职负责人或者主持工作的负责人应当自接到报告之日起3日内作出批准移送或者不批准移送的决定。决定批准移送的，应当在24小时内向同级公安机关移送，并将案件移送书抄送同级人民检察院；决定不批准移送的，应当将不予批准的理由记录在案。

16. 有关行政执法机关向公安机关移送涉嫌枪支、弹药、爆炸物、易燃易爆危险物品犯罪案件，应当附下列材料：

（1）涉嫌犯罪案件移送书，载明移送案件的行政执法机关名称、涉嫌犯罪的罪名、案件主办人和联系电话，并应当附移送材料清单和回执，加盖公章；

(2) 涉嫌犯罪案件情况的调查报告，载明案件来源、查获枪支、弹药、爆炸物、易燃易爆危险物品情况、犯罪嫌疑人基本情况、涉嫌犯罪的主要事实、证据和法律依据、处理建议等；

(3) 涉案物品清单，载明涉案枪支、弹药、爆炸物、易燃易爆危险物品的具体类别和名称、数量、特征、存放地点等，并附采取行政强制措施、现场笔录等表明涉案枪支、弹药、爆炸物、易燃易爆危险物品来源的材料；

(4) 有关检验报告或者鉴定意见，并附鉴定机构和鉴定人资质证明；没有资质证明的，应当附其他证明文件；

(5) 现场照片、询问笔录、视听资料、电子数据、责令整改通知书等其他与案件有关的证据材料。

有关行政执法机关对违法行为已经作出行政处罚决定的，还应当附行政处罚决定书及执行情况说明。

17. 公安机关对有关行政执法机关移送的涉嫌枪支、弹药、爆炸物、易燃易爆危险物品犯罪案件，应当在案件移送书的回执上签字或者出具接受案件回执，并依照有关规定及时进行审查处理。不得以材料不全为由不接受移送案件。

18. 人民检察院应当依照《行政执法机关移送涉嫌犯罪案件的规定》《最高人民检察院关于推进行政执法与刑事司法衔接工作的规定》《安全生产行政执法与刑事司法衔接工作办法》等规定，对有关行政执法机关移送涉嫌枪支、弹药、爆炸物、易燃易爆危险物品犯罪案件，以及公安机关的立案活动，依法进行法律监督。

有关行政执法机关对公安机关的不予立案决定有异议的，可以建议人民检察院进行立案监督。

19. 公安机关、有关行政执法机关在办理涉枪支、弹药、爆炸物、易燃易爆危险物品违法犯罪案件过程中，发现公职人员有贪污贿赂、失职渎职或者利用职权侵犯公民人身权利和民主权利等违法行为，涉嫌构成职务犯罪的，应当依法及时移送监察机关或者人民检察院处理。

20. 有关行政执法机关在行政执法和查办涉枪支、弹药、爆炸物、易燃易爆危险物品案件过程中收集的物证、书证、视听资料、电子数据以及对事故进行调查形成的报告，在刑事诉讼中可以作为证据使用。

21. 有关行政执法机关对应当向公安机关移送的涉嫌枪支、弹药、爆炸物、易燃易爆危险物品犯罪案件，不得以行政处罚代替案件移送。

有关行政执法机关向公安机关移送涉嫌枪支、弹药、爆炸物、易燃易爆危险物品犯罪案件的，已经作出的警告、责令停产停业、暂扣或者吊销许可证、暂扣或者吊销执照的行政处罚决定，不停止执行。

22. 人民法院对涉枪支、弹药、爆炸物、易燃易爆危险物品犯罪案件被告人判处罚金、有期徒刑或者拘役的，有关行政执法机关已经依法给予的罚款、行政拘留，应当依法折抵相应罚金或者刑期。有关行政执法机关尚未给予罚款的，不再给予罚款。

对于人民检察院依法决定不起诉或者人民法院依法免予刑事处罚的案件，需要给予行政处罚的，由有关行政执法机关依法给予行政处罚。

（三）最高人民法院、最高人民检察院、海关总署、公安部、中国海警局《关于打击粤港澳海上跨境走私犯罪适用法律若干问题的指导意见》（2021年12月14日）

一、非设关地走私进口未取得国家检验检疫准入证书的冻品，应认定为国家禁止进口的货物，构成犯罪的，按走私国家禁止进出口的货物罪定罪处罚。其中，对走私来自境外疫区的冻品，依据《最高人民法院、最高人民检察院关于办理走私刑事案件适用法律若干问题的解释》（法释〔2014〕10号，以下简称《解释》）第十一条第一款第四项和第二款规定定罪处罚。对走私来自境外非疫区的冻品，或者无法查明是否来自境外疫区的冻品，依据《解释》第十一条第一款第六项和第二款规定定罪处罚。

二、走私犯罪分子在实施走私犯罪或者逃避追缉过程中，实施碰撞、挤别、抛撒障碍物、超高速行驶、强光照射驾驶人员等危险行为，危害公共安全的，以走私罪和以危险方法危害公共安全罪数罪并罚。以暴力、威胁方法抗拒缉私执法，以走私罪和袭警罪或者妨害公务罪数罪并罚。武装掩护走私的，依照刑法第一百五十一条第一款规定从重处罚。

三、犯罪嫌疑人真实姓名、住址无法查清的，按其绰号或者自报的姓名、住址认定，并在法律文书中注明。

犯罪嫌疑人的国籍、身份，根据其入境时的有效证件认定；拥有两国以上护照的，以其入境时所持的护照认定其国籍。

犯罪嫌疑人国籍不明的，可以通过出入境管理部门协助查明，或者以有关国家驻华使、领馆出具的证明认定；确实无法查明国籍的，以无国籍人员对待。

四、对用于运输走私冻品等货物的船舶、车辆，按照以下原则处置：

（一）对“三无”船舶，无法提供有效证书的船舶、车辆，依法予以没收、收缴或者移交主管机关依法处置；

（二）对走私犯罪分子自有的船舶、车辆或者假挂靠、长期不作登记、虚假登记等实为走私分子所有的船舶、车辆，作为犯罪工具依法没收；

（三）对所有人明知或者应当知道他人实施走私冻品等犯罪而出租、出借的船舶、车辆，依法予以没收。

具有下列情形之一的，可以认定船舶、车辆出租人、出借人明知或者应当知道他人实施违法犯罪，但有证据证明确属被蒙骗或者有其他相反证据的除外：

（一）出租人、出借人未经有关部门批准，擅自将船舶改装为可运载冻品等货物用的船舶，或者进行伪装的；

（二）出租人、出借人默许实际承运人将船舶改装为可运载冻品等货物用船舶，或者进行伪装的；

（三）因出租、出借船舶、车辆用于走私受过行政处罚，又出租、出借给同一走私人或者同一走私团伙使用的；

（四）出租人、出借人拒不提供真实的实际承运人信息，或者提供虚假的实际承运人信息的；

（五）其他可以认定明知或者应当知道的情形。

是否属于“三无”船舶，按照《“三无”船舶联合认定办法》（署缉发〔2021〕88号印发）规定认定。

五、对查封、扣押的未取得国家检验检疫准入证书的冻品，走私犯罪事实已基本查清的，在做好拍照、录像、称量、勘验、检查等证据固定工作和保留样本后，依照《罚没走私冻品处置办法（试行）》（署缉发〔2015〕289号印发）和

《海关总署 财政部关于查获走私冻品由地方归口处置的通知》（署财函〔2019〕300号）规定，先行移交有关部门作无害化处理。

六、办理粤港澳海上以外其他地区非设关地走私刑事案件，可以参照本意见的精神依法处理。

第二章 走私核材料罪

【立案追诉标准】

走私核材料案（《刑法》第 151 条第 1 款）

走私……核材料……的，处七年以上有期徒刑，并处罚金或者没收财产；情节特别严重的，处无期徒刑，并处没收财产；情节较轻的，处三年以上七年以下有期徒刑，并处罚金。

【犯罪构成及刑事责任】

走私核材料罪，是指违反海关法规，逃避海关监管，非法运输、携带、邮寄核材料进出国（边）境的行为。构成本罪需要具备以下四个要件：

1. 客体要件

本罪侵犯的客体是国家海关监督管理制度中关于核材料进出国（边）境的监管制度。本罪的犯罪对象是核材料，即可以发生原子裂变和聚合反应的放射性材料。根据 1987 年 6 月 14 日国务院发布的《核材料管制条例》，核材料包括：（1）铀—235，含铀—235 的材料和制品；（2）铀—233，含铀—233 的材料和制品；（3）钚—239，含钚—239 的材料和制品；（4）氚，含氚的材料和制品；（5）锂—6，含锂—6 的材料和制品；（6）其他需要管制的核材料。铀矿石及其初级产品，则不属于管制范围。

2. 客观要件

本罪的客观方面表现为违反海关法规，逃避海关监管，运输、携带、邮寄核材料进出国（边）境的行为。根据《刑法》第155条、第156条的规定，行为人直接向走私人非法收购核材料，或者在内海、领海、界河、界湖运输、收购、贩卖核材料的，也应以走私核材料罪论处。与走私核材料的犯罪分子通谋，为其提供贷款、资金、账号、发票、证明，或者为其提供运输、保管、邮寄或者其他方便条件的，以走私核材料罪的共犯论处。

3. 主体要件

本罪的犯罪主体为一般主体，包括自然人和单位。

4. 主观要件

本罪的主观方面由故意构成，过失不构成本罪。

根据《刑法》第151条第1款的规定，犯本罪，处七年以上有期徒刑，并处罚金或者没收财产；情节特别严重的，处无期徒刑，并处没收财产；情节较轻的，处三年以上七年以下有期徒刑，并处罚金。

根据《刑法》第151条第4款的规定，单位犯本条规定之罪的，对单位判处罚金，并对其直接负责的主管人员和其他直接责任人员，依照本条各款的规定处罚。

根据《刑法》第157条第1款的规定，武装掩护走私的，依照《刑法》第151条第1款的规定从重处罚。

【疑难指导】

一、关于查获走私核材料的处理问题

实践中，特别需要注意的是对赃物——核材料的处理。对于被查获的核材料，由于其具有放射性，在查获案件后，司法部门应立即报告上级领导部门、国家核安全主管机构，在主管部门的指导下，委托有关单位妥善保管。被委托的单位应当根据国家有关法律的规定，实行严格的安全保卫制度和可靠的安全防范措施。司法机关还应同时委托有关部门对被查获的核材料进行鉴定，一方面为准确定性提供依据，另一方面为妥善处理核材料提出建议。法院在判决时，应一并判处没

收核材料，并按照国家法律，交由主管部门妥善处理。[1]

二、本罪与走私核污染物的区别

本罪的犯罪对象为核材料，在1987年6月15日国务院发布的《核材料管制条例》中有明确的规定，该条例第2条明确指出，铀矿石及其初级产品，不属于本条例管制范围。而走私核污染物，其对象为核污染物，可能是被核污染的海鲜食品，也可能是遭到核辐射的矿物，还有可能是遭到核污染的工业废物，很有可能涉及走私普通货物、物品罪（第153条）、走私废物罪（第152条第2款），因此关键是对走私对象进行认定。如果经认定走私的海鲜产品的核污染量在正常健康标准范围，则完全可以按照走私普通货物、物品罪（第153条）的犯罪构成要件进行认定；如果走私的海鲜产品的核污染量已经超过正常健康标准范围，此时这些海鲜产品已经不能食用，在性质上将直接发生变化，很有可能就是固体废物，所以这种情况很有可能就符合走私废物罪（第152条第2款）。另外，如果走私的铁矿石确实已经遭到核辐射污染，但是经鉴定该铁矿石完全可以作为核原料，从中提取核物质，那么这种情况也会在罪名适用上有所变化，即行为人认为是铁矿石，但实际上是可以提取核物质的材料，这就出现了认识错误的问题。根据法定符合说，此时则可能构成走私核材料罪。

【办案依据】

一、《刑法》规定

第一百五十一条第一款 走私武器、弹药、核材料或者伪造的货币的，处七年以上有期徒刑，并处罚金或者没收财产；情节特别严重的，处无期徒刑，并处没收财产；情节较轻的，处三年以上七年以下有期徒刑，并处罚金。

第四款 单位犯本条规定之罪的，对单位判处罚金，并对其直接负责的主管人员和其他直接责任人员，依照本条各款的规定处罚。

第一百五十七条 武装掩护走私的，依照本法第一百五十一条第一款的规定从重处罚。

---

① 陈晖：《走私犯罪论》，法律出版社2002年版，第210页。

以暴力、威胁方法抗拒缉私的，以走私罪和本法第二百七十七条规定的阻碍国家机关工作人员依法执行职务罪，依照数罪并罚的规定处罚。

二、司法解释

《最高人民法院、最高人民检察院关于办理走私刑事案件适用法律若干问题的解释》（2014年8月12日，法释〔2014〕10号）

第二十条 直接向走私人非法收购走私进口的货物、物品，在内海、领海、界河、界湖运输、收购、贩卖国家禁止进出口的物品，或者没有合法证明，在内海、领海、界河、界湖运输、收购、贩卖国家限制进出口的货物、物品，构成犯罪的，应当按照走私货物、物品的种类，分别依照刑法第一百五十一条、第一百五十二条、第一百五十三条、第三百四十七条、第三百五十条的规定定罪处罚。

刑法第一百五十五条第二项规定的“内海”，包括内河的入海口水域。

第二十二条 在走私的货物、物品中藏匿刑法第一百五十一条、第一百五十二条、第三百四十七条、第三百五十条规定的货物、物品，构成犯罪的，以实际走私的货物、物品定罪处罚；构成数罪的，实行数罪并罚。

第二十三条 实施走私犯罪，具有下列情形之一的，应当认定为犯罪既遂：

（一）在海关监管现场被查获的；

（二）以虚假申报方式走私，申报行为实施完毕的；

（三）以保税货物或者特定减税、免税进口的货物、物品为对象走私，在境内销售的，或者申请核销行为实施完毕的。

第二十四条 单位犯刑法第一百五十一条、第一百五十二条规定之罪，依照本解释规定的标准定罪处罚。

单位犯走私普通货物、物品罪，偷逃应缴税额在二十万元以上不满一百万元的，应当依照刑法第一百五十三条第二款的规定，对单位判处罚金，并对其直接负责的主管人员和其他直接责任人员，处三年以下有期徒刑或者拘役；偷逃应缴税额在一百万元以上不满五百万元的，应当认定为“情节严重”；偷逃应缴税额在五百万元以上的，应当认定为“情节特别严重”。

第三章 走私假币罪

【立案追诉标准】

走私假币案（《刑法》第151条第1款）

走私伪造的货币，涉嫌下列情形之一的，应予立案追诉：

（一）总面额在二千元以上或者币量在二百张（枚）以上的；

（二）总面额在一千元以上或者币量在一百张（枚）以上，二年内因走私假币受过行政处罚，又走私假币的；

（三）其他走私假币应予追究刑事责任的情形。

《最高人民检察院、公安部关于公安机关管辖的刑事案件立案追诉标准的规定（二）》（2022年4月29日）第2条

【犯罪构成及刑事责任】

走私假币罪，是指违反海关法规，逃避海关监管，非法运输、携带、邮寄伪造的货币进出国（边）境的行为。构成本罪需要具备以下四个要件：

1. 客体要件

本罪侵犯的客体是复杂客体，既侵犯了国家禁止假币进出口的制度，又侵犯了国家的货币管理制度。犯罪对象是伪造的货币。所谓伪造的货币，是指依照人民币或外币的图案、形状、色彩、线条等特征而通过印刷、复印、石印、手描、照相等方法制作的以假充真的货币。既包括伪造的人民币，又包括伪造的外币等可在国内市场流通或者兑换的货币。货币面额以人民币计。走私伪造的境外货币

的，其面额以案发时国家外汇管理机关公布的外汇牌价折合人民币。如果走私真正的货币则不构成本罪；构成其他犯罪的，按有关规定处罚。

2. 客观要件

本罪的客观方面表现为违反海关法规，逃避海关监管，运输、携带、邮寄伪造的货币进出国（边）境的行为。所谓逃避海关监管，是指采取种种方法，以躲避海关对其所运输、携带、邮寄的伪造货币进行监督和检查的行为。有的是绕关走私，即绕过关口，在没有海关或边境检查站的地方，非法运输、携带伪造的货币进出国（边）境；有的是瞒关走私，即虽通过关口，但企图采用隐匿、假报、伪装等手段，以欺骗海关部门，非法运输、携带伪造的货币进出国（边）境。根据《刑法》第155条、第156条的规定，直接向走私伪造货币的犯罪分子收购伪造的货币，在内海、领海、界河、界湖收购、运输、贩卖伪造的货币的，也应以走私假币罪论处。与走私假币的犯罪分子通谋，为其提供贷款、资金、账号、发票、证明，或者为其提供运输、保管、邮寄或者其他方便条件的，以走私假币罪的共犯论处。

3. 主体要件

本罪的犯罪主体为一般主体，包括自然人和单位。

4. 主观要件

本罪的主观方面由故意构成，即明知是假币而运输、携带、邮寄出入国边境，行为人一般具有营利的目的，不影响本罪的成立。构成本罪。如果行为人主观上不明知是假币而运输、携带、邮寄出入境的、则不构成本罪。过失不构成本罪。

根据《刑法》第151条第1款的规定，犯本罪，处七年以上有期徒刑，并处罚金或者没收财产；情节特别严重的，处无期徒刑，并处没收财产；情节较轻的，处三年以上七年以下有期徒刑，并处罚金。

根据《刑法》第151条第4款的规定，单位犯本条规定之罪的，对单位判处罚金，并对其直接负责的主管人员和其他直接责任人员，依照本条各款的规定处罚。

根据《刑法》第157条第1款的规定，武装掩护走私的，依照《刑法》第151条第1款的规定从重处罚。

【疑难指导】

一、关于本罪的罪与非罪的问题

依照《刑法》第151条的规定，走私假币即构成走私假币罪。但在司法实践中，不是任何走私假币的行为都以犯罪论处。按照相关司法解释的规定，走私伪造的货币，总面额（折合人民币）不足2000元或者币量不满200张（枚）的，则不够格本罪立案标准，因此可以视为“情节显著轻微危害不大，不认为是犯罪”，但是应该进行行政处罚。然而，如果行为人走私的假币总面额在1000元以上或者币量在100张（枚）以上，且2年内因走私假币受过行政处罚，也会被追究刑事责任。

二、关于本罪一罪与数罪的问题

行为人走私伪造的货币后，又在境内出售或者运输同一宗伪造的货币的，属于牵连犯罪，应当按照处理牵连犯的原则，从一重罪处罚，即以走私假币罪处罚，而不定走私假币罪和出售、运输假币罪两个罪。

三、关于走私半成品的假币是否认定数额的问题

伪造货币的，实施了伪造行为，不论是否完成全部印制工序，即构成伪造货币罪；对于尚未制造出成品，无法计算伪造、销售假币面额的，或者制造、销售用于伪造货币的版样的，不认犯罪数额，依据犯罪情节决定刑罚。对走私半成品的假币，不计算认定数额。值得注意的是，对半成品的认定应严格把握，不能以完成全部印制工序为标准。完成主要印制工序的，一般不能认定为半成品，至于具体认定，可委托有关机构进行鉴定。

【办案依据】

一、《刑法》规定

第一百五十一条第一款 走私武器、弹药、核材料或者伪造的货币的，处七年以上有期徒刑，并处罚金或者没收财产；情节特别严重的，处无期徒刑，并处没收财产；情节较轻的，处三年以上七年以下有期徒刑，并处罚金。

第一百五十一条第四款 单位犯本条规定之罪的，对单位判处罚金，并对其直接负责的主管人员和其他直接责任人员，依照本条各款的规定处罚。

第一百五十七条 武装掩护走私的，依照本法第一百五十一条第一款的规定从重处罚。

以暴力、威胁方法抗拒缉私的，以走私罪和本法第二百七十七条规定的阻碍国家机关工作人员依法执行职务罪，依照数罪并罚的规定处罚。

二、司法解释

《最高人民法院、最高人民检察院关于办理走私刑事案件适用法律若干问题的解释》（2014年8月12日，法释〔2014〕10号）

第六条 走私伪造的货币，数额在二千元以上不满二万元，或者数量在二百张（枚）以上不满二千张（枚）的，可以认定为刑法第一百五十一条第一款规定的“情节较轻”。

具有下列情形之一的，依照刑法第一百五十一条第一款的规定处七年以上有期徒刑，并处罚金或者没收财产：

（一）走私数额在二万元以上不满二十万元，或者数量在二千张（枚）以上不满二万张（枚）的；

（二）走私数额或者数量达到第一款规定的标准，且具有走私的伪造货币流入市场等情节的。

具有下列情形之一的，应当认定为刑法第一百五十一条第一款规定的“情节特别严重”：

（一）走私数额在二十万元以上，或者数量在二万张（枚）以上的；

（二）走私数额或者数量达到第二款第一项规定的标准，且属于犯罪集团的首要分子，使用特种车辆从事走私活动，或者走私的伪造货币流入市场等情形的。

第七条 刑法第一百五十一条第一款规定的“货币”，包括正在流通的人民币和境外货币。伪造的境外货币数额，折合成人民币计算。

第二十条 直接向走私人非法收购走私进口的货物、物品，在内海、领海、界河、界湖运输、收购、贩卖国家禁止进出口的物品，或者没有合法证明，在内海、领海、界河、界湖运输、收购、贩卖国家限制进出口的货物、物品，构成犯罪的，应当按照走私货物、物品的种类，分别依照刑法第一百五十一条、第一百五十二条、第一百五十三条、第三百四十七条、第三百五十条的规定定罪处罚。

刑法第一百五十五条第二项规定的“内海”，包括内河的入海口水域。

第二十一条 未经许可进出口国家限制进出口的货物、物品，构成犯罪的，应当依照刑法第一百五十一条、第一百五十二条的规定，以走私国家禁止进出口的货物、物品罪等罪名定罪处罚；偷逃应缴税额，同时又构成走私普通货物、物品罪的，依照处罚较重的规定定罪处罚。

取得许可，但超过许可数量进出口国家限制进出口的货物、物品，构成犯罪的，依照刑法第一百五十三条的规定，以走私普通货物、物品罪定罪处罚。

租用、借用或者使用购买的他人许可证，进出口国家限制进出口的货物、物品的，适用本条第一款的规定定罪处罚。

第二十二条 在走私的货物、物品中藏匿刑法第一百五十一条、第一百五十二条、第三百四十七条、第三百五十条规定的货物、物品，构成犯罪的，以实际走私的货物、物品定罪处罚；构成数罪的，实行数罪并罚。

第二十四条 单位犯刑法第一百五十一条、第一百五十二条规定之罪，依照本解释规定的标准定罪处罚。

单位犯走私普通货物、物品罪，偷逃应缴税额在二十万元以上不满一百万元的，应当依照刑法第一百五十三条第二款的规定，对单位判处罚金，并对其直接负责的主管人员和其他直接责任人员，处三年以下有期徒刑或者拘役；偷逃应缴税额在一百万元以上不满五百万元的，应当认定为“情节严重”；偷逃应缴税额在五百万元以上的，应当认定为“情节特别严重”。

第四章　走私文物罪

【立案追诉标准】

走私文物案（《刑法》第151条第2款）

走私国家禁止出口的三级文物二件以下的，可以认定为刑法第一百五十一条第二款规定的“情节较轻”。

具有下列情形之一的，依照刑法第一百五十一条第二款的规定处五年以上十年以下有期徒刑，并处罚金：

（一）走私国家禁止出口的二级文物不满三件，或者三级文物三件以上不满九件的；

（二）走私国家禁止出口的三级文物不满三件，且具有造成文物严重毁损或者无法追回等情节的。

具有下列情形之一的，应当认定为刑法第一百五十一条第二款规定的“情节特别严重”：

（一）走私国家禁止出口的一级文物一件以上，或者二级文物三件以上，或者三级文物九件以上的；

（二）走私国家禁止出口的文物达到第二款第一项规定的数量标准，且属于犯罪集团的首要分子，使用特种车辆从事走私活动，或者造成文物严重毁损、无法追回等情形的。

《最高人民法院、最高人民检察院关于办理走私刑事案件适用法律若干问题的解释》（2014年8月12日）第8条

【犯罪构成及刑事责任】

走私文物罪，是指违反海关法规，逃避海关监管，非法运输、携带、邮寄国家禁止出口的文物出国（边）境的行为。构成本罪需要具备以下四个要件：

1. 客体要件

本罪侵犯的客体是国家文物出口管理制度。犯罪对象是“国家禁止出口的文物”，即国家一、二、三级文物和其他国家禁止出口的文物。《文物保护法》第60条规定：“国有文物、非国有文物中的珍贵文物和国家规定禁止出境的其他文物，不得出境；但是依照本法规定出境展览或者因特殊需要经国务院批准出境的除外。”第62条第2款规定：“一级文物中的孤品和易损品，禁止出境展览。”《文物藏品定级标准》规定：“文物藏品分为珍贵文物和一般文物。珍贵文物分为一、二、三级。具有特别重要历史、艺术、科学价值的代表性文物为一级文物；具有重要历史、艺术、科学价值的为二级文物；具有比较重要历史、艺术、科学价值的为三级文物。具有一定历史、艺术、科学价值的为一般文物。”根据全国人大常委会于2005年12月29日通过的《关于〈中华人民共和国刑法〉有关文物的规定适用于具有科学价值的古脊椎动物化石、古人类化石的解释》，刑法有关文物的规定，适用于具有科学价值的古脊椎动物化石、古人类化石。

2. 客观要件

本罪的客观方面表现为违反海关法规，逃避海关监管，运输、携带、邮寄国家禁止出口的文物出国（边）境的行为。根据《刑法》第155条、第156条的规定，行为人在领海、内海、界河、界湖运输、贩卖国家禁止出口的文物的，也应以走私文物罪论处。与走私文物的犯罪分子通谋，为其提供贷款、资金、账号、发票、证明，或者为其提供运输、保管、邮寄或者其他方便条件的，以走私文物罪的共犯论处。

3. 主体要件

本罪的犯罪主体为一般主体，包括自然人和单位。

4. 主观要件

本罪的主观方面由故意构成，即明知为国家禁止出口的文物仍然非法运输、携带、邮寄出国（边）境。过失不构成本罪。

根据《刑法》第151条第2款的规定，犯本罪，处五年以上十年以下有期徒刑，并处罚金；情节特别严重的，处十年以上有期徒刑或者无期徒刑，并处没收财产；情节较轻的，处五年以下有期徒刑，并处罚金。

根据《刑法》第151条第4款的规定，单位犯本条规定之罪的，对单位判处罚金，并对其直接负责的主管人员和其他直接责任人员，依照本条各款的规定处罚。

根据《刑法》第157条第1款的规定，武装掩护走私的，依照《刑法》第151条第1款的规定从重处罚。

【疑难指导】

一、关于文物与国家禁止出口的文物区分

走私文物罪的犯罪对象是国家禁止出口的文物，并非所有的文物。所以有必要先弄清楚文物的范围。根据《文物保护法》第2条第1款的规定，文物包括以下几种：（1）具有历史、艺术、科学价值的古文化遗址、古墓葬、古建筑、石窟寺和石刻、壁画；（2）与重大历史事件、革命运动或者著名人物有关的以及具有重要纪念意义、教育意义或者史料价值的近代现代重要史迹、实物、代表性建筑；（3）历史上各时代珍贵的艺术品、工艺美术品；（4）历史上各时代重要的文献资料以及具有历史、艺术、科学价值的手稿和图书资料等；（5）反映历史上各时代、各民族社会制度、社会生产、社会生活的代表性实物。根据《文物保护法》第2条第3款的规定，具有科学价值的古脊椎动物化石和古人类化石同文物一样受国家保护。根据《文物保护法》第3条的规定，古文化遗址、古墓葬、古建筑、石窟寺、石刻、壁画、近代现代重要史迹和代表性建筑等不可移动文物，根据它们的历史、艺术、科学价值，可以分别确定为全国重点文物保护单位，省级文物保护单位，市、县级文物保护单位。历史上各时代重要实物、艺术品、文献、手稿、图书资料、代表性实物等可移动文物，分为珍贵文物和一般文物；珍贵文物分为一级文物、二级文物、三级文物。

关于国家禁止出口的文物的范围，《最高人民法院、最高人民检察院关于办理

妨害文物管理等刑事案件适用法律若干问题的解释》第 1 条规定，《刑法》第 151 条规定的“国家禁止出口的文物”，依照《文物保护法》规定的“国家禁止出境的文物”的范围认定。

《文物保护法》第 60 条规定，国有文物、非国有文物中的珍贵文物和国家规定禁止出境的其他文物，不得出境；但是依照本法规定出境展览或者因特殊需要经国务院批准出境的除外。第 61 条规定，文物出境，应当经国务院文物行政部门指定的文物进出境审核机构审核。经审核允许出境的文物，由国务院文物行政部门发给文物出境许可证，从国务院文物行政部门指定的口岸出境。任何单位或者个人运送、邮寄、携带文物出境，应当向海关申报；海关凭文物出境许可证放行。第 62 条规定，文物出境展览，应当报国务院文物行政部门批准；一级文物超过国务院规定数量的，应当报国务院批准。一级文物中的孤品和易损品，禁止出境展览。出境展览的文物出境，由文物进出境审核机构审核、登记。海关凭国务院文物行政部门或者国务院的批准文件放行。出境展览的文物复进境，由原文物进出境审核机构审核查验。

此外，2007 年国家文物局颁行的《文物出境审核标准》列举了禁止出境的文物：（1）凡在 1949 年以前（含 1949 年）生产、制作的具有一定历史、艺术、科学价值的文物，原则上禁止出境。其中，1911 年以前（含 1911 年）生产、制作的文物一律禁止出境。（2）凡在 1966 年以前（含 1966 年）生产、制作的有代表性的少数民族文物禁止出境。（3）现存我国境内的外国文物、图书，与我国的文物、图书一样，分类执行本标准。（4）凡有损国家、民族利益，或者有可能引起不良社会影响的文物，不论年限，一律禁止出境。（5）未列入本标准范围之内的文物，如经文物进出境审核机构审核，确有重大历史、艺术、科学价值的，应禁止出境。（6）本标准所列文物分属不同审核类别的，按禁止出境下限执行。

因此，上述规定的禁止出境的文物，应当认定为本罪中“国家禁止出口的文物”。违反上述规定，非法运输、携带、邮寄文物出境的，即构成本罪。

二、走私文物罪与非法向外国人出售、赠送珍贵文物罪的区别

根据《刑法》第 325 条的规定，非法向外国人出售、赠送珍贵文物罪，是指违反文物保护法规，将收藏的国家禁止出口的珍贵文物私自出售或者私自赠送给外国人的行为。

走私文物罪与非法向外国人出售、赠送珍贵文物罪都违反了国家关于文物的管理制度，两者在涉案文物最终归属于外国人方面也具有一定共同性。两者的主要区别在于：一是所侵犯的客体的具体内容不同。走私文物罪侵犯的主要是文物出境的管理制度，而非法向外国人出售、赠送珍贵文物罪侵犯的主要是珍贵文物不准出售、赠送给外国人的管理制度。二是客观方面不同。走私文物罪表现为逃避海关监管，运输、携带、邮寄国家禁止出口的文物出境的行为。非法向外国人出售、赠送珍贵文物罪表现为将珍贵文物私自出售、赠与外国人的行为，虽然外国人获得文物后，可能逃避海关监管，运输、携带、邮寄国家禁止出口的文物出境，从而该外国人构成走私文物罪，但本罪打击的是向外国人私自出售、赠与珍贵文物的行为，至于外国人是否将文物走私出境，不属于本罪的构成要件。三是犯罪对象不同。走私文物罪的犯罪对象是国家禁止出口的文物，包括珍贵文物和一般文物。非法向外国人出售、赠送珍贵文物罪的犯罪对象是国家禁止出口的珍贵文物，其范围要窄于走私文物罪。

三、走私文物罪与倒卖文物罪的区别

根据《刑法》第 326 条的规定，倒卖文物罪，是指以牟利为目的，倒卖国家禁止经营的文物，情节严重的行为。走私文物罪与倒卖文物罪在犯罪对象上有一致之处，而且在客观方面，走私文物罪的行为人一般也有倒卖的行为表现，具有一定相似之处。但走私文物罪与倒卖文物罪的区别在于：一是两罪侵犯的客体不同，走私文物罪侵犯的主要是文物出境的管理制度，倒卖文物罪侵犯的则是国家的文物管理制度。二是两罪在主观方面表现不同，倒卖文物罪的成立必须“以牟利为目的”，而走私文物罪的成立对犯罪目的没有要求。实践中，如果行为人往内海、领海运输、收购、贩卖国家禁止出口的文物，根据《刑法》第 155 条规定，应以走私罪论，不定倒卖文物罪。三是犯罪对象不同。走私文物罪的对象是国家禁止出口的文物，倒卖文物罪的对象是国家禁止经营的文物。国家禁止经营的文物主要指国家文物主管部门核定公布的禁止买卖的文物，包括珍贵文物和其他禁止自由买卖的文物。通过盗窃、盗掘等犯罪途径获得的文物或者其他来源不合法的文物，无论是否进行文物定级，无论是不是珍贵文物，均属于国家禁止经营的文物。

四、关于走私文物罪的罪与非罪问题

区分走私文物罪的罪与非罪，应当从主观方面与客观方面两方面把握。一是从主观方面看，行为人应具有走私国家禁止出口的文物的故意。如果行为人没有犯罪故意，即行为人不知其携带的是文物，或者不知其携带的是国家禁止出口的文物，且如实申报，没有逃避海关监管，即使其客观上具有运输、携带或邮寄国家禁止出口的文物过境的行为，也不能认为其构成本罪。二是从客观方面看，行为人走私的文物应属于国家禁止出口的文物。《文物保护法》第 61 条第 2 款规定，任何单位或者个人运送、邮寄、携带文物出境，应当向海关申报；海关凭文物出境许可证放行。可见，并非所有的文物都禁止出境。如果行为人违反海关法规，逃避海关监管，运输、携带或邮寄的文物并非国家禁止出口的，只能认为其行为是一般走私行为，而不能认为是走私文物罪。走私国家允许进口的文物入境的，不构成本罪。

五、关于文物及其等级的鉴定问题

文物及其等级的鉴定，主要解决涉案物品是否属于文物、文物真伪、文物等级等问题。长期以来，文物等级一直是查办走私文物犯罪并对其定罪量刑的主要标准。2014 年《最高人民法院、最高人民检察院关于办理走私刑事案件适用法律若干问题的解释》将走私三级文物作为犯罪的入罪标准，2015 年《最高人民法院、最高人民检察院关于办理妨害文物管理等刑事案件适用法律若干问题的解释》在文物等级基础上增加了文物价值作为定罪量刑标准。

1. 涉案文物已有等级的认定

一般情况下，根据 2015 年《最高人民法院、最高人民检察院关于办理妨害文物管理等刑事案件适用法律若干问题的解释》第 15 条第 1 款规定，在行为人实施有关行为前，文物行政部门已对涉案文物及其等级作出认定的，可以直接对有关案件事实作出认定。需要说明的是，在一些特殊情况下，如文物定级存在明显错误，应当被撤销的，就应当按照 2015 年《最高人民法院、最高人民检察院关于办理妨害文物管理等刑事案件适用法律若干问题的解释》第 15 条第 2 款的规定，由司法鉴定机构出具鉴定意见，或者由国务院文物行政部门指定的机构出具报告。

2. 涉案文物没有等级的认定

为了有效解决办案中涉及文物等级的鉴定问题，2015 年《最高人民法院、最高人民检察院关于办理妨害文物管理等刑事案件适用法律若干问题的解释》第 15 条第 2 款确立了鉴定与检验并行的原则，即对于办案涉及的文物等级鉴定等问题，一是可以采取聘请取得司法行政部门认定的司法鉴定资质的鉴定机构进行鉴定，二是可以由国务院文物行政部门指定的机构出具报告。特别需要指出的是，对于同一走私文物案件中涉及的同一文物专门性问题，既有鉴定机构出具的鉴定意见，又有国务院文物局指定的机构出具的报告，且两者意见不一致时，司法机关要进行实质性审查判断。具体来说，司法机关应当根据《刑事诉讼法》第 48 条规定的鉴定意见审查要求进行审查判断，经查证属实的，才能作为定案根据。同样，对于检验报告，也应当根据《刑事诉讼法》和有关司法解释规定，进行审查判断，经查证属实的，才能用于定案。

六、关于走私文物罪的既未遂问题

2014 年《最高人民法院、最高人民检察院关于办理走私刑事案件适用法律若干问题的解释》第 23 条对于走私犯罪既遂的认定规定了三种情形，其中两种情形适用于走私文物罪：一是在海关监管现场被查获走私文物的，一律按犯罪既遂认定。这里的海关监管现场不限于海关监管区，凡是海关具体行使监管职权的场所均应视为海关监管现场，既包括通关场所，也包括在行为人绕关走私文物的情形下被海关查获的海关管区以外的任何现场。二是以虚假申报方式走私文物，申报行为实施完毕的，应当认定为犯罪既遂。行为人将国家禁止出境的文物当作其他货物、物品申报，只要申报行为实施完毕，即构成走私文物犯罪既遂。

【办案依据】

一、《刑法》规定

第一百五十一条第二款 走私国家禁止出口的文物、黄金、白银和其他贵重金属或者国家禁止进出口的珍贵动物及其制品的，处五年以上十年以下有期徒刑，并处罚金；情节特别严重的，处十年以上有期徒刑或者无期徒刑，并处没收财产；情节较轻的，处五年以下有期徒刑，并处罚金。

第四款　单位犯本条规定之罪的，对单位判处罚金，并对其直接负责的主管人员和其他直接责任人员，依照本条各款的规定处罚。

二、司法解释

（一）《最高人民法院、最高人民检察院关于办理走私刑事案件适用法律若干问题的解释》（2014年8月12日，法释〔2014〕10号）

第八条　走私国家禁止出口的三级文物二件以下的，可以认定为刑法第一百五十一条第二款规定的“情节较轻”。

具有下列情形之一的，依照刑法第一百五十一条第二款的规定处五年以上十年以下有期徒刑，并处罚金：

（一）走私国家禁止出口的二级文物不满三件，或者三级文物三件以上不满九件的；

（二）走私国家禁止出口的三级文物不满三件，且具有造成文物严重毁损或者无法追回等情节的。

具有下列情形之一的，应当认定为刑法第一百五十一条第二款规定的“情节特别严重”：

（一）走私国家禁止出口的一级文物一件以上，或者二级文物三件以上，或者三级文物九件以上的；

（二）走私国家禁止出口的文物达到第二款第一项规定的数量标准，且属于犯罪集团的首要分子，使用特种车辆从事走私活动，或者造成文物严重毁损、无法追回等情形的。

第二十条　直接向走私人非法收购走私进口的货物、物品，在内海、领海、界河、界湖运输、收购、贩卖国家禁止进出口的物品，或者没有合法证明，在内海、领海、界河、界湖运输、收购、贩卖国家限制进出口的货物、物品，构成犯罪的，应当按照走私货物、物品的种类，分别依照刑法第一百五十一条、第一百五十二条、第一百五十三条、第三百四十七条、第三百五十条的规定定罪处罚。

刑法第一百五十五条第二项规定的“内海”，包括内河的入海口水域。

第二十一条　未经许可进出口国家限制进出口的货物、物品，构成犯罪的，应当依照刑法第一百五十一条、第一百五十二条的规定，以走私国家禁止进出口的货物、物品罪等罪名定罪处罚；偷逃应缴税额，同时又构成走私普通货物、物品罪的，依照处罚较重的规定定罪处罚。

取得许可，但超过许可数量进出口国家限制进出口的货物、物品，构成犯罪的，依照刑法第一百五十三条的规定，以走私普通货物、物品罪定罪处罚。

租用、借用或者使用购买的他人许可证，进出口国家限制进出口的货物、物品的，适用本条第一款的规定定罪处罚。

第二十二条 在走私的货物、物品中藏匿刑法第一百五十一条、第一百五十二条、第三百四十七条、第三百五十条规定的货物、物品，构成犯罪的，以实际走私的货物、物品定罪处罚；构成数罪的，实行数罪并罚。

第二十三条 实施走私犯罪，具有下列情形之一的，应当认定为犯罪既遂：

（一）在海关监管现场被查获的；

（二）以虚假申报方式走私，申报行为实施完毕的；

（三）以保税货物或者特定减税、免税进口的货物、物品为对象走私，在境内销售的，或者申请核销行为实施完毕的。

第二十四条 单位犯刑法第一百五十一条、第一百五十二条规定之罪，依照本解释规定的标准定罪处罚。

单位犯走私普通货物、物品罪，偷逃应缴税额在二十万元以上不满一百万元的，应当依照刑法第一百五十三条第二款的规定，对单位判处罚金，并对其直接负责的主管人员和其他直接责任人员，处三年以下有期徒刑或者拘役；偷逃应缴税额在一百万元以上不满五百万元的，应当认定为“情节严重”；偷逃应缴税额在五百万元以上的，应当认定为“情节特别严重”。

（二）《最高人民法院、最高人民检察院关于办理妨害文物管理等刑事案件适用法律若干问题的解释》（2015年12月30日，法释〔2015〕23号）

为依法惩治文物犯罪，保护文物，根据《中华人民共和国刑法》《中华人民共和国刑事诉讼法》《中华人民共和国文物保护法》的有关规定，现就办理此类刑事案件适用法律的若干问题解释如下：

第一条 刑法第一百五十一条规定的“国家禁止出口的文物”，依照《中华人民共和国文物保护法》规定的“国家禁止出境的文物”的范围认定。

走私国家禁止出口的二级文物的，应当依照刑法第一百五十一条第二款的规定，以走私文物罪处五年以上十年以下有期徒刑，并处罚金；走私国家禁止出口的一级文物的，应当认定为刑法第一百五十一条第二款规定的“情节特别严重”；走私国家禁止出口的三级文物的，应当认定为刑法第一百五十一条第二款规定的“情节较轻”。

走私国家禁止出口的文物，无法确定文物等级，或者按照文物等级定罪量刑明显过轻或者过重的，可以按照走私的文物价值定罪量刑。走私的文物价值在二十万元以上不满一百万元的，应当依照刑法第一百五十一条第二款的规定，以走私文物罪处五年以上十年以下有期徒刑，并处罚金；文物价值在一百万元以上的，应当认定为刑法第一百五十一条第二款规定的“情节特别严重”；文物价值在五万元以上不满二十万元的，应当认定为刑法第一百五十一条第二款规定的“情节较轻”。

第二条 盗窃一般文物、三级文物、二级以上文物的，应当分别认定为刑法第二百六十四条规定的“数额较大”“数额巨大”“数额特别巨大”。

盗窃文物，无法确定文物等级，或者按照文物等级定罪量刑明显过轻或者过重的，按照盗窃的文物价值定罪量刑。

第三条 全国重点文物保护单位、省级文物保护单位的本体，应当认定为刑法第三百二十四条第一款规定的“被确定为全国重点文物保护单位、省级文物保护单位的文物”。

故意损毁国家保护的珍贵文物或者被确定为全国重点文物保护单位、省级文物保护单位的文物，具有下列情形之一的，应当认定为刑法第三百二十四条第一款规定的“情节严重”：

（一）造成五件以上三级文物损毁的；

（二）造成二级以上文物损毁的；

（三）致使全国重点文物保护单位、省级文物保护单位的本体严重损毁或者灭失的；

（四）多次损毁或者损毁多处全国重点文物保护单位、省级文物保护单位的本体的；

（五）其他情节严重的情形。

实施前款规定的行为，拒不执行国家行政主管部门作出的停止侵害文物的行政决定或者命令的，酌情从重处罚。

第四条 风景名胜区的核心景区以及未被确定为全国重点文物保护单位、省级文物保护单位的古文化遗址、古墓葬、古建筑、石窟寺、石刻、壁画、近代现代重要史迹和代表性建筑等不可移动文物的本体，应当认定为刑法第三百二十四条第二款规定的“国家保护的名胜古迹”。

故意损毁国家保护的名胜古迹，具有下列情形之一的，应当认定为刑法第三百二十四条第二款规定的“情节严重”：

（一）致使名胜古迹严重损毁或者灭失的；

（二）多次损毁或者损毁多处名胜古迹的；

（三）其他情节严重的情形。

实施前款规定的行为，拒不执行国家行政主管部门作出的停止侵害文物的行政决定或者命令的，酌情从重处罚。

故意损毁风景名胜区内被确定为全国重点文物保护单位、省级文物保护单位的文物的，依照刑法第三百二十四条第一款和本解释第三条的规定定罪量刑。

第五条 过失损毁国家保护的珍贵文物或者被确定为全国重点文物保护单位、省级文物保护单位的文物，具有本解释第三条第二款第一项至第三项规定情形之一的，应当认定为刑法第三百二十四条第三款规定的“造成严重后果”。

第六条 出售或者为出售而收购、运输、储存《中华人民共和国文物保护法》规定的“国家禁止买卖的文物”的，应当认定为刑法第三百二十六条规定的“倒卖国家禁止经营的文物”。

倒卖国家禁止经营的文物，具有下列情形之一的，应当认定为刑法第三百二十六条规定的“情节严重”：

（一）倒卖三级文物的；

（二）交易数额在五万元以上的；

（三）其他情节严重的情形。

实施前款规定的行为，具有下列情形之一的，应当认定为刑法第三百二十六条规定的“情节特别严重”：

（一）倒卖二级以上文物的；

（二）倒卖三级文物五件以上的；

（三）交易数额在二十五万元以上的；

（四）其他情节特别严重的情形。

第七条　国有博物馆、图书馆以及其他国有单位，违反文物保护法规，将收藏或者管理的国家保护的文物藏品出售或者私自送给非国有单位或者个人的，依照刑法第三百二十七条的规定，以非法出售、私赠文物藏品罪追究刑事责任。

第八条　刑法第三百二十八条第一款规定的“古文化遗址、古墓葬”包括水下古文化遗址、古墓葬。“古文化遗址、古墓葬”不以公布为不可移动文物的古文化遗址、古墓葬为限。

实施盗掘行为，已损害古文化遗址、古墓葬的历史、艺术、科学价值的，应当认定为盗掘古文化遗址、古墓葬罪既遂。

采用破坏性手段盗窃古文化遗址、古墓葬以外的古建筑、石窟寺、石刻、壁画、近代现代重要史迹和代表性建筑等其他不可移动文物的，依照刑法第二百六十四条的规定，以盗窃罪追究刑事责任。

第九条　明知是盗窃文物、盗掘古文化遗址、古墓葬等犯罪所获取的三级以上文物，而予以窝藏、转移、收购、加工、代为销售或者以其他方法掩饰、隐瞒的，依照刑法第三百一十二条的规定，以掩饰、隐瞒犯罪所得罪追究刑事责任。

实施前款规定的行为，事先通谋的，以共同犯罪论处。

第十条　国家机关工作人员严重不负责任，造成珍贵文物损毁或者流失，具有下列情形之一的，应当认定为刑法第四百一十九条规定的“后果严重”：

（一）导致二级以上文物或者五件以上三级文物损毁或者流失的；

（二）导致全国重点文物保护单位、省级文物保护单位的本体严重损毁或者灭失的；

（三）其他后果严重的情形。

第十一条　单位实施走私文物、倒卖文物等行为，构成犯罪的，依照本解释规定的相应自然人犯罪的定罪量刑标准，对直接负责的主管人员和其他直接责任人员定罪处罚，并对单位判处罚金。

公司、企业、事业单位、机关、团体等单位实施盗窃文物，故意损毁文物、名胜古迹，过失损毁文物，盗掘古文化遗址、古墓葬等行为的，依照本解释规定的相应定罪量刑标准，追究组织者、策划者、实施者的刑事责任。

第十二条 针对不可移动文物整体实施走私、盗窃、倒卖等行为的，根据所属不可移动文物的等级，依照本解释第一条、第二条、第六条的规定定罪量刑：

（一）尚未被确定为文物保护单位的不可移动文物，适用一般文物的定罪量刑标准；

（二）市、县级文物保护单位，适用三级文物的定罪量刑标准；

（三）全国重点文物保护单位、省级文物保护单位，适用二级以上文物的定罪量刑标准。

针对不可移动文物中的建筑构件、壁画、雕塑、石刻等实施走私、盗窃、倒卖等行为的，根据建筑构件、壁画、雕塑、石刻等文物本身的等级或者价值，依照本解释第一条、第二条、第六条的规定定罪量刑。建筑构件、壁画、雕塑、石刻等所属不可移动文物的等级，应当作为量刑情节予以考虑。

第十三条 案件涉及不同等级的文物的，按照高级别文物的量刑幅度量刑；有多件同级文物的，五件同级文物视为一件高一级文物，但是价值明显不相当的除外。

第十四条 依照文物价值定罪量刑的，根据涉案文物的有效价格证明认定文物价值；无有效价格证明，或者根据价格证明认定明显不合理的，根据销赃数额认定，或者结合本解释第十五条规定的鉴定意见、报告认定。

第十五条 在行为人实施有关行为前，文物行政部门已对涉案文物及其等级作出认定的，可以直接对有关案件事实作出认定。

对案件涉及的有关文物鉴定、价值认定等专门性问题难以确定的，由司法鉴定机构出具鉴定意见，或者由国务院文物行政部门指定的机构出具报告。其中，对于文物价值，也可以由有关价格认证机构作出价格认证并出具报告。

第十六条 实施本解释第一条、第二条、第六条至第九条规定的行为，虽已达到应当追究刑事责任的标准，但行为人系初犯，积极退回或者协助追回文物，未造成文物损毁，并确有悔罪表现的，可以认定为犯罪情节轻微，不起诉或者免予刑事处罚。

实施本解释第三条至第五条规定的行为，虽已达到应当追究刑事责任的标准，但行为人系初犯，积极赔偿损失，并确有悔罪表现的，可以认定为犯罪情节轻微，不起诉或者免予刑事处罚。

第十七条　走私、盗窃、损毁、倒卖、盗掘或者非法转让具有科学价值的古脊椎动物化石、古人类化石的，依照刑法和本解释的有关规定定罪量刑。

第十八条　本解释自2016年1月1日起施行。本解释公布施行后，《最高人民法院、最高人民检察院关于办理盗窃、盗掘、非法经营和走私文物的案件具体应用法律的若干问题的解释》（法（研）发〔1987〕32号）同时废止；之前发布的司法解释与本解释不一致的，以本解释为准。

三、其他法规

（一）《文物保护法》（2017年11月4日）

第二条　在中华人民共和国境内，下列文物受国家保护：

（一）具有历史、艺术、科学价值的古文化遗址、古墓葬、古建筑、石窟寺和石刻、壁画；

（二）与重大历史事件、革命运动或者著名人物有关的以及具有重要纪念意义、教育意义或者史料价值的近代现代重要史迹、实物、代表性建筑；

（三）历史上各时代珍贵的艺术品、工艺美术品；

（四）历史上各时代重要的文献资料以及具有历史、艺术、科学价值的手稿和图书资料等；

（五）反映历史上各时代、各民族社会制度、社会生产、社会生活的代表性实物。

文物认定的标准和办法由国务院文物行政部门制定，并报国务院批准。

具有科学价值的古脊椎动物化石和古人类化石同文物一样受国家保护。

第三条　古文化遗址、古墓葬、古建筑、石窟寺、石刻、壁画、近代现代重要史迹和代表性建筑等不可移动文物，根据它们的历史、艺术、科学价值，可以分别确定为全国重点文物保护单位，省级文物保护单位，市、县级文物保护单位。

历史上各时代重要实物、艺术品、文献、手稿、图书资料、代表性实物等可移动文物，分为珍贵文物和一般文物；珍贵文物分为一级文物、二级文物、三级文物。

第五条 中华人民共和国境内地下、内水和领海中遗存的一切文物，属于国家所有。

古文化遗址、古墓葬、石窟寺属于国家所有。国家指定保护的纪念建筑物、古建筑、石刻、壁画、近代现代代表性建筑等不可移动文物，除国家另有规定的以外，属于国家所有。

国有不可移动文物的所有权不因其所依附的土地所有权或者使用权的改变而改变。

下列可移动文物，属于国家所有：

（一）中国境内出土的文物，国家另有规定的除外；

（二）国有文物收藏单位以及其他国家机关、部队和国有企业、事业组织等收藏、保管的文物；

（三）国家征集、购买的文物；

（四）公民、法人和其他组织捐赠给国家的文物；

（五）法律规定属于国家所有的其他文物。

属于国家所有的可移动文物的所有权不因其保管、收藏单位的终止或者变更而改变。

国有文物所有权受法律保护，不容侵犯。

第二十五条 非国有不可移动文物不得转让、抵押给外国人。

非国有不可移动文物转让、抵押或者改变用途的，应当根据其级别报相应的文物行政部门备案。

第五十一条 公民、法人和其他组织不得买卖下列文物：

（一）国有文物，但是国家允许的除外；

（二）非国有馆藏珍贵文物；

（三）国有不可移动文物中的壁画、雕塑、建筑构件等，但是依法拆除的国有不可移动文物中的壁画、雕塑、建筑构件等不属于本法第二十条第四款规定的应由文物收藏单位收藏的除外；

（四）来源不符合本法第五十条规定的文物。

第六十条　国有文物、非国有文物中的珍贵文物和国家规定禁止出境的其他文物，不得出境；但是依照本法规定出境展览或者因特殊需要经国务院批准出境的除外。

第六十一条　文物出境，应当经国务院文物行政部门指定的文物进出境审核机构审核。经审核允许出境的文物，由国务院文物行政部门发给文物出境许可证，从国务院文物行政部门指定的口岸出境。

任何单位或者个人运送、邮寄、携带文物出境，应当向海关申报；海关凭文物出境许可证放行。

第六十二条　文物出境展览，应当报国务院文物行政部门批准；一级文物超过国务院规定数量的，应当报国务院批准。

一级文物中的孤品和易损品，禁止出境展览。

出境展览的文物出境，由文物进出境审核机构审核、登记。海关凭国务院文物行政部门或者国务院的批准文件放行。出境展览的文物复进境，由原文物进出境审核机构审核查验。

第六十三条　文物临时进境，应当向海关申报，并报文物进出境审核机构审核、登记。

临时进境的文物复出境，必须经原审核、登记的文物进出境审核机构审核查验；经审核查验无误的，由国务院文物行政部门发给文物出境许可证，海关凭文物出境许可证放行。

第六十四条　违反本法规定，有下列行为之一，构成犯罪的，依法追究刑事责任：

（一）盗掘古文化遗址、古墓葬的；

（二）故意或者过失损毁国家保护的珍贵文物的；

（三）擅自将国有馆藏文物出售或者私自送给非国有单位或者个人的；

（四）将国家禁止出境的珍贵文物私自出售或者送给外国人的；

（五）以牟利为目的倒卖国家禁止经营的文物的；

（六）走私文物的；

（七）盗窃、哄抢、私分或者非法侵占国有文物的；

（八）应当追究刑事责任的其他妨害文物管理行为。

第六十五条 违反本法规定，造成文物灭失、损毁的，依法承担民事责任。

违反本法规定，构成违反治安管理行为的，由公安机关依法给予治安管理处罚。

违反本法规定，构成走私行为，尚不构成犯罪的，由海关依照有关法律、行政法规的规定给予处罚。

（二）《文物保护法实施条例》（2017年10月7日）

第四十四条 国务院文物行政主管部门指定的文物进出境审核机构，应当有5名以上取得中级以上文物博物专业技术职务的文物进出境责任鉴定人员。

第四十五条 运送、邮寄、携带文物出境，应当在文物出境前依法报文物进出境审核机构审核。文物进出境审核机构应当自收到申请之日起15个工作日内作出是否允许出境的决定。

文物进出境审核机构审核文物，应当有3名以上文物博物专业技术人员参加；其中，应当有2名以上文物进出境责任鉴定人员。

文物出境审核意见，由文物进出境责任鉴定员共同签署；对经审核，文物进出境责任鉴定员一致同意允许出境的文物，文物进出境审核机构方可作出允许出境的决定。

文物出境审核标准，由国务院文物行政主管部门制定。

第四十六条 文物进出境审核机构应当对所审核进出境文物的名称、质地、尺寸、级别，当事人的姓名或者名称、住所、有效身份证件号码或者有效证照号码，以及进出境口岸、文物去向和审核日期等内容进行登记。

第四十七条 经审核允许出境的文物，由国务院文物行政主管部门发给文物出境许可证，并由文物进出境审核机构标明文物出境标识。经审核允许出境的文物，应当从国务院文物行政主管部门指定的口岸出境。海关查验文物出境标识后，凭文物出境许可证放行。

经审核不允许出境的文物，由文物进出境审核机构发还当事人。

第四十八条　文物出境展览的承办单位，应当在举办展览前6个月向国务院文物行政主管部门提出申请。国务院文物行政主管部门应当自收到申请之日起30个工作日内作出批准或者不批准的决定。决定批准的，发给批准文件；决定不批准的，应当书面通知当事人并说明理由。

一级文物展品超过120件（套）的，或者一级文物展品超过展品总数的20%的，应当报国务院批准。

第四十九条　一级文物中的孤品和易损品，禁止出境展览。禁止出境展览文物的目录，由国务院文物行政主管部门定期公布。

未曾在国内正式展出的文物，不得出境展览。

第五十条　文物出境展览的期限不得超过1年。因特殊需要，经原审批机关批准可以延期；但是，延期最长不得超过1年。

第五十一条　文物出境展览期间，出现可能危及展览文物安全情形的，原审批机关可以决定中止或者撤销展览。

第五十二条　临时进境的文物，经海关将文物加封后，交由当事人报文物进出境审核机构审核、登记。文物进出境审核机构查验海关封志完好无损后，对每件临时进境文物标明文物临时进境标识，并登记拍照。

临时进境文物复出境时，应当由原审核、登记的文物进出境审核机构核对入境登记拍照记录，查验文物临时进境标识无误后标明文物出境标识，并由国务院文物行政主管部门发给文物出境许可证。

未履行本条第一款规定的手续临时进境的文物复出境的，依照本章关于文物出境的规定办理。

第五十三条　任何单位或者个人不得擅自剥除、更换、挪用或者损毁文物出境标识、文物临时进境标识。

第五章　走私贵重金属罪

【立案追诉标准】

走私贵重金属案（《刑法》第151条第2款）

走私……黄金、白银和其他贵重金属或者……的，处五年以上十年以下有期徒刑，并处罚金；情节特别严重的，处十年以上有期徒刑或者无期徒刑，并处没收财产；情节较轻的，处五年以下有期徒刑，并处罚金。

【犯罪构成及刑事责任】

走私贵重金属罪，是指违反海关法规，逃避海关监管，非法运输、携带、邮寄国家禁止出口的黄金、白银或者其他贵重金属出国（边）境的行为。构成本罪需要具备以下四个要件：

1. 客体要件

本罪侵犯的客体是复杂客体，主要侵犯的是国家对黄金、白银等贵重金属进出境的管理制度，同时也侵犯了国家的金融秩序。犯罪对象是贵重金属。所谓贵重金属，是指具有高价值性和稀有性的金属，包括黄金、白银、铂、锇、钌、钯、铱、铑、钛等金属和国家禁止出口的其他贵重金属。贵重金属既包括贵重金属原料，也包括贵重金属制品及工艺品。

2. 客观要件

本罪的客观方面表现为违反海关法规，逃避海关监管，运输、携带、邮寄国家禁止出口的贵重金属出国（边）境的行为。行为人运输、携带、邮寄国家禁止出口的贵重金属出境的行为往往是通过通关或绕关两种方式实现的。通关是指通过海关进出境，但同时采取了隐瞒、假报、伪装、藏匿等欺骗手段，瞒过海关的监督、检查。绕关是指绕过海关，在没有海关或边境哨卡、检查站的边境线上，运输、携带国家禁止出口的贵重金属出境。根据《刑法》第155条、第156条的规定，在内海、领海、界河、界湖运输、收购、贩卖国家禁止出口的贵重金属，没有合法证明的，以走私贵重金属罪论处。与走私贵重金属的犯罪分子通谋，为其提供贷款、资金、账号、发票、证明，或者为其提供运输、保管、邮寄或者其他方便条件的，以走私贵重金属罪的共犯论处。

3. 主体要件

本罪的犯罪主体为一般主体，包括自然人和单位。

4. 主观要件

本罪的主观方面由故意构成，行为人对走私物品的特定性有所认识。在走私黄金、白银以外的其他贵重金属的场合，要求行为人对其属于贵重金属并且被国家禁止出口有明确认识，没有认识的，欠缺本罪的故意。

根据《刑法》第151条第2款的规定，犯本罪，处五年以上十年以下有期徒刑，并处罚金；情节特别严重的，处十年以上有期徒刑或者无期徒刑，并处没收财产；情节较轻的，处五年以下有期徒刑，并处罚金。

根据《刑法》第151条第4款的规定，单位犯本条规定之罪的，对单位判处罚金，并对其直接负责的主管人员和其他直接责任人员，依照本条各款的规定处罚。

根据《刑法》第157条第1款的规定，武装掩护走私的，依照《刑法》第151条第1款的规定从重处罚。

【疑难指导】

一、关于本罪的罪与非罪的问题

本罪的罪状是违反海关法规，逃避海关监管，运输、携带、邮寄贵重金属出境。由此可见，本罪旨在打击贵重金属流出，所以对于违反规定携带黄金、白银等贵重金属进境，则不构成本罪。因偷逃应缴税款而构成犯罪的，应定为走私普通货物、物品罪。此外，根据《金银管理条例》第28条的规定，在中华人民共和国境内的中国人、外国侨民和无国籍人出境定居，每人携带金银的限额为：黄金饰品1市两（31.25克），白银饰品10市两（312.50克），银质器皿20市两（625克）。经中华人民共和国海关查验符合规定限额的放行。如果行为人携带黄金、白银的数额低于或者远低于上述额度的，应该按照一般走私违法行为论处，而不宜作为犯罪论处。

二、关于本罪适用中的行刑衔接问题

本罪的罪状刑法表述为“走私国家禁止出口的黄金、白银和其他贵重金属的”。但《禁止进出境物品表》中并未列入此类物品，按照《限制进出境物品表》，黄金、白银等贵重金属及其制品属于国家限制出境的物品。按照《金银管理条例》的规定，携带金银进入中华人民共和国国境，数量不受限制，但是必须向入境地中国海关申报登记。携带或者复带金银出境，中国海关凭中国人民银行出具的证明或者原入境时的申报单登记的数量查验放行；不能提供证明的或者超过原入境时申报登记数量的，不许出境。携带在中国境内供应旅游者购买的金银饰品（包括镶嵌饰品、工艺品、器皿等）出境，中国海关凭国内经营金银制品的单位开具的特种发货票查验放行。无凭据的，不许出境。《金银管理条例》及其实施细则规定了特定情况下允许携带金银及其制品出境的限额。对于没有合法手续，采取瞒骗或者绕关等方式非法携带金银等贵重金属及其制品出境的行为，司法实践中即认定为走私贵重金属罪。如媒体报道的上海首例走私贵重金属案：陈某在上海浦东国际机场欲搭乘航班赴台，出境时未向海关申报任何物品，后被安检人员从其随身携带的电脑包中查获黄金制品2900克。检察机关认为，被告人违反中国海关法规，逃避海关监管，走私黄金出境，应以走私贵重金属罪追究刑事责任。庭审中，被告人对所指控的犯罪事实和罪名均无异议。言及携带大量黄金出境的原因，陈某称那些黄金是其订婚时亲友赠送的礼物，因不清楚法律规定，故未申报。法院判决：被告人陈某犯走私贵重金属罪，判处有期徒刑二年六个月，缓刑二年六个月，并处罚金十万元人民币；查扣的在案黄金制品予以没收。[①] 应该说，上述处理是符合刑法规定的精神的。但是从刑法条文的规定来看，走私贵重金属罪的对象是国家禁止出口的黄金、白银和其他贵重金属，而其他法律、法规均未规定黄金、白银等贵重金属为禁止出口物品，故严格按照罪刑法定原则，对此类案件的定罪处罚不无问题。

【办案依据】

一、《刑法》规定

第一百五十一条第二款 走私国家禁止出口的文物、黄金、白银和其他贵重金属或者国家禁止进出口的珍贵动物及其制品的，处五年以上十年以下有期徒刑，并处罚金；情节特别严重的，处十年以上有期徒刑或者无期徒刑，并处没收财产；情节较轻的，处五年以下有期徒刑，并处罚金。

第四款 单位犯本条规定之罪的，对单位判处罚金，并对其直接负责的主管人员和其他直接责任人员，依照本条各款的规定处罚。

第一百五十七条第一款 武装掩护走私的，依照本法第一百五十一条第一款的规定从重处罚。

二、司法解释

《最高人民法院、最高人民检察院关于办理走私刑事案件适用法律若干问题的解释》（2014年8月12日，法释〔2014〕10号）

第二十条 直接向走私人非法收购走私进口的货物、物品，在内海、领海、界河、界湖运输、收购、贩卖国家禁止进出口的物品，或者没有合法证明，在内海、领海、界河、界湖运输、收购、贩卖国家限制进出口的货物、物品，构成犯罪的，应当按照走私货物、物品的种类，分别依照刑法第一百五十一条、第一百五十二条、第一百五十三条、第三百四十七条、第三百五十条的规定定罪处罚。

刑法第一百五十五条第二项规定的“内海”，包括内河的入海口水域。

---

① 潘静波：《上海首例走私贵重金属案一审当庭宣判》，载《人民法院报》2014年1月8日。

第二十一条 未经许可进出口国家限制进出口的货物、物品，构成犯罪的，应当依照刑法第一百五十一条、第一百五十二条的规定，以走私国家禁止进出口的货物、物品罪等罪名定罪处罚；偷逃应缴税额，同时又构成走私普通货物、物品罪的，依照处罚较重的规定定罪处罚。

取得许可，但超过许可数量进出口国家限制进出口的货物、物品，构成犯罪的，依照刑法第一百五十三条的规定，以走私普通货物、物品罪定罪处罚。

租用、借用或者使用购买的他人许可证，进出口国家限制进出口的货物、物品的，适用本条第一款的规定定罪处罚。

第二十二条 在走私的货物、物品中藏匿刑法第一百五十一条、第一百五十二条、第三百四十七条、第三百五十条规定的货物、物品，构成犯罪的，以实际走私的货物、物品定罪处罚；构成数罪的，实行数罪并罚。

第二十四条 单位犯刑法第一百五十一条、第一百五十二条规定之罪，依照本解释规定的标准定罪处罚。

单位犯走私普通货物、物品罪，偷逃应缴税额在二十万元以上不满一百万元的，应当依照刑法第一百五十三条第二款的规定，对单位判处罚金，并对其直接负责的主管人员和其他直接责任人员，处三年以下有期徒刑或者拘役；偷逃应缴税额在一百万元以上不满五百万元的，应当认定为“情节严重”；偷逃应缴税额在五百万元以上的，应当认定为“情节特别严重”。

三、其他法规

《金银管理条例》（2011年1月8日）

第二十五条 携带金银进入中华人民共和国国境，数量不受限制，但是必须向入境地中华人民共和国海关申报登记。

第二十六条 携带或者复带金银出境，中华人民共和国海关凭中国人民银行出具的证明或者原入境时的申报单登记的数量查验放行；不能提供证明的或者超过原入境时申报登记数量的，不许出境。

第二十七条 携带在中华人民共和国境内供应旅游者购买的金银饰品（包括镶嵌饰品、工艺品、器皿等）出境，中华人民共和国海关凭国内经营金银制品的单位开具的特种发货票查验放行。无凭据的，不许出境。

第二十八条　在中华人民共和国境内的中国人、外国侨民和无国籍人出境定居，每人携带金银的限额为：黄金饰品1市两（31.25克），白银饰品10市两（312.50克），银质器皿20市两（625克）。经中华人民共和国海关查验符合规定限额的放行。

第二十九条　中华人民共和国境内的外资企业、中外合资企业，从国外进口金银作产品原料的，其数量不限；出口含金银量较高的产品，须经中国人民银行核准后放行。未经核准或者超过核准出口数量的，不许出境。

第六章　走私珍贵动物、珍贵动物制品罪

【立案追诉标准】

走私珍贵动物、珍贵动物制品案（《刑法》第151条第2款）

走私国家重点保护和《濒危野生动植物种国际贸易公约》附录一、附录二的陆生野生动物及其制品的应当立案；走私国家重点保护的陆生野生动物重大案件和特别重大案件按附表的标准执行。

走私国家重点保护和《濒危野生动植物种国际贸易公约》附录一、附录二的陆生野生动物制品价值10万元以上的，应当立为重大案件；走私国家重点保护和《濒危野生动植物种国际贸易公约》附录一、附录二的陆生野生动物制品价值20万元以上的，应当立为特别重大案件。

《国家林业局①、公安部关于森林和陆生野生动物刑事案件管辖及立案标准》（2001年5月9日）第2条第11项

【犯罪构成及刑事责任】

走私珍贵动物、珍贵动物制品罪，是指违反海关和野生动物保护法规，逃避海关监管，非法运输、携带、邮寄珍贵动物及其制品进出国（边）境的行为。构成本罪需要具备以下四个要件：

---

① 依据2018年的《国务院机构改革方案》，不再保留国家林业局，组建国家林业和草原局。以下类似机构重组、更名情况不再标注。

1. 客体要件

本罪侵犯的客体是国家海关监管制度和国家野生动物保护制度。犯罪对象是珍贵动物、珍贵动物制品。“珍贵动物”，是指列入《国家重点保护野生动物名录》中的国家一、二级保护野生动物和列入《濒危野生动植物种国际贸易公约》附录一、附录二中的野生动物以及驯养繁殖的上述物种。国家重点保护的野生动物分为两级：一级保护野生动物和二级保护野生动物。前者指中国特产或者濒于灭绝的野生动物；后者指数量较少或者有濒于灭绝危险的野生动物。“珍贵动物制品”，是指上述动物的肉、皮、毛、骨等制成品。

2. 客观要件

本罪的客观方面表现为违反海关和野生动物保护法规，逃避海关监管，运输、携带、邮寄珍贵动物及其制品进出国（边）境的行为。根据《刑法》第155条、第156条的规定，行为人直接向走私人非法收购珍贵动物及其制品，或者在领海、内海、界河、界湖运输、收购、贩卖上述物品的，也应以走私珍贵动物、珍贵动物制品罪论处。与走私珍贵动物、珍贵动物制品的犯罪分子通谋，为其提供贷款、资金、账号、发票、证明，或者为其提供运输、保管、邮寄或者其他方便条件的，以走私珍贵动物、珍贵动物制品罪的共犯论处。

3. 主体要件

本罪的犯罪主体为一般主体，包括自然人和单位。

4. 主观要件

本罪的主观方面由故意构成，即行为人明知自己的行为违反海关法律法规和国家野生动物及其制品管理规定，仍逃避海关监管，希望或者放任危害结果发生，非法运输、携带、邮寄国家禁止进出口的珍贵动物、珍贵动物制品进出国（边）境。在行为人对走私对象的认知方面，并不要求其对于走私对象以及保护等级等知悉，只要其意识到对象为特殊动物，且客观上伴有逃避海关监管即可。过失不构成本罪。

根据《刑法》第151条第2款的规定，犯本罪，处五年以上十年以下有期徒刑，并处罚金；情节特别严重的，处十年以上有期徒刑或者无期徒刑，并处没收财产；情节较轻的，处五年以下有期徒刑，并处罚金。

根据《刑法》第151条第4款的规定，单位犯本条规定之罪的，对单位判处罚金，并对其直接负责的主管人员和其他直接责任人员，依照本条各款的规定处罚。

根据《刑法》第157条第1款的规定，武装掩护走私的，依照《刑法》第151条第1款的规定从重处罚。

【疑难指导】

一、关于本罪的罪与非罪的问题

结合实践中的具体情况，可以从以下几方面进行分析：

走私珍贵动物、珍贵动物制品，同时具有下列情形，情节较轻的，一般不以犯罪论处：（1）珍贵动物制品购买地允许交易；（2）入境人员为留作纪念或者作为礼品而携带珍贵动物制品进境，不具有牟利目的。

同时，一些境外务工、旅游人员出于留作个人纪念的目的，将在境外购买的少量珍贵动物制品非法携带入境的现象时有发生。对于此种主观恶性不大、社会危害性较小的情形，需要按照宽严相济刑事政策的精神要求，在处理上与以牟利为目的的走私珍贵动物制品行为相区别，适当控制刑事打击面。对此，2014年《最高人民法院、最高人民检察院关于办理走私刑事案件适用法律若干问题的解释》第9条第4款明确了具体的从宽处理意见，即不以牟利为目的，为留作纪念而走私珍贵动物制品进境，数额不满十万元的，可以免予刑事处罚；情节显著轻微的，不作为犯罪处理。

针对实践中，一些行为人走私野生动物“卵”“蛋”的行为，笔者认为，应该从严把握标准。理由是：根据《野生动物保护法》第2条规定，野生动物及其制品，是指野生动物的整体（含卵、蛋）、部分及其衍生物。《野生动物及其制品价值评估方法》第2条规定，野生动物，是指陆生野生动物的整体（含卵、蛋）。《水生野生动物及其制品价值评估办法》第2条规定，水生野生动物，是指国家重点保护水生野生动物及《濒危野生动植物种国际贸易公约》附录水生物种的整体（含卵）。上述相关行政法规中均将野生动物的“卵”“蛋”视为野生动物本身。另外从动物制品定义中也可以看出，制成品要包含一定的人工加工成分，但珍贵动物的“卵”“蛋”明显不具有上述因素，故不宜认定为珍贵动物制品。

此外，走私珍贵动物以外的一般动物及其制品进出国（边）境的，不构成本罪，而可能构成走私普通货物、物品罪。

二、关于本罪适用中刑行衔接的问题

本罪的罪状刑法表述为“走私国家禁止进出口的珍贵动物及其制品的”，而《禁止进出境物品表》仅规定“濒危的和珍贵的动物、植物（均含标本）及其种子和繁殖材料”为禁止出境物品，未规定为禁止进境物品，同时《限制进出境物品表》将上述物品规定为限制进境物品。《野生动物保护法》第35条第2款规定：“进出口列入前款名录的野生动物或者其制品的，出口国家重点保护野生动物或者其制品的，应当经国务院野生动物保护主管部门或者国务院批准，并取得国家濒危物种进出口管理机构核发的允许进出口证明书。海关依法实施进出境检疫，凭允许进出口证明书、检疫证明按照规定办理通关手续。”可见，珍贵动物及其制品只是禁止出境（也不是绝对禁止），并非禁止进境。

三、关于本罪的一罪与数罪的问题

实践中，将珍贵野生动物走私入境后又杀害的，应定本罪和非法杀害珍贵野生动物罪，实行数罪并罚。行为人采用电信等方式在国内向境外人员购买珍贵野生动物制品，由境外人员将珍贵野生动物制品邮寄给行为人，逃避海关监管的，是危害珍贵野生动物罪（第341条第1款）与走私珍贵动物制品罪的想象竞合，从一重罪处断。

四、关于走私未经处理的珍贵动物尸体行为的定性问题

一是将珍贵动物杀害后走私或者在走私过程中造成珍贵动物死亡的，应当以走私珍贵动物罪定罪。二是走私珍贵动物尸体（完整的、未经任何处理的死体）的行为，应认定为走私珍贵动物制品罪，主要理由：（1）动物的活体对于保持生物多样性、维持生态平衡具有重要的意义，动物尸体则不具有。（2）相关走私司法解释均将造成珍贵动物死亡作为从重处罚情节，实质上是更注重保护活体，因此珍贵动物应指活体动物，而不包括动物尸体。（3）将珍贵动物尸体认定为动物制品，有利于实现量刑均衡，如将未经处理的珍贵动物尸体认定为动物，则会出现量刑上的不均衡。

【办案依据】

一、《刑法》规定

第一百五十一条第二款 走私国家禁止出口的文物、黄金、白银和其他贵重金属或者国家禁止进出口的珍贵动物及其制品的，处五年以上十年以下有期徒刑，并处罚金；情节特别严重的，处十年以上有期徒刑或者无期徒刑，并处没收财产；情节较轻的，处五年以下有期徒刑，并处罚金。

第一百五十一条第四款 单位犯本条规定之罪的，对单位判处罚金，并对其直接负责的主管人员和其他直接责任人员，依照本条各款的规定处罚。

第一百五十七条第一款 武装掩护走私的，依照本法第一百五十一条第一款的规定从重处罚。

二、司法解释

《最高人民法院、最高人民检察院关于办理走私刑事案件适用法律若干问题的解释》（2014年8月12日，法释〔2014〕10号）

第九条 走私国家一、二级保护动物未达到本解释附表中（一）规定的数量标准，或者走私珍贵动物制品数额不满二十万元的，可以认定为刑法第一百五十一条第二款规定的“情节较轻”。

具有下列情形之一的，依照刑法第一百五十一条第二款的规定处五年以上十年以下有期徒刑，并处罚金：

（一）走私国家一、二级保护动物达到本解释附表中（一）规定的数量标准的；

（二）走私珍贵动物制品数额在二十万元以上不满一百万元的；

（三）走私国家一、二级保护动物未达到本解释附表中（一）规定的数量标准，但具有造成该珍贵动物死亡或者无法追回等情节的。

具有下列情形之一的，应当认定为刑法第一百五十一条第二款规定的“情节特别严重”：

（一）走私国家一、二级保护动物达到本解释附表中（二）规定的数量标准的；

（二）走私珍贵动物制品数额在一百万元以上的；

（三）走私国家一、二级保护动物达到本解释附表中（一）规定的数量标准，且属于犯罪集团的首要分子，使用特种车辆从事走私活动，或者造成该珍贵动物死亡、无法追回等情形的。

不以牟利为目的，为留作纪念而走私珍贵动物制品进境，数额不满十万元的，可以免予刑事处罚；情节显著轻微的，不作为犯罪处理。

第二十条　直接向走私人非法收购走私进口的货物、物品，在内海、领海、界河、界湖运输、收购、贩卖国家禁止进出口的物品，或者没有合法证明，在内海、领海、界河、界湖运输、收购、贩卖国家限制进出口的货物、物品，构成犯罪的，应当按照走私货物、物品的种类，分别依照刑法第一百五十一条、第一百五十二条、第一百五十三条、第三百四十七条、第三百五十条的规定定罪处罚。

刑法第一百五十五条第二项规定的“内海”，包括内河的入海口水域。

第二十一条　未经许可进出口国家限制进出口的货物、物品，构成犯罪的，应当依照刑法第一百五十一条、第一百五十二条的规定，以走私国家禁止进出口的货物、物品罪等罪名定罪处罚；偷逃应缴税额，同时又构成走私普通货物、物品罪的，依照处罚较重的规定定罪处罚。

取得许可，但超过许可数量进出口国家限制进出口的货物、物品，构成犯罪的，依照刑法第一百五十三条的规定，以走私普通货物、物品罪定罪处罚。

租用、借用或者使用购买的他人许可证，进出口国家限制进出口的货物、物品的，适用本条第一款的规定定罪处罚。

第二十二条　在走私的货物、物品中藏匿刑法第一百五十一条、第一百五十二条、第三百四十七条、第三百五十条规定的货物、物品，构成犯罪的，以实际走私的货物、物品定罪处罚；构成数罪的，实行数罪并罚。

第二十四条　单位犯刑法第一百五十一条、第一百五十二条规定之罪，依照本解释规定的标准定罪处罚。

单位犯走私普通货物、物品罪，偷逃应缴税额在二十万元以上不满一百万元的，应当依照刑法第一百五十三条第二款的规定，对单位判处罚金，并对其直接负责的主管人员和其他直接责任人员，处三年以下有期徒刑或者拘役；偷逃应缴税额在一百万元以上不满五百万元的，应当认定为“情节严重”；偷逃应缴税额在五百万元以上的，应当认定为“情节特别严重”。

最高人民法院、最高人民检察院《关于办理走私刑事案件适用法律若干问题的解释》附表

中文名	拉丁文名	级别	（一）	（二）
蜂猴	Nycticebus spp.	Ⅰ	3	4
熊猴	Macaca assamensis	Ⅰ	2	3
台湾猴	Macaca cyclopis	Ⅰ	1	2
豚尾猴	Macaca nemestrina	Ⅰ	2	3
叶猴（所有种）	Presbytis spp.	Ⅰ	1	2
金丝猴（所有种）	Rhinopithecus spp.	Ⅰ		1
长臂猿（所有种）	Hylobates spp.	Ⅰ	1	2
马来熊	Helarctos malayanus	Ⅰ	2	3
大熊猫	Ailuropoda melanoleuca	Ⅰ		1
紫貂	Martes zibellina	Ⅰ	3	4
貂熊	Gulo gulo	Ⅰ	2	3
熊狸	Arctictis binturong	Ⅰ	1	2
云豹	Neofelis nebulosa	Ⅰ		1
豹	Panthera pardus	Ⅰ		1
雪豹	Panthera uncia	Ⅰ		1
虎	Panthera tigris	Ⅰ		1
亚洲象	Elephas maximus	Ⅰ		1
蒙古野驴	Equus hemionus	Ⅰ	2	3
西藏野驴	Equus kiang	Ⅰ	3	5
野马	Equus przewalskii	Ⅰ		1
野骆驼	Camelus ferus（=bactrianum）	Ⅰ	1	2
鼷鹿	Tragulus javanicus	Ⅰ	2	3
黑麂	Muntiacus crinifrons	Ⅰ	1	2
白唇鹿	Cervus albirostris	Ⅰ	1	2
坡鹿	Cervus eldi	Ⅰ	1	2

续表

中文名	拉丁文名	级别	(一)	(二)
梅花鹿	Cervus nippon	I	2	3
豚鹿	Cervus porcinus	I	2	3
麋鹿	Elaphurus davidianus	I	1	2
野牛	Bos gaurus	I	1	2
野牦牛	Bos mutus (=grunniens)	I	2	3
普氏原羚	Procapra przewalskii	I	1	2
藏羚	Pantholops hodgsoni	I	2	3
高鼻羚羊	Saiga tatarica	I		1
扭角羚	Budorcas taxicolor	I	1	2
台湾鬣羚	Capricornis crispus	I	2	3
赤斑羚	Naemorhedus cranbrooki	I	2	4
塔尔羊	Hemitragus jemlahicus	I	2	4
北山羊	Capra ibex	I	2	4
河狸	Castor fiber	I	1	2
短尾信天翁	Diomedea albatrus	I	2	4
白腹军舰鸟	Fregata andrewsi	I	2	4
白鹳	Ciconia ciconia	I	2	4
黑鹳	Ciconia nigra	I	2	4
朱环	Nipponia nippon	I		1
中华沙秋鸭	Mergus squamatus	I	2	3
金雕	Aquila chrysaetos	I	2	4
白肩雕	Aquila heliaca	I	2	4
玉带海雕	Haliaeetus leucoryphus	I	2	4
白尾海雕	Haliaeetus albcilla	I	2	3
虎头海雕	Haliaeetus pelagicus	I	2	4
拟兀鹫	Pseudogyps bengalensis	I	2	4
胡兀鹫	Gypaetus barbatus	I	2	4
细嘴松鸡	Tetrao parvirostris	I	3	5

续表

中文名	拉丁文名	级别	（一）	（二）
斑尾榛鸡	Tetrastes sewerzowi	I	3	5
雉鹑	Tetraophasis obscurus	I	3	5
四川山鹧鸪	Arborophila rufipectus	I	3	5
海南山鹧鸪	Arborophila ardens	I	3	5
黑头角雉	Tragopan melanocephalus	I	2	3
红胸角雉	Tragopan satyra	I	2	4
灰腹角雉	Tragopan blythii	I	2	3
黄腹角雉	Tragopan caboti	I	2	3
虹雉（所有种）	Lophophorus spp.	I	2	4
褐马鸡	Crossoptilon mantchuricum	I	2	3
蓝鹇	Lophura swinhoii	I	2	3
黑颈长尾雉	Syrmaticus humiae	I	2	4
白颈长尾雉	Syrmaticus ewllioti	I	2	4
黑长尾雉	Syrmaticus mikado	I	2	4
孔雀雉	Polyplectron bicalcaratum	I	2	3
绿孔雀	Pavo muticus	I	2	3
黑颈鹤	Grus nigricollis	I	2	3
白头鹤	Grus monacha	I	2	3
丹顶鹤	Grus japonensis	I	2	3
白鹤	Grus leucogeranus	I	2	3
赤颈鹤	Grus antigone	I	1	2
鸨（所有种）	Otis spp.	I	4	6
遗鸥	Larus relictus	I	2	4
四爪陆龟	Testudo horsfieldi	I	4	8
蜥鳄	Shinisaurus crocodilurus	I	2	4
巨蜥	Varanus salvator	I	2	4
蟒	Python molurus	I	2	4
扬子鳄	Alligator sinensis	I	1	2

续表

中文名	拉丁文名	级别	（一）	（二）
中华蛩蠊	Galloisiana sinensis	Ⅰ	3	6
金斑喙凤蝶	Teinopalpus aureus	Ⅰ	3	6
短尾猴	Macaca arctoides	Ⅱ	6	10
猕猴	Macaca mulatta	Ⅱ	6	10
藏酋猴	Macaca thibetana	Ⅱ	6	10
穿山甲	Manis pentadactyla	Ⅱ	8	16
豺	Cuon alpinus	Ⅱ	4	6
黑熊	Selenarctos thibetanus	Ⅱ	3	5
棕熊（包括马熊）	Ursus arctos（U. a. pruinosus）	Ⅱ	3	5
小熊猫	Ailurus fulgens	Ⅱ	3	5
石貂	Martes foina	Ⅱ	4	10
黄喉貂	Martes flavigula	Ⅱ	4	10
斑林狸	Pronodon pardicolor	Ⅱ	4	8
大灵猫	Viverra zibetha	Ⅱ	3	5
小灵猫	Viverricula indica	Ⅱ	4	8
草原斑猫	Felis lybica（=silvestris）	Ⅱ	4	8
荒漠猫	Felis bieti	Ⅱ	4	10
丛林猫	Felis chaus	Ⅱ	4	8
猞猁	Felis lynx	Ⅱ	2	3
兔狲	Felis manul	Ⅱ	3	5
金猫	Felis temmincki	Ⅱ	4	8
渔猫	Felis viverrinus	Ⅱ	4	8
麝（所有种）	Moschus spp.	Ⅱ	3	5
河麂	Hydropotes inermis	Ⅱ	4	8
马鹿（含白臀鹿）	Cervus elaphus（C. e. macneilli）	Ⅱ	4	6
水鹿	Cervus unicolor	Ⅱ	3	5
驼鹿	Alces alces	Ⅱ	3	5
黄羊	Procapra gutturosa	Ⅱ	8	15

续表

中文名	拉丁文名	级别	(一)	(二)
藏原羚	Procapra picticaudata	Ⅱ	4	8
鹅喉羚	Gazella subgutturosa	Ⅱ	4	8
鬣羚	Capricornis sumatraensis	Ⅱ	3	4
斑羚	Naemorhedus goral	Ⅱ	4	8
岩羊	Pseudois nayaur	Ⅱ	4	8
盘羊	Ovis ammon	Ⅱ	3	5
海南兔	Lepus peguensis hainanus	Ⅱ	6	10
雪兔	Lepus timidus	Ⅱ	6	10
塔里木兔	Lepus yarkandensis	Ⅱ	20	40
巨松鼠	Ratufa bicolor	Ⅱ	6	10
角辟鹈	Podiceps auritus	Ⅱ	6	10
赤颈辟鹈	Podiceps grisegena	Ⅱ	6	8
鹈鹕（所有种）	Pelecanus spp.	Ⅱ	4	8
鲣鸟（所有种）	Sula spp.	Ⅱ	6	10
海鸬鹚	Phalacrocorax pelagicus	Ⅱ	4	8
黑颈鸬鹚	Phalacrocorax niger	Ⅱ	4	8
黄嘴白鹭	Egretta eulophotes	Ⅱ	6	10
岩鹭	Egretta sacra	Ⅱ	6	20
海南虎斑	Gorsachius magnificus	Ⅱ	6	10
小苇	Ixbrychus minutus	Ⅱ	6	10
彩鹳	Ibis leucocephalus	Ⅱ	3	4
白环	Threskiornis aethiopicus	Ⅱ	4	8
黑环	Pseudibis papillosa	Ⅱ	4	8
彩环	Plegadis falcinellus	Ⅱ	4	8
白琵鹭	Platalea leucorodia	Ⅱ	4	8
黑脸琵鹭	Platalea ninor	Ⅱ	4	8
红胸黑雁	Branta ruficollis	Ⅱ	4	8
白额雁	Anser albifrons	Ⅱ	6	10

续表

中文名	拉丁文名	级别	(一)	(二)
天鹅(所有种)	Cygnus spp.	Ⅱ	6	10
鸳鸯	Aix galericulata	Ⅱ	6	10
其它鹰类	(Accipitridae)	Ⅱ	4	8
隼科(所有种)	Falconidae	Ⅱ	6	10
黑琴鸡	Lyrurus tetrix	Ⅱ	4	8
柳雷鸟	Lagopus lagopus	Ⅱ	4	8
岩雷鸟	Lagopus mutus	Ⅱ	6	10
镰翅鸡	Falcipennis falcipennis	Ⅱ	3	4
花尾榛鸡	Tetrastes bonasia	Ⅱ	10	20
雪鸡(所有种)	Tetraogallus spp.	Ⅱ	10	20
血雉	Ithaginis cruentus	Ⅱ	4	6
红腹角雉	Tragopan temminckii	Ⅱ	4	6
藏马鸡	Crossoptilon crossoptilon	Ⅱ	4	6
蓝马鸡	Crossoptilon aurtum	Ⅱ	4	10
黑鹇	Lophura leucomelana	Ⅱ	6	8
白鹇	Lophura nycthemera	Ⅱ	6	10
原鸡	Gallus gallus	Ⅱ	6	8
勺鸡	Pucrasia macrolopha	Ⅱ	6	8
白冠长尾雉	Syrmaticus reevesii	Ⅱ	4	6
锦鸡(所有种)	Chrysolophus spp.	Ⅱ	4	8
灰鹤	Grus grus	Ⅱ	4	8
沙丘鹤	Grus canadensis	Ⅱ	4	8
白枕鹤	Grus vipio	Ⅱ	4	8
蓑羽鹤	Anthropoides virgo	Ⅱ	6	10
长脚秧鸡	Crex crex	Ⅱ	6	10
姬田鸡	Porzana parva	Ⅱ	6	10
棕背田鸡	Porzana bicolor	Ⅱ	6	10
花田鸡	Coturnicops noveboracensis	Ⅱ	6	10

续表

中文名	拉丁文名	级别	(一)	(二)
铜翅水雉	Metopidius indicus	Ⅱ	6	10
小杓鹬	Numenius borealis	Ⅱ	8	15
小青脚鹬	Tringa guttifer	Ⅱ	6	10
灰燕行	Glareola lactea	Ⅱ	6	10
小鸥	Larus minutus	Ⅱ	6	10
黑浮鸥	Chlidonias niger	Ⅱ	6	10
黄嘴河燕鸥	Sterna aurantia	Ⅱ	6	10
黑嘴端凤头燕鸥	Thalasseus zimmermanni	Ⅱ	4	8
黑腹沙鸡	Pterocles orientalis	Ⅱ	4	8
绿鸠（所有种）	Treron spp.	Ⅱ	6	8
黑颏果鸠	Ptilinopus leclancheri	Ⅱ	6	10
皇鸠（所有种）	Ducula spp.	Ⅱ	6	10
斑尾林鸽	Columba palumbus	Ⅱ	6	10
鹃鸠（所有种）	Macropygia spp.	Ⅱ	6	10
鹦鹉科（所有种）	Psittacidae.	Ⅱ	6	10
鸦鹃（所有种）	Centropus spp.	Ⅱ	6	10
号形目（所有种）	STRIGIFORMES	Ⅱ	6	10
灰喉针尾雨燕	Hirundapus cochinchinensis	Ⅱ	6	10
凤头雨燕	Hemiprocne longipennis	Ⅱ	6	10
橙胸咬鹃	Harpactes oreskios	Ⅱ	6	10
蓝耳翠鸟	Alcedo meninting	Ⅱ	6	10
鹳嘴翠鸟	Pelargopsis capensis	Ⅱ	6	10
黑胸蜂虎	Merops leschenaulti	Ⅱ	6	10
绿喉蜂虎	Merops orientalis	Ⅱ	6	10
犀鸟科（所有种）	Bucertidae	Ⅱ	4	8
白腹黑啄木鸟	Dryocopus javensis	Ⅱ	6	10
阔嘴鸟科（所有种）	Eurylaimidae	Ⅱ	6	10
八色鸫科（所有种）	Pittidae	Ⅱ	6	10

续表

中文名	拉丁文名	级别	（一）	（二）
凹甲陆龟	Manouria impressa	Ⅱ	6	10
大壁虎	Gekko gecko	Ⅱ	10	20
虎纹蛙	Rana tigrina	Ⅱ	100	200
伟蛱	Atlasjapyx atlas	Ⅱ	6	10
尖板曦箭蜓	Heliogomphus retroflexus	Ⅱ	6	10
宽纹北箭蜓	Ophiogomphus spinicorne	Ⅱ	6	10
中华缺翅虫	Zorotypus sinensis	Ⅱ	6	10
墨脱缺翅虫	Zorotypus medoensis	Ⅱ	6	10
拉步甲	Carabus（Coptolabrus）lafossei	Ⅱ	6	10
硕步甲	Carabus（Apotopterus）davidi	Ⅱ	6	10
彩臂金龟（所有种）	Cheirotonus spp.	Ⅱ	6	10
叉犀金龟	Allomyrina davidis	Ⅱ	6	10
双尾褐凤蝶	Bhutanitis mansfieldi	Ⅱ	6	10
三尾褐凤蝶	Bhutanitis thaidina dongchuanensis	Ⅱ	6	10
中华虎凤蝶	Luehdorfia chinensis huashanensis	Ⅱ	6	10
阿波罗绢蝶	Parnassius apollo	Ⅱ	6	10

三、司法文件

《最高人民法院、最高人民检察院、公安部、司法部关于依法惩治非法野生动物交易犯罪的指导意见》（2020年12月18日）

一、依法严厉打击非法猎捕、杀害野生动物的犯罪行为，从源头上防控非法野生动物交易。

非法猎捕、杀害国家重点保护的珍贵、濒危野生动物，符合刑法第三百四十一条第一款规定的，以非法猎捕、杀害珍贵、濒危野生动物罪定罪处罚。

违反狩猎法规，在禁猎区、禁猎期或者使用禁用的工具、方法进行狩猎，破坏野生动物资源，情节严重，符合刑法第三百四十一条第二款规定的，以非法狩猎罪定罪处罚。

违反保护水产资源法规，在禁渔区、禁渔期或者使用禁用的工具、方法捕捞水产品，情节严重，符合刑法第三百四十条规定的，以非法捕捞水产品罪定罪处罚。

二、依法严厉打击非法收购、运输、出售、进出口野生动物及其制品的犯罪行为，切断非法野生动物交易的利益链条。

非法收购、运输、出售国家重点保护的珍贵、濒危野生动物及其制品，符合刑法第三百四十一条第一款规定的，以非法收购、运输、出售珍贵、濒危野生动物、珍贵、濒危野生动物制品罪定罪处罚。

走私国家禁止进出口的珍贵动物及其制品，符合刑法第一百五十一条第二款规定的，以走私珍贵动物、珍贵动物制品罪定罪处罚。

三、依法严厉打击以食用或者其他目的非法购买野生动物的犯罪行为，坚决革除滥食野生动物的陋习。

知道或者应当知道是国家重点保护的珍贵、濒危野生动物及其制品，为食用或者其他目的而非法购买，符合刑法第三百四十一条第一款规定的，以非法收购珍贵、濒危野生动物、珍贵、濒危野生动物制品罪定罪处罚。

四、二次以上实施本意见第一条至第三条规定的行为构成犯罪，依法应当追诉的，或者二年内二次以上实施本意见第一条至第三条规定的行为未经处理的，数量、数额累计计算。

五、明知他人实施非法野生动物交易行为，有下列情形之一的，以共同犯罪论处：

（一）提供贷款、资金、账号、车辆、设备、技术、许可证件的；

（二）提供生产、经营场所或者运输、仓储、保管、快递、邮寄、网络信息交互等便利条件或者其他服务的；

（三）提供广告宣传等帮助行为的。

六、对涉案野生动物及其制品价值，可以根据国务院野生动物保护主管部门制定的价值评估标准和方法核算。对野生动物制品，根据实际情况予以核算，但核算总额不能超过该种野生动物的整体价值。具有特殊利用价值或者导致动物死亡的主要部分，核算方法不明确的，其价值标准最高可以按照该种动物整体价值标准的80%予以折算，其他部分价值标准最高可以按整体价值标准的20%予以折算，但是按照上述方法核算的价值明显不当的，应当根据实际情况妥当予以核算。核算价值低于实际交易价格的，以实际交易价格认定。

根据前款规定难以确定涉案野生动物及其制品价值的，依据下列机构出具的报告，结合其他证据作出认定：

（一）价格认证机构出具的报告；

（二）国务院野生动物保护主管部门、国家濒危物种进出口管理机构、海关总署等指定的机构出具的报告；

（三）地、市级以上人民政府野生动物保护主管部门、国家濒危物种进出口管理机构的派出机构、直属海关等出具的报告。

七、对野生动物及其制品种属类别，非法捕捞、狩猎的工具、方法，以及对野生动物资源的损害程度、食用涉案野生动物对人体健康的危害程度等专门性问题，可以由野生动物保护主管部门、侦查机关或者有专门知识的人依据现场勘验、检查笔录等出具认定意见。难以确定的，依据司法鉴定机构出具的鉴定意见，或者本意见第六条第二款所列机构出具的报告，结合其他证据作出认定。

八、办理非法野生动物交易案件中，行政执法部门依法收集的物证、书证、视听资料、电子数据等证据材料，在刑事诉讼中可以作为证据使用。

对不易保管的涉案野生动物及其制品，在做好拍摄、提取检材或者制作足以反映原物形态特征或者内容的照片、录像等取证工作后，可以移交野生动物保护主管部门及其指定的机构依法处置。对存在或者可能存在疫病的野生动物及其制品，应立即通知野生动物保护主管部门依法处置。

九、实施本意见规定的行为，在认定是否构成犯罪以及裁量刑罚时，应当考虑涉案动物是否系人工繁育、物种的濒危程度、野外存活状况、人工繁育情况、是否列入国务院野生动物保护主管部门制定的人工繁育国家重点保护野生动物名录，以及行为手段、对野生动物资源的损害程度、食用涉案野生动物对人体健康的危害程度等情节，综合评估社会危害性，确保罪责刑相适应。相关定罪量刑标准明显不适宜的，可以根据案件的事实、情节和社会危害程度，依法作出妥当处理。

十、本意见自下发之日起施行。

四、其他法规

（一）《野生动物保护法》（2018年10月26日）

第二条 在中华人民共和国领域及管辖的其他海域，从事野生动物保护及相关活动，适用本法。

本法规定保护的野生动物，是指珍贵、濒危的陆生、水生野生动物和有重要生态、科学、社会价值的陆生野生动物。

本法规定的野生动物及其制品，是指野生动物的整体（含卵、蛋）、部分及其衍生物。

珍贵、濒危的水生野生动物以外的其他水生野生动物的保护，适用《中华人民共和国渔业法》等有关法律的规定。

第三十六条 国家组织开展野生动物保护及相关执法活动的国际合作与交流；建立防范、打击野生动物及其制品的走私和非法贸易的部门协调机制，开展防范、打击走私和非法贸易行动。

第五十二条 违反本法第三十五条规定，进出口野生动物或者其制品的，由海关、公安机关、海洋执法部门依照法律、行政法规和国家有关规定处罚；构成犯罪的，依法追究刑事责任。

第五十七条 本法规定的猎获物价值、野生动物及其制品价值的评估标准和方法，由国务院野生动物保护主管部门制定。

（二）《野生动物及其制品价值评估方法》（2017年10月25日）

第二条 《中华人民共和国野生动物保护法》规定的猎获物价值、野生动物及其制品价值的评估活动，适用本方法。

本方法所称野生动物，是指陆生野生动物的整体（含卵、蛋）；所称野生动物制品，是指陆生野生动物的部分及其衍生物，包括产品。

第三条 国家林业局负责制定、公布并调整《陆生野生动物基准价值标准目录》。

第四条 野生动物整体的价值，按照《陆生野生动物基准价值标准目录》所列该种野生动物的基准价值乘以相应的倍数核算。具体方法是：

（一）国家一级保护野生动物，按照所列野生动物基准价值的十倍核算；国家二级保护野生动物，按照所列野生动物基准价值的五倍核算；

（二）地方重点保护的野生动物和有重要生态、科学、社会价值的野生动物，按照所列野生动物基准价值核算。

两栖类野生动物的卵、蛋的价值，按照该种野生动物整体价值的千分之一核算；爬行类野生动物的卵、蛋的价值，按照该种野生动物整体价值的十分之一核算；鸟类野生动物的卵、蛋的价值，按照该种野生动物整体价值的二分之一核算。

第五条　野生动物制品的价值，由核算其价值的执法机关或者评估机构根据实际情况予以核算，但不能超过该种野生动物的整体价值。但是，省级以上人民政府林业主管部门对野生动物标本和其他特殊野生动物制品的价值核算另有规定的除外。

第六条　野生动物及其制品有实际交易价格的，且实际交易价格高于按照本方法评估的价值的，按照实际交易价格执行。

第七条　人工繁育的野生动物及其制品的价值，按照同种野生动物及其制品价值的百分之五十执行。

人工繁育的列入《人工繁育国家重点保护野生动物名录》的野生动物及其制品的价值，按照同种野生动物及其制品价值的百分之二十五执行。

第八条　《濒危野生动植物种国际贸易公约》附录所列在我国没有自然分布的野生动物，已经国家林业局核准按照国家重点保护野生动物管理的，该野生动物及其制品的价值按照与其同属、同科或者同目的国家重点保护野生动物的价值核算。

《濒危野生动植物种国际贸易公约》附录所列在我国没有自然分布的野生动物、未经国家林业局核准的，以及其他没有列入《濒危野生动植物种国际贸易公约》附录的野生动物及其制品的价值，按照与其同属、同科或者同目的地方重点保护野生动物或者有重要生态、科学、社会价值的野生动物的价值核算。

（三）《水生野生动物及其制品价值评估办法》（2019年8月27日）

第二条　《中华人民共和国野生动物保护法》规定保护的珍贵濒危水生野生动物及其制品价值的评估，适用本办法。

本办法规定的水生野生动物，是指国家重点保护水生野生动物及《濒危野生动植物种国际贸易公约》附录水生物种的整体（含卵）。

本办法规定的水生野生动物制品，是指水生野生动物的部分及其衍生物。

第三条 水生野生动物成年整体的价值，按照对应物种的基准价值乘以保护级别系数计算。

农业农村部负责制定、公布并调整《水生野生动物基准价值标准目录》。

第四条 国家一级重点保护水生野生动物的保护级别系数为10。国家二级重点保护水生野生动物的保护级别系数为5。

《濒危野生动植物种国际贸易公约》附录所列水生物种，已被农业农村部核准为国家重点保护野生动物的，按照对应保护级别系数核算价值；未被农业农村部核准为国家重点保护野生动物的，保护级别系数为1。

第五条 水生野生动物幼年整体的价值，按照该物种成年整体价值乘以发育阶段系数计算。

发育阶段系数不应超过1，由核算其价值的执法机关或者评估机构综合考虑该物种繁殖力、成活率、发育阶段等实际情况确定。

第六条 水生野生动物卵的价值，有单独基准价值的，按照其基准价值乘以保护级别系数计算；没有单独基准价值的，按照该物种成年整体价值乘以繁殖力系数计算。

爬行类野生动物卵的繁殖力系数为十分之一；两栖类野生动物卵的繁殖力系数为千分之一；无脊椎、鱼类野生动物卵的繁殖力系数综合考虑该物种繁殖力、成活率进行确定。

第七条 水生野生动物制品的价值，按照该物种整体价值乘以涉案部分系数计算。

涉案部分系数不应超过1；系该物种主要利用部分的，涉案部分系数不应低于0.7。具体由核算其价值的执法机关或者评估机构综合考虑该制品利用部分、对动物伤害程度等因素确定。

第八条 人工繁育的水生野生动物及其制品的价值，根据本办法第三至七条规定计算后的价值乘以物种来源系数计算。

列入人工繁育国家重点保护水生野生动物名录物种的人工繁育个体及其制品，

物种来源系数为0.25；其它物种的人工繁育个体及其制品，物种来源系数为0.5。

第九条　水生野生动物及其制品有实际交易价格，且实际交易价格高于按照本办法评估价值的，按照实际交易价格执行。

第十条　本办法施行后，新列入《国家重点保护野生动物名录》或《濒危野生动植物种国际贸易公约》附录，但尚未列入《水生野生动物基准价值标准目录》的水生野生动物，其基准价值参照与其同属、同科或同目的最近似水生野生动物的基准价值核算。

第十一条　未被列入《濒危野生动植物种国际贸易公约》附录的地方重点保护水生野生动物，可参照本办法计算价值，保护级别系数可按1计算。

第七章　走私国家禁止进出口的货物、物品罪

【立案追诉标准】

走私国家禁止进出口的货物、物品案（《刑法》第151条第3款）

走私国家禁止进出口的货物、物品，具有下列情形之一的，依照刑法第一百五十一条第三款的规定处五年以下有期徒刑或者拘役，并处或者单处罚金：

（一）走私国家一级保护野生植物五株以上不满二十五株，国家二级保护野生植物十株以上不满五十株，或者珍稀植物、珍稀植物制品数额在二十万元以上不满一百万元的；

（二）走私重点保护古生物化石或者未命名的古生物化石不满十件，或者一般保护古生物化石十件以上不满五十件的；

（三）走私禁止进出口的有毒物质一吨以上不满五吨，或者数额在二万元以上不满十万元的；

（四）走私来自境外疫区的动植物及其产品五吨以上不满二十五吨，或者数额在五万元以上不满二十五万元的；

（五）走私木炭、硅砂等妨害环境、资源保护的货物、物品十吨以上不满五十吨，或者数额在十万元以上不满五十万元的；

（六）走私旧机动车、切割车、旧机电产品或者其他禁止进出口的货物、物品二十吨以上不满一百吨，或者数额在二十万元以上不满一百万元的；

（七）数量或者数额未达到本款第一项至第六项规定的标准，但属于犯罪集团的首要分子，使用特种车辆从事走私活动，造成环境严重污染，或者引起甲类传染病传播、重大动植物疫情等情形的。

具有下列情形之一的，应当认定为刑法第一百五十一条第三款规定的“情节严重”：

（一）走私数量或者数额超过前款第一项至第六项规定的标准的；

（二）达到前款第一项至第六项规定的标准，且属于犯罪集团的首要分子，使用特种车辆从事走私活动，造成环境严重污染，或者引起甲类传染病传播、重大动植物疫情等情形的。

《最高人民法院、最高人民检察院关于办理走私刑事案件适用法律若干问题的解释》（2014 年 8 月 12 日）第 11 条

【犯罪构成及刑事责任】

走私国家禁止进出口的货物、物品罪，是指违反海关和国家有关行政部门关于禁止进出口的货物、物品的法规，逃避海关监管，运输、携带、邮寄珍稀植物及其制品等国家禁止进出口的货物、物品进出国（边）境的行为。构成本罪需要具备以下四个要件：

1. 客体要件

本罪侵犯的客体是海关监管制度和国家对禁止进出口的货物、物品的管理制度。犯罪对象是《刑法》第 151 条、第 152 条、第 347 条、第 350 条具体列举的武器、弹药、核材料、假币、文物、贵重金属、珍贵动物及其制品、淫秽物品、废物、毒品、制毒物品以外的珍稀植物及其制品等国家禁止进出口的其他所有货物、物品。禁止进出口的货物、物品由国家有关行政部门根据《对外贸易法》《货物进出口管理条例》等决定并公布，具体种类会随着我国社会、经济形势的发展而变化，主要包括《禁止进出境物品表》《加工贸易禁止类商品目录》《禁止进口货物目录》《禁止出口货物目录》以及其他法规中列明的禁止进出口的货物、物品。

本罪的犯罪对象是珍稀植物及其制品等国家禁止进出口的其他货物、物品。“珍稀植物”，包括列入《国家重点保护野生植物名录》中的国家一、二级保护野生植物和国家重点保护的野生药材、珍贵树木，列入《濒危野生动植物种国际贸易公约》附录一、附录二中的野生植物以及人工培育的上述植物，如我国独有的金钱松、水松、香果树等乔木，以及有活化石之称的银杉、水杉、银杏等珍稀物种。珍稀植物制品，是指利用珍稀植物加工制作的标本、观赏用品、实用品等物品。“国家禁止进出口的其他货物、物品”，是指武器、弹药、核材料、假币、文物、贵重金属、珍贵动物及其制品、珍稀植物及其制品以外的其他货物、物品。具体归纳起来主要有以下五大类：（1）珍稀植物及其制品、古脊椎动物化石、古人类化石以外的有科学研究价值的古生物化石（无脊椎动物、古植物化石），古生物化石的范围，按照《古生物化石保护条例》的规定予以认定。（2）来自境外疫区的动植物及其制品（如冷冻鸡肉、牛肉等冻品）。（3）国家禁止进出口或者严格限制进出口的有毒化学品及含有这类化学品的物质。（4）国家出于保护国内资源和自然环境的需要而禁止进出口的货物、物品，如硅砂、木炭、腐殖土等。（5）其他国家禁止或限制进出口的货物、物品，如旧机动车、切割车、旧机电产品等。

2. 客观要件

本罪的客观方面表现为违反海关和国家有关行政部门关于禁止进出口的货物、物品的法规，逃避海关监管，运输、携带、邮寄珍稀植物及其制品等国家禁止进出口的货物、物品进出国（边）境的行为。根据《刑法》第155条、第156条的规定，行为人直接向走私人非法收购国家禁止进出口的货物、物品，或者在领海、内海、界河、界湖运输、收购、贩卖上述物品的，也应以走私国家禁止进出口的货物、物品罪论处。与走私国家禁止进出口的货物、物品的犯罪分子通谋，为其提供贷款、资金、账号、发票、证明，或者为其提供运输、保管、邮寄或者其他方便条件的，以走私国家禁止进出口的货物、物品罪的共犯论处。

根据2019年《最高人民法院关于审理走私、非法经营、非法使用兴奋剂刑事案件适用法律若干问题的解释》第1条的规定，运动员、运动员辅助人员走私兴奋剂目录所列物质，或者其他人员以在体育竞赛中非法使用为目的走私兴奋剂目录所列物质，涉案物质属于国家禁止进出口的货物、物品，具有下列情形之一的，应当依照《刑法》第151条第3款的规定，以走私国家禁止进出口的货物、物品罪定罪处罚：（1）一年内曾因走私被给予二次以上行政处罚后又走私的；（2）用于或者准备用于未成年人运动员、残疾人运动员的；（3）用于或者准备用于国内、国际重大体育竞赛的；（4）其他造成严重恶劣社会影响的情形。

3. 主体要件

本罪的犯罪主体为一般主体，包括自然人和单位。

4. 主观要件

本罪的主观方面由故意构成，即行为人对走私的是珍稀植物及其制品等国家禁止进出口的其他货物、物品有明确认识。走私的动机可能是牟利、自我欣赏或科学研究，动机如何不影响犯罪故意的成立。过失不构成本罪。

根据《刑法》第151条第3款的规定，犯本罪，处五年以下有期徒刑或者拘役，并处或者单处罚金；情节严重的，处五年以上有期徒刑，并处罚金。

根据《刑法》第151条第4款的规定，单位犯本条规定之罪的，对单位判处罚金，并对其直接负责的主管人员和其他直接责任人员，依照本条各款的规定处罚。

根据《刑法》第157条第1款的规定，武装掩护走私的，依照《刑法》第151条第1款的规定从重处罚。

【疑难指导】

一、关于本罪的罪与非罪问题

行为是否具有严重的社会危害性，是划清走私国家禁止进出口的货物、物品罪与一般违法行为的关键。司法实践中，应根据禁止进出口的货物、物品的性质，走私的数量，犯罪后果等认定是否具有严重的社会危害性，对于情节显著轻微危害不大的，不认为是犯罪。

我国出于保护国内资源和自然环境的需要，将木炭、硅砂等货物列入《禁止出口货物目录》。处理此类案件，需要特别注意两点：一是只有出口木炭、硅砂的行为才按照走私国家禁止进出口的货物、物品罪定罪处罚，进口上述货物的行为不构成本罪。二是禁止出口的木炭仅限于原木烧制的木炭，不包括机制炭。

二、关于珍稀植物及其制品的认定

司法实践中，是否属于国家禁止进出口的珍稀植物、珍稀植物制品需要专门的鉴定机构通过鉴定方能确定，包括确认涉案植物物种的名称、国家规定的保护级别、珍稀植物的来源、价值、该珍稀植物在我国和国际上的濒危程度等情况。对于确认是否属于珍稀植物制品，通常要对行为人所走私的植物制品是不是由珍稀植物加工而成进行鉴定，确认涉及的植物物种的名称和国家规定的保护级别，同时尽可能查清用于加工的珍稀植物的可辨认部分的性质及其来源、重量、数量，用于加工的珍稀植物在我国和国际上的濒危程度，以及涉案珍稀植物制品的价值等。

三、关于本罪适用中此罪与彼罪的问题

根据《禁止进出境物品表》《限制进出境物品表》等，各种仿真枪属于禁止进出境的货物、物品，管制刀具属于限制进出境的物品。走私仿真枪、管制刀具的，按照走私国家禁止进出口的货物、物品罪定罪处罚。但是如果仿真枪经鉴定为枪支，构成犯罪的，以走私武器罪定罪处罚。

在判定仿真枪时，需要特别注意其与枪支、玩具枪之间的区别，根据公安部《仿真枪认定标准》《公安机关涉案强制弹药性能鉴定工作规定》，符合枪支构成要件，所发射金属弹丸等的枪口动能比大于或等于1.8焦耳/平方厘米时，属于枪支；枪口动能比小于1.8焦耳/平方厘米、大于0.16焦耳/平方厘米时，属于仿真枪。

实践中，部分限制进出口的货物、物品的进出口，除需要取得行政主管部门核发的许可文件外，还需要向海关缴纳一定的税额。走私这类货物、物品有可能同时构成走私普通货物、物品罪。根据《最高人民法院、最高人民检察院关于办理走私刑事案件适用法律若干问题的解释》第21条第1款的规定，未经许可进出口国家限制进出口的货物、物品，偷逃应缴税额，同时又构成走私普通货物、物品罪的，依照处罚较重的规定定罪处罚。

实践中也有取得许可证但超过许可数量进出口行为的情形。鉴于超过许可数量的进出口，是已经合法取得进出口许可资格，只是在数量上超出了行政许可的数量，其违法性主要在于超数量进出口所造成的关税等税收损失，与没有取得许可的进出口在主观故意和危害性方面存在明显不同，根据《最高人民法院、最高人民检察院关于办理走私刑事案件适用法律若干问题的解释》第21条第2款的规定，取得许可，但超过许可数量进出口国家限制进出口的货物、物品，构成犯罪的，依照刑法第153条的规定，以走私普通货物、物品罪定罪处罚。

实践中，大量存在租用、借用或者使用购买的他人许可证进出口国家限制进出口的货物、物品的情形。根据《最高人民法院、最高人民检察院关于办理走私刑事案件适用法律若干问题的解释》第21条第3款的规定，租用、借用或者使用购买的他人许可证，进出口国家限制进出口的货物、物品的，应该以走私国家禁止进出口的货物、物品罪定罪处罚。

四、关于本罪的加重处罚情节的理解

2014年《最高人民法院、最高人民检察院关于办理走私刑事案件适用法律若干问题的解释》对本罪采取数额加情节的量刑标准，除将犯罪集团的首要分子，使用特种车辆从事走私活动作为加重处罚情节外，还规定造成环境严重污染，或者引起甲类传染病传播、重大动植物疫情情形作为本罪加重处罚情节。

根据2016年《最高人民法院、最高人民检察院关于办理环境污染刑事案件适用法律若干问题的解释》第1条规定，具有下列情形之一的，应当认定为“严重污染环境”：（1）在饮用水水源一级保护区、自然保护区核心区排放、倾倒、处置有放射性的废物、含传染病病原体的废物、有毒物质的；（2）非法排放、倾倒、处置危险废物三吨以上的；（3）排放、倾倒、处置含铅、汞、镉、铬、砷、铊、锑的污染物，超过国家或者地方污染物排放标准三倍以上的；（4）排放、倾倒、处置含镍、铜、锌、银、钒、锰、钴的污染物，超过国家或者地方污染物排放标准十倍以上的；（5）通过暗管、渗井、渗坑、裂隙、溶洞、灌注等逃避监管的方式排放、倾倒、处置有放射性的废物、含传染病病原体的废物、有毒物质的；（6）二年内曾因违反国家规定，排放、倾倒、处置有放射性的废物、含传染病病原体的废物、有毒物质受过两次以上行政处罚，又实施前列行为的；（7）重点排污单位篡改、伪造自动监测数据或者干扰自动监测设施，排放化学需氧量、氨氮、二氧化硫、氮氧化物等污染物的；（8）违法减少防治污染设施运行支出一百万元以上的；（9）违法所得或者致使公私财产损失三十万元以上的；（10）造成生态环境严重损害的；（11）致使乡镇以上集中式饮用水水源取水中断十二小时以上的；（12）致使基本农田、防护林地、特种用途林地五亩以上，其他农用地十亩以上，其他土地二十亩以上基本功能丧失或者遭受永久性破坏的；（13）致使森林或者其他林木死亡五十立方米以上，或者幼树死亡二千五百株以上的；（14）致使疏散、转移群众五千人以上的；（15）致使三十人以上中毒的；（16）致使三人以上轻伤、轻度残疾或者器官组织损伤导致一般功能障碍的；（17）致使一人以上重伤、中度残疾或者器官组织损伤导致严重功能障碍的；（18）其他严重污染环境的情形。

"引起甲类传染病传播、重大动植物疫情"，是指根据《传染病防治法》第 3 条、第 4 条规定的相关情形。第 3 条规定，本法规定管理的传染病分为甲类、乙类、丙类 3 种，甲类传染病是指：鼠疫、霍乱。乙类传染病是指：传染性非典型肺炎、艾滋病、病毒性肝炎、脊髓灰质炎、人感染高致病性禽流感、麻疹、流行性出血热、狂犬病、流行性乙型脑炎、登革热、炭疽、细菌性和阿米巴性痢疾、肺结核、伤寒和副伤寒、流行性脑脊髓膜炎、百日咳、白喉、新生儿破伤风、猩红热、布鲁氏菌病、淋病、梅毒、钩端螺旋体病、血吸虫病、疟疾。丙类传染病是指：流行性感冒、流行性腮腺炎、风疹、急性出血性结膜炎、麻风病、流行性和地方性斑疹伤寒、黑热病、包虫病、丝虫病，除霍乱、细菌性和阿米巴性痢疾、伤寒和副伤寒以外的感染性腹泻病。国务院卫生行政部门根据传染病暴发、流行情况和危害程度，可以决定增加、减少或者调整乙类、丙类传染病病种并予以公布。第 4 条规定，对乙类传染病中传染性非典型肺炎、炭疽中的肺炭疽和人感染高致病性禽流感，采取本法所称甲类传染病的预防、控制措施。其他乙类传染病和突发原因不明的传染病需要采取本法所称甲类传染病的预防、控制措施的，由国务院卫生行政部门及时报经国务院批准后予以公布、实施。

【办案依据】

一、《刑法》规定

第一百五十一条第三款 走私珍稀植物及其制品等国家禁止进出口的其他货物、物品的，处五年以下有期徒刑或者拘役，并处或者单处罚金；情节严重的，处五年以上有期徒刑，并处罚金。

第一百五十一条第四款　单位犯本条规定之罪的，对单位判处罚金，并对其直接负责的主管人员和其他直接责任人员，依照本条各款的规定处罚。

第一百五十七条第一款　武装掩护走私的，依照本法第一百五十一条第一款的规定从重处罚。

二、司法解释

（一）《最高人民法院、最高人民检察院关于办理走私刑事案件适用法律若干问题的解释》（2014年8月12日，法释〔2014〕10号）

第十一条　走私国家禁止进出口的货物、物品，具有下列情形之一的，依照刑法第一百五十一条第三款的规定处五年以下有期徒刑或者拘役，并处或者单处罚金：

（一）走私国家一级保护野生植物五株以上不满二十五株，国家二级保护野生植物十株以上不满五十株，或者珍稀植物、珍稀植物制品数额在二十万元以上不满一百万元的；

（二）走私重点保护古生物化石或者未命名的古生物化石不满十件，或者一般保护古生物化石十件以上不满五十件的；

（三）走私禁止进出口的有毒物质一吨以上不满五吨，或者数额在二万元以上不满十万元的；

（四）走私来自境外疫区的动植物及其产品五吨以上不满二十五吨，或者数额在五万元以上不满二十五万元的；

（五）走私木炭、硅砂等妨害环境、资源保护的货物、物品十吨以上不满五十吨，或者数额在十万元以上不满五十万元的；

（六）走私旧机动车、切割车、旧机电产品或者其他禁止进出口的货物、物品二十吨以上不满一百吨，或者数额在二十万元以上不满一百万元的；

（七）数量或者数额未达到本款第一项至第六项规定的标准，但属于犯罪集团的首要分子，使用特种车辆从事走私活动，造成环境严重污染，或者引起甲类传染病传播、重大动植物疫情等情形的。

具有下列情形之一的，应当认定为刑法第一百五十一条第三款规定的“情节严重”：

（一）走私数量或者数额超过前款第一项至第六项规定的标准的；

（二）达到前款第一项至第六项规定的标准，且属于犯罪集团的首要分子，使用特种车辆从事走私活动，造成环境严重污染，或者引起甲类传染病传播、重大动植物疫情等情形的。

第十二条 刑法第一百五十一条第三款规定的“珍稀植物”，包括列入《国家重点保护野生植物名录》《国家重点保护野生药材物种名录》《国家珍贵树种名录》中的国家一、二级保护野生植物、国家重点保护的野生药材、珍贵树木，《濒危野生动植物种国际贸易公约》附录Ⅰ、附录Ⅱ中的野生植物，以及人工培育的上述植物。

本解释规定的“古生物化石”，按照《古生物化石保护条例》的规定予以认定。走私具有科学价值的古脊椎动物化石、古人类化石，构成犯罪的，依照刑法第一百五十一条第二款的规定，以走私文物罪定罪处罚。

第二十条 直接向走私人非法收购走私进口的货物、物品，在内海、领海、界河、界湖运输、收购、贩卖国家禁止进出口的物品，或者没有合法证明，在内海、领海、界河、界湖运输、收购、贩卖国家限制进出口的货物、物品，构成犯罪的，应当按照走私货物、物品的种类，分别依照刑法第一百五十一条、第一百五十二条、第一百五十三条、第三百四十七条、第三百五十条的规定定罪处罚。

刑法第一百五十五条第二项规定的“内海”，包括内河的入海口水域。

第二十一条 未经许可进出口国家限制进出口的货物、物品，构成犯罪的，应当依照刑法第一百五十一条、第一百五十二条的规定，以走私国家禁止进出口的货物、物品罪等罪名定罪处罚；偷逃应缴税额，同时又构成走私普通货物、物品罪的，依照处罚较重的规定定罪处罚。

取得许可，但超过许可数量进出口国家限制进出口的货物、物品，构成犯罪的，依照刑法第一百五十三条的规定，以走私普通货物、物品罪定罪处罚。

租用、借用或者使用购买的他人许可证，进出口国家限制进出口的货物、物品的，适用本条第一款的规定定罪处罚。

第二十二条 在走私的货物、物品中藏匿刑法第一百五十一条、第一百五十二条、第三百四十七条、第三百五十条规定的货物、物品，构成犯罪的，以实际走私的货物、物品定罪处罚；构成数罪的，实行数罪并罚。

第二十三条　实施走私犯罪，具有下列情形之一的，应当认定为犯罪既遂：

（一）在海关监管现场被查获的；

（二）以虚假申报方式走私，申报行为实施完毕的；

（三）以保税货物或者特定减税、免税进口的货物、物品为对象走私，在境内销售的，或者申请核销行为实施完毕的。

第二十四条　单位犯刑法第一百五十一条、第一百五十二条规定之罪，依照本解释规定的标准定罪处罚。

单位犯走私普通货物、物品罪，偷逃应缴税额在二十万元以上不满一百万元的，应当依照刑法第一百五十三条第二款的规定，对单位判处罚金，并对其直接负责的主管人员和其他直接责任人员，处三年以下有期徒刑或者拘役；偷逃应缴税额在一百万元以上不满五百万元的，应当认定为“情节严重”；偷逃应缴税额在五百万元以上的，应当认定为“情节特别严重”。

（二）《最高人民法院关于审理走私、非法经营、非法使用兴奋剂刑事案件适用法律若干问题的解释》（2019年11月18日，法释〔2019〕16号）

第一条　运动员、运动员辅助人员走私兴奋剂目录所列物质，或者其他人员以在体育竞赛中非法使用为目的走私兴奋剂目录所列物质，涉案物质属于国家禁止进出口的货物、物品，具有下列情形之一的，应当依照刑法第一百五十一条第三款的规定，以走私国家禁止进出口的货物、物品罪定罪处罚：

（一）一年内曾因走私被给予二次以上行政处罚后又走私的；

（二）用于或者准备用于未成年人运动员、残疾人运动员的；

（三）用于或者准备用于国内、国际重大体育竞赛的；

（四）其他造成严重恶劣社会影响的情形。

实施前款规定的行为，涉案物质不属于国家禁止进出口的货物、物品，但偷逃应缴税额一万元以上或者一年内曾因走私被给予二次以上行政处罚后又走私的，应当依照刑法第一百五十三条的规定，以走私普通货物、物品罪定罪处罚。

对于本条第一款、第二款规定以外的走私兴奋剂目录所列物质行为，适用

《最高人民法院、最高人民检察院关于办理走私刑事案件适用法律若干问题的解释》(法释〔2014〕10号)规定的定罪量刑标准。

第八条 对于是否属于本解释规定的“兴奋剂”“兴奋剂目录所列物质”“体育运动”“国内、国际重大体育竞赛”等专门性问题，应当依据《中华人民共和国体育法》《反兴奋剂条例》等法律法规，结合国务院体育主管部门出具的认定意见等证据材料作出认定。

三、其他法规

(一)《对外贸易法》(2016年11月7日)

第十一条 国家可以对部分货物的进出口实行国营贸易管理。实行国营贸易管理货物的进出口业务只能由经授权的企业经营；但是，国家允许部分数量的国营贸易管理货物的进出口业务由非授权企业经营的除外。

实行国营贸易管理的货物和经授权经营企业的目录，由国务院对外贸易主管部门会同国务院其他有关部门确定、调整并公布。

违反本条第一款规定，擅自进出口实行国营贸易管理的货物的，海关不予放行。

第十六条 国家基于下列原因，可以限制或者禁止有关货物、技术的进口或者出口：

(一)为维护国家安全、社会公共利益或者公共道德，需要限制或者禁止进口或者出口的；

(二)为保护人的健康或者安全，保护动物、植物的生命或者健康，保护环境，需要限制或者禁止进口或者出口的；

(三)为实施与黄金或者白银进出口有关的措施，需要限制或者禁止进口或者出口的；

(四)国内供应短缺或者为有效保护可能用竭的自然资源，需要限制或者禁止出口的；

(五)输往国家或者地区的市场容量有限，需要限制出口的；

(六)出口经营秩序出现严重混乱，需要限制出口的；

(七)为建立或者加快建立国内特定产业，需要限制进口的；

（八）对任何形式的农业、牧业、渔业产品有必要限制进口的；

（九）为保障国家国际金融地位和国际收支平衡，需要限制进口的；

（十）依照法律、行政法规的规定，其他需要限制或者禁止进口或者出口的；

（十一）根据我国缔结或者参加的国际条约、协定的规定，其他需要限制或者禁止进口或者出口的。

第十七条　国家对与裂变、聚变物质或者衍生此类物质的物质有关的货物、技术进出口，以及与武器、弹药或者其他军用物资有关的进出口，可以采取任何必要的措施，维护国家安全。

在战时或者为维护国际和平与安全，国家在货物、技术进出口方面可以采取任何必要的措施。

第十九条　国家对限制进口或者出口的货物，实行配额、许可证等方式管理；对限制进口或者出口的技术，实行许可证管理。

实行配额、许可证管理的货物、技术，应当按照国务院规定经国务院对外贸易主管部门或者经其会同国务院其他有关部门许可，方可进口或者出口。

国家对部分进口货物可以实行关税配额管理。

第六十条　违反本法第十一条规定，未经授权擅自进出口实行国营贸易管理的货物的，国务院对外贸易主管部门或者国务院其他有关部门可以处五万元以下罚款；情节严重的，可以自行政处罚决定生效之日起三年内，不受理违法行为人从事国营贸易管理货物进出口业务的申请，或者撤销已给予其从事其他国营贸易管理货物进出口的授权。

第六十一条　进出口属于禁止进出口的货物的，或者未经许可擅自进出口属于限制进出口的货物的，由海关依照有关法律、行政法规的规定处理、处罚；构成犯罪的，依法追究刑事责任。

进出口属于禁止进出口的技术的，或者未经许可擅自进出口属于限制进出口的技术的，依照有关法律、行政法规的规定处理、处罚；法律、行政法规没有规定的，由国务院对外贸易主管部门责令改正，没收违法所得，并处违法所得一倍以上五倍以下罚款，没有违法所得或者违法所得不足一万元的，处一万元以上五万元以下罚款；构成犯罪的，依法追究刑事责任。

自前两款规定的行政处罚决定生效之日或者刑事处罚判决生效之日起，国务院对外贸易主管部门或者国务院其他有关部门可以在三年内不受理违法行为人提出的进出口配额或者许可证的申请，或者禁止违法行为人在一年以上三年以下的期限内从事有关货物或者技术的进出口经营活动。

第六十二条 从事属于禁止的国际服务贸易的，或者未经许可擅自从事属于限制的国际服务贸易的，依照有关法律、行政法规的规定处罚；法律、行政法规没有规定的，由国务院对外贸易主管部门责令改正，没收违法所得，并处违法所得一倍以上五倍以下罚款，没有违法所得或者违法所得不足一万元的，处一万元以上五万元以下罚款；构成犯罪的，依法追究刑事责任。

国务院对外贸易主管部门可以禁止违法行为人自前款规定的行政处罚决定生效之日或者刑事处罚判决生效之日起一年以上三年以下的期限内从事有关的国际服务贸易经营活动。

第六十三条 违反本法第三十四条规定，依照有关法律、行政法规的规定处罚；构成犯罪的，依法追究刑事责任。

国务院对外贸易主管部门可以禁止违法行为人自前款规定的行政处罚决定生效之日或者刑事处罚判决生效之日起一年以上三年以下的期限内从事有关的对外贸易经营活动。

第六十四条 依照本法第六十一条至第六十三条规定被禁止从事有关对外贸易经营活动的，在禁止期限内，海关根据国务院对外贸易主管部门依法作出的禁止决定，对该对外贸易经营者的有关进出口货物不予办理报关验放手续，外汇管理部门或者外汇指定银行不予办理有关结汇、售汇手续。

第六十五条 依照本法负责对外贸易管理工作的部门的工作人员玩忽职守、徇私舞弊或者滥用职权，构成犯罪的，依法追究刑事责任；尚不构成犯罪的，依法给予行政处分。

依照本法负责对外贸易管理工作的部门的工作人员利用职务上的便利，索取他人财物，或者非法收受他人财物为他人谋取利益，构成犯罪的，依法追究刑事责任；尚不构成犯罪的，依法给予行政处分。

第六十六条 对外贸易经营活动当事人对依照本法负责对外贸易管理工作的

部门作出的具体行政行为不服的，可以依法申请行政复议或者向人民法院提起行政诉讼。

（二）《货物进出口管理条例》（2001年12月10日）

第八条 有对外贸易法第十七条规定情形之一的货物，禁止进口。其他法律、行政法规规定禁止进口的，依照其规定。

禁止进口的货物目录由国务院外经贸主管部门会同国务院有关部门制定、调整并公布。

第九条 属于禁止进口的货物，不得进口。

第十条 有对外贸易法第十六条第（一）、（四）、（五）、（六）、（七）项规定情形之一的货物，限制进口。其他法律、行政法规规定限制进口的，依照其规定。

限制进口的货物目录由国务院外经贸主管部门会同国务院有关部门制定、调整并公布。

限制进口的货物目录，应当至少在实施前21天公布；在紧急情况下，应当不迟于实施之日公布。

第十一条 国家规定有数量限制的限制进口货物，实行配额管理；其他限制进口货物，实行许可证管理。

实行关税配额管理的进口货物，依照本章第四节的规定执行。

第十二条 实行配额管理的限制进口货物，由国务院外经贸主管部门和国务院有关经济管理部门（以下统称进口配额管理部门）按照国务院规定的职责划分进行管理。

第三十三条 有对外贸易法第十七条规定情形之一的货物，禁止出口。其他法律、行政法规规定禁止出口的，依照其规定。

禁止出口的货物目录由国务院外经贸主管部门会同国务院有关部门制定、调整并公布。

第三十四条 属于禁止出口的货物，不得出口。

第三十五条 有对外贸易法第十六条第（一）、（二）、（三）、（七）项规定情形之一的货物，限制出口。其他法律、行政法规规定限制出口的，依照其规定。

限制出口的货物目录由国务院外经贸主管部门会同国务院有关部门制定、调整并公布。

限制出口的货物目录，应当至少在实施前21天公布；在紧急情况下，应当不迟于实施之日公布。

第三十六条 国家规定有数量限制的限制出口货物，实行配额管理；其他限制出口货物，实行许可证管理。

第三十七条 实行配额管理的限制出口货物，由国务院外经贸主管部门和国务院有关经济管理部门（以下统称出口配额管理部门）按照国务院规定的职责划分进行管理。

第八章　走私淫秽物品罪

【立案追诉标准】

走私淫秽物品案（《刑法》第152条第1款）

以牟利或者传播为目的，走私淫秽的影片、录像带、录音带、图片、书刊或者其他通过文字、声音、形象等形式表现淫秽内容的影碟、音碟、电子出版物等物品，涉嫌下列情形之一的，应予立案追诉：

（一）走私淫秽录像带、影碟五十盘（张）以上的；

（二）走私淫秽录音带、音碟一百盘（张）以上的；

（三）走私淫秽扑克、书刊、画册一百副（册）以上的；

（四）走私淫秽照片、画片五百张以上的；

（五）走私其他淫秽物品相当于上述数量的；

（六）走私淫秽物品数量虽未达到本条第（一）项至第（四）项规定标准，但分别达到其中两项以上标准的百分之五十以上的。

《最高人民检察院、公安部关于公安机关管辖的刑事案件立案追诉标准的规定（一）》（2008年6月25日）第25条

【犯罪构成及刑事责任】

走私淫秽物品罪，是指违反海关法规，逃避海关监管，以牟利或者传播为目的，运输、携带、邮寄淫秽的影片、录像带、录音带、图片、书刊或者其他淫秽物品，进出国（边）境的行为。构成本罪需要具备以下四个要件：

1. 客体要件

本罪侵犯的客体是国家海关监管制度和国家严禁淫秽物品走私传播的制度。犯罪对象是淫秽物品。根据《刑法》第367条第1款的规定，所谓淫秽物品，是指具体描绘性行为或者露骨宣扬色情的诲淫性的书刊、影片、录像带、录音带、图片及其他淫秽物品。“其他淫秽物品”，根据有关司法解释，是指除淫秽的影片、录像带、录音带、图片、书刊以外的，通过文字、声音、形象等形式表现淫秽内容的影碟、音碟、电子出版物等物品。但是需要注意的是，有关人体生理、医学知识的科学著作不是淫秽物品。含有色情内容的有艺术价值的文学、艺术作品不视为淫秽物品。淫秽物品的种类和目录，由国务院有关主管部门规定。目前，办理案件时可依照国家新闻出版署1988年制定的《关于认定淫秽及色情出版物的暂行规定》来确定是否属于淫秽物品。

2. 客观要件

客观方面表现为违反海关法规，逃避海关监管，以牟利或者传播为目的，运输、携带、邮寄淫秽的影片、录像带、录音带、图片、书刊或者其他淫秽物品，进出国（边）境的行为。违反海关法规，是指违反海关法和其他有关禁止淫秽物品进出口的规定。逃避海关监管，是指采取各种方法，避开海关的监督、检查，企图将淫秽物品走私进出境的行为。实践中主要表现为行为人绕过海关、检查站以及不如实向海关申报物品两种行为。根据《刑法》第155条、第156条的规定，行为人直接向走私淫秽物品的人收购淫秽物品，或者在内海、领海、界河、界湖运输、收购、贩卖淫秽物品的，也应以走私淫秽物品罪论处。与走私淫秽物品的犯罪分子通谋，为其提供贷款、资金、账号、发票、证明，或者为其提供运输、保管、邮寄或者其他方便条件的，以走私淫秽物品罪的共犯论处。

3. 主体要件

本罪的犯罪主体为一般主体，包括自然人和单位。

4. 主观要件

本罪的主观方面由故意构成，并且具有牟利或者传播的目的。所谓以牟利为目的，是指行为人走私淫秽物品是为了出卖、出租或者通过其他方式牟取非法利润；所谓以传播为目的，是指行为人走私淫秽物品是为了在社会上进行扩散。具有牟利或者传播目的，是构成本罪在主观方面的必备要件。

根据《刑法》第152条第1款的规定，犯本罪，处三年以上十年以下有期徒刑，并处罚金；情节严重的，处十年以上有期徒刑或者无期徒刑，并处罚金或者没收财产；情节较轻的，处三年以下有期徒刑、拘役或者管制，并处罚金。

根据《刑法》第152条第3款的规定，单位犯前两款罪的，对单位判处罚金，并对其直接负责的主管人员和其他直接责任人员，依照前两款的规定处罚。

【疑难指导】

一、关于淫秽物品的认定问题

（一）关于淫秽物品的界定

根据以下相关规定，可以较为清晰地判断何为淫秽物品。

1988年12月27日《新闻出版署关于认定淫秽及色情出版物的暂行规定》第2条规定，淫秽出版物是指在整体上宣扬淫秽行为，具有下列内容之一，挑动人们的性欲，足以导致普通人腐化堕落，而又没有艺术价值或者科学价值的出版物：（1）淫亵性地具体描写性行为、性交及其心理感受；（2）公然宣扬色情淫荡形象；（3）淫亵性地描述或者传授性技巧；（4）具体描写乱伦、强奸或者其他性犯罪的手段、过程或者细节，足以诱发犯罪的；（5）具体描写少年儿童的性行为；（6）淫亵性地具体描写同性恋的性行为或者其他性变态行为，或者具体描写与性变态有关的暴力、虐待、侮辱行为；（7）其他令普通人不能容忍的对性行为的淫亵性描写。同时，在第4条规定，夹杂淫秽、色情内容而具有艺术价值的文艺作品；表现人体美的美术作品；有关人体的解剖生理知识、生育知识、疾病防治和其他有关性知识、性道德、性社会学等自然科学和社会科学作品，不属于淫秽出版物、色情出版物的范围。

（二）关于淫秽物品的分类

实践中，走私犯罪案件中淫秽物品大致可以分为以下几类：（1）淫秽音像制品，包括淫秽录像带、录音带、视盘、影片、幻灯片等；（2）淫秽印刷品，包括照片、图画、书籍、报刊等；（3）印有淫秽图照的玩具、用品；（4）淫药、淫具；（5）其他淫秽物品，包括除了上述列举的淫秽物品以外的，通过文字、声音、形象等形式表现淫秽内容的电子媒介等物品。

二、关于本罪的罪与非罪问题

查明行为人是否具有牟利或者传播目的，是划清走私淫秽物品罪的罪与非罪、一般违法行为与犯罪界限的关键。在司法实践中，认定行为人是否具有上述目的时，应当综合考虑行为人的口供、证人证言和其他事实情况。如果行为人已经在社会上传播或者出售、出租走私的淫秽物品，则应认定为具有牟利或者传播的目的。[①]

三、走私淫秽物品罪“明知”的认定问题

走私淫秽物品罪的“明知”，是指行为人知道或者应当知道运输、邮寄、携带的物品是淫秽物品而逃避海关监管。实践中认定“应当知道”，一般要综合案件的具体情况和反映出的事实、行为人的职业、阅历等，结合社会相应人的一般认知，推定行为人是否事实上知道。这里的“应当知道”，不能理解为行为人理应知道但事实上确实不知道。因此，在具有证明行为人理应知道但事实上确实不知道的证据时，就不能认定“应当知道”。

四、关于走私淫秽物品罪中牟利或者传播目的的认定问题

这里的牟利，是指通过出售、出租、放映或者其他方式获取钱财或者其他非法利益。这里的传播，是指意图向社会公众展示、赠送、播放、散布或者流传。如果没有牟利或者传播目的，仅为个人使用，夹带少量的淫秽物品出入境，不构成本罪。需要注意的是，牟利或者传播目的是否实现，不影响本罪的成立。

五、走私淫秽物品罪与制作、复制、出版、传播淫秽物品罪的区别

制作、复制、出版、传播淫秽物品，是指以牟利为目的，制作、复制、出版、贩卖、传播淫秽物品的行为。两者的犯罪对象和主观目的相同。在客观方面，走私淫秽物品罪的犯罪分子也往往具有制作、复制、出版、传播的行为。在客体方面，也都侵犯了国家对于文化市场的管理秩序和社会道德风尚。但走私淫秽物品罪侵犯的是复杂客体，即除国家对于文化市场的管理秩序和社会道德风尚外，还侵犯了海关监管秩序。根据《刑法》规定，对于以牟利或者传播为目的，直接向

① 周道鸾、张军主编：《刑法罪名精释（第四版）》，人民法院出版社2013年版，第236页。

走私人非法收购淫秽物品的，在内海、领海运输、收购、贩卖淫秽物品的，应当认定为走私罪。

【办案依据】

一、《刑法》规定

第一百五十二条第一款 以牟利或者传播为目的，走私淫秽的影片、录像带、录音带、图片、书刊或者其他淫秽物品的，处三年以上十年以下有期徒刑，并处罚金；情节严重的，处十年以上有期徒刑或者无期徒刑，并处罚金或者没收财产；情节较轻的，处三年以下有期徒刑、拘役或者管制，并处罚金。

第一百五十二条第三款 单位犯前两款罪的，对单位判处罚金，并对其直接负责的主管人员和其他直接责任人员，依照前两款的规定处罚。

二、司法解释

《最高人民法院、最高人民检察院关于办理走私刑事案件适用法律若干问题的解释》（2014年8月12日，法释〔2014〕10号）

第十三条 以牟利或者传播为目的，走私淫秽物品，达到下列数量之一的，可以认定为刑法第一百五十二条第一款规定的“情节较轻”：

（一）走私淫秽录像带、影碟五十盘（张）以上不满一百盘（张）的；

（二）走私淫秽录音带、音碟一百盘（张）以上不满二百盘（张）的；

（三）走私淫秽扑克、书刊、画册一百副（册）以上不满二百副（册）的；

（四）走私淫秽照片、画片五百张以上不满一千张的；

（五）走私其他淫秽物品相当于上述数量的。

走私淫秽物品在前款规定的最高数量以上不满最高数量五倍的，依照刑法第一百五十二条第一款的规定处三年以上十年以下有期徒刑，并处罚金。

走私淫秽物品在第一款规定的最高数量五倍以上，或者在第一款规定的最高数量以上不满五倍，但属于犯罪集团的首要分子，使用特种车辆从事走私活动等情形的，应当认定为刑法第一百五十二条第一款规定的“情节严重”。

第二十条 直接向走私人非法收购走私进口的货物、物品，在内海、领海、界河、界湖运输、收购、贩卖国家禁止进出口的物品，或者没有合法证明，在内海、领海、界河、界湖运输、收购、贩卖国家限制进出口的货物、物品，构成犯罪的，应当按照走私货物、物品的种类，分别依照刑法第一百五十一条、第一百五十二条、第一百五十三条、第三百四十七条、第三百五十条的规定定罪处罚。

刑法第一百五十五条第二项规定的“内海”，包括内河的入海口水域。

第二十一条 未经许可进出口国家限制进出口的货物、物品，构成犯罪的，应当依照刑法第一百五十一条、第一百五十二条的规定，以走私国家禁止进出口的货物、物品罪等罪名定罪处罚；偷逃应缴税额，同时又构成走私普通货物、物品罪的，依照处罚较重的规定定罪处罚。

取得许可，但超过许可数量进出口国家限制进出口的货物、物品，构成犯罪的，依照刑法第一百五十三条的规定，以走私普通货物、物品罪定罪处罚。

租用、借用或者使用购买的他人许可证，进出口国家限制进出口的货物、物品的，适用本条第一款的规定定罪处罚。

第二十二条 在走私的货物、物品中藏匿刑法第一百五十一条、第一百五十二条、第三百四十七条、第三百五十条规定的货物、物品，构成犯罪的，以实际走私的货物、物品定罪处罚；构成数罪的，实行数罪并罚。

第二十四条 单位犯刑法第一百五十一条、第一百五十二条规定之罪，依照本解释规定的标准定罪处罚。

单位犯走私普通货物、物品罪，偷逃应缴税额在二十万元以上不满一百万元的，应当依照刑法第一百五十三条第二款的规定，对单位判处罚金，并对其直接负责的主管人员和其他直接责任人员，处三年以下有期徒刑或者拘役；偷逃应缴税额在一百万元以上不满五百万元的，应当认定为“情节严重”；偷逃应缴税额在五百万元以上的，应当认定为“情节特别严重”。

三、其他法规

《新闻出版署关于认定淫秽及色情出版物的暂行规定》（1988年12月27日）

第一条 为了实施《国务院关于严禁淫秽物品的规定》和《关于重申严禁淫秽出版物的规定》，明确淫秽及色情出版物的认定标准，特制定本暂行规定。

第二条 淫秽出版物是指在整体上宣扬淫秽行为，具有下列内容之一，挑动人们的性欲，足以导致普通人腐化堕落，而又没有艺术价值或者科学价值的出版物：

（一）淫亵性地具体描写性行为、性交及其心理感受；

（二）公然宣扬色情淫荡形象；

（三）淫亵性地描述或者传授性技巧；

（四）具体描写乱伦、强奸或者其他性犯罪的手段、过程或者细节，足以诱发犯罪的；

（五）具体描写少年儿童的性行为；

（六）淫亵性地具体描写同性恋的性行为或者其他性变态行为，或者具体描写与性变态有关的暴力、虐待、侮辱行为；

（七）其他令普通人不能容忍的对性行为的淫亵性描写。

第三条　色情出版物是指在整体上不是淫秽的，但其中一部分有第二条（一）至（七）项规定的内容，对普通人特别是未成年人的身心健康有毒害，而缺乏艺术价值或者科学价值的出版物。

第四条　夹杂淫秽、色情内容而具有艺术价值的文艺作品；表现人体美的美术作品；有关人体的解剖生理知识、生育知识、疾病防治和其他有关性知识、性道德、性社会学等自然科学和社会科学作品，不属于淫秽出版物、色情出版物的范围。

第五条　淫秽出版物、色情出版物由新闻出版署负责鉴定或者认定。新闻出版署组织有关部门的专家组成淫秽及色情出版物鉴定委员会，承担淫秽出版物、色情出版物的鉴定工作。

各省、自治区、直辖市新闻出版局组织有关部门的专家组成淫秽及色情出版物鉴定委员会，对本行政区域内发现的淫秽出版物、色情出版物提出鉴定或者认定意见报新闻出版署。

第六条　本规定所称的出版物包括书籍、报纸、杂志、图片、画册、挂历、音像制品及印刷宣传品。

本规定所称的普通人是指生理和精神正常的成年人。

第七条　本规定由新闻出版署负责解释。

第八条　本规定自公布之日起施行。

第九章 走私废物罪

【立案追诉标准】

走私废物案（《刑法》第 152 条第 2 款）

走私国家禁止进口的废物或者国家限制进口的可用作原料的废物，具有下列情形之一的，应当认定为刑法第一百五十二条第二款规定的“情节严重”：

（一）走私国家禁止进口的危险性固体废物、液态废物分别或者合计达到一吨以上不满五吨的；

（二）走私国家禁止进口的非危险性固体废物、液态废物分别或者合计达到五吨以上不满二十五吨的；

（三）走私国家限制进口的可用作原料的固体废物、液态废物分别或者合计达到二十吨以上不满一百吨的；

（四）未达到上述数量标准，但属于犯罪集团的首要分子，使用特种车辆从事走私活动，或者造成环境严重污染等情形的。

具有下列情形之一的，应当认定为刑法第一百五十二条第二款规定的“情节特别严重”：

（一）走私数量超过前款规定的标准的；

（二）达到前款规定的标准，且属于犯罪集团的首要分子，使用特种车辆从事走私活动，或者造成环境严重污染等情形的；

（三）未达到前款规定的标准，但造成环境严重污染且后果特别严重的。

走私置于容器中的气态废物，构成犯罪的，参照前两款规定的标准处罚。

《最高人民法院、最高人民检察院关于办理走私刑事案件适用法律若干问题的解释》（2014 年 8 月 12 日）第 14 条

【犯罪构成及刑事责任】

走私废物罪，是指违反海关法规和国家关于固体废物、液态废物、气态废物管理的规定，逃避海关监管，将境外固体废物、液态废物、气态废物运输进境，情节严重的行为。构成本罪需要具备以下四个要件：

1. 客体要件

本罪侵犯的客体是海关监管制度和国家禁止固体废物、液态废物和气态废物进境的制度。犯罪对象是“废物”。这里讲的废物不是一般的废物，而是特指的固体废物、液态废物和气态废物。所谓固体废物，是指在生产建设、日常生活和其他活动中产生的污染环境的固态、半固态废弃物质。如工业固体废物（工业、交通等生产活动中产生的固体废物）、城市生活垃圾（在城市日常生活中或者为城市日常生活提供服务的活动中产生的固体废物以及法律、行政法规规定视为城市生活垃圾的固体废物）、危险废物（列入国家危险废物名录或者根据国家规定的危险废物鉴别标准和鉴别方法认定的具有危险特性的废物）。《固体废物污染环境防治法》第 23 条规定：“禁止中华人民共和国境外的固体废物进境倾倒、堆放、处置。”

2. 客观要件

本罪的客观方面表现为违反海关法规和国家关于固体废物、液态废物、气态废物管理的规定，逃避海关监管，将境外固体废物、液态废物、气态废物运输进境，情节严重的行为。根据《刑法》第 339 条的规定，以原料利用为名，进口不能用作原料的固体废物、液态废物和气态废物的，也构成走私废物罪。根据《刑法》第 155 条、第 156 条的规定，行为人直接向走私人非法收购废物，或者在内

海、领海、界河、界湖运输、收购废物的，应当以走私废物罪论处。与走私废物的犯罪分子通谋，为其提供贷款、资金、账号、发票、证明，或者为其提供运输、保管、邮寄或者其他方便条件的，以走私废物罪的共犯论处。依照法律的规定，逃避海关监管，将境外固体废物、液态废物、气态废物运输进境，必须达到“情节严重”的程度才能构成犯罪。

3. 主体要件

本罪的犯罪主体为一般主体，包括自然人和单位。

4. 主观要件

本罪的主观方面由故意构成，过失不构成本罪。

根据《刑法》第152条第2款的规定，犯本罪，情节严重的，处五年以下有期徒刑，并处或者单处罚金；情节特别严重的，处五年以上有期徒刑，并处罚金。

根据《刑法》第152条第3款的规定，单位犯前两款罪的，对单位判处罚金，并对其直接负责的主管人员和其他直接责任人员，依照前两款的规定处罚。

【疑难指导】

一、关于本罪中“废物”的认定

2014年《最高人民法院、最高人民检察院关于办理走私刑事案件适用法律若干问题的解释》第14条将废物划分为国家禁止进口的危险性废物、国家禁止进口的非危险性废物、国家限制进口的可用作原料的废物三类，并分别规定不同定罪量刑标准。不同的废物属性将直接决定罪与非罪以及适用的量刑档次。这就往往涉及如何认定废物问题。

（一）司法机关可以直接认定废物

根据2019年2月20日最高人民法院、最高人民检察院等部门联合发布的《关于办理环境污染刑事案件有关问题座谈会纪要》第13条“关于废物认定”的规定，对于列入《国家危险废物名录》的，如果来源和相应特征明确，司法人员根据自身专业技术知识和工作经验认定难度不大的，司法机关可以依据名录直接认定。对于来源和相应特征不明确的，由生态环境部门、公安机关等出具书面意见，司法机关可以依据涉案物质的来源、产生过程、被告人供述、证人证言以及经批准或者备案的环境影响评价文件等证据，结合上述书面意见作出是否属于危险废物的认定。对于需要生态环境部门、公安机关等出具书面认定意见的，区分下列情况分别处理：（1）对已确认固体废物产生单位，且产废单位环评文件中明确为危险废物的，根据产废单位建设项目环评文件和审批、验收意见、案件笔录等材料，可对照《国家危险废物名录》等出具认定意见。（2）对已确认固体废物产生单位，但产废单位环评文件中未明确为危险废物的，应进一步分析废物产生工艺，对照判断其是否列入《国家危险废物名录》。列入名录的可以直接出具认定意见；未列入名录的，应根据原辅材料、产生工艺等进一步分析其是否具有危险特性，不可能具有危险特性的，不属于危险废物；可能具有危险特性的，抽取典型样品进行检测，并根据典型样品检测指标浓度，对照《危险废物鉴别标准》出具认定意见。（3）对固体废物产生单位无法确定的，应抽取典型样品进行检测，根据典型样品检测指标浓度，对照《危险废物鉴别标准》出具认定意见。对确需进一步委托有相关资质的检测鉴定机构进行检测鉴定的，生态环境部门或者公安机关按照有关规定开展检测鉴定工作。

（二）废物的鉴定机构和鉴定程序

对于废物需要鉴定的，应当由有关行政主管部门认定的具有相应鉴定资质的机构进行。关于废物的鉴定机构，根据《关于发布固体废物属性鉴别机构名单及鉴别程序的通知》及《关于推荐固体废物属性鉴别机构的通知》，总计有 21 家具有鉴定资质的机构，涵盖环保、海关、检验检疫等部门。关于鉴定程序，2018 年生态环境部、海关总署联合发布《关于发布进口货物的固体废物属性鉴别程序的公告》，对固体废物属性的鉴定程序作了详尽规定。

（三）未查扣废物的属性和重量认定规则

司法实践中，涉案废物可能因用于生产、销售等原因灭失。在无实物的情况下，如何认定其废物属性与重量，主要看在案证据能否形成完整的证据锁链且排除合理怀疑，得出唯一性结论。相关证据链条应围绕货源的稳定性及行为的连贯性进行，包括交易单证，货物价格，言词证据中关于货物的成分、外观、去向等，并充分听取犯罪嫌疑人的辩解。

二、关于本罪与非法处置进口的固体废物罪的区别

非法处置进口的固体废物罪，是指违反国家规定，将境外的固体废物进境倾倒、堆放、处置的行为。走私废物罪与非法处置进口的固体废物罪的区别是，前者逃避海关监管，后者不逃避海关监管；前者处罚的是走私行为，后者处罚的是将固体废物在我国境内倾倒、堆放、处置的行为。因此，如果行为人走私固体废物并在我国境内倾倒、堆放、处置的，则既构成走私废物罪，又构成非法处置进口的固体废物罪，应当实行数罪并罚。[①]

三、关于本罪与擅自进口固体废物罪的区别

擅自进口固体废物罪，是指未经国务院有关主管部门许可，擅自进口固体废物用作原料，造成重大环境污染事故，致使公私财产遭受重大损失或者严重危害人体健康的行为。走私废物罪与擅自进口固体废物罪的区别主要有两点：（1）前者走私的固体废物、液态废物、气态废物不仅根本不能用作原料，且根本未获批准进口，而行为人逃避海关监管将这些废物走私进境；后者擅自进口的固体废物，则可以用作原料，尚有利用价值，且并未逃避海关监管，而是照章纳税，只是进口的固体废物应经国务院有关主管部门批准而未报经批准。（2）前者只要达到一定数量就可以追究刑事责任；后者必须造成重大环境污染事故，致使公私财产遭受重大损失或者严重危害人体健康的才构成犯罪。[②] 由于二者在客观行为方面存在重合，两者会发生竞合，如行为人擅自进口国家限制进口的可用作原料固体废物超过20吨，并造成重大环境污染事故，应按想象竞合犯择一重罪处理。

四、走私废物罪的罪数问题

一是行为人为实施走私废物的行为，而伪造、变造国家公文、证件和印章的，应从一重罪处断。在这种情形下，走私废物的行为是目的行为，伪造、变造行为是实现走私废物目的的手段行为，二者之间存在紧密的关联性，属于刑法上的牵连犯，应从一重罪处断。

---

① 参见周道鸾、张军主编：《刑法罪名精释（第四版）》，人民法院出版社2013年版，第861页。

② 参见周道鸾、张军主编：《刑法罪名精释（第四版）》，人民法院出版社2013年版，第863页。

二是走私的废物中含有其他物品的如何定罪。行为人具有走私的概括故意，并实际实施了走私行为，其具体罪名应当以实际走私的对象而定，构成数罪的，实行数罪并罚。概括故意应指行为人对走私具体对象没有明确指向，且行为人对实际走私对象不反对，即对走私的货物种类持放任态度。

五、走私废物罪与非法处置进口的固体废物罪的区别

非法处置进口的固体废物罪，是指违反国家规定，将境外的固体废物进境倾倒、堆放、处置的行为。二者的区别主要在于：非法处置进口的固体废物罪的犯罪对象仅限于国家限制进口的可用作原料的固体废物，且只要在我国境内倾倒、堆放、处置即可构罪。如果行为人走私固体废物，并在我国境内倾倒、堆放、处置的，需要分情况进行处理：如果行为人非法处置的是国家禁止进口的固体废物，只构成走私废物罪。如果行为人进行走私就是为了把我国当作“垃圾处理场”，其走私行为与非法处置行为存在牵连关系，择一重罪论处。如果行为人持有批文，进口行为合法，其将废物运输进境后违反国家规定处置的，构成非法处置进口的固体废物罪。

【办案依据】

一、《刑法》规定

第一百五十二条第二款 逃避海关监管将境外固体废物、液态废物和气态废物运输进境，情节严重的，处五年以下有期徒刑，并处或者单处罚金；情节特别严重的，处五年以上有期徒刑，并处罚金。

第一百五十二条第三款 单位犯前两款罪的，对单位判处罚金，并对其直接负责的主管人员和其他直接责任人员，依照前两款的规定处罚。

二、司法解释

《最高人民法院、最高人民检察院关于办理走私刑事案件适用法律若干问题的解释》（2014 年 8 月 12 日，法释〔2014〕10 号）

第四条 走私各种弹药的弹头、弹壳，构成犯罪的，依照刑法第一百五十一条第一款的规定，以走私弹药罪定罪处罚。具体的定罪量刑标准，按照本解释第一条规定的数量标准的五倍执行。

走私报废或者无法组装并使用的各种弹药的弹头、弹壳，构成犯罪的，依照刑法第一百五十三条的规定，以走私普通货物、物品罪定罪处罚；属于废物的，依照刑法第一百五十二条第二款的规定，以走私废物罪定罪处罚。

弹头、弹壳是否属于前款规定的“报废或者无法组装并使用”或者“废物”，由国家有关技术部门进行鉴定。

第十四条 走私国家禁止进口的废物或者国家限制进口的可用作原料的废物，具有下列情形之一的，应当认定为刑法第一百五十二条第二款规定的“情节严重”：

（一）走私国家禁止进口的危险性固体废物、液态废物分别或者合计达到一吨以上不满五吨的；

（二）走私国家禁止进口的非危险性固体废物、液态废物分别或者合计达到五吨以上不满二十五吨的；

（三）走私国家限制进口的可用作原料的固体废物、液态废物分别或者合计达到二十吨以上不满一百吨的；

（四）未达到上述数量标准，但属于犯罪集团的首要分子，使用特种车辆从事走私活动，或者造成环境严重污染等情形的。

具有下列情形之一的，应当认定为刑法第一百五十二条第二款规定的“情节特别严重”：

（一）走私数量超过前款规定的标准的；

（二）达到前款规定的标准，且属于犯罪集团的首要分子，使用特种车辆从事走私活动，或者造成环境严重污染等情形的；

（三）未达到前款规定的标准，但造成环境严重污染且后果特别严重的。

走私置于容器中的气态废物，构成犯罪的，参照前两款规定的标准处罚。

第十五条 国家限制进口的可用作原料的废物的具体种类，参照国家有关部门的规定确定。

第二十条 直接向走私人非法收购走私进口的货物、物品，在内海、领海、界河、界湖运输、收购、贩卖国家禁止进出口的物品，或者没有合法证明，在内海、领海、界河、界湖运输、收购、贩卖国家限制进出口的货物、物品，构成犯罪的，应当按照走私货物、物品的种类，分别依照刑法第一百五十一条、第一百五十二条、第一百五十三条、第三百四十七条、第三百五十条的规定定罪处罚。

刑法第一百五十五条第二项规定的“内海”，包括内河的入海口水域。

第二十一条　未经许可进出口国家限制进出口的货物、物品，构成犯罪的，应当依照刑法第一百五十一条、第一百五十二条的规定，以走私国家禁止进出口的货物、物品罪等罪名定罪处罚；偷逃应缴税额，同时又构成走私普通货物、物品罪的，依照处罚较重的规定定罪处罚。

取得许可，但超过许可数量进出口国家限制进出口的货物、物品，构成犯罪的，依照刑法第一百五十三条的规定，以走私普通货物、物品罪定罪处罚。

租用、借用或者使用购买的他人许可证，进出口国家限制进出口的货物、物品的，适用本条第一款的规定定罪处罚。

第二十二条　在走私的货物、物品中藏匿刑法第一百五十一条、第一百五十二条、第三百四十七条、第三百五十条规定的货物、物品，构成犯罪的，以实际走私的货物、物品定罪处罚；构成数罪的，实行数罪并罚。

第二十四条　单位犯刑法第一百五十一条、第一百五十二条规定之罪，依照本解释规定的标准定罪处罚。

单位犯走私普通货物、物品罪，偷逃应缴税额在二十万元以上不满一百万元的，应当依照刑法第一百五十三条第二款的规定，对单位判处罚金，并对其直接负责的主管人员和其他直接责任人员，处三年以下有期徒刑或者拘役；偷逃应缴税额在一百万元以上不满五百万元的，应当认定为“情节严重”；偷逃应缴税额在五百万元以上的，应当认定为“情节特别严重”。

三、会议纪要

最高人民法院、最高人民检察院、公安部等部门联合发布的《关于办理环境污染刑事案件有关问题座谈会纪要》（2019年2月20日）

13. 关于危险废物的认定

会议针对危险废物如何认定以及是否需要鉴定的问题进行了讨论。会议认为，根据《环境解释》的规定精神，对于列入《国家危险废物名录》的，如果来源和相应特征明确，司法人员根据自身专业技术知识和工作经验认定难度不大的，司法机关可以依据名录直接认定。对于来源和相应特征不明确的，由生态环境部门、公安机关等出具书面意见，司法机关可以依据涉案物质的来源、产生过程、被告人供述、证人证言以及经批准或者备案的环境影响评价文件等证据，结合上述书面意见作出是否属于危险废物的认定。对于需要生态环境部门、公安机关等出具书面认定意见的，区分下列情况分别处理：

（1）对已确认固体废物产生单位，且产废单位环评文件中明确为危险废物的，根据产废单位建设项目环评文件和审批、验收意见、案件笔录等材料，可对照《国家危险废物名录》等出具认定意见。

（2）对已确认固体废物产生单位，但产废单位环评文件中未明确为危险废物的，应进一步分析废物产生工艺，对照判断其是否列入《国家危险废物名录》。列入名录的可以直接出具认定意见；未列入名录的，应根据原辅材料、产生工艺等进一步分析其是否具有危险特性，不可能具有危险特性的，不属于危险废物；可能具有危险特性的，抽取典型样品进行检测，并根据典型样品检测指标浓度，对照《危险废物鉴别标准》（GB5085.1-7）出具认定意见。

（3）对固体废物产生单位无法确定的，应抽取典型样品进行检测，根据典型样品检测指标浓度，对照《危险废物鉴别标准》（GB5085.1-7）出具认定意见。对确需进一步委托有相关资质的检测鉴定机构进行检测鉴定的，生态环境部门或者公安机关按照有关规定开展检测鉴定工作。

四、其他法规

《国家危险废物名录》（2021年版）

第二条 具有下列情形之一的固体废物（包括液态废物），列入本名录：

（一）具有毒性、腐蚀性、易燃性、反应性或者感染性一种或者几种危险特性的；

（二）不排除具有危险特性，可能对生态环境或者人体健康造成有害影响，需要按照危险废物进行管理的。

第六条第一款 对不明确是否具有危险特性的固体废物，应当按照国家规定的危险废物鉴别标准和鉴别方法予以认定。

第十章　走私普通货物、物品罪

【立案追诉标准】

走私普通货物、物品案（《刑法》第153条）

走私普通货物、物品，偷逃应缴税额在十万元以上不满五十万元的，应当认定为刑法第一百五十三条第一款规定的“偷逃应缴税额较大”；偷逃应缴税额在五十万元以上不满二百五十万元的，应当认定为“偷逃应缴税额巨大”；偷逃应缴税额在二百五十万元以上的，应当认定为“偷逃应缴税额特别巨大”。

走私普通货物、物品，具有下列情形之一，偷逃应缴税额在三十万元以上不满五十万元的，应当认定为刑法第一百五十三条第一款规定的“其他严重情节”；偷逃应缴税额在一百五十万元以上不满二百五十万元的，应当认定为“其他特别严重情节”：

（一）犯罪集团的首要分子；

（二）使用特种车辆从事走私活动的；

（三）为实施走私犯罪，向国家机关工作人员行贿的；

（四）教唆、利用未成年人、孕妇等特殊人群走私的；

（五）聚众阻挠缉私的。

《最高人民法院、最高人民检察院关于办理走私刑事案件适用法律若干问题的解释》（2014年8月12日）第16条

【犯罪构成及刑事责任】

走私普通货物、物品罪，是指违反海关法规，逃避海关监管，运输、携带、邮寄除武器、弹药、核材料、假币、文物、贵重金属、珍贵动物及其制品、珍稀植物及其制品、淫秽物品、固体废物、液态废物、气态废物、毒品、制毒物品等国家禁止进出口的货物、物品外的其他普通货物、物品进出国（边）境，偷逃应缴关税税额较大或者一年内曾因走私被两次行政处罚后又走私的行为。[①] 构成本罪需要具备以下四个要件：

1. 客体要件

本罪侵犯的客体是国家对普通货物、物品进出口监管、征收关税的制度。犯罪对象是除武器、弹药、核材料、假币、文物、贵重金属、珍贵动物及其制品、珍稀植物及其制品、淫秽物品、固体废物、液态废物、气态废物、毒品、制毒物品等国家禁止进出口的货物、物品外的其他普通货物、物品。

2. 客观要件

本罪的客观方面表现为违反海关法规，逃避海关监管，运输、携带、邮寄普通货物、物品进出国（边）境，偷逃应缴关税税额较大或者一年内曾因走私被给予两次行政处罚后又走私的行为。

“违反海关法规”，是指违反海关法、进出口关税管理条例等法律、法规。“逃避海关监管”，是指采用隐瞒、隐藏、伪报、蒙混、绕关等方式、方法，躲避海关监督、管理和检查，即通常所说的绕关走私、瞒关走私、夹藏走私及后续走私行为。所谓后续走私，是指走私分子以合法的形式将货物、物品进出口而实际上进行走私的行为，如《刑法》第154条规定的情形，包括：（1）未经海关许可并且未补缴应缴税额，擅自将批准进口的来料加工、来件装配、补偿贸易的原材料、零件、制成品、设备等保税货物，在境内销售牟利的；（2）未经海关许可并且未补缴应缴税额，擅自将特定减税、免税进口的货物、物品，在境内销售牟利的。

---

① 周道鸾、张军主编：《刑法罪名精释（第四版）》，人民法院出版社2013年版，第243~244页。

"偷逃应缴关税税额较大的行为"，是指违反进出口关税管理条例，偷逃国家准许进出口的普通货物、物品应缴的进出口关税和进口环节海关代征税的数额，达到数额较大的行为。根据《最高人民法院、最高人民检察院关于办理走私刑事案件适用法律若干问题的解释》第 16 条的规定，走私普通货物、物品，偷逃应缴税额在十万元以上不满五十万元的，应当认定为"偷逃应缴税额较大"。走私货物、物品所偷逃的应缴税额，应当以走私行为案发时所适用的税则、税率、汇率和海关审定的完税价格计算，并以海关出具的证明为准。

"一年内曾因走私被两次行政处罚后又走私的行为"，是指违反海关法规，逃避海关监管，在一年内因为运输、携带、邮寄普通货物、物品进出国（边）境被有关部门给予两次行政处罚后，又运输、携带、邮寄普通货物、物品进出国（边）境的行为。《刑法修正案（八）》为加大对小额多次走私普通货物、物品行为的刑事打击力度而规定上述行为应予追究刑事责任。此行为是独立于偷逃税额之外的一个定罪情节，偷逃税款的数额不影响此行为罪与非罪的认定。

"被给予两次行政处罚"是适用本项规定的前提条件，如此前多次走私但未受到行政处罚的，仍然应当将多次走私偷逃的税款进行累计，视其数额情况和情节定罪量刑，未能达到数额较大标准的一般不构成犯罪。根据《刑法》第 154 条、第 155 条的规定，未经海关许可并且未补缴应缴税额，擅自将批准进口的来料加工、来件装配、补偿贸易的原材料、零件、制成品、设备等保税货物，在境内销售牟利的；未经海关许可并且未补缴应缴税额，擅自将特定减税、免税进口的货物、物品，在境内销售牟利的；直接向走私人非法收购走私进口的国家非禁止进口货物、物品，数额较大的；在内海、领海、界河、界湖运输、收购、贩卖国家限制进出口货物、物品，数额较大，没有合法证明的，也应当以走私普通货物、物品罪论处。其中，"保税货物"，是指经海关批准，未办理纳税手续进境，在境内储存、加工、装配后应予复运出境的货物。保税货物包括通过加工贸易、补偿贸易等方式进口的货物，以及在保税仓库、保税工厂、保税区或者免税商店内等存储、加工、寄售的货物。根据《刑法》第 156 条的规定，与走私普通货物、物品的犯罪分子通谋，为其提供贷款、资金、账号、发票、证明，或者为其提供运输、保管、邮寄或者其他方便条件的，以走私普通货物、物品罪的共犯论处。

3. 主体要件

本罪的犯罪主体为一般主体，包括自然人和单位。

4. 主观要件

本罪的主观方面由故意构成，过失不构成本罪。行为人明知自己的行为违反国家海关监管法律法规，逃避海关监管，偷逃进出境货物、物品应缴税款，并且希望或者放任危害结果发生的，应认定为具有走私的故意。如果行为人没有走私的故意，但有违反海关法规，逃避海关监管的行为，则不属于走私行为，一般是由于不懂海关监管规定或者疏忽大意而该报未报或者漏报、错报关税的过失造成的，应由海关依照规定予以行政处理。[①] 应当注意的是，本罪不以牟利目的作为构成要件。

根据《刑法》第153条的规定，犯本罪，根据下列情况处罚：

（1）走私货物、物品偷逃应缴税额较大或者一年内曾因走私被给予二次行政处罚后又走私的，处三年以下有期徒刑或者拘役，并处偷逃应缴税额一倍以上五倍以下罚金。

（2）走私货物、物品偷逃应缴税额巨大或者有其他严重情节的，处三年以上十年以下有期徒刑，并处偷逃应缴税额一倍以上五倍以下罚金。

（3）走私货物、物品偷逃应缴税额特别巨大或者有其他特别严重情节的，处十年以上有期徒刑或者无期徒刑，并处偷逃应缴税额一倍以上五倍以下罚金或者没收财产。

单位犯前款罪的，对单位判处罚金，并对其直接负责的主管人员和其他直接责任人员，处三年以下有期徒刑或者拘役；情节严重的，处三年以上十年以下有期徒刑；情节特别严重的，处十年以上有期徒刑。

对多次走私未经处理的，按照累计走私货物、物品的偷逃应缴税额处罚。

---

① 参见周道鸾、张军主编：《刑法罪名精释（第四版）》，人民法院出版社2013年版，第245页。

【疑难指导】

一、正确认定走私主观故意中的“明知”

走私主观故意中的“明知”，是指行为人知道或者应当知道所从事的行为是走私行为。具有下列情形之一的，一般可以认定为“明知”，但有证据证明确属被蒙骗的除外：（1）逃避海关监管，运输、携带、邮寄国家禁止进出境的货物、物品的；（2）用特制的设备或者运输工具走私货物、物品的；（3）未经海关同意，在非设关的码头、海（河）岸、陆路边境等地点，运输（驳载）、收购或者贩卖非法进出境货物、物品的；（4）提供虚假的合同、发票、证明等商业单证委托他人办理通关手续的；（5）以明显低于货物正常进（出）口的应缴税额委托他人代理进（出）口业务的；（6）曾因同一种走私行为受过刑事处罚或者行政处罚的；（7）其他有证据证明的情形。

二、关于利用购买的加工贸易登记手册、特定减免税批文等涉税单证进口货物行为的定性处理问题

加工贸易登记手册、特定减免税批文等涉税单证是海关根据国家法律法规以及有关政策性规定，给予特定企业用于保税货物经营管理和减免税优惠待遇的凭证。利用购买的加工贸易登记手册、特定减免税批文等涉税单证进口货物，实质是将一般贸易货物伪报为加工贸易保税货物或者特定减免税货物进口，以达到偷逃应缴税款的目的，应当适用《刑法》第153条以走私普通货物、物品罪定罪处罚。如果行为人与走私分子通谋出售上述涉税单证，或者在出卖批文后又以提供印章、向海关伪报保税货物、特定减免税货物等方式帮助买方办理进口通关手续的，对卖方依照《刑法》第156条以走私罪共犯定罪处罚。买卖上述涉税单证情节严重尚未进口货物的，依照《刑法》第280条的规定定罪处罚。

三、关于在加工贸易活动中骗取海关核销行为的认定问题

在加工贸易经营活动中，以假出口、假结转或者利用虚假单证等方式骗取海关核销，致使保税货物、物品脱离海关监管，造成国家税款流失，情节严重的，依照《刑法》第153条的规定，以走私普通货物、物品罪追究刑事责任。但有证据证明因不可抗力原因导致保税货物脱离海关监管，经营人无法办理正常手续而

骗取海关核销的，不认定为走私犯罪。

四、关于伪报价格走私犯罪案件中实际成交价格的认定问题

走私犯罪案件中的伪报价格行为，是指犯罪嫌疑人、被告人在进出口货物、物品时，向海关申报进口或者出口的货物、物品的价格低于或者高于进出口货物的实际成交价格。

对实际成交价格的认定，在无法提取真、伪两套合同、发票等单证的情况下，可以根据犯罪嫌疑人、被告人的付汇渠道、资金流向、会计账册、境内外收发货人的真实交易方式，以及其他能够证明进出口货物实际成交价格的证据材料综合认定。

五、关于出售走私货物已缴纳的增值税应否从走私偷逃应缴税额中扣除的问题

走私犯罪嫌疑人为出售走私货物而开具增值税专用发票并缴纳增值税，是其走私行为既遂后在流通领域获取违法所得的一种手段，属于非法开具增值税专用发票。对走私犯罪嫌疑人因出售走私货物而实际缴纳走私货物增值税的，在核定走私货物偷逃应缴税额时，不应当将其已缴纳的增值税额从其走私偷逃应缴税额中扣除。

六、关于如何正确理解《刑法》第154条规定的“销售牟利”

《刑法》第154条第1项、第2项规定的“销售牟利”，是指行为人主观上为了牟取非法利益而擅自销售海关监管的保税货物、特定减免税货物。这种行为是否构成犯罪，应当根据偷逃的应缴税额是否达到数额较大的标准或者是否属于“一年内曾因走私被给予二次行政处罚后又走私的”情形予以认定。实际获利与否或者获利多少并不影响对行为人的定罪。

七、关于海上走私犯罪案件如何追究运输人的刑事责任问题

对《刑法》第155条第2项规定的实施海上走私犯罪行为的运输人、收购人或者贩卖人应当追究刑事责任。对运输人，一般追究运输工具的负责人或者主要责任人的刑事责任，但对于事先通谋的、集资走私的或者使用特殊的走私运输工具从事走私犯罪活动的，可以追究其他参与人员的刑事责任。

八、关于本罪的一罪与数罪问题

对在走私的普通货物、物品或者废物中藏匿《刑法》第151条、第152条、第347条、第350条规定的货物、物品，构成犯罪的，以实际走私的货物、物品定罪处罚；构成数罪的，实行数罪并罚。但是，确有充分证据证明行为人对藏匿的货物、物品不知情的除外。

【办案依据】

一、《刑法》规定

第一百五十三条 走私本法第一百五十一条、第一百五十二条、第三百四十七条规定以外的货物、物品的，根据情节轻重，分别依照下列规定处罚：

（一）走私货物、物品偷逃应缴税额较大或者一年内曾因走私被给予二次行政处罚后又走私的，处三年以下有期徒刑或者拘役，并处偷逃应缴税额一倍以上五倍以下罚金。

（二）走私货物、物品偷逃应缴税额巨大或者有其他严重情节的，处三年以上十年以下有期徒刑，并处偷逃应缴税额一倍以上五倍以下罚金。

（三）走私货物、物品偷逃应缴税额特别巨大或者有其他特别严重情节的，处十年以上有期徒刑或者无期徒刑，并处偷逃应缴税额一倍以上五倍以下罚金或者没收财产。

单位犯前款罪的，对单位判处罚金，并对其直接负责的主管人员和其他直接责任人员，处三年以下有期徒刑或者拘役；情节严重的，处三年以上十年以下有期徒刑；情节特别严重的，处十年以上有期徒刑。

对多次走私未经处理的，按照累计走私货物、物品的偷逃应缴税额处罚。

第一百五十四条 下列走私行为，根据本节规定构成犯罪的，依照本法第一百五十三条的规定定罪处罚：

（一）未经海关许可并且未补缴应缴税额，擅自将批准进口的来料加工、来件装配、补偿贸易的原材料、零件、制成品、设备等保税货物，在境内销售牟利的；

（二）未经海关许可并且未补缴应缴税额，擅自将特定减税、免税进口的货物、物品，在境内销售牟利的。

第一百五十五条 下列行为，以走私罪论处，依照本节的有关规定处罚：

（一）直接向走私人非法收购国家禁止进口物品的，或者直接向走私人非法收购走私进口的其他货物、物品，数额较大的；

（二）在内海、领海、界河、界湖运输、收购、贩卖国家禁止进出口物品的，或者运输、收购、贩卖国家限制进出口货物、物品，数额较大，没有合法证明的。

第一百五十六条 与走私罪犯通谋，为其提供贷款、资金、帐号、发票、证明，或者为其提供运输、保管、邮寄或者其他方便的，以走私罪的共犯论处。

第一百五十七条 武装掩护走私的，依照本法第一百五十一条第一款的规定从重处罚。

以暴力、威胁方法抗拒缉私的，以走私罪和本法第二百七十七条规定的阻碍国家机关工作人员依法执行职务罪，依照数罪并罚的规定处罚。

二、司法解释

（一）《最高人民法院、最高人民检察院关于办理走私刑事案件适用法律若干问题的解释》（2014年8月12日，法释〔2014〕10号）

第十六条 走私普通货物、物品，偷逃应缴税额在十万元以上不满五十万元的，应当认定为刑法第一百五十三条第一款规定的“偷逃应缴税额较大”；偷逃应缴税额在五十万元以上不满二百五十万元的，应当认定为“偷逃应缴税额巨大”；偷逃应缴税额在二百五十万元以上的，应当认定为“偷逃应缴税额特别巨大”。

走私普通货物、物品，具有下列情形之一，偷逃应缴税额在三十万元以上不满五十万元的，应当认定为刑法第一百五十三条第一款规定的“其他严重情节”；偷逃应缴税额在一百五十万元以上不满二百五十万元的，应当认定为“其他特别严重情节”：

（一）犯罪集团的首要分子；

（二）使用特种车辆从事走私活动的；

（三）为实施走私犯罪，向国家机关工作人员行贿的；

（四）教唆、利用未成年人、孕妇等特殊人群走私的；

（五）聚众阻挠缉私的。

第十七条 刑法第一百五十三条第一款规定的“一年内曾因走私被给予二次

行政处罚后又走私”中的“一年内”，以因走私第一次受到行政处罚的生效之日与“又走私”行为实施之日的时间间隔计算确定；“被给予二次行政处罚”的走私行为，包括走私普通货物、物品以及其他货物、物品；“又走私”行为仅指走私普通货物、物品。

第十八条 刑法第一百五十三条规定的“应缴税额”，包括进出口货物、物品应当缴纳的进出口关税和进口环节海关代征税的税额。应缴税额以走私行为实施时的税则、税率、汇率和完税价格计算；多次走私的，以每次走私行为实施时的税则、税率、汇率和完税价格逐票计算；走私行为实施时间不能确定的，以案发时的税则、税率、汇率和完税价格计算。

刑法第一百五十三条第三款规定的“多次走私未经处理”，包括未经行政处理和刑事处理。

第十九条 刑法第一百五十四条规定的“保税货物”，是指经海关批准，未办理纳税手续进境，在境内储存、加工、装配后应予复运出境的货物，包括通过加工贸易、补偿贸易等方式进口的货物，以及在保税仓库、保税工厂、保税区或者免税商店内等储存、加工、寄售的货物。

第二十条 直接向走私人非法收购走私进口的货物、物品，在内海、领海、界河、界湖运输、收购、贩卖国家禁止进出口的物品，或者没有合法证明，在内海、领海、界河、界湖运输、收购、贩卖国家限制进出口的货物、物品，构成犯罪的，应当按照走私货物、物品的种类，分别依照刑法第一百五十一条、第一百五十二条、第一百五十三条、第三百四十七条、第三百五十条的规定定罪处罚。

刑法第一百五十五条第二项规定的“内海”，包括内河的入海口水域。

第二十一条 未经许可进出口国家限制进出口的货物、物品，构成犯罪的，应当依照刑法第一百五十一条、第一百五十二条的规定，以走私国家禁止进出口的货物、物品罪等罪名定罪处罚；偷逃应缴税额，同时又构成走私普通货物、物品罪的，依照处罚较重的规定定罪处罚。

取得许可，但超过许可数量进出口国家限制进出口的货物、物品，构成犯罪的，依照刑法第一百五十三条的规定，以走私普通货物、物品罪定罪处罚。

租用、借用或者使用购买的他人许可证，进出口国家限制进出口的货物、物品的，适用本条第一款的规定定罪处罚。

第二十二条 在走私的货物、物品中藏匿刑法第一百五十一条、第一百五十二条、第三百四十七条、第三百五十条规定的货物、物品，构成犯罪的，以实际走私的货物、物品定罪处罚；构成数罪的，实行数罪并罚。

第二十三条 实施走私犯罪，具有下列情形之一的，应当认定为犯罪既遂：

（一）在海关监管现场被查获的；

（二）以虚假申报方式走私，申报行为实施完毕的；

（三）以保税货物或者特定减税、免税进口的货物、物品为对象走私，在境内销售的，或者申请核销行为实施完毕的。

第二十四条 单位犯刑法第一百五十一条、第一百五十二条规定之罪，依照本解释规定的标准定罪处罚。

单位犯走私普通货物、物品罪，偷逃应缴税额在二十万元以上不满一百万元的，应当依照刑法第一百五十三条第二款的规定，对单位判处罚金，并对其直接负责的主管人员和其他直接责任人员，处三年以下有期徒刑或者拘役；偷逃应缴税额在一百万元以上不满五百万元的，应当认定为“情节严重”；偷逃应缴税额在五百万元以上的，应当认定为“情节特别严重”。

（二）《最高人民法院关于审理走私、非法经营、非法使用兴奋剂刑事案件适用法律若干问题的解释》（2019 年 11 月 18 日，法释〔2019〕16 号）

第一条 运动员、运动员辅助人员走私兴奋剂目录所列物质，或者其他人员以在体育竞赛中非法使用为目的走私兴奋剂目录所列物质，涉案物质属于国家禁止进出口的货物、物品，具有下列情形之一的，应当依照刑法第一百五十一条第三款的规定，以走私国家禁止进出口的货物、物品罪定罪处罚：

（一）一年内曾因走私被给予二次以上行政处罚后又走私的；

（二）用于或者准备用于未成年人运动员、残疾人运动员的；

（三）用于或者准备用于国内、国际重大体育竞赛的；

（四）其他造成严重恶劣社会影响的情形。

实施前款规定的行为，涉案物质不属于国家禁止进出口的货物、物品，但偷逃应缴税额一万元以上或者一年内曾因走私被给予二次以上行政处罚后又走私的，应当依照刑法第一百五十三条的规定，以走私普通货物、物品罪定罪处罚。

对于本条第一款、第二款规定以外的走私兴奋剂目录所列物质行为，适用《最高人民法院、最高人民检察院关于办理走私刑事案件适用法律若干问题的解释》（法释〔2014〕10号）规定的定罪量刑标准。

第三编 妨害对公司、企业的管理秩序罪

第一章 虚报注册资本罪

【立案追诉标准】

虚报注册资本案（《刑法》第158条）

申请公司登记使用虚假证明文件或者采取其他欺诈手段虚报注册资本，欺骗公司登记主管部门，取得公司登记，涉嫌下列情形之一的，应予立案追诉：

（一）法定注册资本最低限额在六百万元以下，虚报数额占其应缴出资数额百分之六十以上的；

（二）法定注册资本最低限额超过六百万元，虚报数额占其应缴出资数额百分之三十以上的；

（三）造成投资者或者其他债权人直接经济损失累计数额在五十万元以上的；

（四）虽未达到上述数额标准，但具有下列情形之一的：

1. 二年内因虚报注册资本受过二次以上行政处罚，又虚报注册资本的；

2. 向公司登记主管人员行贿的；

3. 为进行违法活动而注册的。

（五）其他后果严重或者有其他严重情节的情形。

本条只适用于依法实行注册资本实缴登记制的公司。

《最高人民检察院、公安部关于公安机关管辖的刑事案件立案追诉标准的规定（二）》（2022年4月29日）第3条

【犯罪构成及刑事责任】

虚报注册资本罪，是指申请公司登记使用虚假证明文件或者采取其他欺诈手段虚报注册资本，欺骗公司登记主管部门，取得公司登记，虚报注册资本数额巨大、后果严重或者有其他严重情节的行为。构成本罪需要具备以下四个要件：

1. 客体要件

笔者认为，该罪的客体为复杂客体，即虚假注册罪既侵犯了国家公司登记管理制度，也侵犯了债权人和投资人的合法权益，但主要客体是债权人和投资人的合法权益。因为从形式上看，公司作为市场经济中的一个重要主体，在市场经济活动中具有极为重要的作用，为提高公司的公示性和安全性，国家建立了较为完备的公司登记制度，这就包括注册资本登记事项，所以虚报注册资本就直接违背了国家关于公司登记管理的制度设计，当然也侵犯了国家公司登记管理制度。同时，从实质上看，注册资本是公司经营资本的一部分，是公司承担风险、偿还债务的一项基本保证。所以公司资本的存在和维持，可以对公司资产负债起到一定的缓冲作用，对于预防公司资不抵债具有一定的作用。在公司部分股东足额出资，而部分股东虚假出资的情形下，不足额出资的股东会以较少的资本行使更多的股东权利，这在一定程度上就等于变相侵害出资额较多的股东权利。因此，从实质上看，虚假出资实际上侵害了公司债权人和投资人的合法权益。

2. 客观要件

本罪在客观方面表现为：在申请公司登记时，使用虚假证明文件或者采取其他欺诈手段虚报注册资本，欺骗公司登记主管部门，取得公司登记，且虚报注册资本数额巨大、后果严重或者有其他严重情节的行为。具体而言，主要包括以下几个要素：

（1）行为的时空条件：本罪的实行行为只能发生在公司申请注册登记且实行资本实缴登记制时。

随着时代的发展，公司资本制度在我国从最初严格的实缴资本制逐渐过渡到有限认缴制，乃至当前的认缴制。但是我国刑法关于虚报注册资本罪，虚假出资、抽逃出资罪规定的最初的理论基础还停留在 1993 年《公司法》确立的法定资本制。因此，对于实行认缴登记制的公司就不能再适用本罪。在国务院印发的《注册资本登记制度改革方案》中明确了27类暂不实行注册资本认缴登记制的特殊行业，由此可见，仅在申请金融机构、具有准金融机构性质的企业、募集设立的股份有限公司、直销企业、对外劳务合作企业、劳务派遣企业等法律、行政法规、国务院另有规定的公司登记的场合，行为人没有遵守实缴登记制关于注册资本最低限额以及缴足出资额的期限等规定的，才能成立本罪。

（2）行为方式：使用虚假证明文件或者采取其他欺诈手段虚报注册资本，欺骗公司登记主管部门。

虚报注册资本，是指公司股东的实际出资额低于申请公司登记的法定最低出资额而谎称已经达到了法定出资额的情形，既可以表现为实缴股本或出资额少于法定最低限额，却采取欺诈手段证明达到了法定数额；也可以表现为虽然达到了法定数额但是虚报具有更高数额的资本，如将出资额中实物、工业产权、非专利技术、土地使用权的作价高于其实有价值，使公司资本不实；还可以表现为变更登记时虚报注册资本。

证明文件，主要是指公司股东缴纳全部出资或出资认购法定股份后，由依法设立的注册会计师事务所、审计师事务所等法定验资机构依法对申请公司登记的人出资验资后所出具的验资报告、资产评估报告、验资证明以及出资者所拥有的出资单据、银行账户及有关产权转让的文件等。

使用虚假的证明文件，是指向公司登记主管部门提供与实际情况不相符的、不真实的、伪造的或隐瞒重要事实的证明文件。既可以是公司登记申请人伪造或篡改的，也可以是与验资机构中的验资人员恶意串通，从而取得虚假的证明文件等。但不论虚假证明文件来源如何，都不影响本罪成立。

其他欺诈手段，则是指除使用虚假的证明文件外的虚报注册资本的手段，如使用虚假的股东姓名、虚构生产经营场所、贿赂等。如果使用手段与虚报注册资本无关，则不能构成本罪。

（3）行为的结果：已经取得公司登记，即已被公司登记机关批准登记注册，并发放公司营业执照。

此处特别强调，只有申请人获得公司登记主管部门核准，实际领得公司营业执照的，才是取得公司登记。因此，下列这些情形都不能认定为取得公司登记：①仅仅取得签发的营业执照，营业执照的签发日期只是公司在法律上成立的日期的；②欺诈手段被登记机关发觉而未予登记的；③已签发营业执照，但在未向申请人发放时发现欺骗事实，不再向申请人发放的；④在增资扩股的场合，未取得有关批准文件的。

（4）数额/情节要求：虚报注册资本数额巨大、后果严重或者有其他严重情节，具备三者之一，即可成立本罪（具体数额大小参见立案标准处）。

3. 主体要件

本罪主体是特殊主体，即申请公司登记的单位或自然人。根据《公司法》第2条的规定，公司是指依照本法在中国境内设立的有限责任公司和股份有限公司。根据《公司法》第29条的规定，有限责任公司的“申请公司登记的人”是由全体股东指定的代表或者共同委托的代理人。根据《公司法》第83条的规定，股份有限公司的“申请公司设立的人”是董事会。

单位犯本罪的，同时要对其直接负责的主管人员和其他直接责任人员追究刑事责任。

4. 主观要件

本罪在主观方面是故意。犯罪的目的就是欺骗公司登记机关，非法取得公司登记。因此，行为人对自己无实有资本或实有资本未达到法律规定的注册资本最低数额有明确认识；对提交的证明文件具有虚假性，足以使公司登记主管部门发生错误判断亦有明确认识；对实际骗取公司登记持积极追求的心理态度。

过失不构成本罪，对于确实不知道公司登记条件，或者因工作疏忽造成注册资本数额与实有资本额不符的，或因过失提供虚假证明文件取得公司登记的，不能构成本罪。

根据《刑法》第158条的规定，犯本罪，处三年以下有期徒刑或者拘役，并处或者单处虚报注册资本金额百分之一以上百分之五以下罚金。单位犯前款罪的，对单位判处罚金，并对其直接负责的主管人员和其他直接责任人员，处三年以下有期徒刑或者拘役。

【疑难指导】

一、虚报注册资本罪与抽逃出资罪的区别

虚报注册资本罪与抽逃出资罪行为的区别在于发生的阶段不同。虚报注册资本罪发生在申请公司设立登记、变更登记之时，目的是从公司登记主管部门骗取公司登记、变更登记。抽逃出资罪则是从已经注册登记的公司账户上抽走注册资金，并不要求自始就具备骗取公司登记的意图。实践中，申请公司登记的人没有也不打算实际出资，而是由办理公司登记的中介机构垫资，并在取得公司登记后撤回资金的，应属虚报注册资本。有观点认为，两罪存在对内欺骗性和对外欺骗性的区别，即虚报注册资本罪系公司对外欺骗公司登记主管机关，而抽逃出资罪欺骗的是其他股东。[①] 这种说法总体上有道理，但也不尽然，譬如若公司在办理变更登记时，部分股东将虚增的出资份额全部登记为自己的出资份额，应属虚报注册资本行为，但不能说对内毫无欺骗性。

二、虚报注册资本罪与虚假出资罪的区别

虚报注册资本罪与虚假出资罪的主要区别如下：一是在侵犯的客体上略有区别。两罪皆侵犯了公司登记管理制度，也侵犯了债权人及投资者的合法权益，但虚假出资更侧重于投资者权益的保护。原因是公司股东通常以其出资份额为限分享收益、分担责任，虚假出资的股东事实上在未承担风险的情况下享受了收益，故侵犯了其他投资者（股东）的合法权益。二是虚报注册资本的主要欺骗对象是公司登记管理部门，而虚假出资的主要欺骗对象则是其他股东、债权人或其他人。三是虚报注册资本的目的在于取得公司登记，而虚假出资则一般是为了在少出资或不出资的情况下取得利益，虚报注册资本是对债权人利益的潜在威胁，虚假出资的危害则更加现实，直接侵害了足额出资股东的利益。

三、关于中介组织等相关主体行为责任的认定

实践中，承担资产评估、验资、验证、会计、审计、法律服务等职责的中介

---

① 刘江洲：《虚报注册资本罪与抽逃出资罪的区别》，载中国法院网，https：//www.chinacourt.org/article/detail/2014/03/id/1232896.shtml，最后访问时间：2022年5月4日。

组织人员与申请公司登记的单位或个人通谋，故意提供虚假证明文件，欺骗公司登记主管部门取得公司登记的，构成本罪的共犯。中介组织人员严重不负责任，提供的证明文件有重大失实的，构成出具证明文件重大失实罪；申请公司登记者明知该证明文件失实而利用其骗取公司登记的，仍然构成本罪。

【办案依据】

一、《刑法》规定

第一百五十八条 申请公司登记使用虚假证明文件或者采取其他欺诈手段虚报注册资本，欺骗公司登记主管部门，取得公司登记，虚报注册资本数额巨大、后果严重或者有其他严重情节的，处三年以下有期徒刑或者拘役，并处或者单处虚报注册资本金额百分之一以上百分之五以下罚金。

单位犯前款罪的，对单位判处罚金，并对其直接负责的主管人员和其他直接责任人员，处三年以下有期徒刑或者拘役。

二、立法解释

《全国人民代表大会常务委员会关于〈中华人民共和国刑法〉第一百五十八条、第一百五十九条的解释》（2014年4月24日）

刑法第一百五十八条、第一百五十九条的规定，只适用于依法实行注册资本实缴登记制的公司。

第二章　虚假出资、抽逃出资罪

【立案追诉标准】

虚假出资、抽逃出资案（《刑法》第159条）

公司发起人、股东违反公司法的规定未交付货币、实物或者未转移财产权，虚假出资，或者在公司成立后又抽逃其出资，涉嫌下列情形之一的，应予立案追诉：

（一）法定注册资本最低限额在六百万元以下，虚假出资、抽逃出资数额占其应缴出资数额百分之六十以上的；

（二）法定注册资本最低限额超过六百万元，虚假出资、抽逃出资数额占其应缴出资数额百分之三十以上的；

（三）造成公司、股东、债权人的直接经济损失累计数额在五十万元以上的；

（四）虽未达到上述数额标准，但具有下列情形之一的：

1. 致使公司资不抵债或者无法正常经营的；

2. 公司发起人、股东合谋虚假出资、抽逃出资的；

3. 二年内因虚假出资、抽逃出资受过二次以上行政处罚，又虚假出资、抽逃出资的；

4. 利用虚假出资、抽逃出资所得资金进行违法活动的。

（五）其他后果严重或者有其他严重情节的情形。

本条只适用于依法实行注册资本实缴登记制的公司。

《最高人民检察院、公安部关于公安机关管辖的刑事案件立案追诉标准的规定（二）》（2022年4月29日）第4条

【犯罪构成及刑事责任】

虚假出资、抽逃出资罪，是指依法实行注册资本实缴登记制的公司的发起人、股东违反《公司法》的规定，未交付货币、实物或者未转移财产权，虚假出资，或者在公司成立后又抽逃其出资，数额巨大、后果严重或者有其他严重情节的行为。其中，虚假出资，是指依法实行注册资本实缴登记制的公司的发起人、股东违反《公司法》的规定，未交付货币、实物或者未转移财产权出资，欺骗债权人和社会公众的情形。抽逃出资，是指依法实行注册资本实缴登记制的公司的发起人、股东违反《公司法》的规定，在公司成立后，擅自使公司原有注册资本减少的情形。违反《公司法》的规定，主要是违反了《公司法》对公司资本所确立的资本确定、资本维持、资本不变等原则。构成本罪需要具备以下四个要件：

1. 客体要件

本罪侵犯的客体也是复杂客体，与虚报注册资本罪的客体在一定程度上有共同之处，即既侵犯了国家公司登记管理制度，也侵犯了债权人和投资人的合法权益，但主要客体是投资人的合法权益。理由是：根据《公司法》规定，确定公司股东权益的唯一根据就是股东的实际出资额度，公司股东通常以其出资份额为限分享收益、分担责任，虚假出资的股东事实上在未承担风险的情况下享受了收益，故而侵犯了其他投资者（股东）的合法权益。

2. 客观要件

客观方面表现为：在成立实行注册资本实缴登记制的公司（包括金融机构、具有准金融机构性质的企业、募集设立的股份有限公司、直销企业、对外劳务合作企业、劳务派遣企业等法律、行政法规、国务院另有规定的公司）的发起人、股东违反《公司法》的规定，未交付货币、实物或者未转移财产权，虚假出资，或者在公司成立后又抽逃其出资的，且要求数额巨大、后果严重或者有其他严重情节的，有成立本罪的可能。关于具体的金额、后果等方面的标准参见立案追诉标准。

3. 主体要件

本罪的主体仅限于依法实行注册资本实缴登记制的公司的发起人、股东，具体而言，包括有限责任公司的股东（向有限责任公司投资并登记在公司股东名册中的人）和股份有限公司的发起人、股东。

4. 主观要件

本罪在主观方面是故意，即要求行为人对虚假出资、抽逃出资的行为违反《公司法》的规定有明确认识。至于虚假出资、抽逃出资的动机如何，在此并不作具体要求，不影响本罪成立。

根据《刑法》第159条的规定，犯本罪，数额巨大、后果严重或者有其他严重情节的，处五年以下有期徒刑或者拘役，并处或者单处虚假出资金额或者抽逃出资金额百分之二以上百分之十以下罚金。

单位犯前款罪的，对单位判处罚金，并对其直接负责的主管人员和其他直接责任人员，处五年以下有期徒刑或者拘役。

【疑难指导】

一、抽逃出资罪与职务侵占、挪用资金等罪的关系

出资人出资后，资金属于公司所有，抽逃出资意味着非法占有公司所有的资金。理论上存在以下观点：（1）抽逃出资经过了其他股东同意的，成立本罪，否则成立职务侵占等罪；（2）具有归还出资意思的，成立本罪（但存在与挪用资金罪的关系问题），否则成立职务侵占等罪；（3）经过其他股东同意且具有归还意思的，成立本罪，否则成立职务侵占等罪；（4）在公司成立前抽逃出资的，成立本罪，在公司成立后抽逃出资的，成立职务侵占等罪；（5）出资前与其他股东达成了事后抽逃出资协议的，成立抽逃出资罪，其他情形成立职务侵占罪；（6）凡属于《公司法》中的抽逃出资的行为，均认定为本罪，不管其是否触犯职务侵占等罪；（7）因本罪仅适用于实缴登记制的公司，故所有抽逃出资行为均成立职务侵占罪；（8）规定本罪的法条与规定职务侵占罪的法条，是特别法条与普通法条的关系，对抽逃出资行为适用特别法条，以本罪论处；（9）由于出资后资金属于公司所有而不再属于出资人所有，实施本罪行为会同时触犯职务侵占等罪，因而属

于想象竞合，从一重罪处罚；等等。[①]

笔者认为，首先要明确犯罪对象是否为注册资本施行实缴制的公司。对于非实缴制的公司，因为2014年的《公司法》在实质上将抽逃出资的主体范围限定在实缴制的公司，所以对于这种情况下的抽逃出资的行为，要重点考察行为人是否具有“非法占有目的”或者“挪作他用”情形。对于实缴制的公司，出资人抽逃出资的，则会同时触犯职务侵占等罪，属于想象竞合，应该择一重罪处断。

二、关于本罪的罪与非罪问题

2013年《公司法》进行了修改，将有限责任公司和发起设立的股份有限公司的注册资本实缴登记制修改为认缴登记制；取消了有限责任公司最低注册资本三万元、一人有限责任公司最低注册资本十万元、股份有限公司最低注册资本五百万元的限制；不再限制公司设立时全体股东（发起人）的首次出资比例，不再限制公司全体股东（发起人）的货币出资金额占注册资本的比例，不再规定公司股东（发起人）缴足出资的期限。但法律、行政法规以及国务院决定对有限责任公司、股份有限公司注册资本实缴、注册资本最低限额另有规定的，从其规定。这一修改直接导致《公司法》《刑法》关于虚报注册资本罪和虚假出资、抽逃出资罪的规定对实行注册资本认缴登记制的公司失去了适用的意义。2014年4月24日第十二届全国人民代表大会常务委员会第八次会议通过了《关于〈中华人民共和国刑法〉第一百五十八条、第一百五十九条的解释》，规定《公司法》修改后《刑法》第158条（虚报注册资本罪）、第159条（虚假出资、抽逃出资罪）只适用于依法实行注册资本实缴登记制的公司。此解释从法律上敲定了实行注册资本认缴登记制的公司及其股东虚报注册资本、虚假出资、抽逃出资三种行为的无罪化。因此，除依法实行注册资本实缴登记制的公司[②]外，对申请公司登记的单位和个人不得以虚报注册资本罪追究刑事责任；对公司股东、发起人不得以虚假出资、抽逃出资罪追究刑事责任。对依法实行注册资本实缴登记制的公司涉嫌虚报注册资本和虚假出资、抽逃出资犯罪的，应从本罪的构成要件及本罪的特征上加以把

---

① 参见张明楷：《刑法学》，法律出版社2021年版，第970~971页。

② 具体清单参见《国务院关于印发注册资本登记制度改革方案的通知》（国发〔2014〕7号）。

握，行为人只要违反《公司法》的规定，实施了未交付货币、实物或者未转移财产权，虚假出资的行为，或者在公司成立后又抽逃其出资的行为之一，并且达到数额巨大、后果严重或者有其他严重情节的，就构成犯罪。此外，本罪是选择性罪名，行为人只要违反《公司法》的规定，实施了虚假出资或抽逃出资，数额巨大、后果严重或者有其他严重情节，就可构成本罪，不需要虚假出资、抽逃出资同时具备。

【办案依据】

一、《刑法》规定

第一百五十九条 公司发起人、股东违反公司法的规定未交付货币、实物或者未转移财产权，虚假出资，或者在公司成立后又抽逃其出资，数额巨大、后果严重或者有其他严重情节的，处五年以下有期徒刑或者拘役，并处或者单处虚假出资金额或者抽逃出资金额百分之二以上百分之十以下罚金。

单位犯前款罪的，对单位判处罚金，并对其直接负责的主管人员和其他直接责任人员，处五年以下有期徒刑或者拘役。

二、立法解释

《全国人民代表大会常务委员会关于〈中华人民共和国刑法〉第一百五十八条、第一百五十九条的解释》（2014年4月24日）

刑法第一百五十八条、第一百五十九条的规定，只适用于依法实行注册资本实缴登记制的公司。

三、其他法规

《国务院关于印发注册资本登记制度改革方案的通知》（2014年2月7日）

二、放松市场主体准入管制，切实优化营商环境

（一）实行注册资本认缴登记制。公司股东认缴的出资总额或者发起人认购的股本总额（即公司注册资本）应当在工商行政管理机关登记。公司股东（发起人）应当对其认缴出资额、出资方式、出资期限等自主约定，并记载于公司章程。有限责任公司的股东以其认缴的出资额为限对公司承担责任，股份有限公司的股东以其认购的股份为限对公司承担责任。公司应当将股东认缴出资额或者发起人

认购股份、出资方式、出资期限、缴纳情况通过市场主体信用信息公示系统向社会公示。公司股东（发起人）对缴纳出资情况的真实性、合法性负责。

放宽注册资本登记条件。除法律、行政法规以及国务院决定对特定行业注册资本最低限额另有规定的外，取消有限责任公司最低注册资本3万元、一人有限责任公司最低注册资本10万元、股份有限公司最低注册资本500万元的限制。不再限制公司设立时全体股东（发起人）的首次出资比例，不再限制公司全体股东（发起人）的货币出资金额占注册资本的比例，不再规定公司股东（发起人）缴足出资的期限。

公司实收资本不再作为工商登记事项。公司登记时，无需提交验资报告。

现行法律、行政法规以及国务院决定明确规定实行注册资本实缴登记制的银行业金融机构、证券公司、期货公司、基金管理公司、保险公司、保险专业代理机构和保险经纪人、直销企业、对外劳务合作企业、融资性担保公司、募集设立的股份有限公司，以及劳务派遣企业、典当行、保险资产管理公司、小额贷款公司实行注册资本认缴登记制问题，另行研究决定。在法律、行政法规以及国务院决定未修改前，暂按现行规定执行。

已经实行申报（认缴）出资登记的个人独资企业、合伙企业、农民专业合作社仍按现行规定执行。

鼓励、引导、支持国有企业、集体企业等非公司制企业法人实施规范的公司制改革，实行注册资本认缴登记制。

积极研究探索新型市场主体的工商登记。

附件：暂不实行注册资本认缴登记制的行业

序号	名　　称	依　　据
1	采取募集方式设立的股份有限公司	《中华人民共和国公司法》
2	商业银行	《中华人民共和国商业银行法》
3	外资银行	《中华人民共和国外资银行管理条例》
4	金融资产管理公司	《金融资产管理公司条例》
5	信托公司	《中华人民共和国银行业监督管理法》
6	财务公司	《中华人民共和国银行业监督管理法》
7	金融租赁公司	《中华人民共和国银行业监督管理法》
8	汽车金融公司	《中华人民共和国银行业监督管理法》
9	消费金融公司	《中华人民共和国银行业监督管理法》
10	货币经纪公司	《中华人民共和国银行业监督管理法》
11	村镇银行	《中华人民共和国银行业监督管理法》
12	贷款公司	《中华人民共和国银行业监督管理法》
13	农村信用合作联社	《中华人民共和国银行业监督管理法》
14	农村资金互助社	《中华人民共和国银行业监督管理法》
15	证券公司	《中华人民共和国证券法》
16	期货公司	《期货交易管理条例》
17	基金管理公司	《中华人民共和国证券投资基金法》
18	保险公司	《中华人民共和国保险法》
19	保险专业代理机构、保险经纪人	《中华人民共和国保险法》
20	外资保险公司	《中华人民共和国外资保险公司管理条例》
21	直销企业	《直销管理条例》
22	对外劳务合作企业	《对外劳务合作管理条例》
23	融资性担保公司	《融资性担保公司管理暂行办法》
24	劳务派遣企业	2013年10月25日国务院第28次常务会议决定
25	典当行	2013年10月25日国务院第28次常务会议决定
26	保险资产管理公司	2013年10月25日国务院第28次常务会议决定
27	小额贷款公司	2013年10月25日国务院第28次常务会议决定

第三章 欺诈发行证券罪

【立案追诉标准】

欺诈发行证券案（《刑法》第160条）

在招股说明书、认股书、公司、企业债券募集办法等发行文件中隐瞒重要事实或者编造重大虚假内容，发行股票或者公司、企业债券、存托凭证或者国务院依法认定的其他证券，涉嫌下列情形之一的，应予立案追诉：

（一）非法募集资金金额在一千万元以上的；

（二）虚增或者虚减资产达到当期资产总额百分之三十以上的；

（三）虚增或者虚减营业收入达到当期营业收入总额百分之三十以上的；

（四）虚增或者虚减利润达到当期利润总额百分之三十以上的；

（五）隐瞒或者编造的重大诉讼、仲裁、担保、关联交易或者其他重大事项所涉及的数额或者连续十二个月的累计数额达到最近一期披露的净资产百分之五十以上的；

（六）造成投资者直接经济损失数额累计在一百万元以上的；

（七）为欺诈发行证券而伪造、变造国家机关公文、有效证明文件或者相关凭证、单据的；

（八）为欺诈发行证券向负有金融监督管理职责的单位或者人员行贿的；

（九）募集的资金全部或者主要用于违法犯罪活动的；

（十）其他后果严重或者有其他严重情节的情形。

《最高人民检察院、公安部关于公安机关管辖的刑事案件立案追诉标准的规定（二）》（2022年4月29日）第5条

【犯罪构成及刑事责任】

欺诈发行证券罪，是指股票或者公司、企业债券等证券的发行人在招股说明书、认股书或者公司、企业债券募集办法等发行文件中隐瞒重要事实或者编造重大虚假内容，发行股票或者公司、企业债券、存托凭证或者国务院依法认定的其他证券，数额巨大、后果严重或者有其他严重情节的行为。构成本罪需要具备以下四个要件：

1. 客体要件

本罪侵犯的客体是复杂客体，即既侵犯了国家证券发行管理制度，也侵犯了投资人的合法权益。主要客体是投资人的合法权益。

2. 客观要件

本罪在客观方面表现为在招股说明书、认股书或者公司、企业债券募集办法等发行文件中隐瞒重要事实或者编造重大虚假内容，发行股票或者公司、企业债券、存托凭证或者国务院依法认定的其他证券的行为。

本罪为《刑法修正案（十一）》第8条所修改，在原有的基础上增加了“等发行文件”，即除了招股说明书、认股书或者公司、企业债券募集办法之外，其他类似的融资方法也属于本罪规制范围，这主要是因为在“让市场决定资源的配置”“进一步激活市场的活力”的大背景下，民间融资渠道进一步打通，导致市场上出现了一些非法的融资方式，需要加以规范。招股说明书是申请人对股票发行的有关事项按规定的内容进行说明的法定文件。认股书是由股份有限公司制作的供认股人认股的书面性文件。公司、企业债券募集办法，是指公司、企业债券发行、认购的具体方案。《刑法修正案（十一）》同时在条文中增加了“存托凭证或者

国务院依法认定的其他证券”。根据现有相关规定，存托凭证也称存券收据或存股证，是指在一国证券市场流通的代表外国公司有价证券的可转让凭证，由存托人签发，以境外证券为基础在境内发行，代表境外基础证券权益的证券。存托凭证属于公司融资业务范畴的金融衍生工具。存托凭证一般代表公司股票，但有时也代表债券。

本罪的行为方式之一，即在招股说明书、认股书或者公司、企业债券募集办法等发行文件中隐瞒重要事实，是指发行股票、债券、存托凭证等证券的公司未向国家证券监管机关和社会公众披露与股票、债券、存托凭证等证券发行有关的事项，如证券发行的目的、资金使用用途、发行公司的资格、公司的净资产状况等。编造重大虚假内容，是指就证券发行、债券募集的相关事项提供虚假说明，欺骗公众投资者的一切行为，隐瞒的重要事实或者编造的重大虚假内容可能涉及股份有限公司、有限责任公司的净资产总额，债券总额与公司净资产额之间的比例关系，或者公司平均可分配利润用于支付公司债券利息的可能性等；也可能涉及筹集资金的投向，或者债券的利率与国家利率水平之间的关系等。隐瞒重要事实、编造重大虚假内容只要足以使国家证券监管机关、投资者产生错误判断，就有成立本罪的可能。这里的存托凭证，是指由存托人签发，以境外证券为基础在中国境内发行、代表境外基础证券权益的证券。

隐瞒重要事实或编造重大虚假内容与发行股票或者公司、企业债券、存托凭证等证券之间应有因果关系。发行股票既包括在设立股份有限公司时发行（设立发行），也包括在公司设立完成后的运营过程中，股份有限公司为了改变资本结构而发行新股（设立后发行）。

另外，本罪属于典型的数额犯、情节犯，即要求隐瞒重要事实或编造重大虚假内容发行股票或者公司、企业债券、存托凭证等证券，必须数额巨大、后果严重或者有其他严重情节的，才构成本罪。具体标准参见上述立案追诉标准。

3. 主体要件

本罪主体是自然人和单位，具体而言，就是股票或者公司、企业债券等证券的发行人。

4. 主观要件

本罪在主观方面是故意，即行为人对提供的招股说明书、认股书或者公司、企业债券募集办法等发行文件具有虚假性认识，对通过欺骗手段发行股票或者公司、企业债券、存托凭证或者国务院依法认定的其他证券有积极追求。因此，由于工作失误而造成招股说明书、认股书或者公司、企业债券募集办法等发行文件中有疏漏的，主观上并没有非法募集资金的目的，不构成犯罪。

根据《刑法》第160条的规定，犯本罪，数额巨大、后果严重或者有其他严重情节的，处五年以下有期徒刑或者拘役，并处或者单处罚金；数额特别巨大、后果特别严重或者有其他特别严重情节的，处五年以上有期徒刑，并处罚金。

控股股东、实际控制人组织、指使实施前款行为的，处五年以下有期徒刑或者拘役，并处或者单处非法募集资金金额百分之二十以上一倍以下罚金；数额特别巨大、后果特别严重或者有其他特别严重情节的，处五年以上有期徒刑，并处非法募集资金金额百分之二十以上一倍以下罚金。

单位犯前两款罪的，对单位判处非法募集资金金额百分之二十以上一倍以下罚金，并对其直接负责的主管人员和其他直接责任人员，依照第1款的规定处罚。

【疑难指导】

一、关于本罪共同犯罪的问题

实践中，针对控股股东、实际控制人等“关键少数”在公司事务中的重要地位，《刑法》第160条第2款将控股股东、实际控制人单列出来，对于其组织、指挥实施的欺诈发行证券行为，直接认定为欺诈发行证券的共犯，并设置明确的罚金幅度，既凸显出对其打击的力度，也有利于发挥刑罚的预防功能。

承担资产评估、验资、验证、会计、审计、法律服务等职责的中介组织人员与股票、债券、存托凭证等证券的发行人通谋，在招股说明书等发行文件中作出虚假的审计、会计、法律服务报告，帮助他人欺诈发行股票的，成立本罪的共犯。

证券交易所、证券公司的从业人员和证券业协会或证券监管机关的工作人员与证券发行者相互勾结，故意提供虚假信息诱骗投资者买卖证券的，也应成立本罪的共犯。

二、关于本罪牵连犯的问题

实践中，有些行为人基于募集资金的出发点，通过虚报注册资本成立公司，而后欺诈发行证券。对于这种行为，实际上就是刑法上的想象竞合犯，即指一个犯罪行为触犯数个罪名的情形。也就是以一个故意或过失，实施了一个行为，侵害了数个刑法所保护的客体，数次符合犯罪构成要件的情况。[①] 例如，需要实缴注册资本才能取得公司登记的金融性公司虚报注册资本骗取公司登记，或者隐瞒虚假出资的事实发行股票、债券、存托凭证等证券的，同时构成虚报注册资本罪、虚假出资罪和本罪，应成立想象竞合犯，从一重罪处断。

【办案依据】

《刑法》规定

第一百六十条　在招股说明书、认股书、公司、企业债券募集办法等发行文件中隐瞒重要事实或者编造重大虚假内容，发行股票或者公司、企业债券、存托凭证或者国务院依法认定的其他证券，数额巨大、后果严重或者有其他严重情节的，处五年以下有期徒刑或者拘役，并处或者单处罚金；数额特别巨大、后果特别严重或者有其他特别严重情节的，处五年以上有期徒刑，并处罚金。

控股股东、实际控制人组织、指使实施前款行为的，处五年以下有期徒刑或者拘役，并处或者单处非法募集资金金额百分之二十以上一倍以下罚金；数额特别巨大、后果特别严重或者有其他特别严重情节的，处五年以上有期徒刑，并处非法募集资金金额百分之二十以上一倍以下罚金。

单位犯前两款罪的，对单位判处非法募集资金金额百分之二十以上一倍以下罚金，并对其直接负责的主管人员和其他直接责任人员，依照第一款的规定处罚。

---

① 陈兴良:《刑法适用总论（上卷）》，法律出版社 1999 年版，第 655 页。

第四章　违规披露、不披露重要信息罪

【立案追诉标准】

违规披露、不披露重要信息案（《刑法》第161条）

依法负有信息披露义务的公司、企业向股东和社会公众提供虚假的或者隐瞒重要事实的财务会计报告，或者对依法应当披露的其他重要信息不按照规定披露，涉嫌下列情形之一的，应予立案追诉：

（一）造成股东、债权人或者其他人直接经济损失数额累计在一百万元以上的；

（二）虚增或者虚减资产达到当期披露的资产总额百分之三十以上的；

（三）虚增或者虚减营业收入达到当期披露的营业收入总额百分之三十以上的；

（四）虚增或者虚减利润达到当期披露的利润总额百分之三十以上的；

（五）未按照规定披露的重大诉讼、仲裁、担保、关联交易或者其他重大事项所涉及的数额或者连续十二个月的累计数额达到最近一期披露的净资产百分之五十以上的；

（六）致使不符合发行条件的公司、企业骗取发行核准或者注册并且上市交易的；

（七）致使公司、企业发行的股票或者公司、企业债券、存托凭证或者国务院依法认定的其他证券被终止上市交易的；

（八）在公司财务会计报告中将亏损披露为盈利，或者将盈利披露为亏损的；

（九）多次提供虚假的或者隐瞒重要事实的财务会计报告，或者多次对依法应当披露的其他重要信息不按照规定披露的；

（十）其他严重损害股东、债权人或者其他人利益，或者有其他严重情节的情形。

《最高人民检察院、公安部关于公安机关管辖的刑事案件立案追诉标准的规定（二）》（2022年4月29日）第6条

【犯罪构成及刑事责任】

违规披露、不披露重要信息罪，是指依法负有信息披露义务的公司、企业，向股东和社会公众提供虚假的或者隐瞒重要事实的财务会计报告，或者对依法应当披露的其他重要信息不按照规定披露，严重损害股东或者其他人利益，或者有其他严重情节的行为。构成本罪需要具备以下四个要件：

1. 客体要件

本罪侵犯的客体是复杂客体，既侵犯了国家公司管理制度，也侵犯了股东或者其他投资人的合法权益。但主要客体是公司、企业的股东、债权人、其他投资人的合法权益。

2. 客观要件

本罪在客观方面表现为提供虚假的或者隐瞒重要事实的财务会计报告，或者对依法应当披露的其他重要信息不按照规定披露。

具体而言：（1）提供虚假的或者隐瞒重要事实的财务会计报告，是指财务会计报告中含有虚假记载公司资产总额、资产投入以及夸大盈利、隐瞒负债与经营亏损等内容，行为人故意将其提供给股东或向社会公众公开，导致股东、债权人以及投资者基于错误判断而作出投资决策。根据《企业财务会计报告条例》《会计法》规定，这里的财务会计报告，包括资产负债表、损益表、财务状况变动表、

财务情况说明书、利润分配表等财务会计报表及附属明细表。虚假的或者隐瞒重要事实的财务会计报告主要涉及以下三方面：一是公司、企业的各种财产、债权等实有资产，公司流动负债和长期负债，股东投入资本所形成的资本公积金、盈余公积金和未分配的利润等情况；二是公司、企业收益、亏损及盈余分配情况；三是公司、企业流动资金来源及其运用，流动资产及流动负债增加数。

（2）对依法应当披露的其他重要信息不按照规定披露的行为，也成立本罪。这里的“依法应当披露的其他重要信息”，是指除财务会计报告外的招股说明书、债券募集办法、上市公司中期报告、年度报告、临时报告等信息披露资料。这些信息不仅包括《证券法》《公司法》《银行业监督管理法》《证券投资基金法》及行政法规规定应当披露的信息事项，而且包括国务院证券监管机构依照《证券法》《公司法》的授权具体规定的信息披露事项，因为根据《证券法》第 80 条第 2 款第 12 项、第 81 条第 2 款第 11 项的规定，“国务院证券监督管理机构规定的其他事项”也在应当依法披露的信息之列。这里的“不按照规定披露”不仅包括不披露或者违背法律、法规和国务院证券监管机构的规定进行虚假披露，还包括对所披露的信息有虚假记载、误导性陈述或者重大遗漏，也包括披露不全面、不及时以及披露程序不妥当等情形。

另外，违规披露、不披露重要信息，严重损害股东或者其他人利益，或者有其他严重情节的，也可以构成本罪。

3. 主体要件

本罪的主体是负有信息披露义务的公司、企业，包括依据《公司法》《证券法》《银行业监督管理法》《证券投资基金法》等法律、行政法规、规章规定的具有信息披露义务的股票发行人，上市公司，公司、企业债券上市交易的公司、企业，银行，基金管理人，基金托管人和其他信息披露义务人，都可以成为本罪的主体。

4. 主观要件

本罪在主观方面是故意，行为人对提供的是与公司财务状况和经营状况不相符合的虚假或者隐瞒重要事实的财务会计报告有认识，或者对不按照规定披露其他重要信息有认识，对违规披露、不披露重要信息有积极追求。

根据《刑法》第 161 条的规定：犯本罪，严重损害股东或者其他人利益，或者有其他严重情节的，对其直接负责的主管人员和其他直接责任人员，处五年以下有期徒刑或者拘役，并处或者单处罚金；情节特别严重的，处五年以上十年以下有期徒刑，并处罚金。

前款规定的公司、企业的控股股东、实际控制人实施或者组织、指使实施前款行为的，或者隐瞒相关事项导致前款规定的情形发生的，依照前款的规定处罚。

犯前款罪的控股股东、实际控制人是单位的，对单位判处罚金，并对其直接负责的主管人员和其他直接责任人员，依照第一款的规定处罚。

【疑难指导】

一、关于控股股东、实际控制人在本罪中的主体地位的理解

本罪属于典型的单位犯罪，在罪状表述中就明确了本罪的主体是依法负有信息披露义务的公司、企业。但是《刑法修正案（十一）》对《刑法》第 161 条进行了修改，除了对原条文的刑罚进行了修改，还就“控股股东、实际控制人”在原条文的基础上增加了两个条款（具体内容见《刑法》规定）。因为实践中控股股东、实际控制人在公司、企业事务中处于十分重要的地位，所以《刑法》对第 161 条第 2 款作了注意性的规定，即控股股东、实际控制人实施上述行为的，当然构成本罪的正犯；控股股东、实际控制人组织、指使实施违规披露、不披露重要信息，实际上构成了本罪共谋共犯，且在共同犯罪中处于支配性地位；控股股东、实际控制人隐瞒相关事项导致公司、企业违规披露、不披露重要信息的行为发生，且其行为严重损害股东或者其他人利益的，实际上就是控股股东、实际控制人有义务防止本罪发生但是通过隐瞒相关事项导致本罪的情形发生，属于典型的不作为。

二、违规披露、不披露重要信息罪与诈骗罪的区别

从表面上看，违规披露、不披露重要信息罪与诈骗罪都有欺骗的限制，但是从两罪的犯罪构成要件来看，还是存在较大区别，具体而言如下：

一是从行为方式来看，诈骗罪表现为以虚构事实或者隐瞒真相的方法，骗取数额较大的公私财物的行为；违规披露、不披露重要信息罪表现为向股东和社会

公众提供虚假的或隐瞒重要事实的财务会计报告，或者是依法应当披露的其他重要信息不依法披露，进而严重损害股东或者其他人的利益的行为。

二是从犯罪主体来看，诈骗罪的主体是自然人；违规披露、不披露重要信息罪的主体是依法负有信息披露义务的公司、企业。

三是从犯罪的主观方面来看，诈骗罪的目的是非法占有公私财物；违规披露、不披露重要信息罪的目的是吸引投资间接获取利益。

四是从刑事责任的承担者来看，诈骗罪的刑事责任由犯罪人本人承担；违规披露、不披露重要信息的刑事责任由依法负有信息披露义务的公司、企业直接负责的主管人员和其他直接责任人员承担。

三、违规披露、不披露重要信息罪与骗取贷款罪的区别

违规披露、不披露重要信息罪与骗取贷款罪都属于公司、企业经营领域常见多发的罪名，但是从具体的犯罪构成来分析，还是存在较大区别：

一是从行为方式来看，骗取贷款罪表现为以欺骗手段取得银行或者其他金融机构贷款，给银行或者其他金融机构造成重大损失的行为。违规披露、不披露重要信息罪表现为向股东和社会公众提供虚假的或者隐瞒重要事实的财务会计报告，或者对依法应当披露的其他重要信息不按照规定披露，严重损害股东或其他人利益或者有其他严重情节的行为。

二是从犯罪主体来看，骗取贷款罪的犯罪主体是一般主体，自然人和单位都可以成为本罪的犯罪主体。违规披露、不披露重要信息罪的犯罪主体是依法负有信息披露义务的公司、企业。

三是从犯罪的主观方面来看，骗取贷款罪的目的是非法取得银行或者金融机构的贷款，但是主观上并不具有非法占有的目的。违规披露、不披露重要信息罪的目的是吸引投资间接获取利益。

四是承担刑事责任的主体不同。骗取贷款罪是犯罪人本身；违规披露、不披露重要信息罪是其直接负责的主管人员和其他直接责任人员。

四、违规披露、不披露重要信息罪与诱骗投资者买卖证券罪的区别

为了募集资金等，一些公司、企业常常通过违规披露、不披露重要信息等手段方式来骗取一些投资者进行投资。但是从具体犯罪构成来看，违规披露、不披露重要信息罪与诱骗投资者买卖证券罪存在较大差异：

一是从行为方式来看，诱骗投资者买卖证券罪表现为提供虚假信息或者伪造、变造交易记录，诱骗投资者买卖证券，从中获取交易佣金等非法收益，造成严重后果的犯罪行为。违规披露、不披露重要信息罪表现为向股东和社会公众提供虚假的或者隐瞒重要事实的财务会计报告，或者对依法应当披露的其他重要信息不按照规定披露，严重损害股东或其他人利益或者有其他严重情节的行为。

二是从犯罪客体来看，诱骗投资者买卖证券罪是“破坏金融管理秩序罪”的所属罪名之一，其侵犯的是国家证券市场管理秩序和投资者的合法权益。违规披露、不披露重要信息罪既侵犯了国家公司管理制度，也侵犯了股东或者其他投资人的合法权益。

三是从犯罪主体来看，诱骗投资者买卖证券罪的犯罪主体是证券交易所、证券公司的从业人员，证券业协会或者证券管理部门的工作人员。违规披露、不披露重要信息罪的犯罪主体是依法负有信息披露义务的公司、企业。

五、关于本罪的罪与非罪问题

一是本罪的主观方面是故意。行为人是出于对财会工作不熟悉或者过失而造成财务会计报告不实的，则不构成本罪，因为行为人在主观上并不存在故意。

二是构成本罪还需要达到“严重”程度，即严重损害股东或其他人利益或者有其他严重情节。所以如果没有严重损害股东或其他人利益或者有其他严重情节，便不构成本罪。具体标准的把握，可以参照本章立案追诉标准。

【办案依据】

《刑法》规定

第一百六十一条 依法负有信息披露义务的公司、企业向股东和社会公众提供虚假的或者隐瞒重要事实的财务会计报告，或者对依法应当披露的其他重要信息不按照规定披露，严重损害股东或者其他人利益，或者有其他严重情节的，对其直接负责的主管人员和其他直接责任人员，处五年以下有期徒刑或者拘役，并处或者单处罚金；情节特别严重的，处五年以上十年以下有期徒刑，并处罚金。

前款规定的公司、企业的控股股东、实际控制人实施或者组织、指使实施前款行为的，或者隐瞒相关事项导致前款规定的情形发生的，依照前款的规定处罚。

犯前款罪的控股股东、实际控制人是单位的，对单位判处罚金，并对其直接负责的主管人员和其他直接责任人员，依照第一款的规定处罚。

【指导性案例】

最高人民检察院检例第66号

博元投资股份有限公司、余蒂妮等人违规披露、不披露重要信息案

（2019年7月10日最高人民检察院第十三届检察委员会第二十一次会议决定　2020年2月5日发布）

【关键词】

违规披露、不披露重要信息　犯罪与刑罚

【要旨】

刑法规定违规披露、不披露重要信息罪只处罚单位直接负责的主管人员和其他直接责任人员，不处罚单位。公安机关以本罪将单位移送起诉的，检察机关应当对单位直接负责的主管人员及其他直接责任人员提起公诉，对单位依法作出不起诉决定。对单位需要给予行政处罚的，检察机关应当提出检察意见，移送证券监督管理部门依法处理。

【基本案情】

被告人余蒂妮，女，广东省珠海市博元投资股份有限公司董事长、法定代表人，华信泰投资有限公司法定代表人。

被告人陈杰，男，广东省珠海市博元投资股份有限公司总裁。

被告人伍宝清，男，广东省珠海市博元投资股份有限公司财务总监、华信泰投资有限公司财务人员。

被告人张丽萍，女，广东省珠海市博元投资股份有限公司董事、财务总监。

被告人罗静元，女，广东省珠海市博元投资股份有限公司监事。

被不起诉单位广东省珠海市博元投资股份有限公司，住所广东省珠海市。

广东省珠海市博元投资股份有限公司（以下简称博元公司）原系上海证券交易所上市公司，股票名称：ST 博元，股票代码：600656。华信泰投资有限公司（以下简称华信泰公司）为博元公司控股股东。在博元公司并购重组过程中，有关人员作出了业绩承诺，在业绩不达标时需向博元公司支付股改业绩承诺款。2011年4月，余蒂妮、陈杰、伍宝清、张丽萍、罗静元等人采取循环转账等方式虚构华信泰公司已代全体股改义务人支付股改业绩承诺款3.84亿余元的事实，在博元公司临时报告、半年报中进行披露。为掩盖以上虚假事实，余蒂妮、伍宝清、张丽萍、罗静元采取将1000万元资金循环转账等方式，虚构用股改业绩承诺款购买37张面额共计3.47亿元银行承兑汇票的事实，在博元公司2011年的年报中进行披露。2012年至2014年，余蒂妮、张丽萍多次虚构银行承兑汇票贴现等交易事实，并根据虚假的交易事实进行记账，制作虚假的财务报表，虚增资产或者虚构利润均达到当期披露的资产总额或利润总额的30%以上，并在博元公司当年半年报、年报中披露。此外，博元公司还违规不披露博元公司实际控制人及其关联公司等信息。

【指控与证明犯罪】

2015年12月9日，珠海市公安局以余蒂妮等人涉嫌违规披露、不披露重要信息罪，伪造金融票证罪向珠海市人民检察院移送起诉；2016年2月22日，珠海市公安局又以博元公司涉嫌违规披露、不披露重要信息罪，伪造、变造金融票证罪移送起诉。随后，珠海市人民检察院指定珠海市香洲区人民检察院审查起诉。

检察机关审查认为，犯罪嫌疑单位博元公司依法负有信息披露义务，在2011年至2014年期间向股东和社会公众提供虚假的或者隐瞒主要事实的财务会计报告，对依法应当披露的其他重要信息不按照规定披露，严重损害股东以及其他人员的利益，情节严重。余蒂妮、陈杰作为博元公司直接负责的主管人员，伍宝清、张丽萍、罗静元作为其他直接责任人员，已构成违规披露、不披露重要信息罪，应当提起公诉。根据刑法第一百六十一条规定，不追究单位的刑事责任，对博元公司应当依法不予起诉。

2016年7月18日，珠海市香洲区人民检察院对博元公司作出不起诉决定。检察机关同时认为，虽然依照刑法规定不能追究博元公司的刑事责任，但对博元公司需要给予行政处罚。2016年9月30日，检察机关向中国证券监督管理委员会发出《检察意见书》，建议对博元公司依法给予行政处罚。

2016年9月22日，珠海市香洲区人民检察院将余蒂妮等人违规披露、不披露重要信息案移送珠海市人民检察院审查起诉。2016年11月3日，珠海市人民检察院对余蒂妮等5名被告人以违规披露、不披露重要信息罪依法提起公诉。珠海市中级人民法院公开开庭审理本案。法庭经审理认为，博元公司作为依法负有信息披露义务的公司，在2011年至2014年期间向股东和社会公众提供虚假的或者隐瞒主要事实的财务会计报告，或者对依法应当披露的其他重要信息不按照规定披露，严重损害股东或者其他人的利益，情节严重，被告人余蒂妮、陈杰作为公司直接负责的主管人员，被告人伍宝清、张丽萍、罗静元作为其他直接责任人员，其行为均构成违规披露、不披露重要信息罪。2017年2月22日，珠海市中级人民法院以违规披露、不披露重要信息罪判处被告人余蒂妮等五人有期徒刑一年七个月至拘役三个月不等刑罚，并处罚金。宣判后，五名被告人均未提出上诉，判决已生效。

【指导意义】

1. 违规披露、不披露重要信息犯罪不追究单位的刑事责任。上市公司依法负有信息披露义务，违反相关义务的，刑法规定了相应的处罚。由于上市公司所涉利益群体的多元性，为避免中小股东利益遭受双重损害，刑法规定对违规披露、不披露重要信息罪只追究直接负责的主管人员和其他直接责任人员的刑事责任，不追究单位的刑事责任。刑法第一百六十二条妨害清算罪、第一百六十二条之二虚假破产罪、第一百八十五条之一违法运用资金罪等也属于此种情形。对于此类犯罪案件，检察机关应当注意审查公安机关移送起诉的内容，区分刑事责任边界，准确把握追诉的对象和范围。

2. 刑法没有规定追究单位刑事责任的，应当对单位作出不起诉决定。对公安机关将单位一并移送起诉的案件，如果刑法没有规定对单位判处刑罚，检察机关应当对构成犯罪的直接负责的主管人员和其他直接责任人员依法提起公诉，对单位应当不起诉。鉴于刑事诉讼法没有规定与之对应的不起诉情形，检察机关可以根据刑事诉讼法规定的最相近的不起诉情形，对单位作出不起诉决定。

3. 对不追究刑事责任的单位，人民检察院应当依法提出检察意见督促有关机关追究行政责任。不追究单位的刑事责任并不表示单位不需要承担任何法律责任。检察机关不追究单位刑事责任，容易引起当事人、社会公众产生单位对违规披露、不披露重要信息没有任何法律责任的误解。由于违规披露、不披露重要信息行为，还可能产生上市公司强制退市等后果，这种误解还会进一步引起当事人、社会公众对证券监督管理部门、证券交易所采取措施的质疑，影响证券市场秩序。检察机关在审查起诉时，应当充分考虑办案效果，根据证券法等法律规定认真审查是否需要对单位给予行政处罚；需要给予行政处罚的，应当及时向证券监督管理部门提出检察意见，并进行充分的释法说理，消除当事人、社会公众因检察机关不追究可能产生的单位无任何责任的误解，避免对证券市场秩序造成负面影响。

【相关规定】

《中华人民共和国刑法》第三十条、第三十一条、第一百六十一条

《中华人民共和国证券法》第一百九十三条

第五章　妨害清算罪

【立案追诉标准】

妨害清算案（《刑法》第 162 条）

公司、企业进行清算时，隐匿财产，对资产负债表或者财产清单作虚伪记载或者在未清偿债务前分配公司、企业财产，涉嫌下列情形之一的，应予立案追诉：

（一）隐匿财产价值在五十万元以上的；

（二）对资产负债表或者财产清单作虚伪记载涉及金额在五十万元以上的；

（三）在未清偿债务前分配公司、企业财产价值在五十万元以上的；

（四）造成债权人或者其他人直接经济损失数额累计在十万元以上的；

（五）虽未达到上述数额标准，但应清偿的职工的工资、社会保险费用和法定补偿金得不到及时清偿，造成恶劣社会影响的；

（六）其他严重损害债权人或者其他人利益的情形。

《最高人民检察院、公安部关于公安机关管辖的刑事案件立案追诉标准的规定（二）》（2022 年 4 月 29 日）第 7 条

【犯罪构成及刑事责任】

妨害清算罪，是指公司、企业进行清算时，隐匿财产，对资产负债表或者财产清单作虚伪记载或者在未清偿债务前分配公司、企业财产的行为。构成本罪需

要具备以下四个要件：

1. 客体要件

本罪侵犯的是复杂客体，既侵犯了国家关于公司、企业清算方面的管理制度，也侵犯了债权人或其他人的合法权益。因为清算活动与公司、企业以及其他债权人、债务人有直接的经济利益关系，所以法律对清算进行了较为严密的规定，如清算的原因、清算组织的组成以及具体的清算活动，相关人员的权利与义务，等等。这些规定散见于我国《公司法》《企业破产法》等法律之中，共同构成国家对企业、公司清算的管理制度，进而保障清算活动的公平公正，维护公司、企业、债权人、债务人的合法权益。因此，妨害清算行为必然侵犯国家对公司、企业清算的管理制度，同时也侵犯债权人或者其他人的合法权益。

2. 客观要件

妨害清算罪在客观方面表现为，公司、企业进行清算时，隐匿财产，对资产负债表或者财产清单作虚伪记载或者在未清偿债务前分配公司、企业财产，严重损害债权人或者其他人利益的行为。构成本罪，在客观方面必须同时具备以下几个条件：

（1）行为在时间上必须是发生在公司、企业进行清算的过程中。关于清算期间的界定，一般认为，应从清算组依法成立时起，至剩余财产分配完毕之日即清算结束之日止。

（2）必须具有妨害清算的行为。本罪的行为方式包括以下几种：一是隐匿财产，即将公司、企业的全部或部分财产予以转移、隐藏，以逃避清算。这里的“财产”包括资金、工业产权、设备、产品、货物，包括动产、不动产，也包括公司、企业的债权等各种财产性利益。“隐匿财产”是一种单独的行为方式，直接隐匿财产，但并未在资产负债表或者财产清单上进行虚伪记载的，同样属于妨害清算行为。二是对资产负债表或者财产清单作虚假记载。资产负债表是反映企业特定时期财务状况的会计报表，能够标明企业所拥有或控制的经济资源、所承担的现有义务和所有者对净资产的要求权。财产清单是指公司对清算时尚存的所有财产项目的记载。处于清算期间的企业财产包括：企业原来经营管理的全部财产；企业在清算程序终结前所取得的财产；应当由被清算企业行使的其他财产权利。

已作为担保物的财产不属于被清算企业的财产；担保物的价款超过其所担保的债务数额的，超过部分属于被清算企业的财产。财产的表现形式有固定资产、流动资金、剩余产品及原材料等。对资产负债表或财产清单作虚伪记载主要表现为减少或不予记载资产类科目（如货币资金、短期投资、应收票据、应收利益、应收账款、预付账款等）或者多记负债类科目（如短期借款、应付票据、应付账款、预收账款、应付工资、其他流动负债等），以达到隐匿资产、逃避清算的目的。作虚伪记载的行为一般限于涂改单据、报表或者其他在财务会计报告上做手脚的行为，但是在清算期间无偿转让财产、非正常压价出售财产、对原来没有财产担保的债务重新设置财产担保、对未到期的债务提前清偿、放弃债权，然后对既存的、真实的资产负债表或者财产清单进行更改的，也属于对资产负债表和财产清单作虚伪记载。三是未清偿债务前分配公司、企业财产，即在清算过程中，违反财产分配顺序，在清偿公司企业的各项债务前，就在股东、合伙人等之间分配公司、企业财产。根据相关法律规定，公司财产清算后，在清偿清算费用、所欠职工工资和劳动保险费用、所欠税款、债权之后，才能分配。分配公司、企业财产的行为如果发生在清算且清偿债务前，就属于本罪的实行行为。

（3）必须是严重损害了债权人或者其他人的合法权益。“债权人”包括银行、合同相对人等；“其他人”包括公司、企业职工，劳动保险的被保险人、受益人等。“严重损害合法权益”，是指公司、企业因妨害清算的行为造成债权人巨额债务无法得到偿还，长期拖欠职工工资和劳动保险费用，以及国家巨额税款得不到清偿等。

3. 主体要件

本罪主体是公司、企业或清算组直接负责的主管人员和其他直接责任人员。根据《公司法》第 184 条和《合伙企业法》第 87 条的规定，清算组在清算期间负责清理公司财产，分别编制资产负债表和财产清单；通知、公告债权人；处理与清算有关的公司未了结的业务；清缴所欠税款以及清算过程中产生的税款；清理债权、债务；处理公司清偿债务后的剩余财产；代表公司参与民事诉讼活动。根据上述法律之规定，编制资产负债表和财产清单，对公司、企业债权债务的清理、分配，均是清算组的权利和职责。也就是说，《刑法》第 162 条规定的“对资产负债表或者财产清单作虚伪记载”和“在未清偿债务前分配公司、企业财产”，其实施者主要是清算组织及其成员。

值得注意的是，《刑法》第162条在表述妨害清算罪的罪状时，只是强调发生的时空过程是“公司、企业进行清算时”，处罚的是直接负责的主管人员和其他直接责任人员，而没有要求是清算组成员，也没有要求是原单位人员。

4. 主观要件

本罪在主观方面是故意，要求行为人对行为发生于清算时有认识，对处分的财产是被清算企业的财产有认识。由于过失造成资产负债表或者财产清单记载不实的，不具有妨害清算的目的，不构成本罪。

根据《刑法》第162条的规定，犯本罪，严重损害债权人或者其他人利益的，对其直接负责的主管人员和其他直接责任人员，处五年以下有期徒刑或者拘役，并处或者单处二万元以上二十万元以下罚金。

【疑难指导】

一、“清算期间”的认定问题

《刑法》明确要求，公司、企业“进行清算时”发生的妨害清算行为才可能构成妨害清算罪。因此，“进行清算时”的起止时间就成了区分罪与非罪的重要因素。实践中，公司、企业的清算有解散清算和破产清算之分，而解散清算和破产清算的清算期间的认定也不相同。

1. 关于解散清算的清算期间认定问题

解散清算期间的起止时间有两种观点：一种观点认为，从清算组织成立始，自剩余财产分配完毕止；另一种观点认为，从出现解散事由开始，自剩余财产分配完毕止。[①] 两种观点的分歧主要在于对“起始”的认定。本书采取第二种观点。主要理由如下：根据法无明文规定不为罪的原则，公司、企业出现了应当清算的情形之后，如果在清算组成立之前就隐匿财产、对资产负债表或者财产清单作虚

---

① 以上观点参见王晓东：《妨害清算罪若干法律问题探析》，载《齐鲁学刊》2013年第5期。

伪记载或者在清偿债务前分配公司、企业财产，由于不是发生在“进行清算时”，即使这些行为的主观恶性和危害结果可能更为严重，也不构成妨害清算罪，不受刑法惩罚。第一种观点认定的清算期间，可让行为人轻易规避《刑法》，只要不成立清算组织，即可肆无忌惮地妨害清算。故这种理解显然是不合适的。第二种观点既符合《刑法》的立法原意，也在《刑法》条文文义的范围之内，在一定程度上避免了行为人对《刑法》的规避。《刑法》规定妨害清算罪就是为了保护濒危公司、企业债权人或者其他人的合法权益。只要出现解散事由，即可以认为公司、企业进入了清算期间。《公司法》对清算组成立的时间做了明确的规定，即“解散事由出现之日起十五日内”，这个规定是从技术层面考虑的，是针对现实中不可能一出现解散事由就马上成立清算组而做的技术性处理。从法律逻辑上看，公司出现解散事由后，清算是不可避免的。如果将清算期间理解为从清算组成立之时开始，无疑是告诉行为人有规避妨害清算罪的时间，在客观上会纵容妨害清算的行为。

2. 关于破产清算的清算期间认定问题

实践中，关于破产清算期间的起始时间有四种观点：一是从资不抵债、不能清偿到期债务之时起算；二是从有关人员向法院提出破产申请之日起算；三是从法院裁定受理破产申请或指定管理人之日起算；四是从法院宣告债务人破产之日起算。[①]

本书采取第三种观点。理由如下：第一种观点没有可操作性，企业从何时起资不抵债很难取证证明；第二种观点增加了有关人员启动破产清算的主观随意性，丧失了破产清算的法律严肃性；第四种观点的清算起始时间，使破产清算过于滞后，债权人或其他人的利益得不到有效保障。

关于第三种观点成立的理由如下：一是人民法院裁定受理破产申请是一项确定的法律程序，是人民法院在经过一定的事实调查基础上作出的法律裁决。以此认定清算起始时间既有很强的可操作性，亦有很强的法律严肃性。二是人民法院

---

① 以上观点参见王晓东：《妨害清算罪若干法律问题探析》，载《齐鲁学刊》2013 年第 5 期。

裁定受理破产申请的同时指定管理人，管理人接管破产企业的日常管理工作。破产清算的特殊程序要求解决了解散清算中清算组成立滞后于解散事由出现的技术难题，使破产清算与解散清算在清算期间的起始时间的认定上趋于一致。三是有利于协调妨害清算罪与虚假破产罪的认定界限。《刑法修正案（六）》增加的虚假破产罪规定，公司、企业通过隐匿财产、承担虚构的债务或者以其他方法转移、处分财产，实施虚假破产，严重损害债权人或者其他人的利益，构成虚假破产罪。以第三种观点认定清算期间可以清楚地将两罪区分开来：法院裁定受理之前的隐匿、转移财产等行为可以构成虚假破产罪；之后的隐匿、转移财产等行为可以构成妨害清算罪。

根据《企业破产法》的规定，破产清算的终止时间，止于人民法院裁定破产程序终结之日。

二、妨害清算罪与私分国有资产罪的区分

私分国有资产罪是指国家机关、国有公司、企业、事业单位、人民团体，违反国家规定，以单位名义将国有资产集体私分给个人，数额较大的行为。妨害清算罪与私分国有资产罪主观上均出于故意，且妨害清算罪也可表现为私分财产行为。两者的主要区别在于：

一是犯罪客观方面不同。虽然都有非法分配公司、企业财产的行为，但妨害清算罪是在债务清偿前分配资产，私分国有资产罪是以单位名义将国有资产集体私分给个人，即“慷国家之慨，饱众人之欲”。

二是犯罪主体不同。妨害清算罪的主体是公司、企业或清算组直接负责的主管人员和其他直接责任人员，私分国有资产罪的主体是国家机关、国有公司、企业、事业单位、人民团体。

因此，国有公司、企业在破产清算结束后、清偿债务前，违反国家规定，以单位名义将国有资产分给个人，数额较大的，应以私分国有资产罪定罪处刑。

三、妨害清算罪与职务侵占罪、贪污罪的区别

妨害清算罪与职务侵占罪和贪污罪的区别主要有：

一是犯罪客体不同。妨害清算罪既侵犯了国家对公司、企业清算的管理制度，也侵犯了债权人或者其他人的合法权益，后两罪犯罪客体是财产所有权和职务行为的廉洁性。

二是犯罪客观方面不同。妨害清算罪在客观方面表现为在公司、企业进行清算时，隐匿财产，对资产负债表或者财产清单作虚伪记载或者在清偿债务前分配公司、企业财产，严重损害债权人或者其他人利益的行为。后两罪表现为利用职务之便，侵吞、窃取、骗取或者以其他手段非法占有财物。

三是犯罪主体不同，妨害清算罪的主体是公司、企业或清算组直接负责的主管人员和其他直接责任人员，后两罪主体则分别是公司、企业工作人员和国家工作人员。如果公司、企业的有关人员或清算组成员利用职务上的便利，侵吞、窃取、骗取或以其他手段非法占有进入清算阶段的财物，应按职务侵占罪或贪污罪定罪处罚。

四、清算组织之外的人妨害清算行为的认定问题

清算组织是能够在清算期间决策公司、企业事务的组织；清算组织之外的人也即在清算期间除清算组织外的其他人，既包括公司、企业之外的第三人，也包括未在清算组织中的原公司、企业的人员，还包括未经清算组织授权的清算组织的组成人员。笔者认为，除清算组织及其成员外，在破产清算中，如一些涉案人是利用原职务的影响和便利，趁公司进入破产清算期间转移资产，这种“清算组织之外的人”行为严重损害了债权人和其他人的经济利益，也可构成妨害清算罪。

实践中，虽然《公司法》《合伙企业法》《个人独资企业法》《企业破产法》等都要求成立清算组织，但有的公司企业却迟迟不予成立，或仅在形式上成立，实际上仍由公司企业的原决策机构实施决策权。在这种情况下，公司企业的原决策机构的行为应当视为单位行为。但若清算组织已经实际成立，并正常履行法定职责，根据法律规定，清算组织之外的人不能以单位名义实施清算行为。他们盗用或冒用单位名义实施妨害清算行为构成何罪，不能一概而论，而要根据他们的行为方式予以认定：如将公司、企业资产非法据为己有或予以挪用，可构成职务侵占罪或挪用资金罪等；如隐匿、销毁会计账簿，可构成隐匿、故意销毁会计账簿罪。基于本罪的特殊情况，不能简单地以经过单位集体决定、为单位谋利益等作为本罪出罪的条件。原则上只要符合此罪的构成要件，就应当定罪处罚。

【办案依据】

一、《刑法》规定

第一百六十二条　公司、企业进行清算时，隐匿财产，对资产负债表或者财产清单作虚伪记载或者在未清偿债务前分配公司、企业财产，严重损害债权人或者其他人利益的，对其直接负责的主管人员和其他直接责任人员，处五年以下有期徒刑或者拘役，并处或者单处二万元以上二十万元以下罚金。

二、其他法规

（一）《公司法》（2018年10月26日）

第一百八十条　公司因下列原因解散：

（一）公司章程规定的营业期限届满或者公司章程规定的其他解散事由出现；

（二）股东会或者股东大会决议解散；

（三）因公司合并或者分立需要解散；

（四）依法被吊销营业执照、责令关闭或者被撤销；

（五）人民法院依照本法第一百八十二条的规定予以解散。

第一百八十一条　公司有本法第一百八十条第（一）项情形的，可以通过修改公司章程而存续。

依照前款规定修改公司章程，有限责任公司须经持有三分之二以上表决权的股东通过，股份有限公司须经出席股东大会会议的股东所持表决权的三分之二以上通过。

第一百八十二条　公司经营管理发生严重困难，继续存续会使股东利益受到重大损失，通过其他途径不能解决的，持有公司全部股东表决权百分之十以上的股东，可以请求人民法院解散公司。

第一百八十三条　公司因本法第一百八十条第（一）项、第（二）项、第（四）项、第（五）项规定而解散的，应当在解散事由出现之日起十五日内成立清算组，开始清算。有限责任公司的清算组由股东组成，股份有限公司的清算组由董事或者股东大会确定的人员组成。逾期不成立清算组进行清算的，债权人可以申请人民法院指定有关人员组成清算组进行清算。人民法院应当受理该申请，并及时组织清算组进行清算。

第一百八十四条 清算组在清算期间行使下列职权：

（一）清理公司财产，分别编制资产负债表和财产清单；

（二）通知、公告债权人；

（三）处理与清算有关的公司未了结的业务；

（四）清缴所欠税款以及清算过程中产生的税款；

（五）清理债权、债务；

（六）处理公司清偿债务后的剩余财产；

（七）代表公司参与民事诉讼活动。

第一百八十五条 清算组应当自成立之日起十日内通知债权人，并于六十日内在报纸上公告。债权人应当自接到通知书之日起三十日内，未接到通知书的自公告之日起四十五日内，向清算组申报其债权。

债权人申报债权，应当说明债权的有关事项，并提供证明材料。清算组应当对债权进行登记。

在申报债权期间，清算组不得对债权人进行清偿。

第一百八十六条 清算组在清理公司财产、编制资产负债表和财产清单后，应当制定清算方案，并报股东会、股东大会或者人民法院确认。

公司财产在分别支付清算费用、职工的工资、社会保险费用和法定补偿金，缴纳所欠税款，清偿公司债务后的剩余财产，有限责任公司按照股东的出资比例分配，股份有限公司按照股东持有的股份比例分配。

清算期间，公司存续，但不得开展与清算无关的经营活动。公司财产在未依照前款规定清偿前，不得分配给股东。

第一百八十七条 清算组在清理公司财产、编制资产负债表和财产清单后，发现公司财产不足清偿债务的，应当依法向人民法院申请宣告破产。

公司经人民法院裁定宣告破产后，清算组应当将清算事务移交给人民法院。

第一百八十八条 公司清算结束后，清算组应当制作清算报告，报股东会、股东大会或者人民法院确认，并报送公司登记机关，申请注销公司登记，公告公司终止。

第一百八十九条 清算组成员应当忠于职守，依法履行清算义务。

清算组成员不得利用职权收受贿赂或者其他非法收入，不得侵占公司财产。

清算组成员因故意或者重大过失给公司或者债权人造成损失的，应当承担赔偿责任。

第一百九十条 公司被依法宣告破产的，依照有关企业破产的法律实施破产清算。

（二）《企业破产法》（2006年8月27日）

第一百零七条 人民法院依照本法规定宣告债务人破产的，应当自裁定作出之日起五日内送达债务人和管理人，自裁定作出之日起十日内通知已知债权人，并予以公告。

债务人被宣告破产后，债务人称为破产人，债务人财产称为破产财产，人民法院受理破产申请时对债务人享有的债权称为破产债权。

第一百零八条 破产宣告前，有下列情形之一的，人民法院应当裁定终结破产程序，并予以公告：

（一）第三人为债务人提供足额担保或者为债务人清偿全部到期债务的；

（二）债务人已清偿全部到期债务的。

第一百零九条 对破产人的特定财产享有担保权的权利人，对该特定财产享有优先受偿的权利。

第一百一十条 享有本法第一百零九条规定权利的债权人行使优先受偿权利未能完全受偿的，其未受偿的债权作为普通债权；放弃优先受偿权利的，其债权作为普通债权。

第一百二十条 破产人无财产可供分配的，管理人应当请求人民法院裁定终结破产程序。

管理人在最后分配完结后，应当及时向人民法院提交破产财产分配报告，并提请人民法院裁定终结破产程序。

人民法院应当自收到管理人终结破产程序的请求之日起十五日内作出是否终结破产程序的裁定。裁定终结的，应当予以公告。

第一百二十一条 管理人应当自破产程序终结之日起十日内，持人民法院终结破产程序的裁定，向破产人的原登记机关办理注销登记。

第一百二十二条 管理人于办理注销登记完毕的次日终止执行职务。但是，存在诉讼或者仲裁未决情况的除外。

第一百二十三条 自破产程序依照本法第四十三条第四款或者第一百二十条的规定终结之日起二年内，有下列情形之一的，债权人可以请求人民法院按照破产财产分配方案进行追加分配：

（一）发现有依照本法第三十一条、第三十二条、第三十三条、第三十六条规定应当追回的财产的；

（二）发现破产人有应当供分配的其他财产的。

有前款规定情形，但财产数量不足以支付分配费用的，不再进行追加分配，由人民法院将其上交国库。

第一百二十四条 破产人的保证人和其他连带债务人，在破产程序终结后，对债权人依照破产清算程序未受清偿的债权，依法继续承担清偿责任。

第六章 隐匿、故意销毁会计凭证、会计账簿、财务会计报告罪

【立案追诉标准】

隐匿、故意销毁会计凭证、会计帐簿、财务会计报告案（《刑法》第162条之一）

隐匿或者故意销毁依法应当保存的会计凭证、会计帐簿、财务会计报告，涉嫌下列情形之一的，应予立案追诉：

（一）隐匿、故意销毁的会计凭证、会计帐簿、财务会计报告涉及金额在五十万元以上的；

（二）依法应当向监察机关、司法机关、行政机关、有关主管部门等提供而隐匿、故意销毁或者拒不交出会计凭证、会计帐簿、财务会计报告的；

（三）其他情节严重的情形。

《最高人民检察院、公安部关于公安机关管辖的刑事案件立案追诉标准的规定（二）》（2022年4月29日）第8条

【犯罪构成及刑事责任】

隐匿、故意销毁会计凭证、会计账簿、财务会计报告罪，是指隐匿或者故意销毁依法应当保存的会计凭证、会计账簿、财务会计报告，情节严重的行为。构成本罪需要具备以下四个要件：

1. 客体要件

本罪侵犯的客体是公司、企业的财务会计管理制度。本罪的犯罪对象是依法应当保存的会计凭证、会计账簿、财务会计报告。

2. 客观要件

客观方面表现为隐匿、销毁依法应当保存的会计凭证、会计账簿、财务会计报告的行为。隐匿，是指使会计凭证、会计账簿、财务会计报告脱离政府机关、股东和社会公众视线的一切方法。销毁，是指使会计凭证、会计账簿、财务会计报告毁损的方法，包括抛弃、烧毁、撕扯等。不是单纯地隐匿、毁损，而是对有效的会计凭证、会计账簿、财务会计报告进行涂改，增加或缩小其数额，改变财物收支用途的，不构成本罪，而可能成立违规披露、不披露重要信息罪，逃税罪，骗取出口退税罪，职务侵占罪等。

3. 主体要件

本罪主体是特殊主体，即有义务保存会计凭证、会计账簿、财务会计报告的自然人和单位，但单位的性质并无限定。任何单位和个人在办理会计事务时对依法应当保存的会计凭证、会计账簿、财务会计报告，进行隐匿、销毁，情节严重的，均构成犯罪，应当依法追究其刑事责任。

4. 主观要件

本罪在主观方面是故意，行为人对隐匿、销毁的是会计凭证、会计账簿、财务会计报告有明确认识。由于工作上的疏忽造成会计凭证、会计账簿、财务会计报告毁损的，不构成犯罪。

根据《刑法》第162条之一的规定：犯本罪，情节严重的，处五年以下有期徒刑或者拘役，并处或者单处二万元以上二十万元以下罚金。

单位犯前款罪的，对单位判处罚金，并对其直接负责的主管人员和其他直接责任人员，依照前款的规定处罚。

【疑难指导】

一、立案追诉标准中各项具体标准的适用关系

因构成本罪要求“情节严重”，故适用立案追诉标准第一项时，要结合犯罪数

额和犯罪行为的实质危害性综合考量，应与第二项的违反法定义务拒不提供行为具备实质相当的危害性；适用第三项兜底条款时，也应注意犯罪行为应与前两项行为性质、社会危害性实质相当。

二、关于立案追诉标准中“为逃避查处”如何理解

《刑法》未具体规定何种行为构成“隐匿”，但考察“依法应当提供”的义务来源可知，行为人仍应具备逃避监督检查的目的。因本罪系行政犯，故可参照相关前置法定规定来理解。例如，《会计法》第35条规定：“各单位必须依照有关法律、行政法规的规定，接受有关监督检查部门依法实施的监督检查，如实提供会计凭证、会计帐簿、财务会计报告和其他会计资料以及有关情况，不得拒绝、隐匿、谎报。”可见《会计法》意义上的“隐匿”要求行为人具备逃避有关监督检查部门依法实施的监督检查的目的。因此，在评价行为人是否构成本罪时，应判断行为人有无上述逃避监管的目的，无此目的的不构成本罪。

【办案依据】

《刑法》规定

第一百六十二条之一 隐匿或者故意销毁依法应当保存的会计凭证、会计帐簿、财务会计报告，情节严重的，处五年以下有期徒刑或者拘役，并处或者单处二万元以上二十万元以下罚金。

单位犯前款罪的，对单位判处罚金，并对其直接负责的主管人员和其他直接责任人员，依照前款的规定处罚。

第七章　虚假破产罪

【立案追诉标准】

虚假破产案（《刑法》第162条之二）

公司、企业通过隐匿财产、承担虚构的债务或者以其他方法转移、处分财产，实施虚假破产，涉嫌下列情形之一的，应予立案追诉：

（一）隐匿财产价值在五十万元以上的；

（二）承担虚构的债务涉及金额在五十万元以上的；

（三）以其他方法转移、处分财产价值在五十万元以上的；

（四）造成债权人或者其他人直接经济损失数额累计在十万元以上的；

（五）虽未达到上述数额标准，但应清偿的职工的工资、社会保险费用和法定补偿金得不到及时清偿，造成恶劣社会影响的；

（六）其他严重损害债权人或者其他人利益的情形。

《最高人民检察院、公安部关于公安机关管辖的刑事案件立案追诉标准的规定（二）》（2022年4月29日）第9条

【犯罪构成及刑事责任】

虚假破产罪，是指公司、企业通过隐匿财产、承担虚构的债务或者以其他方法转移、处分财产，实施虚假破产，严重损害债权人或者其他人利益的行为。构成本罪需要具备以下四个要件：

1. 客体要件

本罪侵犯的客体是复杂客体，既包括国家关于公司企业的破产管理制度，又包括债权人等相关人员的利益。

2. 客观要件

在客观方面表现为通过隐匿财产、承担虚构的债务或者以其他方法转移、处分财产，实施虚假破产，严重损害债权人或者其他人利益的行为。虚假破产行为的发生与破产程序下债务人的有限清偿责任有密切关系。由于在破产程序下，债务人的全部资产经破产还债后，债权人未得清偿部分的债权，债务人不再负继续清偿的责任，因此行为人才会用虚构事实或者隐匿真相的方法隐匿、私分、转移、毁弃企业财产，以达到减少清偿、损害债权的目的。

其行为方式具体包括三方面的内容：（1）行为人必须实施了隐匿财产、承担虚构的债务或其他转移、处分财产的行为。隐匿财产，是指将公司、企业的资金、设备、产品、货物等财产全部或部分予以隐瞒、转移、藏匿。承担虚构的债务，是指捏造、承认不真实或不存在的债务。其他转移、处分财产的行为，是指《企业破产法》第31条所规定的无偿转让财产、以明显不合理的价格交易、对没有财产担保的债务提供财产担保、对未到期的债务提前清偿以及放弃债权等行为。行为人只要实施了上述情形中任何一种转移或处分财产的行为，就符合了这一客观的行为要件。

（2）行为人必须实施了虚假破产，即债务人是在未发生破产原因的情况下，通过抽逃、隐匿或转移财产等手段，虚构伪造破产原因，申请宣告破产，以逃避债权人的追索，从而侵占他人的财产。这里的“虚假破产”是指，企业未达到破产界限而伪造破产原因，申请破产，而非真实破产。

（3）严重损害债权人和其他人的利益。虚假破产实际上是一种破产欺诈行为，罪与非罪的界限在于其是否达到“严重损害债权人或者其他人利益”的程度。这里的“债权人”是指因公司、企业举债而与公司、企业形成债权债务关系的金融机构，公司、企业债券持有人，以及经济合同中享有债权的人等；“其他人”是指公司、企业的职工和国家税收部门等。

3. 主体要件

本罪主体是纯正的单位犯罪，即只有公司、企业才能构成本罪。根据我国有关法律规定，公司包括有限责任公司和股份有限公司，两者都具有法人资格，其他企业中只有具有法人资格的企业才可能申请破产。不具有法人资格的企业，例如个体工商户、个人合伙企业、个人独资企业等，因为要对其债务承担无限责任，法律规定不能通过破产免除责任，所以不属于本罪的主体范围。

4. 主观要件

本罪在主观方面是故意，行为人对破产为虚假，且可能损害债权人或者其他人的利益有认识。对行为人主观意思的认定，在司法实践中往往难以把握，因为实践中不少企业往往介于破产与不破产之间，即所谓的濒临破产，这一状态下的企业经营管理相当混乱。在这种情况下，会计文件资料、商业账册记载不实、丢失、错记等行为是否出于故意，就很难界定。因此，必须结合破产企业相关人员对破产财产的处理态度以及事后是否积极采取掩盖行为来认定。

根据《刑法》第162条之二的规定，犯本罪，严重损害债权人或者其他人利益的，对其直接负责的主管人员和其他直接责任人员，处五年以下有期徒刑或者拘役，并处或者单处二万元以上二十万元以下罚金。

【疑难指导】

一、虚假破产罪与贪污罪、职务侵犯罪的界限

虚假破产罪与贪污罪、职务侵犯罪的界限是比较清晰的，存在的问题是：行为人利用职务之便，通过将破产财产据为己有的方式实施虚假破产行为时，如何定罪处罚。虚假破产罪是单位犯罪，是为单位利益实施的，而贪污罪和职务侵占罪为自然人犯罪，具有个人非法占有目的。因此，实践中可按以下方法甄别对待：如果是为单位利益而实施隐匿财产、承担虚构的债务或者以其他方法转移、处分财产，进行虚假破产，严重损害债权人或者其他人利益的应当按照虚假破产定罪处罚；如果是为了个人非法占有而实施这些行为，应当按照贪污罪、职务侵占罪定罪处罚。

二、虚假破产罪与妨害清算罪的区别

虚假破产罪与妨害清算罪在客观行为方面有相同之处，如都包括隐匿财产、虚假记载商业账簿或私分财产，都对债权人的债权造成损害等。两者最主要的区别在于，实施行为的时间不同，虚假破产罪的行为实施在进入破产清算程序前，妨害清算罪的行为实施在进入清算程序并且清算结束之前。因此，从法院裁定受理破产申请或指定管理人之日为时间界限，可以清楚地将两罪区分开来，即法院裁定受理之前的隐匿、转移财产等行为，可以构成虚假破产罪；法院裁定受理之后的隐匿、转移财产等行为可以构成妨害清算罪。同时，妨害清算罪客观上仅表现为隐瞒财产、对资产负债表或者财产清单作虚伪记载以及在清偿债务前分配公司、企业财产三类行为；而虚假破产罪客观方面除表现为上述三种行为外，还表现为无偿转让财产、非正常压价出售财产、对原来没有财产担保的债务提供财产担保等多种其他转移和处分财产的行为。

【办案依据】

《刑法》规定

第一百六十二条之二 公司、企业通过隐匿财产、承担虚构的债务或者以其他方法转移、处分财产，实施虚假破产，严重损害债权人或者其他人利益的，对其直接负责的主管人员和其他直接责任人员，处五年以下有期徒刑或者拘役，并处或者单处二万元以上二十万元以下罚金。

第八章　非国家工作人员受贿罪

【立案追诉标准】

非国家工作人员受贿案（《刑法》第163条）

公司、企业或者其他单位的工作人员利用职务上的便利，索取他人财物或者非法收受他人财物，为他人谋取利益，或者在经济往来中，利用职务上的便利，违反国家规定，收受各种名义的回扣、手续费，归个人所有，数额在三万元以上的，应予立案追诉。

《最高人民检察院、公安部关于公安机关管辖的刑事案件立案追诉标准的规定（二）》（2022年4月29日）第10条

【犯罪构成及刑事责任】

非国家工作人员受贿罪，是指公司、企业或者其他单位的工作人员，利用职务上的便利索取他人财物或者非法收受他人财物，为他人谋取利益，数额较大的行为。构成本罪需要具备以下四个要件：

1. 客体要件

本罪侵犯的客体是国家对公司、企业以及非国有事业单位、其他组织的工作人员职务活动的管理制度。市场环境下，公司、企业、其他单位在社会运行中扮演着十分重要的角色，有关法律对这些组织的日常职务活动作了规范，形成了一套明确的管理秩序。本罪是对这些秩序的直接侵犯，破坏正常的社会主义市场公平竞争的管理秩序。本罪的对象——财物，既包括金钱和实物，也包括可以用金

钱计算数额的财产性利益，如提供房屋装修、含有金额的会员卡、代币卡（券）、旅游费用等，具体数额以实际支付的资费为准。收受银行卡的，不论受贿人是否实际取出或者消费，卡内的存款数额一般应全额认定为受贿数额。使用信用卡透支的，如果由给予信用卡的一方承担还款责任，透支数额也应当被认定为受贿数额。

公司、企业或者其他单位的工作人员在经济往来中，违反国家规定，收受各种名义的回扣、手续费，归个人所有的，也按照本罪定罪处罚。

2. 客观要件

客观方面表现为利用职务上的便利，索取他人财物或者非法收受他人财物，为他人谋取利益的行为。

利用职务上的便利，是指直接利用本人组织、监督、管理（主管、负责）某项工作的便利条件，即利用本人担任公司、企业中某种职务所享有的主管、分管、决定、处理以至经办某种事务的人、财、物决定权。

索取，是指非国家工作人员利用职务上的便利，在请托人要求其通过执行或不执行公司、企业职务而为他人谋取利益之时，主动向他人索要、要求提供财物的行为。利用职务上的便利，强行向他人提出“借贷”要求，但完全无归还意思的，也是索取财物。

收受，是指被动地接受他人给付的财物。至于财物交付是在谋取利益之前还是在谋取利益之后，是直接由行贿人交付还是第三者转交，都不影响收受的成立。

无论是利用职务上的便利主动索取他人财物，还是被动收受他人财物，都要求有为他人谋取利益的行为，才能构成本罪。作出许诺的，即成立为他人谋取利益，其一般是明示的承诺，但也不排除暗示的允诺。许诺为他人谋取利益的内容是否通过实际行动部分兑现，或者已经全部兑现，都不影响成立为他人谋取利益。为他人谋取的是正当利益，还是不正当利益，对成立犯罪无关紧要。

3. 主体要件

本罪主体是特殊主体，即公司、企业或者其他单位的工作人员。这里的公司、企业的工作人员，包括公司、企业的董事、监事、经理、会计等行政人员和业务人员。国有公司、企业以及其他国有单位中的非国家工作人员，也是这里的公司、企业人员。这里的“其他单位”，根据《最高人民法院、最高人民检察院关于办理商业贿赂刑事案件适用法律若干问题的意见》（2008 年 11 月 20 日）第 2 条的规定，既包括事业单位、社会团体、村民委员会、居民委员会、村民小组等常设性的组织，也包括为组织体育赛事、文艺演出或者其他正当活动而成立的组委会、筹委会、工程承包队等非常设性的组织。

医疗机构中的非国家工作人员，在药品、医疗器械、医用卫生材料等医药产品采购活动中，利用职务上的便利，索取销售方财物，或者非法收受销售方财物，为销售方谋取利益，构成犯罪的，以本罪定罪处罚。医疗机构中的医务人员，利用开处方的职务便利，以各种名义非法收受药品、医疗器械、医用卫生材料等医药产品销售方财物，为医药产品销售方谋取利益，数额较大的，亦构成本罪。

依法组建的评标委员会、竞争性谈判采购中谈判小组、询价采购中询价小组的组成人员，在招标、政府采购等事项的评标或者采购活动中，索取他人财物或者非法收受他人财物，为他人谋取利益，数额较大的，依照本罪定罪处罚。

4. 主观要件

本罪在主观方面是故意，即行为人明知利用职务上的便利为他人谋取利益而索取或收受贿赂的行为是损害其职务廉洁性的行为，而积极实施。

根据《刑法》第 163 条的规定，犯本罪，数额较大的，处三年以下有期徒刑或者拘役，并处罚金；数额巨大或者有其他严重情节的，处三年以上十年以下有期徒刑，并处罚金；数额特别巨大或者有其他特别严重情节的，处十年以上有期徒刑或者无期徒刑，并处罚金。

【疑难指导】

一、关于非国家工作人员与国家工作人员的共同犯罪问题

根据《最高人民法院、最高人民检察院关于办理商业贿赂刑事案件适用法律若干问题的意见》第 11 条的规定，非国家工作人员与国家工作人员通谋，共同收受他人财物，构成共同犯罪的，根据双方利用职务便利的具体情形分别定罪追究刑事责任：（1）利用国家工作人员的职务便利为他人谋取利益的，以受贿罪追究刑事责任。（2）利用非国家工作人员的职务便利为他人谋取利益的，以非国家工

作人员受贿罪追究刑事责任。（3）分别利用各自的职务便利为他人谋取利益的，按照主犯的犯罪性质追究刑事责任，不能分清主从犯的。可以受贿罪追究刑事责任。

二、财物取得与职务行为的关系

根据本罪的构成要件，无论是主动索取他人财物，还是被动收受他人财物，都要求利用职务上的便利，为他人谋取利益。因此，对于实践中有些公司、企业或者其他单位的工作人员以恐吓方式（例如，不给付一定数量的财物就揭发隐私）索取财物，财物取得和职务行为无紧密关联的，只成立敲诈勒索罪；反之，可能成立本罪。

公司、企业或者其他单位的工作人员为他人谋取利益，约定离职、辞职后收受财物的，收受财物行为仍然构成本罪。

公司、企业或者其他单位的工作人员受贿，同时实施其他足以损害本单位利益的犯罪行为的，可以数罪并罚。

三、关于本罪中“利用职务上的便利”的理解

不是直接利用本人职权，而是利用由本人职权或地位所形成的便利条件，通过第三人为请托人谋取利益，收受请托人财物的（斡旋受贿）行为，不成立本罪，因为根据罪刑法定原则的要求，斡旋受贿行为要成立受贿犯罪必须以法律有明确规定为限。国家工作人员斡旋受贿的，成立受贿罪，就是以此为前提。但对于非国家工作人员利用由本人职权或地位所形成的便利条件斡旋受贿的行为，《刑法》并未作出特别规定，所以不能将本罪中的“利用职务上的便利”扩大解释为间接利用职权或职务上的便利条件。

四、关于本罪与非罪的界限

本罪与非罪界限的认定，主要是判断行为人索取或者收受他人财物是否达到了“数额较大”的程度。如果行为人受贿行为未达到数额较大的程度，则不能以本罪认定，可以由公司、企业或者其他单位给予纪律处分。实践中，我们应当正确区分本罪与礼尚往来之间的界限。礼尚往来和合理馈赠是社会生活的正常现象，本罪与其主要区别在于：一是礼尚往来往往数额有限，本罪以数额较大为构成要件；二是礼尚往来一般互有馈赠，属于双向行为，本罪一般是单方给予，属于单向行为；三是礼尚往来给予财物不涉及权钱交易，本罪完全是基于权钱交易而收受财物。

【办案依据】

一、《刑法》规定

第一百六十三条 公司、企业或者其他单位的工作人员，利用职务上的便利，索取他人财物或者非法收受他人财物，为他人谋取利益，数额较大的，处三年以下有期徒刑或者拘役，并处罚金；数额巨大或者有其他严重情节的，处三年以上十年以下有期徒刑，并处罚金；数额特别巨大或者有其他特别严重情节的，处十年以上有期徒刑或者无期徒刑，并处罚金。

公司、企业或者其他单位的工作人员在经济往来中，利用职务上的便利，违反国家规定，收受各种名义的回扣、手续费，归个人所有的，依照前款的规定处罚。

国有公司、企业或者其他国有单位中从事公务的人员和国有公司、企业或者其他国有单位委派到非国有公司、企业以及其他单位从事公务的人员有前两款行为的，依照本法第三百八十五条、第三百八十六条的规定定罪处罚。

二、司法解释

（一）《最高人民法院、最高人民检察院关于办理贪污贿赂刑事案件适用法律若干问题的解释》（2016年4月18日，法释〔2016〕9号）

第一条 贪污或者受贿数额在三万元以上不满二十万元的，应当认定为刑法第三百八十三条第一款规定的“数额较大”，依法判处三年以下有期徒刑或者拘役，并处罚金。

贪污数额在一万元以上不满三万元，具有下列情形之一的，应当认定为刑法第三百八十三条第一款规定的“其他较重情节”，依法判处三年以下有期徒刑或者拘役，并处罚金：

（一）贪污救灾、抢险、防汛、优抚、扶贫、移民、救济、防疫、社会捐助等特定款物的；

（二）曾因贪污、受贿、挪用公款受过党纪、行政处分的；

（三）曾因故意犯罪受过刑事追究的；

（四）赃款赃物用于非法活动的；

（五）拒不交待赃款赃物去向或者拒不配合追缴工作，致使无法追缴的；

（六）造成恶劣影响或者其他严重后果的。

受贿数额在一万元以上不满三万元，具有前款第二项至第六项规定的情形之一，或者具有下列情形之一的，应当认定为刑法第三百八十三条第一款规定的“其他较重情节”，依法判处三年以下有期徒刑或者拘役，并处罚金：

（一）多次索贿的；

（二）为他人谋取不正当利益，致使公共财产、国家和人民利益遭受损失的；

（三）为他人谋取职务提拔、调整的。

第十一条　刑法第一百六十三条规定的非国家工作人员受贿罪、第二百七十一条规定的职务侵占罪中的“数额较大”“数额巨大”的数额起点，按照本解释关于受贿罪、贪污罪相对应的数额标准规定的二倍、五倍执行。

刑法第二百七十二条规定的挪用资金罪中的“数额较大”“数额巨大”以及“进行非法活动”情形的数额起点，按照本解释关于挪用公款罪“数额较大”“情节严重”以及“进行非法活动”的数额标准规定的二倍执行。

刑法第一百六十四条第一款规定的对非国家工作人员行贿罪中的“数额较大”“数额巨大”的数额起点，按照本解释第七条、第八条第一款关于行贿罪的数额标准规定的二倍执行。

第十二条　贿赂犯罪中的“财物”，包括货币、物品和财产性利益。财产性利益包括可以折算为货币的物质利益如房屋装修、债务免除等，以及需要支付货币的其他利益如会员服务、旅游等。后者的犯罪数额，以实际支付或者应当支付的数额计算。

第十五条　对多次受贿未经处理的，累计计算受贿数额。

国家工作人员利用职务上的便利为请托人谋取利益前后多次收受请托人财物，受请托之前收受的财物数额在一万元以上的，应当一并计入受贿数额。

第十六条　国家工作人员出于贪污、受贿的故意，非法占有公共财物、收受他人财物之后，将赃款赃物用于单位公务支出或者社会捐赠的，不影响贪污罪、受贿罪的认定，但量刑时可以酌情考虑。

特定关系人索取、收受他人财物，国家工作人员知道后未退还或者上交的，应当认定国家工作人员具有受贿故意。

第十七条 国家工作人员利用职务上的便利，收受他人财物，为他人谋取利益，同时构成受贿罪和刑法分则第三章第三节、第九章规定的渎职犯罪的，除刑法另有规定外，以受贿罪和渎职犯罪数罪并罚。

第十八条 贪污贿赂犯罪分子违法所得的一切财物，应当依照刑法第六十四条的规定予以追缴或者责令退赔，对被害人的合法财产应当及时返还。对尚未追缴到案或者尚未足额退赔的违法所得，应当继续追缴或者责令退赔。

（二）《最高人民法院关于如何认定国有控股、参股股份有限公司中的国有公司、企业人员的解释》（2005年7月31日，法释〔2005〕10号）

为准确认定刑法分则第三章第三节中的国有公司、企业人员，现对国有控股、参股的股份有限公司中的国有公司、企业人员解释如下：

国有公司、企业委派到国有控股、参股公司从事公务的人员，以国有公司、企业人员论。

三、司法文件

《最高人民法院、最高人民检察院关于印发〈关于办理商业贿赂刑事案件适用法律若干问题的意见〉的通知》（2008年11月20日）

……

二、刑法第一百六十三条、第一百六十四条规定的“其他单位”，既包括事业单位、社会团体、村民委员会、居民委员会、村民小组等常设性的组织，也包括为组织体育赛事、文艺演出或者其他正当活动而成立的组委会、筹委会、工程承包队等非常设性的组织。

三、刑法第一百六十三条、第一百六十四条规定的“公司、企业或者其他单位的工作人员”，包括国有公司、企业以及其他国有单位中的非国家工作人员。

四、医疗机构中的国家工作人员，在药品、医疗器械、医用卫生材料等医药产品采购活动中，利用职务上的便利，索取销售方财物，或者非法收受销售方财物，为销售方谋取利益，构成犯罪的，依照刑法第三百八十五条的规定，以受贿罪定罪处罚。

医疗机构中的非国家工作人员，有前款行为，数额较大的，依照刑法第一百六十三条的规定，以非国家工作人员受贿罪定罪处罚。

医疗机构中的医务人员，利用开处方的职务便利，以各种名义非法收受药品、医疗器械、医用卫生材料等医药产品销售方财物，为医药产品销售方谋取利益，数额较大的，依照刑法第一百六十三条的规定，以非国家工作人员受贿罪定罪处罚。

五、学校及其他教育机构中的国家工作人员，在教材、教具、校服或者其他物品的采购等活动中，利用职务上的便利，索取销售方财物，或者非法收受销售方财物，为销售方谋取利益，构成犯罪的，依照刑法第三百八十五条的规定，以受贿罪定罪处罚。

学校及其他教育机构中的非国家工作人员，有前款行为，数额较大的，依照刑法第一百六十三条的规定，以非国家工作人员受贿罪定罪处罚。

学校及其他教育机构中的教师，利用教学活动的职务便利，以各种名义非法收受教材、教具、校服或者其他物品销售方财物，为教材、教具、校服或者其他物品销售方谋取利益，数额较大的，依照刑法第一百六十三条的规定，以非国家工作人员受贿罪定罪处罚。

六、依法组建的评标委员会、竞争性谈判采购中谈判小组、询价采购中询价小组的组成人员，在招标、政府采购等事项的评标或者采购活动中，索取他人财物或者非法收受他人财物，为他人谋取利益，数额较大的，依照刑法第一百六十三条的规定，以非国家工作人员受贿罪定罪处罚。

依法组建的评标委员会、竞争性谈判采购中谈判小组、询价采购中询价小组中国家机关或者其他国有单位的代表有前款行为的，依照刑法第三百八十五条的规定，以受贿罪定罪处罚。

七、商业贿赂中的财物，既包括金钱和实物，也包括可以用金钱计算数额的财产性利益，如提供房屋装修、含有金额的会员卡、代币卡（券）、旅游费用等。具体数额以实际支付的资费为准。

八、收受银行卡的，不论受贿人是否实际取出或者消费，卡内的存款数额一般应全额认定为受贿数额。使用银行卡透支的，如果由给予银行卡的一方承担还款责任，透支数额也应当认定为受贿数额。

十、办理商业贿赂犯罪案件，要注意区分贿赂与馈赠的界限。主要应当结合以下因素全面分析、综合判断：（1）发生财物往来的背景，如双方是否存在亲友关系及历史上交往的情形和程度；（2）往来财物的价值；（3）财物往来的缘由、时机和方式，提供财物方对于接受方有无职务上的请托；（4）接受方是否利用职务上的便利为提供方谋取利益。

十一、非国家工作人员与国家工作人员通谋，共同收受他人财物，构成共同犯罪的，根据双方利用职务便利的具体情形分别定罪追究刑事责任：

（1）利用国家工作人员的职务便利为他人谋取利益的，以受贿罪追究刑事责任。

（2）利用非国家工作人员的职务便利为他人谋取利益的，以非国家工作人员受贿罪追究刑事责任。

（3）分别利用各自的职务便利为他人谋取利益的，按照主犯的犯罪性质追究刑事责任，不能分清主从犯的，可以受贿罪追究刑事责任。

第九章　对非国家工作人员行贿罪

【立案追诉标准】

对非国家工作人员行贿案（《刑法》第164条第1款）

为谋取不正当利益，给予公司、企业或者其他单位的工作人员以财物，个人行贿数额在三万元以上的，单位行贿数额在二十万元以上的，应予立案追诉。

《最高人民检察院、公安部关于公安机关管辖的刑事案件立案追诉标准的规定（二）》（2022年4月29日）第11条

【犯罪构成及刑事责任】

对非国家工作人员行贿罪，是指为谋取不正当利益，给予公司、企业或者其他单位的工作人员以财物，数额较大的行为。构成本罪需要具备以下四个要件：

1. 客体要件

本罪侵犯的客体是复杂客体，即市场竞争秩序和公司、企业或者其他单位的工作人员职务行为的不可交换性。具体而言，在市场竞争中，部分商品经营者、从事营利活动的个人、企事业单位，为了获得交易机会或竞争优势，行为人动用贿赂手段，作为向相对方换取交易机会或者竞争优势的对价，市场自发的竞争规律受到了冲击，市场交易秩序受到严重的破坏，这是本罪所侵犯的主要客体。同时，公司、企业或者其他单位的工作人员在贿赂的诱惑下，其职务行为严重偏离国家对公司、企业或者其他单位的管理规定，法律对其职务行为不可交换性的要

求也因贿赂而不能得以实现，这是本罪侵犯的次要客体。

2. 客观要件

客观方面表现为谋取不正当利益，给予公司、企业或者其他单位的工作人员以财物的行为。

给予财物，既包括主动或被动向公司、企业或者其他单位的工作人员提供与交付财物的行为，也包括主动向公司、企业或者其他单位的工作人员作出交付财物的意思表示，达成行贿（受贿）的约定。被公司、企业或者其他单位的工作人员勒索而提供财物，行贿人有谋取不正当利益的动机的，即使其尚未实际谋取不正当利益，也是本罪中的给予贿赂财物。

3. 主体要件

本罪主体是一般主体，即凡是达到刑事责任年龄具有刑事责任能力的人、单位均可构成本罪主体。单位犯本罪的，采取双罚制，既处罚单位，也处罚直接负责的主管人员和其他直接责任人员。

4. 主观要件

本罪在主观方面是故意。行为人对自己的行为会收买公司、企业或者其他单位的工作人员有明知，而且具有谋取不正当利益的目的。

根据《刑法》第 164 条第 1 款的规定，犯本罪，数额较大的，处三年以下有期徒刑或者拘役，并处罚金；数额巨大的，处三年以上十年以下有期徒刑，并处罚金。根据《刑法》第 164 条第 3 款的规定，单位犯前两款罪的，对单位判处罚金，并对其直接负责的主管人员和其他直接责任人员，依照第 1 款的规定处罚。根据《刑法》第 164 条第 4 款的规定，犯本罪，行贿人在被追诉前主动交待行贿行为的，可以减轻处罚或者免除处罚。

【疑难指导】

一、关于给予公司、企业或者其他单位的工作人员以各种名义的回扣、手续费的情形的认定

实践中，本罪和行贿罪存在明显区别，即在经济往来中违反国家规定，给予国家工作人员以各种名义的回扣、手续费的，构成行贿罪。但给予公司、企业或

者其他单位的工作人员以各种名义的回扣、手续费的，《刑法》并未规定可以成立对非国家工作人员行贿罪。

二、关于“对行贿人可以减轻处罚或免除处罚”的理解

《刑法》第164条第4款对行贿人可以减轻处罚或免除处罚的情节作了特别规定，旨在通过宽缓处理来鼓励行贿人悔过、揭发检举受贿人，及时发现、惩治贿赂犯罪。根据本款规定，行贿人在被追诉前主动交待行贿行为的，可以减轻处罚或者免除处罚，即行贿人必须是主动交待，且交待的时间节点必须是在被追诉前。根据2012年《最高人民法院、最高人民检察院关于办理行贿刑事案件具体应用法律若干问题的解释》第7条、第8条和第9条的释义，对行贿人减免刑罚必须同时具备两个条件：一是必须主动交待行贿行为；二是交待的时间必须在被追诉之前。“主动交待”是指行贿人主动向司法机关或者其他有关部门如实交待其行贿事实，因被调查或被查询而不得不交待的，或者为了避重就轻不如实交待的，均不属于“主动交待”；“被追诉前”是指在司法机关立案、开始追究刑事责任之前，若司法机关发现了行贿事实，并认为应当追究刑事责任而立案后交待的，则不适用本条款。①

三、关于“谋取不正当利益”的认定

“谋取不正当利益”是认定本罪的关键问题。根据《最高人民法院、最高人民检察院关于办理商业贿赂刑事案件适用法律若干问题的意见》《最高人民法院、最高人民检察院关于办理行贿刑事案件具体应用法律若干问题的解释》等规定，“谋取不正当利益”是指行贿人谋取违反法律、法规、规章或者政策规定的利益，或者要求对方违反法律、法规、规章、政策、行业规范的规定提供帮助或者方便条件。需要注意的是，在商业活动中谋取优于其他具有同等地位人员的竞争优势，向非国家工作人员行贿，导致商业交易机会、利益倾斜，违背了公平公正原则，此类竞争优势虽然还处于无形的阶段，但一旦条件具备便能转化成实实在在的经济利益，故也应认定为谋取不正当利益。

---

① 孙国祥：《被追诉前主动交待行贿行为的认定》，载《检察日报》2013年6月17日。

四、本罪与行贿罪的区别

对非国家工作人员行贿罪与行贿罪都属于行贿类犯罪，有一些相似之处，如主观上均为谋取不正当利益，客观上行为人均向受贿人给予了财物，且数额较大。但与此同时，两者也存在以下几方面不同之处：一是二者侵犯的客体不同。对非国家工作人员行贿罪侵犯的客体主要是社会主义市场经济的公平竞争秩序，而行贿罪所侵犯的客体主要是国家机关的正常管理和公职人员职务行为的廉洁性。二是二者的行贿对象不同。行贿罪的对象是我国的国家工作人员，对非国家工作人员行贿罪的行贿对象为公司、企业或者其他单位的工作人员以及外国公职人员或者国际公共组织官员，不包括国家机关中从事公务的人员，国有公司、企业或者其他国有单位中从事公务的人员和国家机关、国有公司、企业或者其他国有单位委派到非国有公司、企业以及其他单位从事公务的人员。三是二者的主体范围不同。对非国家工作人员行贿罪的主体既可以是自然人，也可以是单位，行贿罪的主体只能是自然人。四是二者的法定刑不同。根据《刑法修正案（九）》对二者法定刑进行的修改，对非国家工作人员行贿，数额较大的，处三年以下有期徒刑或者拘役并处罚金；数额巨大的，处三年以上十年以下有期徒刑，并处罚金。犯行贿罪的，处五年以下有期徒刑或者拘役，并处罚金；因行贿谋取不正当利益，情节严重的，或者使国家利益遭受重大损失的，处五年以上十年以下有期徒刑，并处罚金；情节特别严重的，或者使国家利益遭受特别重大损失的，处十年以上有期徒刑或者无期徒刑，并处罚金或者没收财产。由此可见，行贿罪的处罚要重于对非国家工作人员行贿罪。

【办案依据】

一、《刑法》规定

第一百六十四条第一款 为谋取不正当利益，给予公司、企业或者其他单位的工作人员以财物，数额较大的，处三年以下有期徒刑或者拘役，并处罚金；数额巨大的，处三年以上十年以下有期徒刑，并处罚金。

第三款 单位犯前两款罪的，对单位判处罚金，并对其直接负责的主管人员和其他直接责任人员，依照第一款的规定处罚。

第四款 行贿人在被追诉前主动交待行贿行为的，可以减轻处罚或者免除处罚。

二、司法解释

（一）《最高人民法院、最高人民检察院关于办理贪污贿赂刑事案件适用法律若干问题的解释》（2016年4月18日，法释〔2016〕9号）

第七条 为谋取不正当利益，向国家工作人员行贿，数额在三万元以上的，应当依照刑法第三百九十条的规定以行贿罪追究刑事责任。

行贿数额在一万元以上不满三万元，具有下列情形之一的，应当依照刑法第三百九十条的规定以行贿罪追究刑事责任：

（一）向三人以上行贿的；

（二）将违法所得用于行贿的；

（三）通过行贿谋取职务提拔、调整的；

（四）向负有食品、药品、安全生产、环境保护等监督管理职责的国家工作人员行贿，实施非法活动的；

（五）向司法工作人员行贿，影响司法公正的；

（六）造成经济损失数额在五十万元以上不满一百万元的。

第八条 犯行贿罪，具有下列情形之一的，应当认定为刑法第三百九十条第一款规定的“情节严重”：

（一）行贿数额在一百万元以上不满五百万元的；

（二）行贿数额在五十万元以上不满一百万元，并具有本解释第七条第二款第一项至第五项规定的情形之一的；

（三）其他严重的情节。

为谋取不正当利益，向国家工作人员行贿，造成经济损失数额在一百万元以上不满五百万元的，应当认定为刑法第三百九十条第一款规定的“使国家利益遭受重大损失”。

第十一条 刑法第一百六十三条规定的非国家工作人员受贿罪、第二百七十一条规定的职务侵占罪中的“数额较大”“数额巨大”的数额起点，按照本解释关于受贿罪、贪污罪相对应的数额标准规定的二倍、五倍执行。

刑法第二百七十二条规定的挪用资金罪中的“数额较大”“数额巨大”以及“进行非法活动”情形的数额起点，按照本解释关于挪用公款罪“数额较大”“情节严重”以及“进行非法活动”的数额标准规定的二倍执行。

刑法第一百六十四条第一款规定的对非国家工作人员行贿罪中的“数额较大”“数额巨大”的数额起点，按照本解释第七条、第八条第一款关于行贿罪的数额标准规定的二倍执行。

第十二条 贿赂犯罪中的“财物”，包括货币、物品和财产性利益。财产性利益包括可以折算为货币的物质利益如房屋装修、债务免除等，以及需要支付货币的其他利益如会员服务、旅游等。后者的犯罪数额，以实际支付或者应当支付的数额计算。

第十七条 国家工作人员利用职务上的便利，收受他人财物，为他人谋取利益，同时构成受贿罪和刑法分则第三章第三节、第九章规定的渎职犯罪的，除刑法另有规定外，以受贿罪和渎职犯罪数罪并罚。

第十九条 对贪污罪、受贿罪判处三年以下有期徒刑或者拘役的，应当并处十万元以上五十万元以下的罚金；判处三年以上十年以下有期徒刑的，应当并处二十万元以上犯罪数额二倍以下的罚金或者没收财产；判处十年以上有期徒刑或者无期徒刑的，应当并处五十万元以上犯罪数额二倍以下的罚金或者没收财产。

对刑法规定并处罚金的其他贪污贿赂犯罪，应当在十万元以上犯罪数额二倍以下判处罚金。

(二)《最高人民法院、最高人民检察院关于办理行贿刑事案件具体应用法律若干问题的解释》（2012年12月26日，法释〔2012〕22号）

第五条 多次行贿未经处理的，按照累计行贿数额处罚。

第六条 行贿人谋取不正当利益的行为构成犯罪的，应当与行贿犯罪实行数罪并罚。

第七条 因行贿人在被追诉前主动交待行贿行为而破获相关受贿案件的，对行贿人不适用刑法第六十八条关于立功的规定，依照刑法第三百九十条第二款的规定，可以减轻或者免除处罚。

单位行贿的，在被追诉前，单位集体决定或者单位负责人决定主动交待单位行贿行为的，依照刑法第三百九十条第二款的规定，对单位及相关责任人员可以减轻处罚或者免除处罚；受委托直接办理单位行贿事项的直接责任人员在被追诉前主动交待自己知道的单位行贿行为的，对该直接责任人员可以依照刑法第三百九十条第二款的规定减轻处罚或者免除处罚。

第八条 行贿人被追诉后如实供述自己罪行的，依照刑法第六十七条第三款的规定，可以从轻处罚；因其如实供述自己罪行，避免特别严重后果发生的，可以减轻处罚。

第九条 行贿人揭发受贿人与其行贿无关的其他犯罪行为，查证属实的，依照刑法第六十八条关于立功的规定，可以从轻、减轻或者免除处罚。

第十条 实施行贿犯罪，具有下列情形之一的，一般不适用缓刑和免予刑事处罚：

（一）向三人以上行贿的；

（二）因行贿受过行政处罚或者刑事处罚的；

（三）为实施违法犯罪活动而行贿的；

（四）造成严重危害后果的；

（五）其他不适用缓刑和免予刑事处罚的情形。

具有刑法第三百九十条第二款规定的情形的，不受前款规定的限制。

第十一条 行贿犯罪取得的不正当财产性利益应当依照刑法第六十四条的规定予以追缴、责令退赔或者返还被害人。

因行贿犯罪取得财产性利益以外的经营资格、资质或者职务晋升等其他不正当利益，建议有关部门依照相关规定予以处理。

第十三条 刑法第三百九十条第二款规定的“被追诉前”，是指检察机关对行贿人的行贿行为刑事立案前。

三、司法文件

《最高人民法院、最高人民检察院关于印发〈关于办理商业贿赂刑事案件适用法律若干问题的意见〉的通知》（2008年11月20日）

……

二、刑法第一百六十三条、第一百六十四条规定的“其他单位”，既包括事业单位、社会团体、村民委员会、居民委员会、村民小组等常设性的组织，也包括为组织体育赛事、文艺演出或者其他正当活动而成立的组委会、筹委会、工程承包队等非常设性的组织。

三、刑法第一百六十三条、第一百六十四条规定的“公司、企业或者其他单位的工作人员”，包括国有公司、企业以及其他国有单位中的非国家工作人员。

七、商业贿赂中的财物，既包括金钱和实物，也包括可以用金钱计算数额的财产性利益，如提供房屋装修、含有金额的会员卡、代币卡（券）、旅游费用等。具体数额以实际支付的资费为准。

八、收受银行卡的，不论受贿人是否实际取出或者消费，卡内的存款数额一般应全额认定为受贿数额。使用银行卡透支的，如果由给予银行卡的一方承担还款责任，透支数额也应当认定为受贿数额。

九、在行贿犯罪中，“谋取不正当利益”，是指行贿人谋取违反法律、法规、规章或者政策规定的利益，或者要求对方违反法律、法规、规章、政策、行业规范的规定提供帮助或者方便条件。

在招标投标、政府采购等商业活动中，违背公平原则，给予相关人员财物以谋取竞争优势的，属于“谋取不正当利益”。

十、办理商业贿赂犯罪案件，要注意区分贿赂与馈赠的界限。主要应当结合以下因素全面分析、综合判断：（1）发生财物往来的背景，如双方是否存在亲友关系及历史上交往的情形和程度；（2）往来财物的价值；（3）财物往来的缘由、时机和方式，提供财物方对于接受方有无职务上的请托；（4）接受方是否利用职务上的便利为提供方谋取利益。

四、其他法规

《反不正当竞争法》（2019年4月23日）

第七条　经营者不得采用财物或者其他手段贿赂下列单位或者个人，以谋取交易机会或者竞争优势：

（一）交易相对方的工作人员；

（二）受交易相对方委托办理相关事务的单位或者个人；

（三）利用职权或者影响力影响交易的单位或者个人。

经营者在交易活动中，可以以明示方式向交易相对方支付折扣，或者向中间人支付佣金。经营者向交易相对方支付折扣、向中间人支付佣金的，应当如实入账。接受折扣、佣金的经营者也应当如实入账。

经营者的工作人员进行贿赂的，应当认定为经营者的行为；但是，经营者有证据证明该工作人员的行为与为经营者谋取交易机会或者竞争优势无关的除外。

第八条 经营者不得对其商品的性能、功能、质量、销售状况、用户评价、曾获荣誉等作虚假或者引人误解的商业宣传，欺骗、误导消费者。

经营者不得通过组织虚假交易等方式，帮助其他经营者进行虚假或者引人误解的商业宣传。

第十章　对外国公职人员、国际公共组织官员行贿罪

【立案追诉标准】

对外国公职人员、国际公共组织官员行贿案（《刑法》第164条第2款）

为谋取不正当商业利益，给予外国公职人员或者国际公共组织官员以财物，个人行贿数额在三万元以上的，单位行贿数额在二十万元以上的，应予立案追诉。

《最高人民检察院、公安部关于公安机关管辖的刑事案件立案追诉标准的规定（二）》（2022年4月29日）第12条

【犯罪构成及刑事责任】

对外国公职人员、国际公共组织官员行贿罪，是指为谋取不正当商业利益，给予外国公职人员或者国际公共组织官员以财物的行为。构成本罪需要具备以下四个要件：

1. 客体要件

本罪侵犯的客体是公司、企业的经营管理秩序。

2. 客观要件

客观方面表现为谋取不正当商业利益，给予外国公职人员或者国际公共组织官员以财物，数额较大的行为。

根据《联合国反腐败公约》的规定，外国公职人员，是指外国无论是经任命

还是经选举而担任立法、行政、行政管理或者司法职务的任何人员，以及为外国包括为公共机构或者公营企业行使公共职能的任何人员。国际公共组织官员，是指国际公务员或者经此种组织授权代表该组织行事的任何人员，国籍没有限制（包括具有中国国籍的国际公共组织官员）。至于上述人员是长期任职还是临时任职，是计酬还是不计酬，都不影响对其身份的认定。

"谋取"包括直接谋取与间接谋取；"商业利益"是指与国际商务有关的经济利益与商业机会。因此，为谋取不正当公共利益、政治利益的，不是本罪中的行贿行为。至于是否实际谋取利益，则不影响本罪的成立。"财物"包括金钱、实物与财产性利益。

3. 主体要件

本罪主体既可以是自然人，也可以是单位。无论是具有中国国籍的自然人或单位，还是具有外国国籍的自然人或单位，只要其实施对外国公职人员、国际公共组织官员行贿之行为，又在我国刑事管辖的范围内，均可以成为本罪的主体。

4. 主观要件

本罪在主观方面是故意，还要求行为人是为谋取不正当商业利益而实施贿赂行为。

根据《刑法》第 164 条第 2 款的规定，犯本罪，数额较大的，处三年以下有期徒刑或者拘役，并处罚金；数额巨大的，处三年以上十年以下有期徒刑，并处罚金。根据《刑法》第 164 条第 3 款的规定，单位犯前两款罪的，对单位判处罚金，并对其直接负责的主管人员和其他直接责任人员，依照第 1 款的规定处罚。根据《刑法》第 164 条第 4 款的规定，犯本罪，行贿人在被追诉前主动交待行贿行为的，可以减轻处罚或者免除处罚。

【疑难指导】

一、对外国公职人员、国际公共组织官员行贿案中受贿方怎么处理

贿赂罪是对向犯，那么，具有中国国籍的国际公共组织官员在中国境内收受财物的（以及其他应当由我国管辖的类似案件），应当如何处理？笔者认为，可以适用《刑法》第 163 条认定为非国家工作人员受贿罪。换言之，第 163 条中的公

司、企业或者其他单位，并不限于国内的公司、企业与其他单位，而是包括外国公司、企业与其他单位以及国际组织（当然，如果行为人在境外收受财物则存在刑法适用范围的问题）。在此意义上说，即使刑法不增设对外国公职人员、国际公共组织官员行贿罪，对这种行为也可以直接认定为对非国家工作人员行贿罪（如果行为人在境外给予上述人员以财物则存在刑法适用范围的问题）。

二、本罪与对非国家工作人员行贿罪的区别

二者均规定在妨害公司、企业的正常管理秩序罪这一节，侵犯了同类客体，具有一定的相似性。首先，在犯罪主观方面而言，两者都是主观故意，犯罪的主观目的都是获得不正当利益；其次，两者在客观方面所采取的行贿行为、所导致的利益输送结果以及因果关系等均存在一定的相似性。虽然二者在犯罪主观方面、犯罪客体、犯罪客观方面等存在一定的相似性，但两者具有本质的区别。首先，行贿行为发生的背景具有很大的不同，本罪往往出于商业利益的目的，发生于国际商业经济中；而“对非国家工作人员行贿罪”的行贿目的为“获取不正当利益”，不局限于商业利益，范围相对而言更广。其次，两者行贿对象的性质有所不同。非国家工作人员主要指企业、公司或其他非公立性质的单位，成员的构成比较随性和非正式。而外国公职人员和国际公共组织侧重官方组织的正式人员或被官方组织授权行事的人员，拥有公共组织的权限，代表其行为意志，一旦被腐蚀，带来的危害性将更大。

三、“情感投资型”行贿与“礼尚往来”的界限

实践中，“礼尚往来”的正常人际互动与“情感型投资”行贿行为交织在一起，一个是属于正常的人际交往范畴，一个则属于违法犯罪的范畴，存在天壤之别。因此，必须对二者进行区分：一是礼尚往来的方式是否正常、公开。正常的礼尚往来主要集中在节日习俗或家庭事宜等活动，无需隐瞒遮掩。二是数额是否在合理范围内，依据当地的经济水平和风俗习惯对礼金的数额进行界定，同时本着“对等、往来”的原则判断双方之间是否存在互赠礼金数额差距较大等问题。三是是否存在“为他人谋利行为”。如果礼金的往来是建立在某一方为对方牟利的基础上，即使短期内没有达到目的，也应当认定是受贿行为。四是双方的身份、职业、经济往来是否存在利益关系。如果双方本来就是上下级、有工作往来或者一方对另一方存在某些权限限制，那么利益关系的存在将直接导致贿赂行为。

【办案依据】

《刑法》规定

第一百六十四条 为谋取不正当利益，给予公司、企业或者其他单位的工作人员以财物，数额较大的，处三年以下有期徒刑或者拘役，并处罚金；数额巨大的，处三年以上十年以下有期徒刑，并处罚金。

为谋取不正当商业利益，给予外国公职人员或者国际公共组织官员以财物的，依照前款的规定处罚。

单位犯前两款罪的，对单位判处罚金，并对其直接负责的主管人员和其他直接责任人员，依照第一款的规定处罚。

行贿人在被追诉前主动交待行贿行为的，可以减轻处罚或者免除处罚。

第十一章 非法经营同类营业罪

【立案追诉标准】

非法经营同类营业案（《刑法》第165条）

国有公司、企业的董事、经理利用职务便利，自己经营或者为他人经营与其所任职公司、企业同类的营业，获取非法利益，数额巨大的，处三年以下有期徒刑或者拘役，并处或者单处罚金；数额特别巨大的，处三年以上七年以下有期徒刑，并处罚金。

【犯罪构成及刑事责任】

非法经营同类营业罪，是指国有公司、企业的董事、经理利用职务便利，自己经营或者为他人经营与其所任职公司、企业同类的营业，获取非法利益，数额巨大的行为。构成本罪需要具备以下四个要件：

1. 客体要件

本罪侵犯的客体是国有公司、企业的经营管理秩序。公司、企业的董事、经理，应当忠实履行职务，维护该公司、企业的合法权益。董事、经理拥有管理公司、企业事务的权利，熟知该公司、企业的内情；如果允许其在该公司、企业外与该公司、企业自由竞业，其就会为了自己或者他人谋取私利而损害该公司、企业的利益。因此，《公司法》禁止公司、企业的董事、经理自营或者为他人经营与其所任职公司企业同类的营业，《刑法》进一步将其中的严重行为规定为非法经营同类营业罪。

2. 客观要件

客观方面表现为利用职务上的便利，自己经营或者为他人经营与其所任职企业同类的营业。职务便利即在行为人的职权范围内，或因执行职务而产生的主管、经手、管理单位事务的权利。

3. 主体要件

本罪主体是特殊主体，即国有公司、企业的董事、经理。

4. 主观要件

本罪在主观方面是故意，行为人对自己经营或者为他人经营的营业与其所任职的国有公司、企业的营业相同有明确认识。由于行为人必须通过经营行为获取非法利益才能构成本罪，因此行为人主观上必须具有牟利目的，至于其是否实际获得非法利益，并不影响本罪成立。

根据《刑法》第165条的规定，犯本罪，数额巨大的，处三年以下有期徒刑或者拘役，并处或者单处罚金；数额特别巨大的，处三年以上七年以下有期徒刑，并处罚金。

【疑难指导】

一、关于本罪的数罪问题

国有公司的董事、经理为非法开展同类营业活动而以侵吞、骗取、窃取或者其他手段非法占有公共财物，并利用该财物实施经营行为的，应以贪污罪和本罪数罪并罚。例如，国有公司、企业董事、经理在违反公司、企业章程的规定或未经股东会同意的情况下与自己经营或自己参与的同类公司、企业签订经济合同，故意“损公肥私”，使应当归其所在公司、企业所有或收入的财物归自己经营或者参与的同类公司、企业所有或收入最终据为己有的，即属此类。

二、关于同类营业的认定问题

同类营业是指与本公司业务相同或相近的营业，但具体的营业范围还需要进一步厘清。具体应当注意以下几点：

第一，同类营业应以工商登记的营业范围为准，还是应以公司的实际经营范围为准。实践中，公司工商登记的营业范围与实际营业的范围不同是普遍现象，但因工商登记的经营范围并不一定实质上构成对本罪法益的侵害，故应以公司的实际经营范围以及公司实际计划的经营范围为准。

第二，同类营业是否包括“纵向竞争关系”。本罪是对国有公司、企业的董事、经理从事与所任职公司竞争的业务，将自己的利益与任职公司的利益置于相互冲突的地位，违反忠实义务的行为，故横向竞争关系是“同类营业”的核心含义。至于纵向竞争关系，即国有公司产业链上下游的营业，是否属于竞争关系，存在争议。有观点认为，纵向竞争关系属于刑法用语可能的解释范围之内；另一种观点则认为，上下游关系的营业属于“与本公司订立合同或者交易”，其与“经营与所任职公司同类的业务”在《公司法》上是并列的违反忠实义务行为，《刑法》只规定了后者为犯罪，说明已经做了特殊考虑，不宜类推解释。笔者认为，违反忠实义务的行为表现是多样的，《刑法》已设置了多个不同的罪名分别进行犯罪化处理，因此不宜将本罪所规制的导致利益冲突行为类型扩大化，本罪的同类营业宜限于横向竞争关系的营业。具体理由如下：一是行为人所任职的公司并未实际从事具备纵向竞争关系的业务，不符合本罪的构成；二是行为人如果没有以不合理的交易条件与所任职公司交易，则没有损害所任职公司的利益，而是可能与其他上下游经营者进行不正当竞争，损害了他们的利益以及相关市场竞争秩序，这与本罪法益不符；三是行为人以不合理的交易条件与所任职的公司交易时，则可能构成其他犯罪，如所任职公司为上市国有公司，则可能构成背信损害上市公司利益罪。

【办案依据】

一、《刑法》规定

第一百六十五条 国有公司、企业的董事、经理利用职务便利，自己经营或者为他人经营与其所任职公司、企业同类的营业，获取非法利益，数额巨大的，处三年以下有期徒刑或者拘役，并处或者单处罚金；数额特别巨大的，处三年以上七年以下有期徒刑，并处罚金。

二、司法解释

《最高人民法院关于如何认定国有控股、参股股份有限公司中的国有公司、企业人员的解释》（2005年7月31日，法释〔2005〕10号）

为准确认定刑法分则第三章第三节中的国有公司、企业人员，现对国有控股、参股的股份有限公司中的国有公司、企业人员解释如下：

国有公司、企业委派到国有控股、参股公司从事公务的人员，以国有公司、企业人员论。

第十二章　为亲友非法牟利罪

【立案追诉标准】

为亲友非法牟利案（《刑法》第166条）

国有公司、企业、事业单位的工作人员，利用职务便利，有下列情形之一，使国家利益遭受重大损失的，处三年以下有期徒刑或者拘役，并处或者单处罚金；致使国家利益遭受特别重大损失的，处三年以上七年以下有期徒刑，并处罚金：

（一）将本单位的盈利业务交由自己的亲友进行经营的；

（二）以明显高于市场的价格向自己的亲友经营管理的单位采购商品或者以明显低于市场的价格向自己的亲友经营管理的单位销售商品的；

（三）向自己的亲友经营管理的单位采购不合格商品的。

【犯罪构成及刑事责任】

为亲友非法牟利罪，是指国有公司、企业、事业单位的工作人员利用职务便利，为亲友谋取非法利益，致使国家利益遭受重大损失的行为。构成本罪需要具备以下四个要件：

1. 客体要件

本罪侵犯的客体是复杂客体，既包括《刑法》第166条明确的国家利益，也包括国有公司、企业、事业单位的经营管理秩序。但是主要客体为国有公司、企业、事业单位的经营管理秩序。

2. 客观要件

客观方面表现为利用职务便利，为亲友非法牟利，致使国家利益遭受重大损失。本罪是典型的背信罪，即为他人处理事务的人，为谋求自己或者第三人的利益，或损害委托人的利益，而违背其任务，致使委托人的财产受到损失。

本罪的实行行为包括以下情形：（1）将本单位的盈利业务交由自己的亲友进行经营。盈利业务是指国有公司、企业、事业单位在较长时间以来所一直开展的、一般而言能够获取较大利润的业务。国有公司、企业、事业单位工作人员将本单位经营的盈利业务交给其亲友经营，因其亲友经营管理方法有缺陷而立即亏损的，也应视为这里的盈利业务。

（2）以明显高于市场的价格向自己的亲友经营管理的单位采购商品或者以明显低于市场的价格向自己的亲友经营管理的单位销售商品。市场价格应当是指相当长时期内某种商品在价值规律的作用下正常反映商品价值的价格，向自己亲友经营管理的单位采购商品或者销售商品，其价格与市场价格大致相当的，不构成本罪。关于"亲友经营管理的单位"，有观点认为只能属于行为人的亲友个人所有或者有股份、参与分红的私有性质的公司、企业。这一观点人为地限定了本罪的成立范围，是否合理还值得研究。[①] 事实上，行为人的亲友担任领导、经营、管理职务的国家机关、国有公司、人民团体，也应当属于其"亲友经营管理的单位"，行为人利用职务便利，以明显低于市场的价格向这些单位销售商品，为亲友非法谋取利益的，也构成本罪。

（3）向自己的亲友经营管理的单位采购不合格商品。"采购不合格商品"，不仅是指以高价购买质量低劣的商品，也包括折价、低价购进不合格商品。国有公司、企业、事业单位工作人员与生产、销售伪劣商品的亲友事前通谋，采购其销售的伪劣商品的，构成本罪和生产、销售伪劣商品犯罪（共犯）的想象竞合犯。

3. 主体要件

本罪主体是国有公司、企业、事业单位的工作人员。

---

① 黄京平：《破坏市场经济秩序罪研究》，中国人民大学出版社1999年版，第285页。

4. 主观要件

本罪在主观方面是故意，并且行为人对其行为可能导致其亲友获取非法利益有希望或放任。过失不成立本罪。

根据《刑法》第166条的规定，犯本罪，使国家利益遭受重大损失的，处三年以下有期徒刑或者拘役，并处或者单处罚金；致使国家利益遭受特别重大损失的，处三年以上七年以下有期徒刑，并处罚金。

【疑难指导】

一、为亲友非法牟利罪与非法经营同类营业罪的区分

二者的具体区分要点如下：第一，非法经营同类营业罪强调竞争关系。非法经营同类营业罪中"为他人经营"的业务，是与行为人所任职国有公司、企业存在竞争关系的业务，二者的业务是平行存在的。行为人实际上是在与自己所任职的公司进行商业竞争，在这种利益冲突下行为人存在损害所任职公司的强烈动机。但是本罪的三种行为模式中，第一种是把本单位的盈利业务"交给"了亲友，即本单位不再从事该项业务而改由亲友为本单位经营，并非平行的竞争关系。在第二种和第三种行为模式中，亲友经营管理的单位在产业链上显然居于行为人所任职单位的上下游，也不具备竞争关系。第二，构成非法经营同类营业罪，须获取非法利益数额巨大，构成为亲友非法牟利罪，须致使国家利益遭受损失。

二、关于本罪中"使国家利益遭受重大损失"的理解

在为亲友非法牟利罪的罪状表述中，还规定"使国家利益遭受重大损失"。那么成立本罪，是否必须"使国家利益遭受重大损失"？实践中，在多数情况下，亲友非法获利就意味着国家利益损失，尤其是高价买入或低价卖出商品，或者向亲友采购不合格的商品。但是与此同时，有一些为亲友牟利的行为，却并没有或者根本无法确证使国家利益遭受重大损失。那么，这一要件是否必须成为犯罪成立要件？根据现有相关规定，"使国家利益遭受重大损失"当然成为本罪成立的要件。同时，"使国家利益遭受重大损失"，才能表明本罪的当罚性。否则，仅为亲友牟利，而未"使国家利益遭受重大损失"，并不具有刑事当罚性。

【办案依据】

一、《刑法》规定

第一百六十六条 国有公司、企业、事业单位的工作人员，利用职务便利，有下列情形之一，使国家利益遭受重大损失的，处三年以下有期徒刑或者拘役，并处或者单处罚金；致使国家利益遭受特别重大损失的，处三年以上七年以下有期徒刑，并处罚金：

（一）将本单位的盈利业务交由自己的亲友进行经营的；

（二）以明显高于市场的价格向自己的亲友经营管理的单位采购商品或者以明显低于市场的价格向自己的亲友经营管理的单位销售商品的；

（三）向自己的亲友经营管理的单位采购不合格商品的。

二、司法解释

《最高人民法院关于如何认定国有控股、参股股份有限公司中的国有公司、企业人员的解释》（2005年7月31日，法释〔2005〕10号）

为准确认定刑法分则第三章第三节中的国有公司、企业人员，现对国有控股、参股的股份有限公司中的国有公司、企业人员解释如下：

国有公司、企业委派到国有控股、参股公司从事公务的人员，以国有公司、企业人员论。

第十三章　签订、履行合同失职被骗罪

【立案追诉标准】

签订、履行合同失职被骗案（《刑法》第167条）

国有公司、企业、事业单位直接负责的主管人员，在签订、履行合同过程中，因严重不负责任被诈骗，致使国家利益遭受重大损失的，处三年以下有期徒刑或者拘役；致使国家利益遭受特别重大损失的，处三年以上七年以下有期徒刑。

【犯罪构成及刑事责任】

签订、履行合同失职被骗罪，是指国有公司、企业、事业单位直接负责的主管人员，在签订、履行合同过程中，因严重不负责任而被诈骗，或者金融机构和从事对外贸易经营活动的公司、企业的工作人员严重不负责任，造成大量外汇被骗购或者逃汇，致使国家利益遭受重大损失的行为。构成本罪需要具备以下四个要件：

1. 客体要件

本罪侵犯的客体是国有公司、企业、事业单位正常活动秩序及其经济利益。国有公司、企业、事业单位负有使国有资产保值增值的责任，如果这些单位直接负责的主管人员因失职而在签订、履行合同过程中被诈骗，必将使本单位的正常活动受到妨害，同时也使国家遭受重大经济损失。

2. 客观要件

客观方面表现为国有公司、企业、事业单位直接负责的主管人员在签订、履行合同过程中，因严重不负责任而被诈骗，致使国家利益遭受重大损失的行为。具体而言，需要厘清以下几个要素：

（1）时空条件

本罪的实行行为发生在合同的签订、履行过程中。合同履行，是指债务人全面、适当地完成其合同义务，债权人的合同债权得到实现，如交付约定的标的物，完成约定的工作，提供约定的服务等。在签订并履行合同过程中，国有公司、企业、事业单位直接负责的主管人员因严重不负责任而被骗的，自然构成本罪。另外，合同的签订、履行二选其一即可，即未同时参与签订、履行合同两个环节，如只签订合同而不负责履行环节，或者只参与履行合同而未签订合同的，都可能成立本罪。

（2）行为条件

被诈骗，是指对方当事人的行为已经涉嫌诈骗犯罪，但不以对方当事人已经被人民法院判决构成诈骗犯罪为本罪立案追诉的前提。因严重不负责任被诈骗，涉及两方面的内容：就签订、履行合同的对方当事人而言，有设置骗局的积极行为，即故意虚构事实、隐瞒真相，使国有公司、企业、事业单位直接负责的主管人员陷入错误，诱使其作出错误意思表示；对方的诈骗行为需要达到诈骗类犯罪成立的条件，对方的行为只构成民事欺诈行为的，不能被视为本罪中的诈骗行为，相应纠纷应当在民事法律领域得到解决，不成立本罪。

就行为人而言，其因为疏忽大意或者过于自信，而不审查对方的履约能力、履约条件，未对交付标的物的时间、地点和违约责任等条款进行严格把关。行为人因严重不负责任被诈骗致使国家利益遭受重大损失，具体而言包括：①对合同的对方当事人提供的不符合质量要求、质次价高的货物应该检查而不检查，擅自同意对方发货，不按合同约定的质量标准验收的；②不问对方资信，盲目将大量资金付给、借给对方，或者擅自作经济担保的；③无视规章制度和工作程序，擅自越权签订、履行经济合同的；④未向有关机构了解情况，盲目同无资金、货源者签订、履行合同的；⑤不问外商资信情况，盲目与其开展对外贸易业务或者严重违反国家法律、法规的规定吸引外资而被诈骗；⑥在合同部分履行时，发现被诈骗，但对质量低劣的商品不及时采取补救措施，延误索赔期限或者擅自决定放弃索赔权利的；⑦发现出口商品的质量、数量不符合合同约定而不积极采取措施加以纠正，致使外方索赔，造成重大经济损失或者严重影响外贸信誉、出口商品声誉的；⑧明知商品供销人员签订、履行合同的行为违反法律规定，而不予制止，或者在业务人员提出本单位可能因为签订、履行合同而被诈骗时，不予理会，造成国家利益遭受重大损失的。

金融机构、从事对外贸易经营活动的公司、企业的工作人员严重不负责任，造成大量外汇被骗购或者逃汇，致使国家利益遭受重大损失的，具体表现为：①金融机构急于扩大经营规模，盲目发展售汇业务，从而审单不严，对短期小金额连续购汇等异常情况缺乏分析及防范意识，造成大量外汇被骗购；②金融机构对于开户单位的账户疏于监督，造成大量逃汇；③从事对外贸易经营活动的公司、企业在从事代理业务时，不严格考察对方是否有真实的商品、货物进口，也不审查进口购汇有效单据的来源，为收取佣金、代理费、回扣而只顾购汇及付汇，导致大量外汇被骗购或者逃汇。

（3）结果条件

即“致使国家利益遭受重大损失”。国家利益遭受重大损失既可以是本单位原有财产被合同对方当事人使用欺骗方法取得，也可以是本单位可预期的重大利益因被欺诈而丧失，还可以是因为被骗，对方根本无法供货，造成停产，工厂濒临破产倒闭等。对于损失的认定仅进行经济的、事实上的评价，而不是进行法的评价。

3. 主体要件

本罪主体限于国有公司、企业、事业单位的直接负责的主管人员。对此，需要注意以下几个问题：（1）关于国有公司、企业、事业单位的范围问题。公司是指依照《公司法》取得公司资格的有限责任公司和股份有限公司，企业是指除了公司以外的其他所有企业，包括未取得公司资格的法人企业和非法人企业。事业单位是指由政府利用国有资产设立的，从事教育、科技、文化、卫生等带有公益性质活动的社会服务组织。按照《企业国有资产法》第 5 条的规定，国家出资企业分为国有独资企业、国有独资公司以及国有资本控股公司、国有资本参股公司。从有利于保护国有财产利益的角度出发，不应当对国有股份占比进行限定。(2) 关于直接负责的主管人员的范围问题。一般认为，“直接负责的主管人员”是指承担直接责任并且负有领导职责的人员，如国有公司、企业的经理、厂长。在直接负责的主管人员领导下负有执行义务的人员，致使国家利益遭受重大损失的，不构成本罪，符合条件的，可以国有公司、企业、事业单位人员失职罪或者国有公司、企业、事业单位人员滥用职权罪论处。

本罪还有一类特殊主体，即金融机构、从事对外贸易经济活动的公司、企业的工作人员。这类主体并不一定属于国有出资企业的工作人员，也不限定为直接负责的主管人员，只要系相关活动的直接负责人员，均符合本罪的主体身份。

4. 主观要件

本罪在主观方面是过失。行为人既可能是未尽严格审查合同、认识被骗风险的结果预见义务，也可能是对结果有所认识，但未尽避免国家利益遭受重大损失的结果避免义务。

根据《刑法》第 167 条的规定，犯本罪，致使国家利益遭受重大损失的，处三年以下有期徒刑或者拘役；致使国家利益遭受特别重大损失的，处三年以上七年以下有期徒刑。

【疑难指导】

一、本罪的罪与非罪问题

本罪要求的客观行为与结果为，在签订、履行合同的过程中，因严重不负责任被诈骗，致使国家利益遭受重大损失。因此，并非在签订、履行合同过程中严重不负责任的一切行为，都成立本罪。例如，因严重不负责任而不能履行合同，致使国家利益遭受重大损失的，不成立本罪。因为在因果关系的链条上并没有出现“因严重不负责任被诈骗”的情形，所以只有因严重不负责任被诈骗，从而致使国家利益遭受重大损失的，才成立本罪。

因不可抗力、意外事件、情势变更等因素给国家利益造成损失的，即使签订、履行合同过程中有一定程度的过失，因行为和结果之间没有因果关系，也不构成本罪。

行为人在签订、履行合同时虽然被骗，但发现后及时采取措施，避免了可能造成的损失的，不构成本罪。

国有公司、企业、事业单位、金融机构、从事对外贸易的公司、企业的直接负责的主管人员已经履行足够的注意义务，从一般人的立场出发难以识破该骗局的，不是“严重不负责任被诈骗”。

二、关于本罪中“被诈骗”的理解

关于本罪中的“被诈骗”的界定在理论上存在争议，一种观点认为，本罪中的“被诈骗”，不限于对方的行为构成刑法上的普通诈骗、金融诈骗与合同诈骗等罪，还应包括对方的行为属于民事欺诈的情形。“被诈骗”既包括因严重不负责任而受欺骗（成为受骗者）进而处分财产，也包括虽未受欺骗但因为严重不负责任而使国家机关成为三角诈骗中的被害人。另外，认定本罪时，也不以对方已被人民法院认定为诈骗罪或者民事欺诈为前提。[①] 另一种观点认为，本罪中的“被诈骗”，是指对方当事人的行为已经涉嫌诈骗犯罪，但不以对方当事人已经被人民法院判决构成诈骗犯罪作为本罪立案追诉的前提。对方的诈骗行为需要达到诈骗类犯罪成立的条件，对方的行为只构成民事欺诈行为的，不能被视为本罪中的诈骗行为，相应纠纷应当在民事法律领域得到解决，不成立本罪。[②] 两种观点的争议焦点在于本罪中的“被诈骗”到底是以构成诈骗罪（涉嫌诈骗罪）为限，还是包括民事欺诈之类的行为。笔者赞同第二种观点，即本罪的成立以对方当事人涉嫌诈骗犯罪为前提。理由是：本罪不以对方当事人已经被人民法院判决构成诈骗犯罪为立案追诉的前提，“诈骗”是指对方当事人的行为涉嫌诈骗犯罪。

三、在遭受利益损失的同时享有所谓“债权”是否可以冲抵损失

在遭受利益损失的同时享有所谓“债权”的，不影响损失的认定。理由是：2006 年 7 月 26 日《最高人民检察院关于渎职侵权犯罪案件立案标准的规定》“附则”部分第 4 项规定：“有下列情形之一的，虽然有债权存在，但已无法实现债权

---

① 张明楷：《刑法学（下册）》，法律出版社 2021 年版，第 979 页。

② 周光权：《刑法各论（第四版）》，中国人民大学出版社 2021 年版，第 279 页。

的，可以认定为已经造成了经济损失：（1）债务人已经法定程序被宣告破产，且无法清偿债务；（2）债务人潜逃，去向不明；（3）因行为人责任，致使超过诉讼时效；（4）有证据证明债权无法实现的其他情况。”同样地，2003年11月13日最高人民法院《全国法院审理经济犯罪案件工作座谈会纪要》指出：“在司法实践中，有以下情形之一的，虽然公共财产作为债权存在，但已无法实现债权的，可以认定为行为人的渎职行为造成了经济损失：（1）债务人已经法定程序被宣告破产；（2）债务人潜逃，去向不明；（3）因行为人责任，致使超过诉讼时效；（4）有证据证明债权无法实现的其他情况。”由此可见，最高人民法院、最高人民检察院关于这一问题的看法是一致的。

四、关于本罪共同犯罪的问题

国有公司、企业、事业单位主管人员与本单位以外的人员相勾结，共同假借签订、履行书面合同的名义骗取国有财产后分赃的，不符合签订、履行合同失职被骗罪的构成要件，实为贪污行为，应以贪污罪论处。

对于虽不具有本罪主体身份特征，但与具有该罪名身份的人合谋共同实施此类犯罪，也可以本罪的共犯认定。当然，如果行为人是国家机关工作人员，则符合渎职罪的主体身份，应按相关渎职犯罪进行处罚。

五、公司、企业管理不规范是否可以作为不履行审查义务的理由

本罪作为过失犯罪，成立条件是行为人承担合同签订、履行的审查注意职责，而没有认真履行。承担的职责不以公司是否形成规范化管理模式为必要条件，如有的公司管理混乱，岗位职责不清、权限不明，但确定某合同的签订、履行由行为人承担主管责任，行为人不能以公司没有规定流程为由而敷衍搪塞，不认真履行审查义务。

【办案依据】

一、《刑法》规定

第一百六十七条　国有公司、企业、事业单位直接负责的主管人员，在签订、履行合同过程中，因严重不负责任被诈骗，致使国家利益遭受重大损失的，处三年以下有期徒刑或者拘役；致使国家利益遭受特别重大损失的，处三年以上七年以下有期徒刑。

二、立法解释

《全国人民代表大会常务委员会关于惩治骗购外汇、逃汇和非法买卖外汇犯罪的决定》（1998年12月29日）

七、金融机构、从事对外贸易经营活动的公司、企业的工作人员严重不负责任，造成大量外汇被骗购或者逃汇，致使国家利益遭受重大损失的，依照刑法第一百六十七条的规定定罪处罚。

三、司法解释

《最高人民法院关于如何认定国有控股、参股股份有限公司中的国有公司、企业人员的解释》（2005年7月31日，法释〔2005〕10号）

为准确认定刑法分则第三章第三节中的国有公司、企业人员，现对国有控股、参股的股份有限公司中的国有公司、企业人员解释如下：

国有公司、企业委派到国有控股、参股公司从事公务的人员，以国有公司、企业人员论。

第十四章　国有公司、企业、事业单位人员失职罪

【立案追诉标准】

国有公司、企业、事业单位人员失职案（《刑法》第 168 条第 1 款）

国有公司、企业的工作人员，由于严重不负责任或者滥用职权，造成国有公司、企业破产或者严重损失，致使国家利益遭受重大损失的，处三年以下有期徒刑或者拘役；致使国家利益遭受特别重大损失的，处三年以上七年以下有期徒刑。

【犯罪构成及刑事责任】

国有公司、企业、事业单位人员失职罪，是指国有公司、企业、事业单位的工作人员，由于严重不负责任，造成国有公司、企业破产或者严重损失，致使国家利益遭受重大损失的行为。构成本罪需要具备以下四个要件：

1. 客体要件

本罪侵犯的客体是国家对国有公司、企业、事业单位的资产管理制度和国家利益。

2. 客观要件

客观方面表现为国有公司、企业、事业单位的工作人员由于严重不负责任造成国有公司、企业破产或者严重损失，致使国家利益遭受重大损失的行为。

严重不负责任，即行为人不履行职责或不正确、不认真履行职责，前者主要表现为行为人在应当履行且能够履行职责的情况下却不履行；后者主要表现为行

为人虽然履行了一定的职责，但是工作马虎、行事草率，或违反职责规范，不正确、不依法履行。具体包括但不限于以下情形：（1）国有公司、企业、事业单位的工作人员在工作中为谋取个人利益，对工作严重不负责任，不履行或者不正确履行职责和义务，草率行事。例如，未严格遵守本单位财务管理和日常检查监督职责，对工作严重不负责任，草率行事，造成严重损失。又如，为降低生产成本、扩大企业利润，未严格遵守生产工艺、质量标准等要求，给企业造成无法挽回的经济损失。（2）工作懈怠失职，未按照职责分工，对单位其他工作人员反映的事故隐患不处理，发生违规操作事件后不上报，导致企业发生重大责任事故，给国家造成重大损失。例如，国有公司、企业、事业单位的工作人员在经济合同履行完毕之后，发现被诈骗，但仍不及时采取补救措施，不向有关机构报案或者不及时提起民事诉讼。（3）国有公司、企业、事业单位的工作人员在仓储或者企业管理方面严重失职，造成重大损失。例如，负责管理粮库的保管员，由于严重不负责任，致使库存粮食发霉、变质，给国家利益造成重大损失等。

造成国有公司、企业破产或者严重损失，致使国家利益遭受重大损失，是本罪的客观构成要件要素。

此处的“破产”，按照《企业破产法》的规定，是指债务人由于无法清偿到期债务，法院依申请将破产财产按照“同质债权、同等地位”的原则对全体债权人进行分配的一种特殊程序。但此处的“破产”并不必然等于宣告破产，即确定行为人严重不负责任的行为是否造成国有公司、企业、事业单位破产，不需要先通过民事程序审理破产案件，或由有关组织参与债权债务关系的清理，分配破产财产。换言之，是否认定“破产”属于刑法上的独立判断，不以民事程序是否启动或者有生效裁判为前提，取决于行为人是否使国有公司、企业、事业单位陷入无力清偿到期债务的状态。对于“无力清偿到期债务”的审查认定，可以借鉴《企业破产法》的相关条文规定。

此处的“严重损失”，是指因经营管理不善，使国有公司、企业、事业单位的支出大大超过收入，致使国有资产既不增值也不保值而出现亏空损失，其严重程度应与“破产”具有相当性。需要注意的是，严重损失既包括给国有公司、企业造成亏损，也包括造成赢利减少，即虽然总体上经营没有出现亏损，但使本应获得的利润大大减少，也属于造成严重损失。

此处的“致使国家利益遭受重大损失”，是指亏损数额巨大，或使国家利益遭受其他不可挽回的损失。

3. 主体要件

本罪主体是特殊主体，即国有公司、企业、事业单位人员。

4. 主观要件

本罪在主观方面是过失，包括疏忽大意的过失和过于自信的过失，即行为人已经预见到自己严重不负责任的行为会造成国有公司、企业破产或者严重损失，但却轻信能够避免；或者应当预见到自己严重不负责任的行为会致使国家利益遭受重大损失，却因为疏忽大意而没有预见。

根据《刑法》第168条的规定，犯本罪，致使国家利益遭受重大损失的，处三年以下有期徒刑或者拘役；致使国家利益遭受特别重大损失的，处三年以上七年以下有期徒刑。国有公司、企业、事业单位的工作人员，徇私舞弊，犯前两款罪的，依照第1款的规定从重处罚。

【疑难指导】

一、本罪的罪与非罪问题

在市场运营过程中，公司、企业的破产是社会生产力发展到一定阶段后经济运行过程中的必然伴生现象。尽管国有公司、企业有其特殊性，但是作为市场经济的一个主体，其行为也必然要符合市场运行规律。因此，并不意味着只要国有公司、企业破产就必然要追究相关人员的刑事责任，只有严重不负责任或滥用职权导致国有公司、企业破产的，才可能构成本罪或者国有公司、企业、事业单位人员滥用职权罪。同理，由于正常的市场竞争等非行为人过错造成国有公司、企业破产的，也应排除本罪或者国有公司、企业、事业单位人员滥用职权罪的适用。

二、本罪与玩忽职守罪的区别

两罪都属于过失类犯罪，都要求主观上是出于行为人的过失，如疏忽大意、过于自信、擅离职守等。客观上也要求出现危害结果，即因为行为人的过失造成重大损失。两者的法定刑较为一致，即都是两个刑罚档期（三年以下有期徒刑或者拘役、三年以上七年以下有期徒刑)。

但是二者也存在一些区别：一是二者侵犯的客体不同。从二者在《刑法》分则所处的章节位置不难看出，本罪侵犯的客体是国家对国有公司、企业、事业单位的资产管理制度和国家利益，而玩忽职守罪侵犯的客体是国家机关的正常管理活动。二是二者的犯罪主体不同。本罪的犯罪主体是国有公司、企业、事业单位人员。玩忽职守罪的犯罪主体是国家机关工作人员，根据最高人民法院《全国法院审理经济犯罪案件工作座谈会纪要》关于贪污贿赂犯罪和渎职犯罪主体的相关规定，刑法中所称的国家机关工作人员，是指在国家机关中从事公务的人员，包括在各级国家权力机关、行政机关、司法机关和军事机关中从事公务的人员。同时，根据《全国人民代表大会常务委员会关于〈中华人民共和国刑法〉第九章渎职罪主体适用问题的解释》的规定，在依照法律、法规规定行使国家行政管理职权的组织中从事公务的人员，或者在受国家机关委托代表国家机关行使职权的组织中从事公务的人员，或者虽未列入国家机关人员编制但在国家机关中从事公务的人员，在代表国家机关行使职权时，有渎职行为，构成犯罪的，依照刑法关于渎职罪的规定追究刑事责任。三是二者对构罪的危害结果要求不一致：本罪要求造成国家直接经济损失数额在五十万元以上的；或者造成有关单位破产，停业、停产一年以上，或者被吊销许可证和营业执照、责令关闭、撤销、解散的；或者其他致使国家利益遭受重大损失的情形。而玩忽职守罪要求“致使公共财产、国家和人民利益遭受重大损失”达到以下标准：造成死亡 1 人以上，或者重伤 3 人以上，或者轻伤 9 人以上，或者重伤 2 人、轻伤 3 人以上，或者重伤 1 人、轻伤 6 人以上的；造成经济损失 30 万元以上的；造成恶劣社会影响的；其他致使公共财产、国家和人民利益遭受重大损失的情形。

三、本罪与重大责任事故罪的区别

实践中，国有公司、企业、事业单位会发生一些因为职工不负责任，进而出现重大责任事故的情形，导致两个罪名经常交织在一起。但是从本质上看，二者存在区别，主要体现在以下几个方面：一是二者侵犯的犯罪客体不同。本罪侵犯的客体是国家对国有公司、企业、事业单位的资产管理制度和国家利益，而后者侵害的客体是公共安全。二是二者行为发生的时空与行为方式不同。本罪为经营、管理活动中的严重不负责任的行为，而后者为生产、作业过程中违反安全管理规定的行为。三是二者对犯罪结果的要求不同。本罪是要求造成国有公司、企业、事业单位破产或者发生严重损失，而后者则是要求造成重大伤亡事故或者其他严重后果。四是二者的犯罪主体不同。前者的犯罪主体限于国有公司、企业、事业单位的工作人员，而后者的犯罪主体为一般主体。

四、本罪与签订、履行合同失职被骗罪的区别

实践中，由于本罪与签订、履行合同失职被骗罪都与行为人的失职懈怠有关，二者很容易混淆。二者主要存在以下几方面的不同之处：一是犯罪发生的时空不同。本罪主要发生在国有公司、企业、事业单位的经营活动中，而签订、履行合同失职被骗罪则仅发生在签订、履行合同过程中。二是二者的行为方式不同。本罪的行为方式表现为严重不负责任的行为，而后者的行为方式仅限于由于严重不负责任而导致被骗。三是犯罪主体不同。本罪的犯罪主体是国有公司、企业、事业单位的工作人员，而后者的犯罪主体仅限于签订、履行合同的直接负责的主管人员。

【办案依据】

一、《刑法》规定

第一百六十八条　国有公司、企业的工作人员，由于严重不负责任或者滥用职权，造成国有公司、企业破产或者严重损失，致使国家利益遭受重大损失的，处三年以下有期徒刑或者拘役；致使国家利益遭受特别重大损失的，处三年以上七年以下有期徒刑。

国有事业单位的工作人员有前款行为，致使国家利益遭受重大损失的，依照前款的规定处罚。

国有公司、企业、事业单位的工作人员，徇私舞弊，犯前两款罪的，依照第一款的规定从重处罚。

二、司法解释

(一)《最高人民法院关于如何认定国有控股、参股股份有限公司中的国有公司、企业人员的解释》(2005年7月31日,法释〔2005〕10号)

为准确认定刑法分则第三章第三节中的国有公司、企业人员,现对国有控股、参股的股份有限公司中的国有公司、企业人员解释如下:

国有公司、企业委派到国有控股、参股公司从事公务的人员,以国有公司、企业人员论。

(二)《最高人民法院关于审理扰乱电信市场管理秩序案件具体应用法律若干问题的解释》(2000年5月12日,法释〔2000〕12号)

第六条 国有电信企业的工作人员,由于严重不负责任或者滥用职权,造成国有电信企业破产或者严重损失,致使国家利益遭受重大损失的,依照刑法第一百六十八条的规定定罪处罚。

(三)《最高人民法院、最高人民检察院关于办理妨害预防、控制突发传染病疫情等灾害的刑事案件具体应用法律若干问题的解释》(2003年5月13日,法释〔2003〕8号)

第四条 国有公司、企业、事业单位的工作人员,在预防、控制突发传染病疫情等灾害的工作中,由于严重不负责任或者滥用职权,造成国有公司、企业破产或者严重损失,致使国家利益遭受重大损失的,依照刑法第一百六十八条的规定,以国有公司、企业、事业单位人员失职罪或者国有公司、企业、事业单位人员滥用职权罪定罪处罚。

第十七条 人民法院、人民检察院办理有关妨害预防、控制突发传染病疫情等灾害的刑事案件,对于有自首、立功等悔罪表现的,依法从轻、减轻、免除处罚或者依法作出不起诉决定。

第十五章　国有公司、企业、事业单位人员滥用职权罪

【立案追诉标准】

国有公司、企业、事业单位人员滥用职权案（《刑法》第 168 条第 1 款）

国有公司、企业的工作人员，由于严重不负责任或者滥用职权，造成国有公司、企业破产或者严重损失，致使国家利益遭受重大损失的，处三年以下有期徒刑或者拘役；致使国家利益遭受特别重大损失的，处三年以上七年以下有期徒刑。

【犯罪构成及刑事责任】

国有公司、企业、事业单位人员滥用职权罪，是指国有公司、企业、事业单位的工作人员滥用职权，造成国有公司、企业破产或者严重亏损，致使国家利益遭受重大损失的行为。构成本罪需要具备以下四个要件：

1. 客体要件

本罪侵犯的客体是国家对国有公司、企业、事业单位的资产管理制度和国家利益。

2. 客观要件

客观方面表现为国有公司、企业、事业单位的工作人员滥用职权，造成国有公司、企业、事业单位破产或者重大损失，致使国家利益遭受重大损失的行为。

滥用职权，是指超越职权或者违反行使职权所应遵守的程序开展工作，前者

是逾越了职权的范围或内容，违法、违规处理其无权决定和处理的事项；后者是虽然属于职权范围，但违反了职权行使的程序或方式、手段严重不当等情况。在实践中，国有公司、企业、事业单位人员滥用职权罪中的“滥用职权”包括但不限于以下情形：（1）未经上级公司或本单位相关程序的审批，擅自为他人提供担保或在重要文件上签字盖章并产生法律效力，给本单位造成损失；（2）擅自改变合同款结算方式，或在没有担保的情况下擅自决定发货或支付货款，产生重大损失无法追回；（3）不履行或者不正确履行职责，对损公肥私、侵占、私分、挪用公司、企业财产的严重违法行为不予制止、置若罔闻；（4）大肆请客送礼，四处游览，铺张浪费，挥霍公款，致使公司、企业破产或者严重亏损；（5）擅自改变对外采购质量标准，造成单位多支出或收入、利润大幅减少；（6）违反规定擅自动用公司、企业资金在国际外汇、期货市场上进行外汇、期货投机，造成公司、企业资金严重短缺、无法收回，给国家造成重大损失等。

关于此处的“破产”“造成国有公司、企业、事业单位重大损失”“国家利益遭受重大损失”的理解，可以参照前一章相关内容。

3. 主体要件

本罪主体是特殊主体，即国有公司、企业、事业单位人员。

4. 主观要件

本罪在主观方面是故意，包括直接故意与间接故意，即明知自己滥用职权的行为会造成国有公司、企业、事业单位破产或者严重损失，致使国家利益遭受重大损失，而希望或者放任该结果的发生。需要注意的是，该罪中的故意并不一定是为了实施不法目的，另外也不要求行为人出于谋取私利的目的。

根据《刑法》第168条的规定，犯本罪，致使国家利益遭受重大损失的，处三年以下有期徒刑或者拘役；致使国家利益遭受特别重大损失的，处三年以上七年以下有期徒刑。

【疑难指导】

一、关于本罪的罪与非罪问题

如同前罪所述，对于市场运行中正常的公司、企业破产行为，要加以甄别。

只要能够从因果关系上切断滥用职权与国有公司、企业破产或者严重损失之间的关系的，就应排除国有公司、企业、事业单位人员滥用职权罪的适用。

二、关于“特别重大损失的标准”问题

国有公司、企业、事业单位人员失职罪和国有公司、企业、事业单位人员滥用职权罪都有入罪标准，但是对于何谓“特别重大损失”并无相关法律规定或司法解释。实践中，一般采用两种解决方法：一是按照入罪标准的5倍把握；二是参照《最高人民法院、最高人民检察院关于办理渎职刑事案件适用法律若干问题的解释（一）》的相关数额标准来把握。①

三、关于本罪与滥用职权罪的区别

二者均表现为行为人由于滥用职权，造成重大损失。申言之，两罪中行为人在主观上表现为故意，行为人明知自己滥用职权的行为会发生致使公共财产、国家和人民利益遭受重大损失的结果，并且希望或者放任这种结果发生。至于行为人是为了自己的利益滥用职权，还是为了他人的利益滥用职权，则不影响本罪的成立。同时，两罪都属结果犯，都要求造成现实的实害结果。

但是二者也存在一些区别：一是二者侵犯的客体不同。从二者在刑法分则所处的章节位置不难看出，本罪侵犯的客体是国家对国有公司、企业、事业单位的资产管理制度和国家利益，而滥用职权罪侵犯的客体是国家机关的正常管理活动。二是二者的犯罪主体不同。本罪的犯罪主体是国有公司、企业、事业单位人员。同时，根据《最高人民法院关于如何认定国有控股、参股股份有限公司中的国有公司、企业人员的解释》的规定，国有公司、企业委派到国有控股、参股公司从

① 《最高人民法院、最高人民检察院关于办理渎职刑事案件适用法律若干问题的解释（一）》第1条规定，国家机关工作人员滥用职权或者玩忽职守，具有下列情形之一的，应当认定为刑法第三百九十七条规定的“致使公共财产、国家和人民利益遭受重大损失”：（一）造成死亡1人以上，或者重伤3人以上，或者轻伤9人以上，或者重伤2人、轻伤3人以上，或者重伤1人、轻伤6人以上的；（二）造成经济损失30万元以上的；（三）造成恶劣社会影响的；（四）其他致使公共财产、国家和人民利益遭受重大损失的情形。具有下列情形之一的，应当认定为刑法第三百九十七条规定的“情节特别严重”：（一）造成伤亡达到前款第（一）项规定人数3倍以上的；（二）造成经济损失150万元以上的；（三）造成前款规定的损失后果，不报、迟报、谎报或者授意、指使、强令他人不报、迟报、谎报事故情况，致使损失后果持续、扩大或者抢救工作延误的；（四）造成特别恶劣社会影响的；（五）其他特别严重的情节。

事公务的人员，以国有公司、企业人员论。国家出资企业中的国家工作人员在公司、企业改制或者国有资产处理过程中严重不负责任或者滥用职权，致使国家利益遭受重大损失的，依照《刑法》第168条的规定，以国有公司、企业、事业单位人员失职罪或者国有公司、企业、事业单位人员滥用职权罪定罪处罚。而滥用职权罪的犯罪主体是国家机关工作人员，即在国家机关中从事公务的人员，包括在各级国家权力机关、行政机关、司法机关和军事机关中从事公务的人员。同时，根据《全国人民代表大会常务委员会关于〈中华人民共和国刑法〉第九章渎职罪主体适用问题的解释》的规定，在依照法律、法规规定行使国家行政管理职权的组织中从事公务的人员，或者在受国家机关委托代表国家机关行使职权的组织中从事公务的人员，或者虽未列入国家机关人员编制但在国家机关中从事公务的人员，在代表国家机关行使职权时，有渎职行为，构成犯罪的，依照《刑法》关于渎职罪的规定追究刑事责任。由此可见，二者的主体范围也存在较大差异。

四、本罪与国有公司、企业、事业单位人员失职罪的区别

立法者将国有公司、企业、事业单位人员失职罪和国有公司、企业、事业单位人员滥用职权罪同时规定在我国《刑法》第168条，在罪状表述、刑罚设置上趋同。例如，两罪的主体都是国有公司、企业、事业单位人员，两罪都属结果犯，只有造成国有公司、企业破产或者严重损失，致使国家利益遭受重大损失（国有公司、企业的工作人员），或者致使国家利益遭受特别重大损失（国有事业单位的工作人员）时，才构成犯罪。但是既然属于两个不同的罪名，就表明二者存在区别，主要区别在客观方面不同：国有公司、企业、事业单位人员滥用职权罪在客观方面表现为滥用职权，国有公司、企业、事业单位人员失职罪在客观方面表现为严重不负责任。由此可见，本罪的主观恶性要大于后者，为了体现打击力度不同，司法机关为二者设置了不同的追诉标准，相对而言，本罪的入罪门槛更低，如根据最高人民检察院、公安部《关于经济犯罪案件追诉标准的规定》，国有公司、企业、事业单位人员失职案造成国家直接经济损失数额在五十万元以上的应予追诉，国有公司、企业、事业单位人员滥用职权案造成国家直接经济损失数额在三十万元以上的应予追诉。此外，二者的犯罪主观方面也不同。国有公司、企业、事业单位人员滥用职权罪是故意犯罪，国有公司、企业、事业单位人员失职罪是过失犯罪。

【办案依据】

一、《刑法》规定

第一百六十八条 国有公司、企业的工作人员，由于严重不负责任或者滥用职权，造成国有公司、企业破产或者严重损失，致使国家利益遭受重大损失的，处三年以下有期徒刑或者拘役；致使国家利益遭受特别重大损失的，处三年以上七年以下有期徒刑。

国有事业单位的工作人员有前款行为，致使国家利益遭受重大损失的，依照前款的规定处罚。

国有公司、企业、事业单位的工作人员，徇私舞弊，犯前两款罪的，依照第一款的规定从重处罚。

二、司法解释

（一）《最高人民法院关于如何认定国有控股、参股股份有限公司中的国有公司、企业人员的解释》（2005年7月31日，法释〔2005〕10号）

为准确认定刑法分则第三章第三节中的国有公司、企业人员，现对国有控股、参股的股份有限公司中的国有公司、企业人员解释如下：

国有公司、企业委派到国有控股、参股公司从事公务的人员，以国有公司、企业人员论。

（二）《最高人民法院关于审理扰乱电信市场管理秩序案件具体应用法律若干问题的解释》（2000年5月12日，法释〔2000〕12号）

第六条 国有电信企业的工作人员，由于严重不负责任或者滥用职权，造成国有电信企业破产或者严重损失，致使国家利益遭受重大损失的，依照刑法第一百六十八条的规定定罪处罚。

（三）《最高人民法院、最高人民检察院关于办理妨害预防、控制突发传染病疫情等灾害的刑事案件具体应用法律若干问题的解释》（2003年5月13日，法释〔2003〕8号）

第四条 国有公司、企业、事业单位的工作人员，在预防、控制突发传染病疫情等灾害的工作中，由于严重不负责任或者滥用职权，造成国有公司、企业破产或者严重损失，致使国家利益遭受重大损失的，依照刑法第一百六十八条的规定，以国有公司、企业、事业单位人员失职罪或者国有公司、企业、事业单位人员滥用职权罪定罪处罚。

第十七条 人民法院、人民检察院办理有关妨害预防、控制突发传染病疫情等灾害的刑事案件，对于有自首、立功等悔罪表现的，依法从轻、减轻、免除处罚或者依法作出不起诉决定。

第十六章 徇私舞弊低价折股、出售国有资产罪

【立案追诉标准】

徇私舞弊低价折股、出售国有资产案（《刑法》第169条）

国有公司、企业或者其上级主管部门直接负责的主管人员，徇私舞弊，将国有资产低价折股或者低价出售，致使国家利益遭受重大损失的，处三年以下有期徒刑或者拘役；致使国家利益遭受特别重大损失的，处三年以上七年以下有期徒刑。

【犯罪构成及刑事责任】

徇私舞弊低价折股、出售国有资产罪，是指国有公司、企业或者其上级主管部门直接负责的主管人员，徇私舞弊，将国有资产低价折股或者低价出售，致使国家利益遭受重大损失的行为。构成本罪需要具备以下四个要件：

1. 客体要件

本罪侵犯的客体是国家利益和国有公司、企业的经营管理制度。本罪的犯罪对象是国有资产，即国家以各种形式对国有公司、企业投资和投资收益形成的财产，以及依据法律、行政法规认定的公司、企业国有资产，包括固定资产、流动资产、无形资产和其他资产，如国有公司、企业的实物、工业产权、非专利技术或者土地使用权等。

2. 客观要件

客观方面表现为徇私舞弊，将国家资产低价折股或者低价出售，致使国家利益

遭受重大损失的行为。此处的“折股”，是指在国有公司、企业改造成股份制企业，或者国家授权投资机构、国家授权的部门单独设立国有独资公司，或者国有资产占有部门投资或创立股份制企业时，将经过评估的国有资产现有价值量换算成公司的股份（国有股或国家控制的股份）。此处的“出售”，是指国有资产占有单位出卖国有资产。基于此，此处的“低价折股或者低价出售”，是指折算的股份价值或出售价值低于国有资产行政管理机关评估、验证所确认的资产现存价值量。实践中，低价折股或低价出售的表现形式多种多样：有的在合资、合营、股份制改造过程中，对国有财产不进行资产评估，或者虽进行资产评估，但背离所评估资产的价值低价折股；有的在国有资产拍卖、转让及公司、企业清算中，低估实物资产；有的在对国有资产折股时没有计算其增值部分，只是按账面原值折股；有的没有将公司、企业的商标、信誉等无形资产计入；有的不经主管部门批准，不经评估机构作价，擅自将属于公司、企业的土地、厂房低价卖给小团体或私营业主，从中收取回扣。[①] 同时，前述行为还必须造成“国家利益遭受重大损失”，才能构成本罪。

3. 主体要件

本罪主体是特殊主体，即国有公司、企业或者其上级主管部门直接负责的主管人员。

4. 主观要件

本罪在主观方面是故意，即行为人明知自己违反国家规定将国有资产低价折股或者低价出售会使国家利益遭受重大损失，而仍徇私舞弊有意为之。

根据《刑法》第169条的规定，犯本罪，致使国家利益遭受重大损失的，处三年以下有期徒刑或者拘役；致使国家利益遭受特别重大损失的，处三年以上七年以下有期徒刑。

【疑难指导】

一、关于本罪的罪与非罪问题

一是本罪的主观方面是故意，所以国有公司、企业或者其上级主管部门直接

① 胡康生、李福成主编：《中华人民共和国刑法释义》，法律出版社1997年版，第208页。

负责的主管人员基于机器设备、厂房等正常折旧、更新改造等原因，将国有资产低价折股或者低价出售，不存在徇私舞弊的行为，不构成本罪。

二是成立本罪还要求造成“国家利益遭受重大损失”，所以如果实践中国有公司、企业或者其上级主管部门直接负责的主管人员徇私舞弊，将国有资产低价折股或者低价出售，没有达到重大损失的，也不能成立本罪。

二、关于本罪适用中此罪与彼罪的问题

实践中出现的情形主要集中体现在以下几方面：

（1）国有公司、企业主管人员为掩盖私分国有资产的实质，将国有资产低价出售给本单位人员的，则不构成本罪，而构成私分国有资产罪。

（2）当国有公司、企业的上级主管部门直接负责的主管人员，在具有国家机关工作人员徇私舞弊低价折股、出售国有资产情节时，同时触犯本罪与玩忽职守罪、滥用职权罪，两罪之间构成法条竞合关系，因本罪是特别法条，故适用本罪。但是，当其低价折股、出售国有资产时，未徇私舞弊的，应只构成玩忽职守罪、滥用职权罪，或者构成滥用管理公司、证券职权罪和非法低价出让国有土地使用权罪等。

三、关于本罪与贪污罪的区分

首先，从犯罪构成要件上看，本罪与贪污罪的主要区别在于：第一，犯罪客体不同。本罪侵犯的客体是国家利益和国有公司、企业的经营管理制度。贪污罪侵犯的客体是国家工作人员职务的廉洁性。第二，客观行为不同。本罪的构成要件行为是特定的，而贪污罪并不限定于此，只要是非法占有公共财物的行为即可。第三，犯罪主体不同。本罪主体是特殊主体，即国有公司、企业或者其上级主管部门直接负责的主管人员。而贪污罪的犯罪主体是国家工作人员。第四，主观方面不同。本罪行为人一般是出于徇私的目的，而不具备非法占有公共财物的目的，而贪污罪则要求具备“非法占有公共财物的目的”这一要件。

其次，根据《关于办理国家出资企业中职务犯罪案件具体应用法律若干问题的意见》的规定，在涉国家出资企业的职务犯罪案件中，以下情形需区分本罪和贪污罪：一是在国家出资企业改制过程中，国家工作人员或者受国家机关、国有公司、企业、事业单位、人民团体委托管理、经营国有财产的人员利用职务上的便利，故意通过低估资产、隐瞒债权、虚设债务、虚构产权交易等方式隐匿公司、企业财产，转为本人持有股份的改制后公司、企业所有，应当依法追究刑事责任的，以贪污罪定罪处罚。贪污数额一般应当以所隐匿财产全额计算，改制后公司、企业仍有国有股份的，按股份比例扣除归于国有的部分。所隐匿财产在改制过程中已为行为人实际控制，或者国家出资企业改制已经完成的，以犯罪既遂处理。未采取低估资产、隐瞒债权、虚设债务、虚构产权交易等方式故意隐匿公司、企业财产的，一般不应当认定为贪污；造成国家资产重大损失的，可能构成国有公司、企业、事业单位人员失职罪或者徇私舞弊低价折股、出售国有资产罪。国家出资企业中的国家工作人员在公司、企业改制或者国有资产处置过程中徇私舞弊，将国有资产低价折股或者低价出售给特定关系人持有股份或者本人实际控制的公司、企业，致使国家利益遭受重大损失的，以贪污罪定罪处罚。贪污数额以国有资产的损失数额计算。

四、关于同时构成本罪与受贿罪的该如何处罚的问题

实践中，存在国家出资企业中的国家工作人员因实施本罪的同时又收受贿赂的情形，对于这种同时构成本罪与受贿罪的该如何处罚呢？这需要结合具体情况来看，如果国家出资企业中的国家工作人员因实施本罪收受贿赂，同时构成受贿罪的，以处罚较重的规定定罪处罚。这实际上是一行为触犯数个罪名，是想象竞合。如果国家工作人员在国家出资企业改制过程中利用职务上的便利为请托人谋取利益，但事后受贿，或者在身份变化前后连续收受请托人财物的，仍应认定为受贿罪。这种情况下，行为人进行的低价折股或者低价出售行为，实际上成为受贿罪的实行行为组成部分，应该对整个行为进行总体评价，故应该按照受贿罪来论处。

【办案依据】

一、《刑法》规定

第一百六十九条 国有公司、企业或者其上级主管部门直接负责的主管人员，徇私舞弊，将国有资产低价折股或者低价出售，致使国家利益遭受重大损失的，处三年以下有期徒刑或者拘役；致使国家利益遭受特别重大损失的，处三年以上七年以下有期徒刑。

二、司法解释

（一）《最高人民法院关于如何认定国有控股、参股股份有限公司中的国有公司、企业人员的解释》（2005 年 7 月 31 日，法释〔2005〕10 号）

为准确认定刑法分则第三章第三节中的国有公司、企业人员，现对国有控股、参股的股份有限公司中的国有公司、企业人员解释如下：

国有公司、企业委派到国有控股、参股公司从事公务的人员，以国有公司、企业人员论。

（二）《最高人民法院关于审理扰乱电信市场管理秩序案件具体应用法律若干问题的解释》（2000 年 5 月 12 日，法释〔2000〕12 号）

第六条　国有电信企业的工作人员，由于严重不负责任或者滥用职权，造成国有电信企业破产或者严重损失，致使国家利益遭受重大损失的，依照刑法第一百六十八条的规定定罪处罚。

（三）《最高人民法院、最高人民检察院关于办理妨害预防、控制突发传染病疫情等灾害的刑事案件具体应用法律若干问题的解释》（2003 年 5 月 13 日，法释〔2003〕8 号）

第四条　国有公司、企业、事业单位的工作人员，在预防、控制突发传染病疫情等灾害的工作中，由于严重不负责任或者滥用职权，造成国有公司、企业破产或者严重损失，致使国家利益遭受重大损失的，依照刑法第一百六十八条的规定，以国有公司、企业、事业单位人员失职罪或者国有公司、企业、事业单位人员滥用职权罪定罪处罚。

第十七条　人民法院、人民检察院办理有关妨害预防、控制突发传染病疫情等灾害的刑事案件，对于有自首、立功等悔罪表现的，依法从轻、减轻、免除处罚或者依法作出不起诉决定。

第十七章　背信损害上市公司利益罪

【立案追诉标准】

背信损害上市公司利益案（《刑法》第 169 条之一）

上市公司的董事、监事、高级管理人员违背对公司的忠实义务，利用职务便利，操纵上市公司从事损害上市公司利益的行为，以及上市公司的控股股东或者实际控制人，指使上市公司董事、监事、高级管理人员实施损害上市公司利益的行为，涉嫌下列情形之一的，应予立案追诉：

（一）无偿向其他单位或者个人提供资金、商品、服务或者其他资产，致使上市公司直接经济损失数额在一百五十万元以上的；

（二）以明显不公平的条件，提供或者接受资金、商品、服务或者其他资产，致使上市公司直接经济损失数额在一百五十万元以上的；

（三）向明显不具有清偿能力的单位或者个人提供资金、商品、服务或者其他资产，致使上市公司直接经济损失数额在一百五十万元以上的；

（四）为明显不具有清偿能力的单位或者个人提供担保，或者无正当理由为其他单位或者个人提供担保，致使上市公司直接经济损失数额在一百五十万元以上的；

（五）无正当理由放弃债权、承担债务，致使上市公司直接经济损失数额在一百五十万元以上的；

（六）致使公司、企业发行的股票或者公司、企业债券、存托凭证或者国务院依法认定的其他证券被终止上市交易的；

（七）其他致使上市公司利益遭受重大损失的情形。

《最高人民检察院、公安部关于公安机关管辖的刑事案件立案追诉标准的规定（二）》（2022 年 4 月 29 日）第 13 条

【犯罪构成及刑事责任】

背信损害上市公司利益罪，是指上市公司的董事、监事、高级管理人员，违背对公司的忠实义务，利用职务便利，操纵上市公司从事损害上市公司利益的活动，致使上市公司利益遭受重大损失的行为，以及上市公司的控股股东或者实际控制人，指使上市公司董事、监事、高级管理人员从事损害上市公司利益的活动，致使上市公司利益遭受重大损失的行为。构成本罪需要具备以下四个要件：

1. 客体要件

本罪侵犯的客体是复杂客体，即上市公司的财产利益和公众投资者的利益。本罪是严重损害上市公司和公众投资者利益的犯罪。

2. 客观要件

客观方面表现为两种类型：一是上市公司的董事、监事和高级管理人员，违背对公司的忠实义务，利用职务便利，操纵上市公司从事损害上市公司利益的活动，致使上市公司利益遭受重大损失。二是上市公司的控股股东或者实际控制人，指使上市公司董事、监事、高级管理人员实施上述损害上市公司利益的活动，致使上市公司利益遭受重大损失。

根据《刑法》第 169 条之一的规定，损害上市公司利益的活动具体包括以下几种行为方式：（1）无偿向其他单位或者个人提供资金、商品、服务或者其他资产。实践中，通常表现为：上市公司的董事、监事、高级管理人员、控股股东和实际控制人，利用对上市公司的控制权或者影响力，将上市公司的资金或者其他资产直接划拨到关联公司供其使用；控股股东、实际控制人以自己或者关联公司的名义，在无任何真实交易的情况下，占用上市公司的资金或者其他资产；在上市公司与关联企业之间进行没有实质交易的资金划拨；由上市公司代关联公司支

付费用；由上市公司以现金出资、关联方以资产出资，共同设立子公司，或者通过资产重组，占用上市公司的资金等行为。（2）以明显不公平的条件，提供或者接受资金、商品、服务或者其他资产。包括上市公司以明显不公平的高价收购其他公司、企业的资产或接受其提供的商品、服务，或者将上市公司资产低价转让、提供给关联公司、企业，从而掏空上市公司。（3）向明显不具有清偿能力的单位或者个人提供资金、商品、服务或者其他资产。实践中，具体表现为：上市公司的董事、监事、高级管理人员、控股股东和实际控制人，明知单位或者个人（包括其控制的关联公司、上市公司的控股股东和实际控制人）没有清偿能力，仍然利用他们对上市公司的控制权或者影响力，让上市公司向该单位或者个人提供资金、商品、服务或者其他资产。（4）为明显不具有清偿能力的单位或者个人提供担保，或者无正当理由为其他单位或者个人提供担保。（5）无正当理由放弃债权、承担债务。（6）致使公司、企业发行的股票或者公司、企业债券、存托凭证或者国务院依法认定的其他证券被终止上市交易。（7）采用其他方式损害上市公司利益。此处的"其他方式"应该与前面的6种行为方式具有等价性，即致上市公司利益遭受重大损失。

3. 主体要件

本罪的主体是特殊主体，即对上市公司具有控制权或重大影响力的人，包括上市公司的董事、监事、高级管理人员、控股股东或者实际控制人。

这里的董事，是指有限责任公司和股份有限公司中由股东（大）会选出的，作为公司业务的决策者和管理者对公司和股东负有特定义务的自然人。监事，是指对董事会决议的执行负有监督职责的人。

根据《公司法》第216条的规定，高级管理人员，是指公司的经理、副经理、财务负责人，上市公司董事会秘书和公司章程规定的其他人员。控股股东，是指其出资额占有限责任公司资本总额50%以上或者其持有的股份占股份有限公司股本总额50%以上的股东；出资额或者持有股份的比例虽然不足50%，但依其出资额或者持有的股份所享有的表决权已足以对股东会、股东大会的决议产生重大影响的股东。实际控制人，是指虽不是公司的股东，但通过投资关系、协议或者其他安排，能够实际支配公司行为的人。

4. 主观要件

本罪在主观方面是故意，行为人对违反公司忠实义务有认识，对行为可能给上市公司造成损害持希望或者放任的态度。

根据《刑法》第169条之一的规定，犯本罪，致使上市公司利益遭受重大损失的，处三年以下有期徒刑或者拘役，并处或者单处罚金；致使上市公司利益遭受特别重大损失的，处三年以上七年以下有期徒刑，并处罚金。根据《刑法》第169条之一第3款的规定，单位犯本罪的，对单位判处罚金，并对其直接负责的主管人员和其他直接责任人员，依照第1款的规定处罚。

【疑难指导】

一、关于本罪的罪与非罪问题

适用本罪时，要注意保护上市公司的经营自主权，司法机关应当避免通过司法活动来代替公司经营管理决策。这是因为：一方面，商业机会瞬息万变，需要经营者进行判断，而司法人员不是商人，不宜对商业决策的内容进行实质审查；另一方面，经营决定是存在风险的，如果经营决策失误就会招致刑罚，无疑会束缚经营者的手脚，使其不敢轻易作出商业决策，错失商业机会。

在区分一般的错误决策和背信损害公司利益行为时，应牢牢把握“违背对公司的忠实义务”这一区分界限。从实践经验来看，如果上市公司的董事、监事、高级管理人员是出于善意、为公司最大利益，在法律法规、公司章程规定的职权范围之内实施了相关经济行为，即便导致公司、企业亏损了，也不应该将其认定背信损害公司利益。行为人既没有滥用职权，也没有违背忠实义务。因此，公司的董事、监事、高级管理人员因为对市场判断有误，从而导致决策失误的，欠缺本罪的故意，即使给上市公司的利益造成损害，也不构成本罪。

此外，本罪属于结果犯，行为人的行为有无给上市公司造成重大损失，是本罪与一般违法行为的界限所在。如果行为人的背信行为可能给上市公司的利益造成了一定损害，但由于行为人及时实施了其他行为予以补救，未使上市公司的利益实际受损的，只能认定为一般违法行为，而不能以本罪论处。

二、对“其他致使上市公司利益遭受重大损失的”的理解

在本罪的罪状中，立法采取了“列举+兜底”的模式，其中“其他致使上市公司利益遭受重大损失的”为本罪的兜底条款。根据罪刑法定原则，适用兜底条款时应考察涉案行为的性质是否与前述罗列的规定具有相当性以及罪量是否相当。《公司法》第148条列举了自我交易、关联交易、违反竞业禁止、攫取公司机会等多种违反忠实义务的行为，但从法律体系上看，这些行为或为其他罪名所规定，成为辨别此罪与彼罪的标准；或未为刑法犯罪化，成为违法与犯罪之间的区分。例如在《公司法》上，忠实义务的本质是要求董事等高级管理人员不能将自己的私利置于与公司利益相冲突的情形。侵夺公司机会、违反竞业禁止、自我交易与关联交易，都是典型的违反信义义务的行为，但是刑法已经将非法经营同类营业、为亲友非法牟利等违背公司法上的忠实义务的行为独立成罪。由此可见，本罪所规范的应当是某些特定的违背信义义务的行为。再分析本罪规定的前五项行为方式可见，本罪所规定的仅是非公允地处分上市公司财产，使其资产减少或债务增加的行为。因此，应将“其他”限定于非公允地处分上市公司财产的行为，不宜扩大本罪的适用范围。

三、关于本罪的数罪问题

实践中，行为人实施本罪行为，同时也触犯职务侵占罪或者贪污罪的，属于想象竞合，应该从一重罪处罚。如果上市公司的董事、监事、高级管理人员违背对公司的忠实义务，无偿或者以明显不公平的条件，向其配偶、子女及其公司提供资金、商品、服务或者其他资产，或者明知自己配偶、子女及其公司不具有清偿能力，而向其提供资金、商品、服务或者其他资产，或者提供担保，或者形式上无正当理由放弃债权、承担债务而实际上自己获利的，符合贪污罪的犯罪构成的行为，应按贪污罪的法定刑处罚。

四、关于本罪与挪用资金罪的区别

本罪与挪用资金罪在主体方面有一定的重合，而且客观方面都可以表现为利用职务便利将本单位的资金提供给他人。二者的主要区别在于：一是犯罪主体不同。本罪的主体只能是上市公司的董事、监事、高级管理人员；挪用资金罪的主体只要是公司、企业或者其他单位的工作人员即可。就此而言，本罪犯罪主体的范围要窄于挪用资金罪。二是犯罪客观方面不同。本罪客观方面表现为利用职务便利，违背忠实义务，以无偿提供资金、担保等明显不对等经济行为的方式损害上市公司的利益，致使上市公司遭受重大损失；挪用资金罪的客观方面则表现为利用职务便利，挪用本单位资金归个人使用或者借贷给他人。因此，尽管本罪的客观构成要件比挪用资金罪更为严格，但本罪客观行为的具体方式更多，而挪用资金罪的行为方式仅是本罪客观行为方式的一种类型。三是犯罪主观方面不同。本罪主观方面表现为明知自己实施的背信行为会使上市公司遭受重大财产损失，并希望或者放任这种结果的发生，在将本单位资金提供给其他单位或者个人的情况下，行为人主观上并没有让其他单位或者个人归还资金的意图；挪用资金罪的行为人主观上具有暂时挪用单位资金归个人使用或者借贷给他人使用的故意，如果行为人主观上不具有归还资金的意图，则不能构成挪用资金罪。

【办案依据】

《刑法》规定

第一百六十九条之一 上市公司的董事、监事、高级管理人员违背对公司的忠实义务，利用职务便利，操纵上市公司从事下列行为之一，致使上市公司利益遭受重大损失的，处三年以下有期徒刑或者拘役，并处或者单处罚金；致使上市公司利益遭受特别重大损失的，处三年以上七年以下有期徒刑，并处罚金：

（一）无偿向其他单位或者个人提供资金、商品、服务或者其他资产的；

（二）以明显不公平的条件，提供或者接受资金、商品、服务或者其他资产的；

（三）向明显不具有清偿能力的单位或者个人提供资金、商品、服务或者其他资产的；

（四）为明显不具有清偿能力的单位或者个人提供担保，或者无正当理由为其他单位或者个人提供担保的；

（五）无正当理由放弃债权、承担债务的；

（六）采用其他方式损害上市公司利益的。

上市公司的控股股东或者实际控制人，指使上市公司董事、监事、高级管理人员实施前款行为的，依照前款的规定处罚。

犯前款罪的上市公司的控股股东或者实际控制人是单位的，对单位判处罚金，并对其直接负责的主管人员和其他直接责任人员，依照第一款的规定处罚。

主要参考文献

一、著作类

1. 高铭暄、马克昌主编：《刑法学》，北京大学出版社、高等教育出版社 2021 年版。

2. 张明楷：《刑法学（下）》，法律出版社 2021 年版。

3. 周光权：《刑法各论》，中国人民大学出版社 2021 年版。

4. 王作富、黄京平主编：《刑法学》，中国人民大学出版社 2021 年版。

5. 刑法学编写组编：《刑法学下册（各论）》，高等教育出版社 2019 年版。

6. 刘艳红主编：《刑法学（下）》，北京大学出版社 2016 年版。

7. 谢望原、赫兴旺主编：《刑法分论》，中国人民大学出版社 2016 年版。

8. 郎胜主编：《中华人民共和国刑法释义》，法律出版社 2015 年版。

9. 周道鸾、张军主编：《刑法罪名精释》，人民法院出版社 2013 年版。

10. 张耕主编：《刑事案例诉辩审评——走私罪》，中国检察出版社 2006 年版。

11. 朗胜主编：《走向完善的刑法——正解刑法修改的决定、刑法修正案、刑法法律解释》，中国民主法制出版社 2006 年版。

12. 陈磊：《商业瞒骗走私犯罪研究》，中国海关出版社 2005 年版。

13. 张大春：《走私罪研究》，中国海关出版社 2004 年版。

14. 莫开勤、颜茂昆主编：《走私犯罪》，湖南出版社 2003 年版。

15. 马进保主编：《跨境犯罪研究》，群众出版社 2003 年版。

16. 陈晖：《走私犯罪论》，法律出版社 2002 年版。

17. 邹瑞汉：《海关法制论》，中国海关出版社 2002 年版。

18. 张国贵主编：《走私犯罪的惩治与防范》，西苑出版社 2000 年版。

19. 马克昌主编：《经济犯罪新论：破坏社会主义经济秩序罪研究》，武汉大学出版社 1998 年版。

20. 胡康生、李福成主编：《中华人民共和国刑法释义》，法律出版社 1997 年版。

21. 黄芳：《走私犯罪的定罪与量刑》，人民法院出版社 1999 年版。

22. 熊选国主编：《生产、销售伪劣商品罪》，中国人民公安大学出版社 1999 年版。

23. 周光权：《刑法诸问题的新表述》，中国法制出版社 1999 年版。

24. 周道鸾、张军主编：《刑法罪名精释》，人民法院出版社 1998 年版。

25. 周振想编著：《刑法学教程》，中国人民公安大学出版社 1997 年版。

二、论文类

1. 商浩文：《论欺诈发行证券罪的规范构造——以〈刑法修正案（十一）〉为视角》，载《中国政法大学学报》2021 年第 5 期。

2. 柏浪涛：《欺诈发行证券罪的教义学分析》，载《中国刑事法杂志》2021 年第 4 期。

3. 卢建平：《完善金融刑法　强化金融安全——〈刑法修正案（十一）〉金融犯罪相关规定评述》，载《中国法律评论》2021 年第 1 期。

4. 聂建华、贝金欣：《最高人民检察院第十七批指导性案例解读》，载《人民检察》2020 年第 8 期。

5. 高卫萍：《违规披露、不披露重要信息罪的追责范围》，载《人民司法》2020 年第 5 期。

6. 陈洪兵：《生产、销售伪劣商品罪适用中的几个问题》，载《武汉科技大学学报（社会科学版）》2018 年第 2 期。

7. 王晓东：《违规披露、不披露重要信息罪法律问题略论》，载《江西警察学院学报》2018 年第 2 期。

8. 孙万怀：《生产、销售假药行为刑事违法性之评估》，载《法学家》2017 年第 2 期。

9. 张平寿：《刑法“假药”界定的妥当性辩护》，载《中国人民公安大学学报（社会科学版）》2017 年第 2 期。

10. 杜小丽：《抽象危险犯形态法定犯的出罪机制以生产销售假药罪和生产销售有毒有害食品罪为切入》，载《政治与法律》2016 年第 12 期。

11. 韩哲：《论危害食品安全犯罪的证明》，载《中国检察官》2015 年第 8 期。

12. 黄荣霞、白俊勇：《虚报注册资本罪的司法认定》，载《人民司法》2015 年第 23 期。

13. 时方：《生产、销售假药罪法益侵害的规范解释：主次法益价值冲突时的实质判断》，载《政治与法律》2015 年第 5 期。

14. 陈洪兵：《准抽象危险犯概念之提倡》，载《法学研究》2015 年第 5 期。

15. 王志祥、柯明：《论药品安全犯罪的立法完善》，载《河北工业大学学报（社会科学版）》2014 年第 4 期。

16. 张萍：《虚报注册资本罪法律适用分歧问题探析》，载《中国检察官》2014 年第 4 期。

17. 石晶：《虚报注册资本罪与虚假出资罪、抽逃出资罪的区别》，载《中国检察官》2012 年第 10 期。

18. 秦雪娜：《生产、销售伪劣商品罪的重要问题探析》，载《法治研究》2012 年第 11 期。

19. 钱小平：《治理贿赂犯罪国际公约立法发展及其启示》，载《犯罪动态》2012 年第 5 期。

20. 申敏：《走私武器、弹药罪争议问题探析》，载《淮北煤炭师范学院学报（哲学社会科学版）》2010 年第 2 期。

21. 游伟、李长坤：《反腐败 30 年：我国贿赂犯罪立法回顾与前瞻》，载《东方法学》2008 年第 6 期。

22. 谢望原、杨家庆：《走私犯罪死刑问题之实证研究》，载《政治与法律》2005 年第 3 期。

23. 周洪波、单民：《论虚报注册资本罪的司法认定》，载《政治与法律》2004 年第 6 期。

24. 赵晓光：《欺诈发行证券罪探析》，载《河北法学》2004 年第 2 期。

25. 任素贤：《妨害清算罪立法分析与司法认定》，载《犯罪研究》2003 年第

2 期。

26. 高斌：《中外走私犯罪立法比较分析》，载《政法学刊》2003 年第 1 期。

27. 杨向华：《武装掩护走私若干问题探讨》，载《湖南公安高等专科学校学报》2002 年第 2 期。

28. 张昊：《虚报注册资本罪若干问题探讨》，载《人民检察》2002 年第 2 期。

29. 许成磊：《生产销售伪劣产品罪未遂形态辨析》，载《法学》2001 年第 9 期。

30. 杨书文：《刑法规范的模糊性与明确性及其整合机制》，载《中国法学》2001 年第 3 期。

图书在版编目（CIP）数据

生产、销售伪劣商品罪·走私罪·妨害对公司、企业的管理秩序罪立案追诉标准与疑难指导／操宏均著；国家检察官学院职务犯罪研究所编．—北京：中国法制出版社，2022.7

刑法常见罪名立案追诉标准与疑难指导／缪树权主编

ISBN 978-7-5216-2728-2

Ⅰ．①生…　Ⅱ．①操…　②国…　Ⅲ．①妨害社会管理秩序罪-立案-标准-中国　Ⅳ．①D924.364

中国版本图书馆 CIP 数据核字（2022）第 102420 号

策划编辑：陈兴　谢雯　　　责任编辑：赵律玮　　　封面设计：周黎明

生产、销售伪劣商品罪·走私罪·妨害对公司、企业的管理秩序罪立案追诉标准与疑难指导

SHENGCHAN、XIAOSHOU WEILIE SHANGPINZUI · ZOUSIZUI · FANGHAI DUI GONGSI、QIYE DE GUANLI ZHIXUZUI LI'AN ZHUISU BIAOZHUN YU YINAN ZHIDAO

著者/操宏均
编者/国家检察官学院职务犯罪研究所
经销/新华书店
印刷/三河市紫恒印装有限公司
开本/730 毫米×1030 毫米　16 开　　　印张/24.75　字数/302 千
版次/2022 年 7 月第 1 版　　　2022 年 7 月第 1 次印刷

中国法制出版社出版
书号 ISBN 978-7-5216-2728-2　　　定价：88.00 元

北京市西城区西便门西里甲 16 号西便门办公区
邮政编码：100053　　　传真：010-63141600
网址：http：//www.zgfzs.com　　　**编辑部电话：010-63141793**
市场营销部电话：010-63141612　　　**印务部电话：010-63141606**

（如有印装质量问题，请与本社印务部联系。）